1781

Alain Minc

DIE DEUTSCHE HERAUSFORDERUNG

Wird die Bundesrepublik
den europäischen Binnenmarkt
beherrschen?

Hoffmann und Campe

Die Originalausgabe erschien unter
dem Titel *La grande illusion*
beim Verlag Bernard Grasset, Paris

Aus dem Französischen von
Karin Balzer und Barbara Vaccaro

CIP-Titelaufnahme der Deutschen Bibliothek

Minc, Alain:
Die deutsche Herausforderung : wird die Bundesrepublik
den europäischen Binnenmarkt beherrschen? /
Alain Minc.
[Aus dem Franz. von Karin Balzer u. Barbara Vaccaro].
– 1. Aufl. – Hamburg: Hoffmann u. Campe, 1989
Einheitssacht.: La grande illusion ‹dt.›
ISBN 3-455-08347-1

Deutsche Ausgabe

Schutzumschlag- und Einbandgestaltung von Werner Rebhuhn
Gesetzt aus der Bembo-Antiqua
von Fotosatz Otto Gutfreund, Darmstadt
Gedruckt und gebunden bei Mohndruck, Gütersloh
Printed in Germany

INHALT

Vorwort

Sind wir doch einmal ehrlich! Der Mythos des Jahres 1992 macht uns blind. Was auf diesem Weg bisher erreicht wurde, die Vorschußlorbeeren – all das blendet uns mit einem verführerischen Glanz, der alles einhüllt, so daß wir nicht sehen, daß sich da ein ganz anderes Europa entwickelt. Starke Kräfte bringen den Kontinent ins Wanken: das Aufflammen des nordamerikanischen Isolationismus, Westdeutschlands Hinwendung zur Mitte Europas und der ungeheure Druck von seiten der Sowjetunion. Weder die Perspektiven eines solchen Europas noch seine Grenzen oder gar seine Identität entsprechen der Gemeinschaft der Zwölf. Wenn es seine Anfangsprobleme überwunden haben wird, stellt es dann nicht doch eine riesige Freizone dar?

Sind wir doch ehrlich! Es gibt keine europäische Frage, es gibt nur eine deutsche Frage. Die Angst, in die alten französischen Wahnvorstellungen zurückzufallen, sowie die spontane Abkehr von jeder Form antideutscher Ressentiments bringen uns zur Selbstkritik. Deutschland sucht seinen Platz weder im Westen noch im Osten, es findet ihn vielmehr, wie in der Vergangenheit, in der Mitte Europas. Dies ist eine natürliche und legitime Entwicklung, die weder das demokratische System noch die freie Marktwirtschaft in der Bundesrepublik Deutschland in Frage stellt, dafür ist sie jedoch durchaus dazu angetan, als Basis für den klassischen Traum von Europa zu dienen. Noch vor einigen Jahren gehörte diese Entwicklung ins Reich der Spekulation – heute ist sie zur Gewißheit geworden*: Die Nachkriegszeit geht zu Ende, eine Paren-

* Vgl. Alain Minc, *Le Syndrome finlandais,* Le Seuil 1986

these, die uns an die Existenz eines Westeuropas hatte glauben lassen, schließt sich.

Sind wir doch ehrlich! Unsere Zeit ist knapp bemessen, unsere Zukunft spielt sich bereits vor unseren Augen ab. Wenn die Bundesrepublik ihre Entwicklung bis zum Ende fortsetzt, dann wird Europa vom Atlantik bis zum Ural reichen, und das heißt, es wird nicht wirklich existieren; im 21. Jahrhundert wird es dann das sein, was der Balkan im 19. Jahrhundert war. Wenn man die Entwicklung der letzten Jahre betrachtet, erkennt man mühelos, daß die Etappen zwischen den einzelnen Meilensteinen immer kürzer werden. Kann man den Lauf der Dinge überhaupt noch beeinflussen?

Frankreich hält ein paar gute Karten in der Hand. Gestern waren es die Joker, heute sind es Trümpfe, morgen zählen sie nicht mehr.

Sind wir doch ehrlich! Selbst wenn wir am 1. Januar 1993 ein Bilderbuch-Europa vor uns hätten, könnte ein solches Europa kein Gegengewicht gegen das strategische Abdriften des Kontinents bilden. Darüber hinaus wäre die Wirklichkeit sehr weit vom Mythos entfernt: Der große gemeinsame Markt wird nicht ausreichen, um eine wirtschaftliche Identität zu schaffen, und er wäre auch noch lange keine Schicksalsgemeinschaft. Natürliche Auslese und Wettbewerb in der Wirtschaft allein können Geschichte nicht gestalten.

Sind wir doch ehrlich! Es ist eine große Versuchung, den Dingen einfach ihren Lauf zu lassen, denn die Entspannung in Europa bietet viele Annehmlichkeiten. Die gewohnten Strukturen aufzugeben liegt noch in weiter Ferne und erscheint deshalb, von heute aus gesehen, als leicht und schmerzlos. Die Entwicklung vollzieht sich nicht mehr voller Dramatik, sie ist friedlich, sanft, »soft« wie unsere Gesellschaft. Sie ist nicht so abrupt und fällt deshalb nicht auf und ist deshalb doch nicht weniger einschneidend. Geschichte – Raymond Aron möge mir verzeihen – besteht nicht immer aus einer Folge tragischer Ereignisse, sie kann auch eine heimtückische, stete Entwicklung sein und ist dann möglicherweise um so unerbittlicher.

Sind wir doch ehrlich! Unsere Leidenschaft für Europa zeigt alle Symptome einer psychoanalytischen Übertragung: Wir erwarten von einem europäischen Wunder, daß es uns von nationalen Anstrengungen befreit. Das Nirwana von 1992 ist ein Viatikum. Europa die Erfüllung – als ob ein Wechsel des Spielfelds auch gleich eine Änderung der Spielregeln bedeutete! Dieser holde Wahn wird jedoch das Schicksal jeder Übertragung erleiden: nur ein vorübergehender Zustand des Wohlbefindens und eine große Illusion zu sein.

Sind wir doch ehrlich! Ehrlichkeit macht aus uns keine Kassandra. Der europäische Gleichklang, die naive Rhetorik und die vielleicht vorübergehende Begeisterung führen dazu, daß wir uns der Grundsatzdebatte nicht stellen möchten. Welches Europa wollen wir? Ist die Wirtschaft die einzig denkbare Triebfeder der Entwicklung? Europa als Utopie macht Fortschritte, Europa als Wirklichkeit schwankt zwischen zwei unterschiedlichen geographischen Gebilden: einer Europäischen Gemeinschaft, angesiedelt im Land der Träume, und einem Kontinentaleuropa, das fast unmerklich Gestalt annimmt.

Eine Europäische Gemeinschaft gefällt uns, Kontinentaleuropa bedeutet Umschwung, Veränderung. Wenn man nur an das erste denkt, begünstigt man durch Unterlassung das zweite. Aber es ist noch nicht alles verloren, es bleibt noch ein wenig Spielraum, der jedoch in drei bis vier Jahren vertan sein wird. Noch ist alles offen, nichts ist endgültig verloren, aber ein Warnruf, ein Alarmsignal ist dringend notwendig, das Menschenmögliche muß unverzüglich getan werden: Laßt uns aufwachen!

I

VON WESTEUROPA NACH MITTELEUROPA

I

Vom atlantischen zum kontinentalen Sicherheitssystem

Westeuropa als politisch-strategische Realität hat es nicht immer gegeben. Es entstand mit dem Eisernen Vorhang, und mit ihm könnte es auch wieder verschwinden. Ist die Zeit für ein Europa ohne »West« und »Ost« bereits gekommen? Im Zuge einer solch bedeutsamen Entwicklung würde selbstverständlich auch ein neues Sicherheitssystem das bisherige ersetzen. Gestern noch war es ein atlantisches. Wird es morgen aufgrund einer seltsamen Wiederholung der Geschichte zur Wiedergeburt eines kontinentalen Sicherheitssystems kommen?

In den fünfziger und sechziger Jahren schien alles so einfach und endgültig. Die militärische Supermacht USA gewährte Westeuropa vollständigen Schutz. Kennedys Ausruf »Ich bin ein Berliner« stellte eine offenkundige strategische Gleichung auf: Berlin = Chicago, London = New York, Paris = San Francisco. Rundum Geborgenheit für die Europäer, eine unteilbare, absolut verläßliche Sicherheit. Dieses System funktionierte deshalb besonders gut, weil der östliche Vorposten, die Bundesrepublik Deutschland, damals der Musterschüler in der Atlantikerklasse war. Entgegen der geltenden Regel, daß Grenzgebiete stets besonders wankelmütig und labil sind, bildete das westliche Deutschland nicht das schwächste, sondern das stärkste Glied der westlichen Kette. Mit Großbritannien als »51. US-Staat« und einer unverbrüchlich solidarischen Bundesrepublik konnten die USA mit ihrer nuklearen Überlegenheit den Frieden für das atlantische Bündnis ohne Schwierigkeit garantieren. Innerhalb eines so sicheren strategischen Raums hatten die französischen Allüren nur wenig Gewicht; sie waren Zeichen einer Art Narrenfreiheit, die man Frankreich zugestand, ärgerlich für die USA, den anderen Bündnispartnern aber weitgehend gleichgültig. Wenn die Franzosen auf nukleare Eigenständigkeit und Rundumverteidigung pochten, wenn sie einem ideologisch bedingten Antiamerikanismus frönten, so taten sie es in dem Bewußtsein, daß der US-Nuklearschirm auch ihnen Schutz gewährte. Und da sich General de Gaulle obendrein als der Klassenbeste unter den Alliierten erwies, ob bei der Berlin-Krise 1961, ob bei der Kuba-Krise im Jahr darauf, vermochten die französischen Eskapaden das strategische Gleichgewicht nicht zuungunsten der westlichen Welt zu beeinflussen.

Diese für den Westen optimale Situation konnte nicht von Dauer sein. Gleichzeitig mit der nuklearen Allmacht der USA schwand auch die Vorstellung von einer absoluten Sicherheit. Die Androhung des massiven Gegenschlags – der Zerstörung der Sowjetunion als Vergeltungsmaßnahme bei einem noch so begrenzten Angriff auf Deutschland – verlor jegliche Glaubwürdigkeit, als die Sowjets interkontinentale Atomraketen stationierten, die das Territorium der Vereinigten Staaten erreichen konnten. Von da an hatte auch für die USA die Sicherheit ihren Preis, und dieser erschien ihnen sehr bald erpresserisch hoch. Daher der Umschwung von Luv nach Lee in ihrer Verteidigungsdoktrin, die nun auch die Möglichkeit der *flexible response* vorsah. Es mochte als Fortschritt gelten, daß der Grundsatz des »Alles oder nichts« nun durch eine eher nuancierte Reaktion ersetzt worden war. In Wirklichkeit diente das neue Konzept den USA jedoch lediglich dazu, das eigene Territorium aus den unabsehbaren Kettenreaktionen eines thermonuklearen Konflikts herauszuhalten. Geblendet von schönen Worten, mit denen die transatlantische Verbundenheit gefeiert wurde, brauchten die Europäer zehn Jahre, bis sie erkannten, daß die Abkoppelung Europas von den USA schon mit der Theorie der *flexible response* begonnen hatte, mit der Weigerung der Amerikaner also, die nukleare Vernichtung zu riskieren, um die Europäer zu retten.

Langsam begann der Putz abzubröckeln, zuerst in der Mitte, dann auch am Rande. Mit den ersten Schritten ihrer Ostpolitik endete der diplomatische Winterschlaf der Bundesrepublik Deutschland. Ganz allmählich knüpfte sie wieder Verbindungen und Beziehungen zum Osten, wie sie diesem klassischen Mittlerland wesensgemäß sind; ihre kriegsbedingte Unterbrechung konnte nur vorübergehend sein. Gleich einem halbseitig Gelähmten, der langsam wieder fühlen lernt, legte die Bundesrepublik ihre Starrheit gegenüber dem Osten ab. Die Entspannung erfolgte zunächst im Verhältnis zur DDR, dann gegenüber den teilweise aus ehemals deutschen Gebieten gebildeten Volksdemokratien sowie dem traditionellen deutschen Einflußbereich im Osten. Nachdem sie sich zwanzig Jahre lang ausschließlich dem Westen zugewandt hatte, begann die Bundesrepublik nun, Deutschlands hergebrachte Stellung in der Mitte Europas wiedereinzunehmen.

Mitteleuropa, dieser alte Begriff von einem Europa der Nationalstaaten, lebte auf diese Weise unterschwellig wieder auf.

Die Entwicklung erfolgte Schritt für Schritt. An die Stelle der allzu einseitigen Bindung an die Vereinigten Staaten trat ein vielschichtiges diplomatisches Netz, in dem die Partnerschaft mit den USA zwar die tragende, aber nicht mehr die allesbeherrschende Rolle spielte. Die Stationierung der Pershing-Raketen war wohl der letzte Treuebeweis für das atlantische Verteidigungssystem, allerdings mit dem bitteren Nachgeschmack eines Pyrrhussieges. Damals war schon zu ahnen, daß eine weniger starre Haltung der Sowjetunion die Stationierung hätte verhindern können. Ein bißchen mehr Geschick und taktisches Gespür seitens der Sowjets, und schon hätte sich der westliche Friedenstaumel voll entfaltet. Die mühsame Bekräftigung der engen Bindung zwischen den USA und Westeuropa zeigte, wie zerbrechlich diese geworden war. Die Weiterungen ließen nicht lange auf sich warten.

Es ist eine alte Binsenweisheit, daß es in der Geschichte manchmal zu plötzlichen Sprüngen kommt. Einen solchen Sprung erleben wir jedenfalls seit drei Jahren. Der schwindende Einfluß der USA und das Abdriften Deutschlands waren bis dahin eher unauffällige Bewegungen. Der sowjetische Druck brauchte nur etwas freundlicher auszusehen, und schon kamen die Dinge ins Rollen. Offenbar waren sie weit genug herangereift, wenn schon ein Lächeln den Gang der Geschichte verändern konnte. In der Stationierung der Pershing-Raketen sollte sich das atlantische Sicherheitssystem ein letztes Mal bekunden; ihre Verschrottung bildete den Auftakt zu dem kontinentaleuropäischen Sicherheitssystem, das fortan die Stelle des atlantischen einnehmen wird. Wir kippen langsam in eine andere Welt, auch wenn das an den strategischen Konzepten noch nicht abzulesen ist. Da deren Vertreter die Ergebnisse ihrer Rechenkunststücke mit Raketen und nuklearen Sprengköpfen für die Realität halten, verkennen sie gesellschaftliche Verschiebungen ebenso wie die Eigendynamik geschichtlicher Prozesse und die Macht von nationalen Unabhängigkeitsbewegungen. Seit dem Beginn des Atomzeitalters ist strategisches Denken zu einem Nebenprodukt der Spieltheorie geworden; von Geschichte ist dabei kaum mehr die Rede. Der Mathematiker von Neumann hat über den Militärtheoretiker von Clausewitz gesiegt; den Preis dafür haben wir täglich zu bezahlen.

Die Abkoppelung Westeuropas von den Vereinigten Staaten, die Rückkehr Deutschlands in die Mitte Europas und die Untauglichkeit der französischen Verteidigungsdoktrin sind Tatsachen, die ins Auge springen. Die US-Amerikaner sind weit weniger entschlossen, für Hamburg ihr Leben zu lassen, als unsere Väter für Danzig zu sterben gedachten. Die Deutschen erkennen wieder, daß in ihrer Geschichte nationale Identität nicht unbedingt mit staatlicher Einheit einherging. Die Franzosen träumen von einem Europa, das auf zwei Seiten von Atommächten, nämlich Frankreich und der Sowjetunion, begrenzt wird, als ob die alten Vorstellungen vom »Konzert der Nationen« noch den geringsten Wert hätten. So sieht einstweilen das neue kontinentale Sicherheitssystem aus. Aber Geschichte wiederholt sich nicht. Während das vormalige System vom Gleichgewicht der Kräfte zwischen den großen europäischen Mächten ausging, hat das jetzige die erdrückende Übermacht eines Partners zur Vorgabe. Statt Sicherheit zu gewährleisten, stellt es in Wahrheit ein verkapptes Instrument der Beherrschung dar.

Wenn die Sowjets mit tränenerstickter Stimme vom »gemeinsamen europäischen Haus« sprechen, betrachten sie die Abkoppelung bereits als vollendete Tatsache. Das aber bedeutet: Die USA, einmal ausgebootet, werden mit fortschreitender strategischer Abrüstung vermehrt dem Isolationismus huldigen. Mitteleuropa wird zunehmend durchlässiger werden, und zwar von beiden Seiten des Eisernen Vorhangs her. Die beiden deutschen Staaten werden künftig mehr Gemeinsamkeiten als Konfliktstoffe haben, sobald ihre politischen und wirtschaftlichen Unterschiede als unantastbar festgeschrieben sind. Frankreich wird sich in einer Doppelrolle versuchen: einerseits die Verbindung zu den USA haltend, andererseits im Schutze seiner nuklearen Maginot-Linie sich einigelnd. Die europäischen Randländer Spanien und Italien werden darauf hinarbeiten, daß die Vereinigten Staaten im Lauf der Zeit ihre spanischen bzw. italienischen Stützpunkte als überflüssig aufgeben. Großbritannien wird sich, um seine besonderen Beziehungen zu den USA zu pflegen, in europäischen Angelegenheiten wählerisch verhalten, indem es da zustimmt, dort ablehnt. All dies sind keine alptraumhaften Visionen, sondern vielmehr Erscheinungen, wie sie aus dem strategischen Raum, der sich vor unseren Augen abzeichnet, zu gewärtigen sind. Der vor uns liegende Weg ist kürzer als der schon zurückgelegte; das Ende der ersten Halbzeit war die doppelte Nulllösung. Weit schwerer als die militärische Realität dieses Beschlusses wiegt sein Symbolwert, spiegelt er doch den Druck der öffentlichen Meinung wider, die das Kräftespiel stärker beeinflußt, als es die Verschiebung – auf die eine oder andere Seite – von ein paar hundert Raketen hätte bewirken können.

Das alte kontinentale Sicherheitssystem hatte zumindest einen Vorteil: die Stabilität. Ob das neue diesen Vorteil auch haben wird? Wenn früher eine Macht die Grenzen zu deutlich verschieben wollte, kam es alsbald zum Konflikt, der sie wieder zur Vernunft brachte. Heute ist die Übermacht des einen so deutlich, daß sich alle anderen nur folgsam seinem Willen beugen können. Steht am Ende dieser besonderen Art von Kontinentaldrift die allgemeine Finnlandisierung? Wie läßt sich auf ganz Westeuropa ein Konzept anwenden, das auf ein einziges Land zugeschnitten wurde? Ein auf sich selbst gestelltes, von den USA abgekoppeltes, finnlandisiertes Westeuropa wäre dem sowjetischen Einfluß erheblich stärker ausgesetzt als das kleine Finnland, das sich an den atlantischen Westen zumindest anlehnen kann. Zwar würde Westeuropa seine Marktwirtschaft und sein demokratisches System behalten; der Austausch mit dem Osten würde jedoch bei wachsender strategischer Entfernung zu den USA erfolgen, trotz der kulturellen und wirtschaftlichen Gemeinsamkeiten beiderseits des Atlantiks. Dabei stünden weder die Demokratie noch der Markt auf dem Spiel. Nachdem die Vorstellung von einer drohenden Besetzung Westeuropas, die das sofortige Eingreifen der USA ausgelöst hätte, aufgegeben worden war, haben die Sowjets die demokratischen und wirtschaftlichen Grundsätze des Westens jahrzehntelang respektiert. Sie sehen darin nicht einen Preis, der für die Abkoppelung Westeuropas von den USA zu zahlen wäre, sondern vielmehr eine Garantie dafür, effiziente Partner zu haben, die dank des Kapitalismus in der Lage sind, die systembedingten Mängel des Sozialismus zu beheben.

Ein solches Europa bietet ein verlockendes Bild. Der Verkehr von Osten nach Westen ist leichter. Man besinnt sich auf die gemeinsamen kulturellen Werte. Lange negierte Bindungen werden mit neuem Leben erfüllt. Prag und Budapest, zwei gleichsam vor der Haustür liegende mitteleuropäische Hauptstädte, sind nicht mehr Lichtjahre von Wien und München entfernt. Die Sowjetunion wird den Preis für das Wiedererstehen Kontinentaleuropas bezahlen müssen, und zwar in Form von mehr Freiheit für die Volksrepubliken in ihrem Machtbereich. Darin liegt für die öffentliche Meinung Westeuropas die Attraktivität dieses Modells. Es entspricht unserem natürlichen Wunsch, unseren Brüdern im Osten wiederzubegegnen und eine unerträgliche halbseitige Lähmung beendet zu sehen. Im hintersten Winkel unserer Erinnerung ist Europa immer noch ein Ganzes. Was ist dieser spontanen Bewegung entgegenzuhalten? Langfristiges Risiko, strategische Entfremdung, verfängliche Abhängigkeit? Wie kann man demokratische Regierungen, die kaum weiter als bis zur Nasenspitze denken, daran hindern, um kurzfristiger Vorteile willen langfristige Unsicherheiten in Kauf zu nehmen? Nicht Fachleute entscheiden über die Strategie, sondern der Zeitgeist und die jeweilige Stimmung in der Gesellschaft. Abrüstung ist richtig, Friede ist verlockend, Entspannung beruhigend. Was wäre normaler! Die Zugeständnisse erscheinen geringfügig, wie Verstöße gegen die Ehre. Wen kümmert es schon? Daß in Finnland Demokratie und Marktwirtschaft bewahrt geblieben sind, ist nur die gefällige Vorderseite der Finnlandisierung. Die weniger angenehme Kehrseite zeigt sich beispielsweise darin, daß Flüchtlinge, denen es nicht gelingt, die schwedische Grenze zu erreichen, unverzüglich an die Sowjetunion ausgeliefert werden. Aber Verstöße gegen die Moral sind schnell vergessen!

Ein von den USA abgekoppeltes Westeuropa könnte sich guten Gewissens auf den Standpunkt stellen, der zunehmende Austausch mit dem Osten werde dort weitere Liberalisierung zeitigen. Es würde sich in der Überzeugung sonnen, mehr Einfluß auf die Sowjetunion nehmen zu können, als es selbst von dieser beeinflußt werde. Die Ansteckungskraft des demokratischen Systems, die unwiderstehliche Wirkung des freien Verkehrs von Personen und Kapital, kommerzielle und kulturelle Beziehungen, ein paar Tauben hier und da – man kennt ja die alte Leier von der Formbarkeit des Sowjetsystems. Und schon hätte der Traum Flügel erhalten. An die Stelle der wenigen symbolhaften Anzeichen der Entspannung wären echte Bindungen getreten, fest und auf Gegenseitigkeit.

Eine solche Entwicklung wäre unwiderruflich – allerdings nur für Westeuropa, das, hat es sich erst ganz auf seine kontinentale Selbstbezogenheit eingelassen, nicht neuerlich atlantisch werden wird. Eine liberalisierte Sowjetunion hingegen kann sich jederzeit wieder verhärten. Auf seiten der demokratischen Länder wirkt eine Art Sperrhaken. Die USA werden nicht auf ihre einstigen Verpflichtungen zurückkommen, von denen die Europäer sie entbunden haben. Das Wachsen der Militärbudgets wird immer schwerer durchzusetzen sein. Die tonangebenden Kräfte der Gesellschaft und die öffentliche Meinung werden vermehrt auf Entspannung, auf den Abbau des noch vorhandenen Konfliktpotentials dringen. Aber auch im Osten würde eine Verhärtung nicht widerspruchslos hingenommen. Bedurfte es erst des erzwungenen Rückzugs aus Afghanistan, um uns daran zu erinnern, daß sich die öffentliche Meinung selbst in undurchlässigen Systemen schließlich doch durchsetzt? Nichtsdestoweniger vermag der Osten das Rad immer wieder zurückzudrehen, auch wenn dafür ein hoher politischer Preis zu bezahlen ist. Wahlen, bei denen das Volk politische Entscheidungen gutheißen, hinauszögern oder verwerfen könnte, gibt es hier nicht. Das verleiht der angedeuteten Entwicklung eine fatale Asymmetrie.

Ein neues Zeitalter beginnt. Der Wandel, einstweilen noch kaum merklich, wird morgen schon unübersehbar, übermorgen dann unwiderstehlich sein. Wie alle echten historischen Bewegungen vollzieht er sich langfristig und aufgrund mehrerer gewichtiger Faktoren. Sie sollten wir im Auge behalten, wenn wir den Blick auf das Jahr 1992 richten. Es sind dies: das Wiederaufleben des US-amerikanischen Isolationismus, die neue Standortbestimmung Deutschlands, der wohldosierte Druck der Sowjetunion und, in geringerem Maße, Frankreichs strategische Eigenbröteleien.

2

Ein amerikanischer Rückzug?

Nach wie vor spielen die Vereinigten Staaten eine geschichtliche Rolle, die ihrer innersten Natur widerstrebt. Die Monroe-Doktrin, nach der man die übrige Welt ruhig ihrem Schicksal überlassen konnte, wenn nur der amerikanische Kontinent verschont blieb, ist noch nicht tot. Ist die Anhäufung von Provokationen schon vergessen, deren es 1917 bedurfte, um die USA schließlich doch zum Eintritt in den Krieg zu bewegen? Waren die Deutschen nicht davon überzeugt, sich alles erlauben zu dürfen, im festen Glauben an den US-amerikanischen Isolationismus? Und die USA 1941? In Europa tobte ein Krieg, den man ohne weiteres auf die verkürzte Formel Gut gegen Böse hätte bringen können, eine sehr überzeugende Vorstellung für das amerikanische Volk. Das ganze Land blickte auf seine Ostküste, die Elite war von europäischer Kultur und Bildung durchtränkt, der Präsident ein unerschrockener Verfechter der Demokratie, und doch reichten alle diese Faktoren nicht aus, um sich gegen die Diktatur der öffentlichen Meinung durchzusetzen. Wie isolationistisch muß sie doch gewesen sein, wenn die Vermutung aufkam, Roosevelt sei bezüglich Pearl Harbor gewarnt worden, habe jedoch den japanischen Angriff geschehen lassen, um daraufhin freie Hand zu haben! Diese Annahme konnte nie bewiesen werden, aber schon die Vermutung allein besagt genug.

Die »Kämpfer gegen den Imperialismus« der fünfziger und sechziger Jahre haben überhaupt nichts begriffen. Sie glaubten, die USA seien von Natur aus expansionistisch und zum Imperialismus berufen, während sie es in Wirklichkeit nur mit einer zufällig imperialistischen Macht zu tun hatten. Das US-amerikanische Modell, freiheitlich und kapitalistisch, ist von Natur aus ansteckend, aber sicher nicht imperialistisch. Hier spielt die Mimikry eine größere Rolle als militärische Einheiten, ist die kapitalistische Dynamik stärker als jede Flotte, die kulturelle Allgegenwart gewichtiger als Verteidigungsabkommen. Daraus ergab sich die Möglichkeit für Europa, eines Tages militärisch abgekoppelt und kulturell angekoppelt zu sein. Allerdings wurde diese Tatsache durch die Allmacht der Vereinigten Staaten nach dem Krieg verschleiert. Sie haben diese als westliche Führungsmacht ausgeübt, oft mit großer Härte, doch entspricht diese Rolle nicht ihrem Wesen. Die USA können auch leben, ohne eine absolute Beherrschung aufzubauen, im Gegensatz zur Sowjetunion, die sich mit ihrer strategischen Absicht voll identifiziert. Diese ist untrennbar mit ihrem Wesen verbunden und besteht darin, Amerika von Europa abzuschneiden, Zugang zu den warmen Meeren zu erlangen, die Macht Chinas in Schranken zu halten. Das sind die deutlichen, seit dem Zarenreich kaum veränderten Ziele, von denen die Sowjetunion weder im großen noch im kleinen abgehen kann. Wer könnte die strategische Zielsetzung der Vereinigten Staaten ebenso klar definieren? Verteidigung der »Containment«-Politik, des Widerstands gegen den sowjetischen Expansionismus also; genausogut könnte man von einer »ausgehöhlten« Strategie sprechen, einer Reaktion und nicht einer Aktion. Beherrschung der Energiequellen? Das war vor allem die Politik der »Erdölmagnaten«. Mehr Militärstützpunkte? Es ging wohl eher darum, den Rückzug zu begrenzen und hinauszuzögern, als weitere Stützpunkte zu schaffen. Wie naiv, wird man denken! Und die CIA in Chile? Natürlich. Und Panama, die Dominikanische Republik und die Bananenrepubliken? Richtig. Und die Unterstützung dieser oder jener lateinamerikanischen Diktatur? Unbestritten. Aber all diese Aktionen sind nicht in einem Gesamtzusammenhang zu sehen. Wo ist denn da eine Absicht? Abgesehen von dem Willen, das amerikanische Vorfeld zu schützen – auch hier ein Wiederaufleben der Monroe-Doktrin –, war die Strategie eher weich und nachgiebig. Nachdem sie durch die Zufälle der Geschichte zur Supermacht wurden, treten die Vereinigten Staaten nun wieder zurück ins Glied und kommen daher nolens volens auf ihren guten alten Isolationismus zurück. Die nun zu beschreibenden Umstände drängen sie dazu.

Das Ende der militärischen Vorherrschaft

Nie war die atlantische Gemeinschaft so »gemeinschaftlich« wie zur Zeit des nuklearen Vorsprungs der USA. In den fünfziger Jahren genoß Westeuropa den gleichen Schutz wie Michigan. Berlin anzugreifen war gleichbedeutend mit einem Angriff auf Chicago. Solange die Sowjets einen deutlichen Rückstand hatten, war die Sicherheit absolut. Als sie dann begannen, die Atombombe zu bauen, waren die US-Amerikaner schon bei der Wasserstoffbombe, und als die Sowjetunion ihrerseits diesen Stand erreichte, beherrschten die USA bereits die Atomrakete. Die entsprechende Militärdoktrin war denkbar einfach: massive Vergeltung – das Prinzip der Brachialgewalt. Ein Handstreichunternehmen gegen Hamburg – schon wäre die Sowjetunion vernichtet worden!

Dieses Primitivkonzept setzte selbstverständlich voraus, daß das US-Territorium von keiner sowjetischen Langstreckenrakete erreicht werden konnte. Seine strategische Grundlage war eine eindeutige Asymmetrie, denn die Sowjets setzten alles aufs Spiel, während die US-Amerikaner keinerlei Risiko eingingen.

Als die UdSSR schließlich auch strategische Raketen beherrschte, wurde die massive Vergeltung zunehmend riskanter. Nun waren die USA ebenfalls bedroht, und die Sicherheit Westeuropas wurde von da an immer ungewisser. Je schwerer sich die Bedrohung der Vereinigten Staaten ausnahm, desto geringer wog die absolute Schutzgarantie für das westliche Europa. Ein paar Jahre lang versuchten die US-Strategen die Realität zu überlisten, indem sie so taten, als glaubten sie an den Fortbestand ihrer These, die sich allein auf die Unverwundbarkeit der USA gründete. Diese Fiktion mußten sie bald aufgeben, und an die Stelle der massiven Vergeltung trat die *flexible response*.

Hinter der Sterilität der Begriffe hatte sich die Welt verändert, und Westeuropa hatte die absolute Sicherheit verloren. Und was behaupteten unsere Theoretiker? Sie sprachen von der Verhältnismäßigkeit des Gegenschlags im Vergleich zum Angriff, und die strategischen US-Waffen dürften nur in äußerster Bedrängnis eingesetzt werden. Damit wurde Europa wieder zum potentiellen Schlachtfeld. Vorher hatten die USA einem Überfall auf West-Berlin wie einem breit angelegten Angriff auf die Bundesrepublik Deutschland ein und dieselbe Drohung entgegengesetzt. Nun kam die alte, die klassische Strategie wieder zu ihrem Recht: auf jede Aggression die angemessene Antwort. Nichts ließ unter diesen Umständen darauf schließen, wann genau die USA zum Letzten bereit wären, ja ob dies überhaupt der Fall wäre. Die Abkoppelung begann im Grunde schon mit der *flexible response*. Jahrelang hat dies niemand so recht erkannt. Der Vorsprung der USA war so groß, daß die militärisch-strategische Drohung kaum an Glaubwürdigkeit verlor. Für die Vereinigten Staaten stand in einem nuklearen Konflikt soviel weniger auf dem Spiel als für die Sowjetunion, daß man allein aufgrund des Ungleichgewichts schon glauben konnte, sie wären auch zum Äußersten bereit. Als jedoch die Sowjets das Gleichgewicht des Schreckens herstellten, begann die *flexible response* allmählich in Richtung auf die Abkoppelung abzugleiten. Schon 1979 gestand Henry Kissinger als erster diese Entwicklung ein, als er den Westeuropäern riet, sich im Fall eines Konflikts in Europa nicht auf den Einsatz der strategischen US-Atomwaffen zu verlassen. Die Diskussion über die Pershings konnte die Zweideutigkeit gar nicht besser veranschaulichen. Für die einen statteten sie Westeuropa mit genügend schlagkräftigen Waffen aus, um das ganze europäische Territorium unter den Schutz der Abschreckung zu stellen. Für die anderen würde ihr möglicher Einsatz die USA zwingen, zur Unterstützung notfalls auch ihre strategischen Waffen einzusetzen. Die einen betrachteten die Lage aus der Perspektive der Abkoppelung, die anderen aus der Sicht einer erzwungenen Ankoppelung. Bei einer solchen Ambivalenz hat eine Strategie jede Glaubwürdigkeit eingebüßt; sie ist nicht mehr flexibel, sondern nur noch widersprüchlich.

Ob letzter Versuch vor der Abkoppelung oder ob erste Aktion danach – zu diskutieren gab es da nicht mehr viel. Die Vereinbarung über die eurostrategischen Raketen ließ das Thema und damit auch die ungeklärten Fragen von der Tagesordnung verschwinden. Weder Pershings noch SS 20, sondern die Nullösung im Verein mit der doppelten Nullösung, die sich auf Raketen mit einer Reichweite von 1000 bis 5000 Kilometer bezog, brachte das strategische Gleichgewicht ins Wanken. Im Fall einer allmählichen Eskalation bis zum Äußersten wären die USA nun gezwungen, nach dem Einsatz der taktischen Waffen unmittelbar auf strategische Raketen zurückzugreifen; eine begrenzte Auseinandersetzung würde somit in die Apokalypse einmünden. Dazu werden die USA nie bereit sein. Die Sowjets hingegen bleiben in der Lage, den Konflikt auf Europa zu beschränken, ohne US-Territorium anzugreifen. Diese Asymmetrie ist es, die unweigerlich zum nuklearen Isolationismus der Vereinigten Staaten führt.

Die USA haben allerdings die Welt auch nie über ihre wahren Gefühle im unklaren gelassen. Schon zu Beginn der Pershing-Affäre zeigten sie sich der Nullösung zugeneigt. Die aberwitzigen Gedankenspiele von einem »Krieg der Sterne« sind bezeichnend, liefen sie doch darauf hinaus, das US-Territorium aus der Gefahr einer nuklearen Auseinandersetzung herauszuhalten. Reagans Ungeschicklichkeiten in Helsinki, später dann das eilfertige Eingehen auf die sowjetischen Kompromißangebote haben diese Absicht bestätigt. Wenn diese Raketen, die uns samt unserem Verteidigungsapparat in die nukleare Apokalypse hineinziehen, doch verschwänden! Das war der unausgesprochene Wunsch der US-Amerikaner, der sich im diplomatischen Pas de deux dann um so vernehmlicher bekundete.

Das Engagement für einen »Krieg der Sterne« hat sich nicht so sehr auf das militärische Kräfteverhältnis ausgewirkt, sondern vorwiegend den Sinneswandel in den USA deutlich gemacht. Einen Atomschild im Weltraum gibt es weder morgen noch übermorgen; nachdem alle Illusionen verblichen sind, kann es sich dabei ohnehin nur um ein verbessertes Raketenabwehrsystem handeln, das gewiß nie jenes Maß an Undurchlässigkeit gewährleisten wird, welches Präsident Reagan von einer geradezu idyllischen Epoche des Friedens schwärmen ließ. In diesem technischen Phantasiegebilde kommt der altbekannte Isolationismus, nun unter dem Vorzeichen des thermonuklearen Zeitalters, wieder zum Vorschein. Die Vereinigten Staaten haben nur einen Traum: im 21. Jahrhundert durch ihren Schutzschild im All so geschützt zu sein, wie sie es zu Zeiten Monroes durch die Meere waren. Welche Windungen und Verrenkungen wurden nicht aufgeführt, um die Behauptung zu stützen, dieselbe wohltuende Sicherheit werde sich auch auf Westeuropa erstrecken. Doch alle Verlegenheitsfloskeln konnten vor der harten Wirklichkeit der Technologie nicht bestehen. In Anbetracht der lächerlich kurzen Zeit, die sowjetische Raketen benötigen, um Westeuropa zu erreichen, müßte der westeuropäische Schild im Vergleich zum US-amerikanischen den gleichen Fortschritt erzielen wie dieser gegenüber den derzeitigen Raketenabwehrsystemen. So ist die von den USA widerstrebend und ziemlich verspätet gegebene Zusicherung verhallt, ohne Glauben zu finden.

Die Lage ist somit klar, wenn auch recht ernüchternd: Die USA werden sich immer die Mittel zu verschaffen wissen, die sie vor einem sowjetischen Angriff schützen; sie sind zwar gewillt, ihren Beitrag zur Verteidigung Westeuropas zu leisten, jedoch nicht bereit, sich für das Heil der Europäer in den nuklearen Untergang hineinreißen zu lassen. Durch dieses Raster betrachtet, erscheint die US-amerikanische Strategie fest umrissen: durch zusätzliche Haushaltsanstrengungen einerseits und durch Abrüstungsmaßnahmen andererseits die Glaubwürdigkeit ihrer strategischen Streitkräfte zu bewahren; alle Waffenarten zu vernichten und allen Situationen vorzubeugen, die sie gegen ihren Willen in einen thermonuklearen Konflikt hineinziehen könnten; mit ihren europäischen und japanischen Bündnispartnern Sicherheitssysteme aufrechtzuerhalten, die möglichst viel Solidarität bei möglichst wenig Risiko bieten. Das erste Ziel rechtfertigt die militärische Anstrengung der achtziger Jahre: Das »Star Wars«-Programm lauft an, und weitere Abrüstungsabkommen werden angestrebt. Das zweite Ziel enthält die doppelte Nullösung und vielleicht morgen schon die dreifache, nämlich die Zerstörung der Kurzstreckenwaffen, sobald der vollständige Abzug aller Atomwaffen aus Mitteleuropa nicht mehr den Eindruck erweckt, man wolle Europa im Stich lassen. Für das dritte Ziel muß, das zeigte die jüngste Vergangenheit, ein rhetorisches Gleichgewicht gefunden werden zwischen der Fortsetzung des gemeinsam mit der Sowjetunion ausgeübten »Duopols« einerseits und der erneuten Bekräftigung – nach bekanntem Zeremoniell – der atlantischen Solidarität andererseits.

In diesen Dingen verläuft die Entwicklung bisweilen uneinheitlich und in verschiedenen Strängen. Auf jede augenscheinlich pazifistische Anregung der Sowjetunion folgt eine deutliche Überreaktion der USA. Die Sowjets pfeifen den Refrain der Abrüstung, und die US-Amerikaner laufen eilfertig herbei. Das gilt heute mehr als gestern, morgen deutlicher als heute. Das atlantische Sicherheitssystem gibt es nicht mehr – es ist unvereinbar mit dem wiedererwachten Isolationismus der USA. Dieser wurde nicht durch eine ausschließlich militärische Dynamik bewirkt, sondern ist auf eine allgemeine Schwächung der USA zurückzuführen, auf gesellschaftliche Veränderungen und die Tatsache, daß sich das Interesse immer mehr auf den Westen des Landes richtet, jenseits einer Achse Seattle-Dallas.

Der Drang nach Westen

Jene Vereinigten Staaten, die 1941 den Demokratien zu Hilfe kamen, sahen sich noch in der Rolle von Europas ältestem Sohn. Kultur, Mentalität, Wirtschaftsbeziehungen, Einwanderung der ersten Generation, Snobismus, selbst soziale Bindungen – all das verband sie mit dem alten Kontinent. Inzwischen zeigt der Kompaß jedoch in eine andere Richtung.

Die Minderheiten von damals waren Italiener und Polen; heute sind es schwarze, spanischsprechende, jamaikanische Minoritäten. Man blickt nicht mehr nostalgisch zurück auf Neapel oder Warschau, sondern sehnt sich nach Mexiko, Caracas, Santo Domingo. Der Süden der USA wird ebenso rasch hispanisiert, wie sich die spanischsprechenden Einwanderer amerikanisieren, und demographisch gesehen, verbindet sich Mexiko zunehmend mit Nordamerika. Legale und illegale Einwandererströme lassen eine eigentümliche, weder ganz US-amerikanische noch wirklich mexikanische, Zwischenzone entstehen. Diese »Hispanier« blicken nicht nach Madrid, eher blickt Madrid auf sie. Ein Einwanderungsland wird viel stärker von der letzten Generation der Immigranten geprägt, als es das selbst wahrhaben möchte. Die angestammten US-Amerikaner bauen längst nicht mehr auf verwandtschaftliche Solidarität; das tun jedoch die neuen US-Bewohner. Für einen soeben eingebürgerten Mexikaner, einen Schwarzen aus Atlanta, der es gerade zu etwas gebracht hat, für einen Chinesen in der aufblühenden Diaspora von San Francisco bedeutet Europa kaum mehr als einen nicht genau bestimmbaren Fleck auf der Landkarte, ein Ziel von Pauschalreisen, ein paar vergilbte Ansichtskarten. Und da soll man sterben für Berlin?

Auch die intellektuelle Elite der USA entgeht diesem Ausschlagen des Pendels zur anderen Seite nicht. Die »Wasps«* haben ihr Machtmonopol verloren. Die Landsleute aus Georgia bzw. Kalifornien, mit denen sich die Präsidenten Carter und Reagan umgaben, wären einem Morgenthau oder einem Hopkins der vierziger Jahre höchst exotisch erschienen. Mit diesem Hauch von Exotik kam auch eine andere Sicht der Weltlage nach Washington. Sollte Kissinger das letzte Kind Europas gewesen sein, das Einfluß auf die US-Politik hatte? Wo sind die durch und durch europäisch gebildeten Professoren der Harvard University oder des Massachusetts Institute of Technology in den einflußreichen Kreisen geblieben? Auf welchen Bastionen sind heute die letzten Wasps zu finden? Kehrt ein liberaler Bürgerlicher der Ostküste wie George Bush nicht den Texaner, der er eine Zeitlang war, besonders hervor, um damit seine Wahlchancen zu verbessern? In den verwandelten USA gibt es eine neue Elite, und diese hat neue Horizonte, die wiederum ein anderes diplomatisches und strategisches Konzept bedingen.

Ob es einem nun gefällt oder ob nicht – die Vereinigten Staaten haben sich um die eigene Achse gedreht. Man braucht nicht erst Braudel heranzuziehen und die großen Alten, um diese jedem ins

* Wasp: White Anglo-Saxon Protestant, weißhäutige, angelsächsisch geprägte, protestantische Elite in den US-Bundesstaaten der Ostküste

Auge springende Tatsache zu erkennen. Der Schwerpunkt der USA liegt nicht mehr an der Ostküste. Auch wenn diese in jüngster Zeit wieder eine gewisse Aufwertung erfahren hat, wird sie doch nicht mehr ihre frühere Vormachtstellung zurückgewinnen. Das Herz der US-Wirtschaft schlägt nunmehr ein bißchen in Chicago, ein bißchen in Atlanta, Dallas und Houston, ganz besonders aber in Kalifornien; das hat sich allmählich herumgesprochen. Im Hinblick auf Wachstumsraten und, insbesondere technologische Dynamik, auf soziale Mobilität und Innovationsfreude kann New York schon lange nicht mehr auf den Mittleren Westen hinabsehen. Der US-Wirtschaftsraum ändert sich nicht nur im Inneren, sondern dehnt sich auch weiter aus. So ist damit zu rechnen, daß etwa die Verflechtung der USA mit Kanada und Mexiko in den kommenden Jahren sich verstärken wird. Schon jetzt rührt die Hälfte des US-Defizits allein aus dem Handel mit diesen beiden Staaten. Daran läßt sich der Umfang des Güteraustausches zwischen den USA einerseits sowie dem südlichen und dem nördlichen Nachbarstaat andererseits ablesen. Mexiko liefert Erdöl, Einwanderer und lokale Arbeitskräfte zu Preisen wie in Taiwan, und die USA gleichen im Gegenzug die mexikanische Zahlungsbilanz aus; was Kanada angeht, so stellt dieses an Rohstoffen und erschlossenen Gebieten reiche Land faktisch den 51. US-Staat dar. Bei zunehmender Verflechtung und einer sich verstärkenden Zusammenarbeit wird sich der Schwerpunkt der USA aufgrund des zunehmend an Bedeutung gewinnenden Austauschs mit Mexiko immer mehr nach Süden und, wegen der Nachbarschaft zu Kanadas dynamischer Region, nach Westen verlagern. In einem solchen Nordamerika richtet sich das Interesse kaum nach außen, weder nach Europa noch nach Japan. Nur einfältigen Naturen käme es in den Sinn zu glauben, an die Stelle der biologischen Bindungen der USA an Europa könnten Beziehungen gleicher Art mit Japan treten. Der Handel im pazifischen Raum übertrifft zwar den transatlantischen, und die wirtschaftliche Symbiose zwischen beiden Ufern des Pazifiks wächst weiter. Auch entstehen komplexe Verbindungen zwischen japanischen und US-Unternehmen, wobei Stillhalteabsprachen und regelrechte Assoziierungsabkommen Konkurrenzverhalten nicht ausschließen. Zwar trifft ferner zu, daß das Wechselkursverhältnis zwischen Yen und Dollar mittlerweile die tragende Säule des Weltwährungssystems ist, daß die USA zu einer Art Überlaufbecken für die japanische Industrie geworden sind, daß die US-Amerikaner mit einer Mischung aus Angst, Neid und Hochachtung gebannt auf Japan blicken und daß den Politikern in Washington bei der geringsten diplomatischen Initiative der Japaner der kalte Schweiß ausbricht. Schließlich bleibt auch zu bedenken, daß Japan für die USA in strategischer Hinsicht langfristig wichtiger sein dürfte als Europa. Dennoch werden sich von der einen Küste des Pazifiks bis zur anderen niemals so intime und freundschaftliche Bindungen entwickeln, wie sie zwischen den USA und Westeuropa bis in die sechziger Jahre bestanden haben. Wo zwei Welten einander so zutiefst wesensfremd gegenüberstehen, wird es nie eine derart sehnsuchtsvoll betriebene Einwanderung, eine solche Kulturgemeinschaft und ein ähnlich inniges, fast verwandtschaftliches Verhältnis geben. In dieser Hinsicht wird die pazifische Welt des Jahres 2000 keinerlei Ähnlichkeiten mit der »atlantischen Familie« von 1950 aufweisen.

So bleiben für die nähere Zukunft der Vereinigten Staaten drei Tendenzen festzustellen: ein wirtschaftliches und strategisches Umschwenken nach Westen, eine Rückbesinnung auf Nordamerika unter Einschluß von Mexiko und Kanada sowie eine gewisse Gleichgültigkeit gegenüber der pazifischen Welt. Dabei spielt Europa allemal keine Rolle.

Der Preis des wirtschaftlichen Niedergangs

Auch wenn man nicht einem Schmalspurmarxismus huldigt, für den Strategie ein Nebenprodukt wirtschaftlicher Macht ist, wird man den wiederauflebenden Isolationismus der USA mit ihrem schwindenden wirtschaftlichen Gewicht in Verbindung bringen. Nachdem sie als einziger wirklicher Siegerstaat, der überdies auf seinem Territorium keinerlei Zerstörungen hinzunehmen hatte, jahrzehntelang die aus dem Zweiten Weltkrieg gezogenen Vorteile genossen haben, sind sie seit über 15 Jahren dabei, wieder ins Glied zurückzutreten. Erste Außenhandelsdefizite ab 1965, die Aufhebung der Konventierbarkeit des Dollars 1971, der Währungszusammenbruch von 1978 und die demütigende Tatsache, mittlerweile der Welt größter Schuldner zu sein, sind unverkennbare Zeichen des Abstiegs.

Die Expansion der achtziger Jahre war das letzte Feuerwerk. Unter der Devise einer Angebotswirtschaft kam es zu einem stürmischen keynesianischen Aufschwung einer durch unerhört hohe Zinssätze gedopten Währung, einem von den ausländischen Anlegern finanzierten Außenhandels- und Haushaltsdefizit. Die erpresserischen Privilegien des Dollars mußten noch recht solide sein, um solche Abwege zuzulassen. Doch die Illusionen schwanden, als die USA durch ständiges Eingehen neuer Verpflichtungen zum Nettoschuldner wurden, nachdem ihre Schulden allmählich ihre Außenstände überstiegen. Der Verfall des Dollars spiegelt dies sehr deutlich wider.

Mit allerlei Tricks gelang es den USA ein ums andere Mal, den Zahltag hinauszuzögern. Erst als es im Oktober 1987 zum großen Börsenkrach kam, schien sich die harte Realität endlich durchzusetzen. Doch nichts dergleichen geschah, denn anstatt der zu erwartenden Rezession durch Verringerung des Sparvolumens konnte man eine weiterhin ungehemmte Expansion erleben; allerdings mußte der Preis mit einer massiven Geldspritze und somit der Voraussetzung für ein Wiederaufleben der Inflation bezahlt werden. Wenn nicht bald eine wirksame Therapie verordnet wird, besteht erneut die Gefahr einer Thrombose, und diesmal dürfte die Lage ernst werden.

Das US-Handelsdefizit, mehr als 10 Milliarden Dollar monatlich, läßt sich durch den Rückgang des Dollarkurses nicht auffangen. Dabei hat der Dollar bereits 50 Prozent seines Wertes verloren, was dazu geführt hat, daß das Importvolumen zurückging und die Ausfuhren stiegen, auch wenn die entsprechenden Dollarbeträge angesichts einer so gigantischen Abwertung dies kaum erkennen lassen. Eine derart geringfügige Besserung wird dem Ausmaß des Problems jedoch bei weitem nicht gerecht, denn bei dieser Geschwindigkeit würde es zehn bis fünfzehn Jahre dauern, bis das Pendel wieder ins Lot käme. So viel Zeit bleibt den USA aber nicht. Sie müssen daher ihrerseits eine Rezession in Kauf nehmen – gleich den vielen Ländern mit unausgeglichener Außenhandelsbilanz, die nicht über das bequeme Mittel einer Reservewährung verfügen. Die Vereinigten Staaten werden nun eine Binsenweisheit entdekken, die ihnen seit dem Krieg dank ihrer Privilegien erspart geblieben ist: Nur durch Rezession nehmen Einfuhren ab und Ausfuhren zu, bis das Gleichgewicht schließlich wiederhergestellt ist. Die Nordamerikaner haben zuviel verbraucht, über ihre Verhältnisse gelebt und nicht genügend produziert. Ihr Lebensstandard wird zweifellos um mehrere Prozentpunkte zurückfallen.

Doch selbst diese Roßkur wird nicht genügen, auch das zweite Ungleichgewicht, nämlich das Haushaltsdefizit, zu beheben. Bisher wurde dieses Defizit zu 50 Prozent durch Verschuldung im Ausland finanziert; die geringste Vertrauenskrise kann daher schon das Aus bedeuten. Wie das in einer Marktwirtschaft nun einmal ist, kann weiteres Kapital nur durch steigende Zinsen ins Land gelockt werden, und diese Eskalation beschleunigt ihrerseits wieder die Rezession. Die USA gleichen ihre Konten entweder durch Verschuldung oder durch Abstoßen von Vermögenswerten aus – in jedem Fall ein Balanceakt.

So unvermeidlich die Rezession für die USA ist, läßt sie sich jedoch im Augenblick weder zeitlich noch in ihrem Ausmaß genauer bestimmen. Wie die breite Vergabe von Krediten eine Ausweitung des Börsenkrachs verhindern konnte, so dient sie auch dazu, die Stunde der Wahrheit möglichst weit hinauszuzögern. Diese wird entweder durch die Märkte oder durch die 1989 angetretene Regierung unter George Bush herbeigeführt werden. Im ersten Fall ist die Kettenreaktion klar: erneute Wechselkurskrise, unkontrollierter Anstieg der Zinssätze, abermaliger Börsenkrach, drastischer Rückgang des Verbrauchs; in gewisser Weise hat der Staat dann das Glück, mit den vollendeten Tatsachen konfrontiert zu sein. Im zweiten Fall wird der neue US-Präsident einschneidende Sanierungsmaßnahmen ergreifen müssen, und zwar aufgrund der – in Wahlkämpfen schwerlich populären – Überlegung, daß eine absichtlich herbeigeführte Rezession besser ist als eine plötzliche und daher viel härtere Depression. Eine Steuererhöhung wäre in dieser Hinsicht doppelt nützlich, weil sie zum einen das Haushaltsdefizit verringern, zum anderen den Verbrauch dämpfen und damit die Einfuhren senken würde. In einem Land mit niedrigen Steuern, in dem es weder Mehrwert- noch Mineralölsteuer gibt, genügt es schon, diese beiden Abgaben einzuführen, und sei es auch in homöopathischen Dosen, um diese Dinge wieder ins Lot zu bringen. Freilich bleibt bei diesem Rechenexempel der zu entrichtende politische Preis unberücksichtigt.

Doch wie dem auch sei – ob gewollte oder ob aufgenötigte Rezession, Steuererhöhung hin, Steuererhöhung her: Die USA werden nicht umhinkönnen, ihre Haushaltsausgaben zusätzlich einzuschränken. Wie einst werden sie zu wählen haben zwischen »Butter und Kanonen«, zwischen Wohlfahrtsstaat und Militärhaushalt. Diesmal wird die Wirtschaftskrise allerdings ganz anders aussehen. Es wird nicht mehr damit getan sein, der Expansion aus binnenwirtschaftlichen Gründen, insbesondere zur Dämpfung der Inflation, eine Phase abgeschwächter Konjunktur folgen zu lassen; vielmehr müssen jetzt die Rechnung für 15 Jahre Illusionen und das ständige Bemühen, den Sachzwängen aus dem Wege zu gehen, bezahlt werden.

Eine hartnäckig in der Rezession verharrende Wirtschaft begrenzt den Einfluß des Staates, verringern sich doch bei schrumpfendem Haushalt die Mittel für Militärzwecke. Totalitären Regimen gelingt es, sich dieser Gesetzmäßigkeit zu entziehen, indem sie jede weitere Anstrengung auf die Bevölkerung abwälzen. Demokratien haben – Gott sei Dank! – diese Ausweichmöglichkeit nicht. Eine rezessive Entwicklung wäre fatal für die Machtstellung der USA. In diesem völlig auf Konsum eingestellten Land hat jede Krise einen kollektiven Preis, der jenseits der Gegebenheiten des Marktmechanismus liegt: übertriebener Pessimismus, nachlassende Dynamik, fehlende Risikobereitschaft, Abschottung nach außen. Das Verteidigungsbudget wird wie üblich den Tresor darstellen, den man immer noch aufbrechen kann, vor allem dann, wenn eine Atmosphäre der Entspannung ein ausreichendes Alibi dafür liefert. Auf der Liste der zu streichenden Verpflichtungen, der reduzierbaren Betriebsausgaben wird man den Rotstift bei den mit der US-Präsenz in Europa verbundenen Aufwendungen ansetzen. Es wird nicht zu einer landesweiten Debatte über die Beziehungen zwischen den USA und Westeuropa kommen, in deren Verlauf die GIs nach Hause zurückbefohlen werden; eher werden diese in kleinen Gruppen heimkehren, nach Maßgabe der in bürokratische Entscheidungen umgesetzten Haushaltskürzungen. Ein erstes Regiment wird zurückbeordert werden, und um den Vorgang herunterzuspielen, wird die US-Regierung einen kräftigen Medienwirbel veranstalten: Zwar gebe es weniger Soldaten, dafür aber mehr und besseres Material, so daß die US-Präsenz schlagkräftiger sei als zuvor. Hinter den großen Worten gerät der Vorgang selbst aus dem Blickfeld, die Gemüter beruhigen sich – und ein unaufhaltsamer Prozeß kann seinen Gang nehmen. Mit jedem neuen Haushaltsjahr werden weitere Truppenteile aus Europa abgezogen werden.

Im Lauf der Jahre wird die militärische Präsenz der USA in Westeuropa immer schwächer werden, bis schließlich die Dynamik der Abrüstung den Schlußpunkt setzt. Denn der Druck, den das Haushaltsdefizit ausübt, wird zweifellos das Hauptinstrument der Entspannung sein. Auf der einen Seite ein überreiches Land, das bei seinem Verteidigungshaushalt sparen muß, um nur ja keine Verringerung der Kaufkraft, und sei sie noch so minimal, hinnehmen zu müssen; auf der anderen Seite ein armes Land, das seiner Bevölkerung drastische Einschränkungen auferlegt, um seine militärischen Anstrengungen finanzieren zu können. Doch abrüsten werden sie gemeinsam. Um so besser! Aber man muß auch den Preis kennen, den Westeuropa dafür zu zahlen hat: Je mehr die Vereinigten Staaten ihr zentrales Sicherheitssystem abbauen, um so weniger werden sie gewillt sein, es dann auch noch für die Verteidigung Dritter, sei es in Japan, sei es in Westeuropa, aufs Spiel zu setzen. Die Abrüstung verstärkt die Abkoppelung und macht sie gleichzeitig schwieriger. Ein auf das Mindestmaß reduzierter Schutz für die eigene Region, Nordamerika nämlich – das ist der natürliche Lauf der Entwicklung.

Der Anstieg der US-Militärausgaben war auf die erste Zeit nach Präsident Reagans Amtsantritt beschränkt. Aufgrund von Ronald Reagans ureigener Ideologie und der Illusion der Angebotswirtschaft konnte das Boot eine Weile gegen den Strom gesteuert werden. Die Fiktion vom »Reich des Bösen« und imaginäre Haushaltseinnahmen bildeten die unerwarteten Voraussetzungen für diesen – im übrigen sehr kurzlebigen – Kraftakt. Tatsächlich spricht in den Vereinigten Staaten alles für den Pazifismus. Strategie ist ein Nebenprodukt der Gesellschaft, nicht wirtschaftlicher Infrastrukturen, vielleicht begreifen dies eines Tages auch die letzten Marxisten. Bei rationaler Betrachtungsweise hätten die USA heute die Wahl zwischen zwei politischen Möglichkeiten: entweder verstärkte militärische Anstrenungen, um die Sowjets wirtschaftlich auszubluten und den eigenen Einfluß in der Welt zu verstärken, oder Entspannung und Rückzug. Theoretisch könnten sie auch zweigleisig fahren, während die Sowjetunion ihrerseits nicht einmal das Tempo beschleunigen kann. Aber eine solche Möglichkeit wäre illusorisch, machte doch die Überzeugung, das Wirtschaftswachstum werde die Verteidigungsanstrengungen finanzieren, den Anstieg der Militärausgaben in den achtziger Jahren überhaupt erst möglich. Bei den ersten Anzeichen eines Kaufkraftschwundes würden zusätzliche Militärausgaben den Verbrauch weiter dämpfen. Das aber würde den natürlichen Erwartungen zuwiderlaufen, die an eine Demokratie zu stellen sind.

Mehr noch als anderswo schreckt die öffentliche Meinung in den Vereinigten Staaten vor der Entscheidung »Butter oder Kanonen« zurück. Der durchschnittliche US-Bürger ist äußerst konsumorientiert, was so weit gehen kann, daß er auf Pump lebt, hat kaum einen Sensus für die Gefahren eines Angriffs von außen, kennt weder militärische Kultur noch Tradition und wäre keinesfalls bereit, noch tiefergreifende Folgen einer jetzt schon unerträglichen Rezession hinzunehmen, um die strategische Macht der Regierung zu stärken. Die Naivität der US-Öffentlichkeit, ihr natürliches Gefühl der eigenen Macht, ihre Überzeugung, keine Bedrohung könne ihr etwas anhaben, all das macht strategische Bestrebungen noch schwieriger. Wie sollte man von einer friedlichen und individualistischen Gesellschaft erwarten, daß sie der Versuchung der Entspannung widersteht? Wie sollte man von ihr verlangen, ein Europa in ihren Verteidigungsraum einzubeziehen, von dem sie sich genaugenommen immer weiter entfernt? Wie sollte man annehmen, daß die USA der Versuchung der Abrüstung nicht erliegen? Kurzum: Wie sollte man den Vereinigten Staaten ihren Pazifismus verübeln?

3

Deutschland im Zentrum

Mythen sterben schnell. Die Bundesrepublik Deutschland: bester Verbündeter der USA! Westdeutschland: Musterschüler der Atlantikerklasse! Die Deutschen: Herzensbrüder der Amerikaner! Jahrelang haben wir mit diesen bunten Klischees gelebt, auf die heute niemand mehr hereinfällt. Deutschland kommt in Bewegung und zieht Europa mit, solange die europäische Frage, morgen wie heute und heute ebenso wie gestern, immer wieder auf die deutsche Frage hinausläuft. Mit der Ostpolitik der siebziger Jahre setzte der Lauf der Geschichte wieder ein: unterschwellig zuerst, ab 1980 schon erkennbar, ganz augenfällig dann, seitdem die Sowjetunion die deutsche Karte spielt, indem sie Bedrohung durch Charme und ideologische Aggressivität durch »Glasnost« ersetzt. Diese Entwicklung beruht weder auf einer im stillen Kämmerlein ausgearbeiteten Strategie noch auf einer Schicksalsfügung, die Deutschland unausweichlich wieder zu seinem Ausgangspunkt zurückkehren ließe. Sie ist vielmehr das Ergebnis zahlreicher Einzelfaktoren: der Entwicklung der bürgerlichen Gesellschaft, des wirtschaftlichen Fortschritts, der Dynamik der politischen Kräfte, der natürlichen Annäherung der Bundesrepublik an die DDR, der im Osten ebenso wie im Westen sich vollziehenden Wiederbelebung Mitteleuropas und, *last but not least*, der Ungereimtheiten unter den westlichen Alliierten: Die USA befinden sich auf dem Rückzug, und Frankreich ist gern bereit, alles zu teilen, nur nicht die eigene Sicherheit. Die Gleichung ist nun einfach: Die Bundesrepublik Deutschland rückt wieder ins Zentrum, Westeuropa tritt hinter Europa zurück, die atlantische Partnerschaft verblaßt zugunsten eines kontinentalen Sicherheitssystems.

Allzulange hat das deutsche Tabu zur Blindheit gezwungen. Die neue Bewegung Deutschlands zu sehen hieß, den Visionen von einst nachzugeben, der niedersten Germanophobie zu erliegen, das europäische Wunder abzustreiten. Doch die Bundesrepublik ist in Bewegung gekommen, ohne dabei im geringsten von ihren demokratischen Werten und ihren wirtschaftlichen Grundsätzen abzuweichen. Demokratie und Marktwirtschaft sind mittlerweile Teil ihres Wesens, gehören untrennbar zu ihr, mehr noch als zu anderen Ländern, vielleicht sogar mehr als zu Frankreich. Es ist bewundernswert, wie gelassen die Deutschen seit 40 Jahren ihre Teilung, diese halbseitige nationale Lähmung, hinnehmen. Nur um des Vergleichs willen, der bescheiden macht, stelle man sich die Frage, wie Frankreich wohl reagiert hätte, wenn die Demarkationslinie des letzten Krieges fast ein halbes Jahrhundert lang fortbestanden hätte. Hut ab vor der Vernunft, die in den politischen Entscheidungen der Bundesrepublik stets bestimmend war, ob diese nun von der gemäßigten Linken oder ob sie von der ebenso gemäßigten Rechten getroffen wurden. Bevor es Le Pen gab, mußten wir Franzosen vorsichtig sein; seit Le Pen müssen wir jenen Hochachtung zollen, die in historisch schwierigen Situationen weder Fieberanfälle kannten noch von einem Extrem ins andere fielen, noch gar die Demagogie die Oberhand gewinnen ließen.

Doch darf die Hochachtung vor der demokratischen Vitalität der Bundesrepublik weder zu Blindheit noch zu Wunschdenken führen. Deutschland hat sich in Bewegung gesetzt, und nichts wird es aufhalten, denn es nimmt seinen angestammten Platz im Herzen Europas wieder ein, und zwar im Namen ebendieses Europas. Es ist kein Zufall, daß der Mythos von 1992 auf der anderen Seite des Rheins keinerlei Echo hervorruft. Von dem großen Binnenmarkt können die Deutschen zwar nur profitieren, aber doch weniger als von der Wiederbelebung der Märkte im Osten. Das Europa der Zwölf, ein Europa, in dem die Bundesrepublik das östliche Grenzland bildet, muß einem Deutschen höchst unvollständig vorkommen. Nachdem die Bundesrepublik den wirtschaftlichen Aufschwung in der Europäischen Gemeinschaft zu erheblichen Teilen finanziert hat, mußte man hier eines Tages auf den Gedanken kommenm, daß es für die budgetäre Großzügigkeit eine strategisch bessere Verwendung geben könnte. Der große Traum von 1992 wird nicht an den archaischen Zuständen in den südlichen Ländern Europas zerbrechen, auch nicht an dem letzten bißchen Nationalismus, der den Franzosen noch geblieben ist, und ebensowenig an der Gleichgültigkeit der Briten, sondern er wird daran scheitern, daß sich die Bundesrepublik Deutschland nicht an den Westen binden kann, wenn sie dadurch jeglichen Spielraum im Osten verliert.

Der Druck der Gesellschaft

Die Realität widerlegt die vorgefaßten Meinungen. Hier die vernünftige, produktive, in sich ruhende Bundesrepublik Deutschland, dort das immerzu aufgeregte, ineffiziente, wankelmütige Frankreich – solche Klischees sind längst überholt. Hinter der gemütlichen Bürgerlichkeit deutscher Städte brodelt es. Verglichen damit, ist die französische Gesellschaft nur »Verschwendung, Ruhe und eitel Wonne«. Der »grüne« Kulturhintergrund, die Stärke der alternativen Bewegung, der ökologische Druck, die strikte Ablehnung der friedlichen Nutzung der Kernkraft, die nach und nach zur Ablehnung auch der militärischen Nutzung führt, die zunehmend antiamerikanische Haltung – das alles sind Zeichen des Aufbegehrens.

Heute wird die Gesellschaft der Bundesrepublik nicht mehr wie 1968 von einer Minderheit in Frage gestellt oder wie zu Zeiten der Roten Armee Fraktion von einer Handvoll Terroristen angegriffen. Sie lebt mit einer an der eigenen Brust genährten alternativen Gesellschaft, die ihre eigenen Werte pflegt: Natur, Ökologie, Frieden, und auch ihre eigene Kultur hervorgebracht hat, eine seltsame Mischung aus Anarchie, Linksradikalismus, Esoterik und Pazifismus, und das alles ohne einen Hauch von Marxismus. Diese alternative Gesellschaft hat sich ihren eigenen politischen Stil zugelegt. Die Abgeordneten der Grünen haben sich im Lauf der Jahre mit den parlamentarischen Gepflogenheiten vertraut gemacht und halten die überkommenen Spielregeln auf ihre Weise ein, mit kleinen und großen Anfragen, Entschließungsanträgen und dergleichen. Von den Abgeordneten der anderen Parteien unterscheiden sie sich weniger durch ihre Reden als durch die Kleidung, an der sie im Zweifelsfall zu erkennen sind. Bei genauerem Hinsehen stellt man fest, daß die »Alternativen« ihre eigenen Stadtviertel und Wohngebiete besitzen. Wer einmal aus Berlins Stadtmitte hinausfährt oder das Düsseldorfer Geschäftsviertel hinter sich läßt, um sich in den alternativen Vierteln umzusehen, der versteht sofort, was gemeint ist, wenn von der Schizophrenie der Deutschen die Rede ist. Welches Bild böte sich wohl in Paris, wenn im fünften und im sechsten Arrondissement eine »alternative Stadt« entstanden wäre, in der nicht Ausgestoßene wohnten, sondern freiwillige, selbstbestimmte Außenseiter, mit alternativen Schulen, alternativer Gesundheitsfürsorge, alternativen Vereinen, alternativen Abgaben, ja sogar einem alternativen Ordnungsdienst? Innerhalb der Stadt wächst eine eigene Stadt, in der andere Gewohnheiten, andere Werte, andere Verhaltensmuster, ein anderer Lebensstil, ein besonderer Jargon, eine andere Art von Reklame herrschen. Die etablierte Kultur gibt sich längst keine Mühe mehr, diese Enklaven wieder für sich zu gewinnen, sondern läßt sie gewähren in der Hoffnung, daß die territoriale Abschottung nicht zur Gesetzlosigkeit, von da zur Kriminalität und schließlich zum Terrorismus führt. Doch schon jetzt färbt die alternative Kultur auf den Lebensstil der großen Mehrheit ab. In Zeitschriften, Werbung, Kleidung, in der gesamten Lebensart ist der »alternative« Einfluß auf Handel und Wandel der Bundesbürger unverkennbar.

Auch die Ökologie wird in der Bundesrepublik bei weitem nicht mehr nur von Grünen und Alternativen verfochten. Handelt es sich hier um das Wiedererwachen des alten germanischen Naturkults, um das Nebenprodukt einer auf den engsten Raum beschränkten Industriegesellschaft, um einen Ideologieersatz für ein Land ohne Ideologie, um einen Nachhall der vielbeschworenen deutschen Seele, um eine Art Entschädigung dafür, daß das seit dem Krieg sehr viel kleiner gewordene Deutschland sich von den großen Diskussionen unserer Zeit ausgeschlossen fühlte? All diese möglichen Gründe reichen jedoch nicht aus, das geschilderte Phänomen zu erklären. Mit dem Ruf nach Umweltschutz wird das gesellschaftliche Modell selbst in Frage gestellt. Nimmt man die Natur zum Maßstab, läßt sich alles kritisieren: das Wirtschaftswachstum, die Investitionen, die Gesetze des Marktes, das Verhalten einzelner gesellschaftlicher Gruppen, die Taktik der Arbeitgeber, die Regierungspolitik und so fort. Ein solcher Ansatz, der immer neue Fragen und Zweifel aufwirft, verliert längst nicht so rasch an Wirkung wie die alten Klassenanalysen, die in sichtbarem Widerspruch zur Realität standen. Auf die Natur kann man sich eben verlassen, anders als auf die Produktivkräfte ... Eine seltsame Gesellschaft ist das schon, in der die heftigsten Zusammenstöße mit der Polizei bei Demonstrationen gegen die Erweiterung des Frankfurter Flughafens passieren! Nur in Japan hat es eine ähnliche Entwicklung in einem gleichen Zusammenhang gegeben, damals, als es um die Vergrößerung des Tokioter Flughafens Narita ging. Eine erstaunliche Parallele! Der Weg ist klar; er führt von der Forderung nach Umweltschutz über die Ablehnung der Kernkraft zum Pazifismus. Niemand hat die Demonstrationen gegen den Bau von Kernkraftwerken gezählt, die Märsche gegen die Wiederaufarbeitung von Brennstäben, die Kundgebungen, auf denen die Atomkraft angeprangert wurde. Eine Messerspitze Evangelismus, eine Prise Ökologie, ein paar lutherische Prinzipien: Das sind die Zutaten, die aus »Lieber rot als tot« eine gemeinsame Moral machten.

Die Raketen sind im Osten, der Pazifismus im Westen, meinte François Mitterrand 1983. Welch ein Wust von Hintergedanken und Fiktionen verbarg sich hinter der Empörung gegen die Stationierung der Pershings und der Cruise-Missiles! Man hätte glauben mögen, die USA wollten gerade Deutschland besetzen. Die Liebe zur Natur führt zum Haß auf die Kernkraft, dieser zum Pazifismus und der wiederum zur Abkoppelung. So wird eine demokratische, bürgerliche Gesellschaft aufgrund ihrer Vitalität zum besten Verbündeten der Sowjetunion, des einzigen Landes ohne eine echte bürgerliche Gesellschaft.

In der Tat ist der Umweltschutzgedanke in der Bundesrepublik zusammen mit einem abgrundtiefen, unerwarteten Antiamerikanismus laut geworden. Als Leonid Breschnew zu einem Staatsbesuch nach Bonn kam, wurde er mit einer Anti-Reagan-Demonstration empfangen – und das in einem Land ohne kommunistische Partei, die eine solche »spontane« Massenbewegung hätte organisieren können! Innerhalb von 20 Jahren sind die Bundesbürger von völliger Ergebenheit gegenüber den Vereinigten Staaten über eine gewisse Zurückhaltung bis zur Feindseligkeit gelangt. Bei Meinungsumfragen wurden Breschnew und Tschernenko als Männer des Friedens bezeichnet. Da war es nur noch ein kleiner Schritt, dem friedliebenden Gorbatschow einen kriegslüsternen US-Präsidenten Reagan gegenüberzustellen. Hinzu kamen unzählige Demonstrationen in unmittelbarer Nähe der US-Stützpunkte in der Bundesrepublik, eine zunehmende Ablehnung der US-Symbole und eine Rückbesinnung auf Mitteleuropa, während gleichzeitig die Zeichen der allgemeinen Solidarität mit den USA seltener wurden und Nicaragua zum Gegenstand militanten Interesses aufstieg. Dies alles sind Indizien für eine Meinungsströmung, an der die Bundesregierung ihre strategischen Positionen wird ausrichten müssen.

Diese bürgerliche Gesellschaft betrachtet die atlantische Solidarität als ein Unglück. Sie lehnt es ab, die Bundesrepublik Deutschland zur »nuklearen Mülltonne« werden zu lassen. Seit der doppelten Nullösung träumt sie von vollständiger Denuklearisierung. Sie würde sich ohne US-Stützpunkte noch sicherer fühlen; in der Präsenz der US-Streitkräfte sieht sie ein Friedenshindernis und nicht mehr einen Schutz. Sie möchte ein Europa ohne Grenzen und ohne Eisernen Vorhang, in dem allein schon der freie Personenverkehr für alle anderen Freiheiten stünde. Kurzum, sie ist reif für die Finnlandisierung. Aber nicht nur sie allein.

Das wirtschaftliche Reich der Mitte

Die bundesdeutsche Wirtschaft ist die einzige in Europa, die eher gelassen auf 1992 blickt, die den Binnenmarkt weder als das Gelobte Land noch als Vorhof der Hölle betrachtet. Sie schaut in eine andere Richtung. Zwar wird ein Markt dieser Größenordnung in erster Linie den wirtschaftlich Mächtigsten begünstigen, also die Bundesrepublik. Er wird ihre starken Positionen festigen, vor allem auf Sektoren wie dem Bank- und dem Versicherungswesen, wo nationale Grenzen tatsächlich ein unüberwindliches Hindernis bedeuten. So warten die Deutsche Bank und die Allianz schon voller Ungeduld darauf, endlich zeigen zu können, wozu sie imstande sind, wie Siemens und Bayer dies schon vor ihnen getan haben. Aber der wirtschaftliche Ehrgeiz zielt weit über die Grenzen von 1992 hinaus. Als Wirtschaftsmacht von weltweiter Bedeutung denkt die Bundesrepublik Deutschland vor allem in Weltmarktdimensionen, denn nur der Weltmarkt ist groß genug für ihre Unternehmungen. Die USA, Südamerika und Fernost sind für die bundesdeutsche Wirtschaft Expansionsmärkte, die sie freilich mit ihren schärfsten Konkurrenten zu teilen hat. Doch die bundesdeutschen Unternehmen haben zusätzlich eine Region im Auge, in der sie sich gerade eine Monopolstellung aufbauen, nämlich Osteuropa und die Sowjetunion.

Für die bundesdeutsche Wirtschaft sind Exportmöglichkeiten weit wichtiger als für die Wirtschaft jedes anderen Landes, und zwar nicht wegen des bedeutenden Anteils des Außenhandels am Bruttoinlandsprodukt, sondern deshalb, weil die Bundesrepublik Deutschland als ein Land ohne ausreichenden Nachwuchs und mit stark rückläufiger Bevölkerungszahl darauf angewiesen ist.

Der bundesdeutsche Binnenmarkt ist ausgereizt. Die Nachfrage ist vollauf befriedigt, die übersättigte Bevölkerung hat an Autos, Haushaltsgeräten, Unterhaltungselektronik und so weiter verbraucht, soviel sie nur konnte. Dazu kommt, daß die Spartätigkeit auf Kosten des Verbrauchs zunimmt, denn aus begründetem Mißtrauen gegen ein Rentensystem durch Umverteilung ist diese alternde Gesellschaft bemüht, möglichst viel für ihre alten Tage zurückzulegen. Zu diesem Hintergrund gehören auch die verheerenden Auswirkungen des Geburtenrückgangs.

Seit 15 Jahren wußte man, daß die Bevölkerungszahl der Bundesrepublik abnehmen werde, doch niemand wollte es wahrhaben. Jetzt ist es soweit. Die Fruchtbarkeitsziffer liegt bei 1,3 – es ist die niedrigste in ganz Europa –, während die Zielvorgabe bei mindestens 2,1 Kindern pro Frau liegt, wenn die Bevölkerung nicht abnehmen soll. Mit der demographischen Zyklen eigenen Verzögerung hat der langsame, aber unausweichliche Rückgang bereits begonnen. Bei sonst gleichbleibenden Faktoren, also ohne massive Einwanderung und ohne plötzliches Ansteigen der Geburtenrate, würde die Bevölkerung der Bundesrepublik im Jahr 2030 nur noch 38 Millionen Seelen zählen. 38 Millionen! Das bedeutet, daß Deutschland allein in seinem westlichen Teil – samt West-Berlin – aufgrund von »Nicht-Geburten« ebenso viele Bewohner verloren haben wird, wie es als Ganzes im Zweiten Weltkrieg Tote zu beklagen hatte. Das einstige »Großdeutschland« wird dann nur noch eine Jammergestalt sein, ein Land mit immer weniger und zunehmend älteren Bewohnern. Vor diesen Aussichten verblassen alle anderen Probleme, die wirtschaftlichen und die politischen ebenso wie die kulturellen und die psychologischen. Wenn in der Bundesrepublik überhaupt noch eine Infrastruktur im marxistischen Sinn besteht, dann ist es die von der Bevölkerungsentwicklung gegebene. Der dramatische Rückgang der Bevölkerungszahl erschüttert sämtliche makroökonomische Gleichungen. Deshalb sind Exporte für die Bundesrepublik lebenswichtig, als Ausgleich für eine unvermeidlich rückläufige Inlandsnachfrage. Da der Binnenmarkt immer weniger Absatzmöglichkeiten bieten wird, liegt für sie das Heil nicht im Europa der Zwölf, das, wenn auch in geringerem Maße, zum gleichen demographischen Niedergang verurteilt ist, sondern im Weltmarkt. Und in diesem verzweifelten Ringen um Absatzmärkte wird der Osten wieder ein wichtiges Ziel.

Kulturell betrachtet, hat die Bundesrepublik Deutschland eine bessere Ausgangsposition als jeder Mitbewerber: gegenüber der Deutschen Demokratischen Republik, gegenüber den Volksrepubliken, die vor der Zeit des Eisernen Vorhangs alle im Einflußbereich der deutschen Wirtschaft lagen, und gegenüber der Sowjetunion, die mit Deutschland immer privilegierte Handelsbeziehungen gepflegt hat, ganz nach Art des früheren Rußlands. Auf einem Weltmarkt, auf dem sich unzählige Konkurrenten tummeln, kann man es den Bundesdeutschen nicht verdenken, wenn sie ihren Standortvorteil nutzen. Die Bundesrepublik ist unermüdlich bestrebt, ihre Kunden im Osten zahlungsfähig zu machen, sie mit allem zu versorgen und sie in Zulieferer mit niedrigen Löhnen zu verwandeln.

Da die Einfuhren der Länder des Ostblocks lediglich durch fehlende Mittel gebremst werden, hat die Bundesrepublik in aller Stille einen regelrechten Marshall-Plan für diese Länder entwickelt. Ohne bürokratische Verrenkungen werden Subventionen gewährt, ohne langes innenpolitisches Gerangel, aber mit ungeheurer Effizienz. Die Finanzhilfe an die DDR hat vielerlei Formen. Einige sind unauffällig, beispielsweise das seit Jahrzehnten unantastbare Prinzip der Konvertierbarkeit der Mark (Ost) in Deutsche Mark im Verhältnis 1:1, wodurch eine an sich wertlose Währung künstlich über die gleiche Kaufkraft verfügt wie eine der härtesten Währungen der Welt. Unauffällig ist auch die finanzielle Entlastung, die sich die DDR dadurch verschafft, daß sie Rentner in den Westen ausreisen läßt, wo dann die bundesdeutsche Sozialversicherung für die Renten aufkommt. Unauffällig ist schließlich der erhebliche Abfluß an Kaufkraft, der sich mit der Masse der zahllosen privaten Geschenke, der Spenden durch Vereine, der humanitären Hilfeleistungen durch die Kirchen und die vielen mit ihnen verbundenen Organisationen in die DDR ergießt. Daneben gibt es die klassischen »offiziellen« Finanzhilfen. Da sind zunächst die aus Haushaltsmitteln bestrittenen Darlehen des Bundes zu nennen, die nicht nur der DDR, sondern auch Polen und Ungarn zugute kommen, dann die Exportförderungen, die es den Unternehmen ermöglichen sollen, ihre Produkte an die nahezu insolventen östlichen Kunden zu verkaufen, und schließlich die massiven Kredite, die von den bundesdeutschen Banken zugunsten der sichersten Schuldner des Ostens, in diesem Fall der UdSSR und der DDR, aufgebracht werden. Dieser Kapitaltransfer nimmt ständig zu. Die Strategie der deutschen Banken läßt sich wie folgt karikieren: die Herrschaft über westeuropäische Depositenbanken gewinnen, um mit dem Mehr zu Spargeldern, über das sie dann verfügen, dem Osten noch höhere Kredite zukommen zu lassen. Eine solche Darstellung würden die Banken selbstverständlich zurückweisen und erklären, Spareinlagen seien nicht beliebig austauschbar und Darlehen seien zweckgebunden. Aber was tut in Wirklichkeit die Deutsche Bank anderes, wenn sie einerseits ihre Finanzierungsbasis in Italien erhöht, indem sie die Banca d'America e d'Italia übernimmt, und andererseits überall in der Welt, nur nicht in den Ländern des Ostens, ihre Kredite reduziert? Auf diese Weise setzt sich ohne großes Getöse eine Geldpumpe in Gang, die die Spargelder aus dem Westen abzieht und damit den Verbrauch im Osten finanziert. In diesem Spiel sind die Geld- und Kreditinstitute der Bundesrepublik konkurrenzlos; überdies ist die Gewährung ihrer Darlehen an den Kauf bundesdeutscher Produkte gebunden, womit sie der westdeutschen Industrieproduktion Absatzmärkte schaffen.

In der Tat sind die westdeutschen Großunternehmen im Osten ebensogut eingeführt wie die westdeutschen Banken. Hier können ihnen weder französische noch britische, noch US-Firmen den Platz streitig machen. Das ist ganz ohne Frage auf die anerkannt gute Qualität der deutschen Produkte zurückzuführen, sicherlich aber auch auf die alteingeführten Geschäfts- und kulturellen Verbindungen zu Osteuropa. Eine wesentliche Rolle spielen dürfte ferner die Fähigkeit der organisationstüchtigen Deutschen, mit den unübersichtlichen, schwerfälligen, schlechtfunktionierenden östlichen Bürokratien umzugehen. Wer wäre in der Sowjetunion besser vertreten als Bayer, Siemens, AEG und Mannesmann! Deutsche Unternehmer unterhalten zu ihren Kollegen im Osten engere Beziehungen, als man gemeinhin glaubt. So manche von ihnen verbringen mehr Zeit in Moskau als in New York, und während die einen mit sowjetischen Ministern im verschneiten Karelien auf die Pirsch gehen, treten andere Staatssekretäre zum Empfang im Kreml an und folgen damit dem Beispiel des früheren Vorstandsvorsitzenden der Deutschen Bank, der der erste Ausländer war, den Gorbatschow unmittelbar nach seinem Amtsantritt empfing.

Der deutsche »Drang nach Osten« ist nicht ein bloßes strategisches Konzept; er ist auch von wirtschafts- und sozialpolitischem Belang. Die bundesdeutsche Industrie gibt sich nicht damit zufrieden, ihre Produkte im Osten abzusetzen; sie steht vielmehr im Begriff, dort sozusagen vor der Haustür Lieferanten mit südkoreanischen Preisvorstellungen zu finden. Dies gilt schon seit langem im

Handel mit der DDR, die, was allzu leicht vergessen wird, faktisch Mitgliedsstaat der EG ist. Angesichts der Freizügigkeit des Warenverkehrs zwischen den beiden deutschen Staaten, die seit Abschluß der Römischen Verträge akzeptiert wird, kommen DDR-Waren zollfrei auf den Markt der Zwölfergemeinschaft – ein beträchtliches Privileg für eine Wirtschaft, deren Kosten unter der europäischen Norm liegen und deren, wenn auch geringe, Produktivität immerhin über den ungemein niedrigen Raten anderer Ostblockländer liegt. Für westdeutsche Unternehmen ist da die Versuchung groß, einen Teil der Zulieferung in den Osten zu verlagern. Die kulturelle Gemeinsamkeit erleichtert die Wirtschaftsbeziehungen, die DDR bietet Waren von annehmbarer Qualität zu konkurrenzfähigen Preisen, und dieser Wettbewerbsvorteil wird durch keinerlei Zölle beeinträchtigt. Mittlerweile erfolgt die Zulieferung in die Bundesrepublik nicht nur aus der DDR, sondern auch aus der Tschechoslowakei, aus Ungarn und selbst aus der Sowjetunion. Sobald die Perestroika ausländische Investitionen unter zufriedenstellenden Voraussetzungen gestattet und die Möglichkeit besteht, zu 100 % eigene Tochtergesellschaften zu gründen, den Kapitalfluß zu steuern und den Gewinn ins eigene Land zurückzuführen, wird diese Entwicklung beispiellose Ausmaße annehmen. Kiew anstelle von Singapur, Preßburg anstelle von Taiwan – derartige Standortwechsel eröffnen verführerische Aussichten.

Die Bundesrepublik ist dabei, ein »Wirtschaftsreich der Mitte« zu errichten, das als Bindeglied zwischen den beiden Teilen Europas fungieren soll. Für die westliche Wirtschaft wird der Osten bald ebenso unentbehrlich wie lebenswichtig sein. Für den Osten ist Westeuropa ein riesiges Hongkong: Tor zum Weltmarkt, Lieferant von Konsumgütern, Hersteller technisch hochwertiger Ausrüstungsgüter, Bankier und Partner in einem. Der Osten seinerseits bildet ein neues Hinterland für die gesättigte Wirtschaft des Westens, bietet Absatzmärkte und Zulieferer. So entsteht durch die Initiative der Bundesrepublik Deutschland auf wirtschaftlicher Ebene dieses »gemeinsame Haus« für West und Ost, von dem Gorbatschow so hoffungsvoll spricht. Zwar kann die Wirtschaft allein die Strategie nicht steuern, wie es die äußerst vereinfachenden marxistischen Schemata darstellen; aber die Errichtung eines »gemeinsamen europäischen Hauses« beschleunigt doch den Vorgang der Ablösung des atlantischen Systems durch ein kontinentaleuropäisches. Alles weist ganz entschieden in diese Richtung.

Neutralismus: Tendenz steigend

Lang ist es her, daß die Gesamtheit der gesellschaftlichen und politischen Kräfte der Bundesrepublik ausschließlich auf die USA ausgerichtet war. Das waren noch Zeiten, als die Errichtung eines Europas nach gaullistischer Denkungsart wegen mangelndem »Atlantikismus« abgelehnt wurde.

Mit Begriffen wie links/rechts, Sozialdemokraten/Christdemokraten ist der geistigen Entwicklung in der Bundesrepublik nur unzulänglich beizukommen. Die hier herrschende Dynamik hat alle politischen Parteien in Bewegung gebracht. In erster Linie naturgemäß die SPD, die in den siebziger Jahren die Ostpolitik durchsetzen konnte und damit die Büchse der Pandora öffnete. Die Bundesrepublik Deutschland wurde erwachsen. Sie entwickelte sich zu einem Land, das seine strategischen Interessen selbst in die Hand nahm und endlich den Status der Unmündigkeit und der halbseitigen Lähmung überwand, in dem es von den westlichen Alliierten bewußt gehalten wurde und der keinerlei Verbindung mit dem Osten duldete. Abzug der Kernwaffen aus Mitteleuropa, gleichzeitiger Rückzug der sowjetischen und der US-Streitkräfte. Vorrang der deutsch-deutschen Annäherung vor der westeuropäischen Integration – all diese Themen, die mittlerweile zur Tagesordnung gehören, wurden in SPD-Kreisen schon ein Jahrzehnt früher diskutiert. In der Tat hat sich die sozialdemokratische Parteidoktrin zusehends von einer extrem atlantischen Ausrichtung zu einer verkappt neutralistischen entwickelt. Die Regierung Helmut Schmidt war da lediglich ein unvorhergesehener Zwischenfall; ihre Politik konnte das Abdriften zwar bremsen, aber nicht verhindern.

Nach dem alten sozialistischen Prinzip, daß der Fortschritt immer am linken Flügel beginnt, hat sich der Einfluß des progressiven

Flügels in der SPD während der letzten zehn Jahre deutlich verstärkt. Zum Erscheinungsbild der Sozialdemokraten gehören heute: ein Wortführer wie Oskar Lafontaine, der einst eifrig den Austritt der Bundesrepublik aus der NATO befürwortete, inzwischen jedoch weniger provokativ geworden ist; hier die Forderung nach einem Bündnis mit den Grünen, dort der Wunsch, ihnen jegliche Grundlage zu entziehen; die sehnsüchtige Erinnerung an die Ostpolitik und der Wille, sie wiedererstehen zu lassen; einige Überreste des Neutralismus der fünfziger Jahre; ein Schuß Antiamerikanismus, auch von seiten Helmut Schmidts, der gegenüber dem US-amerikanischen Verbündeten endgültig hellhörig wurde, als Jimmy Carter auf die Neutronenbombe verzichtete; schließlich die Absicht, gegenüber den anderen Parteien den Vorteil einer engeren Beziehung zum Osten zu bewahren. Diese SPD ist gewillt – und auch bereit –, ihren Beitrag zur strategischen Neugestaltung Europas zu leisten.

Auch die Liberalen wollen sich dem Charme der Ostpolitik nicht entziehen. Die FDP hat sie damals gemeinsam mit der SPD auf den Weg gebracht und ist ihr auch nach der »Wende« von 1982 in der Koalition mit den Unionsparteien treu geblieben. Als Mitbegründer der Ostpolitik bleiben die Liberalen bemüht, diese aktiv weiterzuführen. Jeder in Bonn weiß, daß die Außenpolitik Hans-Dietrich Genschers nicht ganz der von Bundeskanzler Kohl entspricht. Der Außenminister, der jede Gelegenheit einer Öffnung zum Osten schnell zu ergreifen weiß und dem es ein Anliegen ist, von der doppelten zur dreifachen Nullösung zu kommen, also der Denuklearisierung Mitteleuropas, ist um so offener für den europäischen Gedanken, als er sich ein von den USA unabhängiges Westeuropa vorstellt; insoweit ist er seinem Kanzler bei der strategischen Neuorientierung immer um zwei Schritte voraus. Er war es, der die Entscheidung über die doppelte Nullösung herbeiführte, er war es, der sich zum Kantor der Entspannung machte, er ist es, der mit Blick auf ein kontinentales Gleichgewicht auf das Bündnis mit Frankreich setzt. Auch bei der innerdeutschen Annäherung hat Genscher deutliche Spuren hinterlassen. Seit 1970 beherrschen die Liberalen die bundesdeutsche Außenpolitik; von der einen Regierungskoalition zur anderen haben sie für die strategische Kontinuität der Bundesrepublik gesorgt und den Fortbestand der Devise: Auf die Mitte kommt es an! Dabei ist Mitte hier weder politisch noch soziologisch zu verstehen, sondern rein geographisch und strategisch: als das Herz Kontinentaleuropas. Man möchte glauben, die FDP hätte der Bundesrepublik Deutschland innerhalb des europäischen Raums die gleiche Rolle eines Züngleins an der Waage zugedacht, die sie selbst auf dem Schachbrett der bundesdeutschen Politik so meisterhaft beherrscht.

Dennoch kann man nicht behaupten, die CDU/CSU lasse sich von ihrem liberalen Koalitionspartner manipulieren. Nachdem die Unionsparteien vor dem Regierungsantritt in Bonn lautstark verkündet hatten, in den Schoß des atlantischen Sicherheitsbündnisses zurückkehren zu wollen, beschritten sie den gleichen Weg wie ihre Vorgänger. Zunächst aus politischer Berechnung, denn die öffentliche Meinung erwartete weiterhin ihre tägliche Ration an Besserung in den Beziehungen zur DDR und war bereit, für den kleinsten Fortschritt einen hohen strategischen Preis zu bezahlen; später dann aufgrund der wachsenden Schwierigkeiten im Umgang mit den USA, zumal nach der Begegnung Reagans und Gorbatschows im Oktober 1986 in Reykjavík, als das Gefühl entstand, die Bundesrepublik wäre »für ein Linsengericht« beinahe im Stich gelassen worden. Ein weiterer Grund für den Kurswechsel der Unionsparteien war darin zu suchen, daß CSU-Chef Franz Josef Strauß mit einemmal die osteuropäische Karte zückte und die CDU darauf einging, um das Feld nicht der bayerischen Schwesterpartei überlassen zu müssen. Gegen Ende seines Lebens setzte Strauß sich für eine Erhöhung der Kredite an die DDR ein und machte sich zum Propheten eines neuen »Drangs nach Osten«. Was vielen paradox erschien, war im Grunde völlig normal, denn der deutsche Nationalismus braucht den Osten, nicht die Integration in eine atlantische Gemeinschaft, in der Deutschland als strategischer Partner nur eine zweitrangige Rolle spielen kann. Strauß sah sich als »deutschen Gaullisten«, doch für die Deutschen sind »Entspannung, Verständigung und Zusammenarbeit« ein Hebel zur Wiederherstellung Mitteleuropas. In diesem Zusammenhang war das entschlossene Ja der Bundesregierung zur Stationierung der Pershings und der Cruise-Missiles 1983 zweifellos der Schwanengesang des atlantischen Verteidigungssystems. Dazu passen die Bereitwilligkeit, mit der die Bonner Regierung 1987 die doppelte Nullösung akzeptierte, die Neigung der Christdemokraten, die dreifache Nullösung zu akzeptieren, damit die Bundesrepublik nicht mehr als »atomare Mülltonne« Europas diene, sowie die seit kurzem zu verzeichnende Tendenz bei der CDU, im Hinblick auf den bevorstehenden Parteitag, dem Thema der Wiedervereinigung Vorrang vor dem der europäischen Einigung einzuräumen. Als sie den Blick noch fest auf die USA gerichtet hatten, gaben die Christdemokraten vor zu glauben, die deutsche Einheit und die Integration Westeuropas gingen Hand in Hand – was voraussetzte, die kommunistische Orientierung der DDR könne eines Tages rückgängig gemacht werden. Seit sie diesen Wunschtraum aufgegeben haben, erkennen sie zusehens den Widerspruch zwischen den beiden Erwartungen.

Die Entwicklung der politischen Kräfte verläuft in der Bundesrepublik ebenso wie anderswo eher im Gefolge der gesellschaftlichen Entwicklung, als daß sie dieser voranginge. An erster Stelle seien hier die Gewerkschaften genannt, die ihre Zurückhaltung gegenüber den USA lange vor der SPD formulierten. Haben sie nicht unter Berufung auf die unwiderstehliche Kraft der Arbeitersolidarität ein Netz von Beziehungen mit dem Osten geknüpft, um ebendiese Solidarität auf beiden Seiten des Eisernen Vorhangs in die Praxis umzusetzen? Dann die Arbeitgeber, die ihre eigene Ostpolitik betrieben und fortentwickelten, ohne sich die Bedenken ihrer christdemokratischen Freunde zu eigen zu machen. Eine hervorragende Rolle kommt den Kirchen zu, für die die Teilung Deutschlands nicht besteht, da sie nach moralischen Gesichtspunkten nicht bestehen darf. Angesichts der engen kirchlichen Beziehungen über die innerdeutsche Grenze hinweg, mit karitativen Bindungen, gemeinsamen Veranstaltungen und ersten Konturen eines gleichen Weltbildes, kann man die evangelische Kirche schon fast als wiedervereint bezeichnen. Es wird weithin verkannt, daß sie zur gesellschaftlichen Annäherung der Bürger beider deutschen Staaten erheblich beigetragen hat. Zu erwähnen ist ferner der gemeinsame geschichtliche Hintergrund in diesem geteilten Land, das kulturelles Gepränge nicht scheut; so hat man hüben wie drüben feierlich den 200. Todestag Friedrichs des Großen und Martin Luthers 500. Geburtstag begangen, und bei der festlichen Wiedereröffnung der Semper-Oper in Dresden saßen der Staatsratsvorsitzende Erich Honecker und Bundespräsident Richard von Weizsäcker Seite an Seite in der ersten Reihe. Und im übrigen findet sich Deutschland zur Stunde der abendlichen Nachrichten am Bildschirm wiedervereint, denn die westdeutschen Fernsehsender, die fast überall in der DDR empfangen werden können, nutzen ihre vereinende Rolle nach Kräften. Die Gesellschaft kommt schließlich doch immer zu ihrem Recht, zwingt es selbst einer kommunistischen Regierung auf. Die DDR-Regierung konnte nicht verhindern, daß an den Gemeinschaftsantennen der Wohnblocks herumgebastelt wurde, daß Einzelantennen wie Pilze aus dem Boden schossen, und sie mußte sogar Gebiete im Sendeschatten wie die Gegend um Dresden ans Kabelnetz anschließen – so groß war die Begeisterung der Bevölkerung für das Westfernsehen.

Das institutionelle Deutschland bildet sich auf beiden Seiten der Demarkationslinie neu. Und zweifellos regt sich bei vielen gebildeten Deutschen das Gefühl, einen historischen Faden wiederaufnehmen zu können. War ein Untertan des Königs von Bayern einem preußischen Beamten wohl näher als ein mittlerer Angestellter von Siemens einem SED-Funktionär in Pankow? Die deutsche Gesellschaft war jahrhundertelang pluralistisch, unterschiedlich, widersprüchlich. Vielleicht ist sie es heute mehr denn je.

Nation ohne Staat?

Die Westdeutschen regen sich zu Recht über die Franzosen auf, wenn die ihnen wieder mal mit der Vorstellung von der Wiedervereinigung kommen. Die Franzosen fallen damit in ihre alten Denkgewohnheiten zurück, cartesianisch, monolithisch, auf den Staat fixiert. Sie machen sich selbst Angst, indem sie sich ein vereintes Deutschland wie ein neues Reich vorstellen – nur diesmal demokratisch und international salonfähig. Sie glauben an eine Dekkungsgleichheit der beiden deutschen Staaten, an eine Fusion der Verwaltungsapparate, an eine Verschmelzung der Führungsschichten. Sie können einfach nicht verstehen, daß sich eine nationale Identität auch ohne eine staatliche Einheit ausdrücken kann. Vielleicht eine kleine Untugend der Franzosen! Deutschland war eine Nation, lange bevor es – eher zufällig – zu einem Staat wurde. Es ist jetzt wieder auf dem Wege, eine Nation zu werden. Die demographische Entwicklung führt dorthin, die soziale Struktur drängt in diese Richtung, die Kultur will es so. In gewisser Weise kommt die Natur wieder zu ihrem Recht. Und was die Institutionen angeht, so werden sie zweifellos, abgesehen von den üblichen Ungereimtheiten der Außenpolitik, der allgemeinen Bewegung folgen.

Die Deutsche Demokratische Republik hat nicht die gleichen Bevölkerungsprobleme wie die BRD. Mit verschiedenen Maßnahmen – die vom freundlichen Anreiz bis hin zum Zwang reichen – ist es ihr gelungen, mit 1,8 bis 1,9 Kindern pro Frau eine Geburtenrate zu erreichen, die der Frankreichs schon recht nahe kommt. Doch auch ihre Bevölkerung wird überaltert sein. Die Zahl wird nach dem Jahr 2000 leicht abnehmen, aber ein ähnlicher Rückgang wie in der Bundesrepublik ist nicht zu befürchten. Es wird eine deutsche Nation mit 60 Millionen Menschen geben, 40 Millionen im Westen und 20 Millionen im Osten. Eine Art Überlebenstrieb wird die Deutschen einander näherbringen; ein Land sieht nicht ruhig zu, wie seine Bevökerung schwindet, ohne nach Abhilfe zu suchen; das hat die Vergangenheit zur Genüge bewiesen. Da militärische Eroberungen oder Annexionen heute nicht mehr zur Debatte stehen, werden die Westdeutschen einen bereits vorgeschlagenen Weg einschlagen, nämlich die zunehmende Durchlässigkeit zwischen beiden deutschen Staaten anzustreben. Welch seltsame Pfade die Geschichte doch geht! Auf dem Höhepunkt des rassistischen arischen Wahns hatte Deutschland alle humanen Maßstäbe verloren und dafür mit seiner Teilung zahlen müssen. Und wenn aus der Bundesrepublik und der DDR wieder ein Ganzes werden sollte, dann u. a. deswegen, weil die Länder wieder einmal durch die Bevölkerungsentwicklung unter Druck geraten sind.

Ohne diesen natürlichen Druck erst abzuwarten, verflechten sich die Gesellschaften im Osten und Westen Deutschlands immer stärker und werden sich von Tag zu Tag ähnlicher. Heute fahren die Deutschen aus dem Westen ebensooft zu ihren Familien in den Osten, wie ein Pariser seine Verwandten südlich der Loire besucht. 10 Millionen Besucher reisen pro Jahr von West nach Ost, eine in dieser Richtung völlig durchlässige Grenze, die auch in umgekehrter Richtung schon leicht bröckelt. Der Brief- und Telefonverkehr funktioniert beinahe ungeschränkt; Auswanderungsgenehmigungen von Ost nach West werden immer häufiger erteilt; Rentner kommen zu Zehntausenden, um ihren Ruhestand im Westen zu verbringen. Wir sind noch immer in ziemlich überholten Vorstellungen gefangen: die ersten Besuchsregelungen vor zwanzig Jahren, die Toten an der Mauer. Berlin halbseitig gelähmt. Eine Mauer des Schweigens kaschiert in gewisser Weise das Verschwinden der Mauer. Was für eine unglaubliche Entwicklung! Die Westdeutschen sind vorsichtig, aus Angst zu offensichtliche Beziehungen könnten im Gegenzug einen Schock auslösen; die Ostdeutschen wiederum sind ein bißchen verlegen, wenn eine tägliche Praxis ans Licht der Öffentlichkeit dringt, die in so krassem Widerspruch zu ihren verbalen Beteuerungen steht; die Sowjets schauen von weitem einfach nur zu, während die Westmächte die Augen verschließen. Daraus entsteht eine total verzerrte Sicht der Wirklichkeit. Gestern noch war der Kontakt eher zufällig, heute ist er die Regel. Gestern war Unkenntnis über den anderen Teil des Landes die Norm, heute ist sie die Ausnahme. Im übrigen ähneln inzwischen die jungen Deutschen im Osten denen im Westen wieder sehr, was Kleidung, Musik, Lebensstil, Werte und Streben nach Frieden betrifft: alles Zeichen der Übereinstimmung. Sollte Raymond Aron, der sich im Hinblick auf die Konvergenz der Industriegesellschaften von der ersten bis zur achtzehnten Lektion geirrt hat, nun wenigstens bei den Deutschen recht behalten? Bringt also die Industriegesellscahft die beiden Staaten einander näher, oder ist es die Vorstellung einer deutschen Nation, einer gemeinsamen Geschichte etc.?

Diese gemeinsame Nation, die gerade neu entsteht, schafft sich identische Bezugspunkte. Das Fernsehen wurde bereits erwähnt: Die westlichen Sender können im Osten überall empfangen werden, und wie sagt ein beliebter Spruch: Zu den Zwanzig-Uhr-Nachrichten ist Deutschland täglich wiedervereint. Die aufkeimende Schizophrenie in der DDR: einerseits in einer klassischen kommunistischen Gesellschaft zu leben, andererseits uneingeschränkt Zugang zu den westlichen Medien und damit zu umfassenden Informationen zu besitzen, die im klaren Widerspruch zu den Regeln des Regimes stehen. Die *International Herald Tribune* ist am Kiosk nicht zu bekommen, aber das Fernsehen steht zur Verfügung. Eine totalitäre Bürokratie kann ihre Rituale und ihre Zensur aufrechterhalten, sie kann aber ihre Bürger nicht mehr völlig von der Außenwelt abschotten.

Zu den gemeinsamen Bezugspunkten zählt auch die Kultur. Die parallel stattfindenden Gedenkfeiern zu Luthers 500. Geburtstag im Jahr 1983 – der Kalender verpflichtet –, die für die Politik stärker als für die Kultur symbolische Bedeutung hatten, führten zur Herausbildung von echten Kommunikationskanälen, die in Berlin zusammenlaufen. Früher war die Stadt Symbol der deutschen Teilung, heute bildet sie praktisch die Seele der deutsch-deutschen Beziehungen: Kolloquien, Seminare, Begegnungen, Bücher- und Manuskriptaustausch und ganz generell geistige Durchdringung. Was im Westen in der Buchhandlung erhältlich ist, macht im Osten unter dem Tisch die Runde. Die westlichen Intellektuellen pflegen den offiziellen künstlichen Dialog mit den linientreuen Vertretern der DDR-Gesellschaft und plaudern gerne und ungezwungen mit Regimekritikern. Doch auch wenn es inzwischen zu zahllosen Verflechtungen zwischen der offiziellen und der »wirklichen« Gesellschaft gekommen ist, so ist doch der Unterschied noch deutlich sichtbar – er ist nur nicht mehr von entscheidender Bedeutung.

Und schließlich sind da noch die Symbole. Wer nicht miterlebt hat, wie die bundesdeutsche Presse die von beiden Staaten bei den Olympischen Spielen errungenen Medaillen zu einer »gesamtdeutschen« Summe addiert, der hat keine Ahnung von Deutschland. Wer die Karte bei der Wettervorhersage im Fernsehen nicht gesehen hat, hat die wahre Topographie Deutschlands vergessen. Wer noch nie eine Begegnung zwischen Deutschen aus beiden Staaten, ob nun bei Sitzungen, Kolloquien oder in den internationalen Gremien, beobachtet hat, der wird die feinen Nuancen unter diesen »Landsleuten« gar nicht wahrnehmen. Allzu leicht vergißt man, was schließlich die wichtigste Gemeinsamkeit ausmacht, nämlich die Sprache. In den ehemals deutschen Gebieten Polens oder der Tschechoslowakei ist es einer an sich beherrschenden anderen Sprache immer noch nicht gelungen, die aus früheren Zeiten dort verwurzelte Sprache völlig auszulöschen. Wie ist es dann erst zu beurteilen, wenn sich zwei Länder in derselben Sprache exkommunizieren, bevor sie sich gegenseitig entdecken und einander schließlich verstohlene Blicke zuwerfen?

In der Realität hat sich das Streben nach Einheit im Lauf der Zeit grundlegend geändert. Vom Inkrafttreten ihres Grundgesetzes bis zu ihren ständigen Erklärungen in den internationalen Organisationen hat die Bundesrepublik nie aufgehört, ihren Traum von einer deutschen Wiedervereinigung vorzutragen. Um diesem Wunschdenken nur ja keinen Vorwand zu liefern, hat die DDR ihrerseits den Gedanken, es könne auch nur der geringste Keim zu einer nationalen deutschen Identität existieren, immer zurückgewiesen. Seit 15 Jahren hat die Bundesrepublik ihre »Einheitsfiktion« etwas weniger lautstark betont und eher die von der Idee der gemeinsamen Nation geprägte Wiederbegegnung gesucht. Die DDR wurde in diesen Trend hineingezogen und riskierte damit weniger eine ideologische Gefährdung als eine praktische Verunsicherung. Heute liegt der Mythos von der Zweistaatlichkeit in der Schublade unter den ideologischen Versatzstücken. Dagegen haben im offiziellen Vokabular Ausdrücke wie nationale Identität, gemeinsame Zukunft und andere sehr vielschichtige Schlagworte, wie sie nur die deutsche Sprache hervorbringen kann, wieder ihren Platz eingenommen. Hatte Strauß, der deutsche Gaullist, nach einem Empfang bei Gorbatschow nicht doch ein wenig aus dem Nähkästchen geplaudert, als er mit seiner gewohnten Offenheit erklärte, sein Gesprächspartner habe die wahre deutsche Realität, nämlich die einer in zwei Staaten aufgeteilten Nation, anerkannt?

Obwohl etwas in den Hintergrund gerückt, sind offizielle Bestrebungen zur Überwindung der Zweistaatlichkeit noch nicht völlig verschwunden. Die bundesdeutschen Politiker werden ihre Träume wohl nie ganz aufgeben und diese Dinge der Gesellschaft überlassen. Nichts ist einer politischen Führungsschicht unerträglicher als die Vorstellung, sie könne das Wesentliche nicht erreichen. Sobald die Verhältnisse es gestatten, wird sie daher auf ihren Wunsch, die beschriebene Entwicklung auch institutionell zu verankern, zurückkommen. Nicht auf staatlicher Ebene, davon kann keine Rede sein: Der Krieg ist kein Mittel mehr, um einen Staat zu gründen, wie er einst immer gegründet wurde: mit dem Schwert nämlich, und weit und breit ist kein »Bismarck-Gespenst« in Sicht. Eine Einheit würde nicht als Bundesstaat noch als Staatenbund erscheinen, denn das würde in untragbarer Weise die Konzeption eines Europas vom Atlantik bis zum Ural zerstören, das doch nur dann zustande kommen kann, wenn am Status quo der diplomatischen Beziehungen unverrückbar festgehalten wird. Vielleicht aber entstehen dadurch, daß sich beide Gesellschaften aufeinander zu bewegen, eines Tages ganz spezifisch deutsche Institutionen, die, teils staatlich, teils nicht-staatlich organisiert, eher Orientierungshilfe geben, als Druck ausüben und im Bedarfsfall auch wieder aufgelöst werden könnten. Sie würden zuerst für bestimmte Gebiete gelten: Wirtschaft, Kultur, Sport... Diese vorteilhafte Entwicklung auf institutioneller Ebene bleibt jedoch zufällig, da sie davon ausgeht, daß aus ihr politische Umsetzungen folgen können; und sie ist im Grunde sekundär, weil es künftig die Gesellschaft sein wird, die wieder eine deutsche Nation zustande bringt, und nicht irgendwelche hypothetischen technokratischen Konstruktionen.

Die Rückkehr Mitteleuropas

Westeuropa war in seinen Beziehungen in drei Bereichen erstarrt: der Westen gegenüber dem Osten, die Bundesrepublik gegenüber der DDR, Gesamtdeutschland im Verhältnis zum Europa der Mitte. Mitteleuropa ersteht nun erneut, es ist mit neuem Leben erfüllt, weil Deutschland seinen Platz darin wiedergefunden hat.

Im 19. Jahrhundert überlagerte sich Mitteleuropa mit den deutschen Einflußgebieten in strategischer, militärischer, politischer, wirtschaftlicher, kultureller, sprachlicher und sozialer Hinsicht. Davon kann heute nicht mehr die Rede sein, denn Ostdeutschland hat keinerlei Macht über Polen, die Tschechoslowakei oder Ungarn, sowenig wie Westdeutschland über Österreich bestimmen kann. Die DDR ist wie die anderen kleinen Staaten im Zentrum Europas abhängig von der UdSSR, und das seit 1955 neutrale Österreich kann und darf nicht als Vasall der BRD betrachtet werden. Und wie steht es mit den übrigen Bindungen?

Da sind zuerst die Beziehungen zu den vor 1914 und 1945 deutschen Gebieten. Bis heute ist es den sozialistischen Ländern nicht gelungen, ihre eigenen, nationalen Sprachen vollständig an die Stelle der deutschen Sprache zu setzen. Daraus erklärt sich wohl in diesen Staaten auch die ungebrochene Neigung zu deutscher Kultur; weniger ausgeprägt existieren wohl auch sehr vergleichbare Verbindungen zwischen den beiden deutschen Staaten selbst. Ein ständiger Informationsfluß zwischen Menschen und Gruppen – es gibt in den erwähnten Gebieten weder deutsches Fernsehen zu empfangen noch Bücher oder Begegnungen – und eine Vielzahl von Hilfsmaßnahmen bei der Restaurierung von Schlössern, Kirchen und anderen Symbolen des früheren Deutschlands in diesen Gebieten sprechen eine deutliche Sprache. Die Bundesrepublik zeigt sich gern großzügig; wenn die Mittel nicht direkt aus der Staatskasse kommen, was unter Berücksichtigung der diplomatischen Notwendigkeiten zu auffällig wäre, dann werden diese Hilfen eben von den Kirchen, karitativen Organisationen, Kulturverbänden und ähnlichen Einrichtungen aller Art bereitgestellt. Man braucht nur einmal Adolf von Thadden, diesem klugen Kopf, zuzuhören, wie er über die Einweihung der wieder restaurierten Kirche des Dorfes berichtet, das früher zum Schloß seiner Familie in Ostpreußen gehörte; wie er beschreibt, als er, Arm in Arm mit den örtlichen Parteibonzen, losging, um sein Schloß zu besichtigen. Man spürt aus der Beschreibung die Intensität seiner Bindung an diese heimatliche Erde und die natürliche Ungezwungenheit des Empfangs, und man entdeckt, wie dauerhaft ein soziales Geflecht sein kann, das der offizielle Sozialismus selbst in 40 Jahren nicht zerstören konnte. Neben dieser entschieden kulturellen Förderung steht natürlich auch die wirtschaftliche Unterstützung, ganz besonders in den ehemals deutschen Gebieten Polens. Und wiederum treten die Kirchen und karitativen Werke an die Stelle der staatlichen Einrichtungen und wirken äußerst unauffällig, denn Diskretion ist in diesem Bereich der Schlüssel zum Erfolg.

Zentraleuropa besteht im Grunde aus einer Reihe konzentrischer Kreise. Der innerste Kreis umschließt die beiden deutschen Staaten, ein zweiter verläuft entlang der Grenzen des ehemaligen Deutschen Reiches, ein dritter erfaßt die Länder um diese Mitte herum, und ein vierter, der am weitesten vom Zentrum entfernt und am unschärfsten ist, umfaßt auch die westlichen Gebiete der Sowjetunion.

Durch die enger werdenden Beziehungen zwischen der Bundesrepublik und Polen, der Tschechoslowakei, Ungarn, aber auch Bulgarien und Rumänien zeichnen sich der zweite und dritte Kreis immer deutlicher ab. Wie immer spricht der Alltag eine deutlichere Sprache als die Diplomatie. Man braucht nur einmal zu prüfen, wohin die Flüge von München aus gehen: Bukarest wird ebenso häufig angeflogen wie Madrid, Warschau sooft wie Mailand, Budapest so oft wie Brüssel. Hin- und Rückflug an einem Tag, ganz so, wie ein leitender Angestellter eines französischen Unternehmens zwischen Paris und Amsterdam hin- und herfliegt. Hinter diesen vielen Verbindungen verbergen sich zunehmend wichtige Handelsbeziehungen. Die Bundesdeutschen finanzieren, kaufen, entwickeln und fördern; sie bauen sich auf diese Weise, direkt vor der eigenen Haustür, eine »Sphäre des gemeinsamen Wohlstands« auf, wie die Japaner dies zu anderer Zeit und an anderem Ort nannten. Deutlicher als alle anderen haben sie die Vorteile eines zugleich sehr konkreten und im verborgenen ablaufenden Marshall-Plans erkannt: konkret in der Unterstützung und damit auch im Einfluß, heimlich, um das Monopol für diese einzigartige wirtschaftliche und politische Position nicht aufs Spiel zu setzen. Der Beitrag durch die Volkswirtschaft wird noch verstärkt durch eine Vielzahl unternehmerischer Beziehungen, die allmählich wieder zu ihrem

Recht kommen, wie z. B. der Kontakt zwischen einem großen deutschen Unternehmen, das aus den ehemaligen IG Farben hervorgegangen ist, und einem tschechischen Staatsbetrieb, dem entfernten Erben eines früheren Geschäftspartners; oder zwischen deutschen Lieferanten von Ausrüstungsgütern und ihren sozialistischen Kunden, die nur Produkte »Made in Germany« wollen; zwischen Exporteuren der Bundesrepublik und den Einkaufsgenossenschaften; zwischen westlichen Bankiers und ihren ungarischen Kollegen, die nur davon träumen, ihre Geschäftspartner nachzuahmen . . .

Für alle diese Länder bedeutet die Bundesrepublik gleichzeitig auch eine Art Kulturspritze: durch ihre eigenen Fernsehkanäle und Radiosender, durch Radio Free Europe, das so lange Zeit hindurch der einzige Informationskanal für den Osten war. Doch das Rad der Geschichte dreht sich rasch, und die Hörer in den Staaten des Ostblocks, die künftig alle westlichen Sender empfangen können, sind die ersten, die die erstarrten Strukturen und die Schwarzweißmalerei in der Gesellschaft anprangern; durch ein Netz halb offizieller, halb alternativer Verlage, die auf vollen Touren arbeiten, um den Osten mit Samisdats zu versorgen. Über beinahe tägliche Telefonate, so daß jeder bundesdeutsche Intellektuelle den Eindruck vermittelt bekommt, er habe noch gestern mit Geremek von der »Solidarität« gesprochen. Über laufend organisierte Kolloquien und Seminare, um den Wissenschaftlern aus dem Osten Vorwand und Gelegenheit zu bieten, im Westen ein bißchen frische Luft zu schnappen. Über Verflechtungen, Begegnungen und Austauschkontakte, die Schritt für Schritt eine Kultursphähre wiederaufleben lassen, deren Verschwinden für alle Ewigkeit von Milan Kundera viel zu selbstgefällig und übereilt angekündigt wurde. Europa findet allmählich sein Gedächtnis wieder, es taucht wieder aus seiner kulturellen Amnesie auf, und die Bundesrepublik hat viel dazu beigetragen, ohne sich je damit zu brüsten – anders als Frankreich, das oft lautstark prahlt, aber nichts bewirkt.

Allerdings dringt Mitteleuropa damit auch zu den Märkten des sowjetischen Reichs vor: in den vierten Kreis nämlich. Zu leicht vergißt man, daß in der UdSSR noch immer zwei Millionen Menschen deutscher Kultur und Abstammung leben und daß diese Bevölkerung, trotz der Auflösung der autonomen Wolgadeutschen Republik durch Stalin, noch immer ihre eigenen Schulen, Zeitungen, ihre deutschsprachigen Radiosender hat. Denkt man nicht mehr an Lettland und die anderen baltischen Länder, die so lange unter dem dynamischen Einfluß Ostpreußens standen? Sind die vielschichtigen Bindungen der Ukraine an Zentraleuropa in Vergessenheit geraten, ihre höchst zweideutigen prodeutschen Neigungen, die viele Bewohner sich im Widerstand gegen Rußland an Deutschland wenden ließ? Es ist kein Zufall, daß jede Woche 6000 Sowjets deutscher Abstammung die Freiräume der Perestroika zur Auswanderung in Richtung Durchgangslager Friedland nutzen, ein Auffanglager, das Niedersachsen zur Drehscheibe der Einwanderung aus dem Osten gemacht hat. Auch hier entstehen Verflechtungen, wenn auch sicher weit weniger bedeutsame als z. B. durch die Beziehungen der BRD zu Ungarn oder mehr noch zur DDR.

Dieses Mitteleuropa ist natürlich noch weit entfernt von dem, was es vor 1914 einmal war, aber es verleiht der Bundesrepublik, jenem geographisch und historisch verstümmelten Deutschland, eine neue Dimension und einen Einfluß, die es schließlich doch wie ein echtes Deutschland erscheinen lassen werden!

»Der Drang nach Osten«

Dreh- und Angelpunkt dieser neuen Standortbestimmung der Bundesrepublik sind freilich die Beziehungen zur Sowjetunion, denn sie bestimmen die Annäherung an die DDR und die Volksdemokratien, sie beeinflussen ungewollt auch die Bindungen an die USA und sie bewirken untergründig auch, daß sich die Vorstellung der Bundesdeutschen von Europa verschiebt. Die Ostpolitik begann 1970 in Moskau, in Moskau läßt die DDR ihren Flirt mit der Bundesrepublik absegnen, und in Moskau beginnt sich im Rahmen der sowjetisch-amerikanischen Verhandlungen auch der strategische Raum für Deutschland abzuzeichnen. So kommt es zur ganz besonderen Vorliebe der Bundesdeutschen für einen erneuten

»Drang nach Osten«. 1970 hat ein Prozeß eingesetzt, der phasenweise stagnierte, aber nie einen Rückschritt erlebte, auch nicht in dem spannungsreichsten Augenblick der letzten 15 Jahre, als die Pershing-Raketen stationiert wurden. Früher signalisierten die Sowjets das Ausmaß ihrer schlechten Laune dadurch, wieviel innerdeutschen Kontakt sie zuließen. Heute beherrschen sie diese Regeltechnik nicht mehr so mühelos: Zuerst wollte die DDR mehr tun, als ihren Beschützern lieb war, dann, durch die Aussichten der Perestroika in Panik versetzt, wollte sie wesentlich weniger mit dem Westen zu tun haben. Obwohl sie noch immer unter Kuratel steht, ist sie doch nicht mehr nur ein einfaches Rädchen im großen Getriebe. Daraus ergibt sich eine eigentümliche Lage, in welcher die deutsch-sowjetischen Beziehungen einerseits ein Eigenleben zu führen beginnen, gleichzeitig aber weiterhin die Atmosphäre in Mitteleuropa bestimmen.

Als Willy Brandt seine Ostpolitik begann, wandte er sich einer Sowjetunion zu, die von den meisten Bürgern der Bundesrepublik mit dem »Reich des Bösen« gleichgesetzt wurde, um ein Wort aus Reagans erster Amtsperiode zu verwenden. Die Berlin-Blockade, die Ost-West-Spannungen, die Berliner Mauer, die Unterdrükkung von einzelnen Staaten des Ostblocks: eine lange Reihe von Ereignissen auf dem Negativ-Konto der Sowjetunion, während die Vereinigten Staaten Demokratie, Marshall-Plan, Wohlstand und Freiheit verkörperten, Werte, die die Augen der Bundesdeutschen der Nachkriegszeit zum Strahlen brachten. Heute sind Streitereien und Gezänk nicht mehr angesagt. Die Grünen, die Alternativen und der linke Flügel der SPD sind es nicht mehr allein, die der Sowjetunion freundlicher gesonnen sind. Zahlreiche Meinungsumfragen in den letzten Jahren haben gezeigt, daß die Bundesdeutschen die UdSSR als friedliebender als die USA einschätzen, als der Bundesrepublik freundschaftlicher gesonnen und ihr näherstehender. Welch unglaublicher Platztausch zwischen der öffentlichen Meinung der Bundesrepublik und Frankreichs: Die Deutschen entdeckten die Tugenden der UdSSR genau zu dem Zeitpunkt, als die Franzosen jeglichen Glauben an sie verloren. Auf diese Weise wurde die Bundesrepublik zum einzigen Land in Westeuropa, in welchem die Sowjetunion in einem positiven Licht gesehen wird, und dies, obwohl sie diesem Land noch immer auf Gedeih und Verderb ausgeliefert ist. Die UdSSR ist *Persona grata*, die USA sind es weit weniger. Vor diesem Hintergrund fällt es der Bundesregierung immer schwerer, den Sirenen des Ostens zu widerstehen. Es bedurfte schon der gesamten Ungeschicklichkeit eines Breschnew und Gromyko, um die Regierung Kohl, in einem letzten Aufschrecken, zur Zustimmung für die Stationierung der Pershings und Cruise-Missiles zu bringen. Vom Konzept her gegen die doppelte Nullösung, konnte Kohl dem Druck der öffentlichen Meinung nicht lange standhalten, die vom Friedensangebot dieser großen, pazifistischen Macht, welche die UdSSR in ihren Augen sein könnte, sehr beeindruckt war. Gleiches gilt auch für die dreifache Nullösung, also die Denuklearisierung der Bundesrepublik, die den Wünschen einer Bevölkerung entspricht, die alles, was mit Atomkraft zu tun hat, haßt und die Sowjets liebt: Die Bundesregierung wird jede Hilfe ihrer Bündnispartner, und besonders die Frankreichs, benötigen, um dieser Bewegung in der Gesellschaft auf Dauer standhalten zu können. Niemand war erstaunt über die schwache Reaktion, die die Katastrophe von Tschernobyl in der Bundesrepublik auslöste. Das westeuropäische Land, dessen Bevölkerung sich am stärksten gegen Kernkraft in jeder Form wehrt, hat sich am wenigsten über die erste wirkliche Atomkatastrophe aufgeregt. Dazu gehörte schon eine grenzenlose Sympathie für die Ukrainer und auch die Sowjets. Wie wären wohl die Reaktionen ausgefallen, wenn der Unfall von Three Mile Island nur 1500 Kilometer von Frankfurt entfernt passiert wäre?

Diese Sowjetophilie ist nicht das Vorrecht einer jungen und linksgerichteten Öffentlichkeit, niemand entgeht ihr: weder Politiker, die darin eine Vorbedingung für die deutsch-deutsche Annäherung sehen, noch Bankiers, die in der UdSSR immer noch das sicherste Risiko sehen und gerade im Begriff stehen, ihr langfristige, durch Goldreserven und Rohstoffe abgesicherte Kredite einzuräumen; weder Unternehmer, die diesen Kunden wegen seiner Seriosität, seiner soliden Zahlungsgewohnheiten und seiner Arbeitsweise besonders schätzen, noch Intellektuelle, die historisch immer größeres Interesse am alten Rußland als an den fernen USA gezeigt haben, noch Journalisten, Künstler oder Schriftsteller, und auch nicht die Flüchtlinge, die nun, da der Groll vorbei ist, lieber nach Osten als nach Westen blicken.

Diese seltsame Gefühlshaltung hatte es schon zu Zeiten Breschnews, Andropows oder Tschernenkos gegeben, als die Sowjetunion praktisch von mumienhaften Greisen regiert wurde. Man kann sich vorstellen, wie hinreißend nun erst das charmante Ehepaar Gorbatschow wirken muß! Wie weit wird die faszinierte Bundesrepublik gehen? Welchen Preis wird sie dafür zu zahlen bereit sein? Was würde geschehen, sollte die Sowjetunion die deutsche Frage tatsächlich anschneiden?

* * *

Heute schützt die Berliner Mauer nicht mehr den Osten vor dem Westen, sondern den Westen vor dem Osten. Wenn Gorbatschow morgen ihren Abriß beschließen würde, wäre wohl folgendes zu erwarten: Zehntausende würden in die Bundesrepublik flüchten, aber nicht mehr Millionen wie in den sechziger Jahren, als Chruschtschow ihren Bau befahl. Und wie viele von ihnen, die der westlichen Konkurrenzgesellschaft nicht gewachsen sind, würden es nach näherer Betrachtung nicht doch vorziehen, wieder in den Osten zurückzukehren? Inzwischen würde sich das Abdriften der Bundesrepublik Deutschland beschleunigen, der Traum von der Einheit würde stärker, unrealistische Vorstellungen nähmen zu, und bevor sie es noch recht bemerkt hätte, wäre die Bundesrepublik »finnlandisiert«, ohne Pauken und Trompeten, ohne Drama und Trauma.

Vor dieser Dynamik der Geschichte war der Westen lange Zeit durch die Unbeweglichkeit der sowjetischen Diplomatie geschützt. Eine bewegliche Außenpolitik wirft die Spielregeln über den Haufen, wird eines Tages die Werte und Symbole verlagern, schließlich die Linien ins Wanken bringen. Die Sowjetunion der Perestroika hält die entsprechenden Karten in der Hand.

4

Maginot-Linie Nr. 2

Paradoxerweise spielt Frankreich in diesem Spiel eine wichtige Rolle, weit gewichtiger, als seine wirtschaftliche Macht und sein politischer Einfluß es eigentlich zulassen. Dank dem Wunder der Force de frappe ist Frankreich noch immer eine bedeutende Militärmacht – und somit ein echter Partner im Spiel der Mächte. Im Vergleich zu seinen wahren Mitteln ist dieser Trumpf unverhältnismäßig hoch, verliert jedoch täglich an Bedeutung, und zwar nicht durch veraltete Technik, sondern aufgrund strategischer Absurdität. Der Maginot-Komplex macht sich wieder einmal bemerkbar. Erneut zeigt sich die Ironie der Geschichte, denn gerade der Mann, der das Prinzip der alten Maginot-Linie am entschiedensten ablehnte, General de Gaulle, wird als Bürge und Referenz für diese Politik einer neuen Maginot-Linie herangezogen. Hier wird ein nationaler Hort abgegrenzt, ein heiliger Bezirk, der allein und mit Gewißheit unter dem Schutz französischer Atomwaffen steht. Die gleichen unheilvollen Auswirkungen zeigten sich schon einmal zwischen den beiden Weltkriegen: Die Illusion der Sicherheit führt zu doktrinärem Konformismus, der wiederum blind macht gegenüber den ablaufenden Veränderungen. Was in der Vergangenheit als Tugend galt, führt heute zu Starrheit, und die gegenwärtige Unbeweglichkeit enthält bereits die Risiken für die Zukunft. Im Schutz dieser illusorischen Maginot-Linie läßt Frankreich die Bundesrepublik abdriften. Es versucht nicht, sie festzuhalten, indem es erklärt, Hamburg sei ebenso wichtig wie Straßburg, und das »Sanktuarium« beginne bereits an der Grenze zur DDR. Vor 20 Jahren hätte die Bundesrepublik über dieses sinnlose Schutzangebot gelacht, da sie sich der Verläßlichkeit des US-amerikanischen nuklearen Schildes sicher sein konnte. Vor zehn Jahren hätte sie sich einen französischen Schutz wohl gewünscht, als erste Anzeichen der Abkoppelung zu spüren waren. Aber ob sie ihn heute überhaupt noch will? Müßte sie nicht fürchten, zum einen ihre Rückkehr in die Mitte Europas zu gefährden und zum anderen den für sie so vorteilhaften Aspekt der gleichen Distanz zu beiden Seiten? Selbst wenn das strategische Konzept gründlich revidiert würde, ist nicht gesichert, ob Frankreich den Lauf der deutschen Geschichte anhalten könnte, aber *ohne* eine solche Überprüfung der Strategie kann es ihn ganz sicher nicht mehr stoppen. Es bleiben uns noch drei, höchstens vier Jahre, um diese letzte Karte auszuspielen. Ist diese Gelegenheit verpaßt, geht nichts mehr.

Die Abschreckung des Starken durch den Schwachen: eine Totgeburt?

Die französische Atomstreitmacht soll den Gegner davon abhalten, Frankreich anzugreifen, wie die Maginot-Linie im Zweiten Weltkrieg die Deutschen von dem Gedanken einer Invasion abschrekken sollte. Generalstäbler bedienen sich gerne dr Instrumente des Nichtkriegszustands. Zumindest dürfte man sich von der Maginot-Linie Nr. 2 mehr erhoffen als von der Nr. 1. Aber wenn sie Frankreich zu sehr schützt, besteht die Gefahr, daß es von einem in Fluß geratenen, sich wandelnden Westeuropa abgeschnitten wird. Es gab schon Strategen, die erklärt haben, daß sich Frankreich auf diese Weise aus einem europäischen Konflikt heraushalten könne wie ein demokratisches Albanien.

Seit 20 Jahren hat sich nichts an der Doktrin der Franzosen geändert, sie beruht noch immer auf der Abschreckung des Starken durch den Schwachen. Sie gründet sich auf eine einfache Überlegung: Wenn der Starke den Schwachen angreift, riskiert er massive Schäden, er wird daher lieber auf einen Sieg verzichten, als diesen hohen Preis dafür zu zahlen. So kommt es zu dem theoretischen Kalkül, nach dem die atomare Vernichtung Frankreichs mit der Zerstörung Leningrads und Moskaus zu bezahlen sein würde. In einem solchen Spiel des Schreckens gibt es keinen wahren Gewinner, und daher wird es niemand wagen, das Risiko einer solchen Auseinandersetzung einzugehen. Diese Lehre fiel in einer Zeit, in der technisch einfachere, vornehmlich gegen die großen Städte gerichtete Kernwaffen vorherrschten, natürlich auf fruchtbaren Boden. Bomben mit ziemlicher Treffungenauigkeit auf zivile Ziele: So sahen die Atomwaffen aus, die in dieser Form an die großen Bombenangriffe des letzten Krieges erinnerten, deren Zweck die Terrorisierung der Zivilbevölkerung war und nicht die Zerstörung militärischer Ziele. Aber die Zeiten haben sich geändert, und wie sooft, weigert sich die Theorie, Veränderungen in der Realität zur Kenntnis zu nehmen.

Als die Force de frappe entstand, dachte jeder nur an nukleare Konflikte und beim damaligen Stand der Technik auch nur an die Vernichtung ziviler Ziele. Der Krieg mit konventionellen Waffen spielte in dieser Hypothese die Rolle eines Vorgeplänkels, wie es im 17. Jahrhundert zwischen den vorgeschobenen Posten ausgetragen wurde. Es gab kaum taktische Nuklearwaffen, und eine nukleare Eskalation schien im Falle eines Konflikts unvermeidlich. Ganz anders heute: Die technischen Fortschritte im militärischen Bereich haben die Spielregeln geändert. Die Langstreckenwaffen sind präziser geworden, sie können besser ausgerichtet und in ihrer Wirkung genauer dosiert werden. Militärische Ziele können damit »sauber« angegriffen werden – wie man sich im Militärjargon so zynisch und doch auch so naiv auszudrücken pflegt. Das bedeutet, daß ein paar sowjetische Raketen die Ebene von Albion zerstören können, ohne dabei die Schäfer und ihre Herden in unmittelbarer Nähe zu töten. Die taktischen Waffen sind ausgeklügelter und gewährleisten eine absolute Kontinuität von den stärksten Kernwaffen bis hin zu den konventionellen Waffen. »Intelligente« Waffen wurden entwickelt, die ähnlich wie taktische Waffen eingesetzt werden, aber keine Atomwaffen sind. Und schließlich tauchte mit der Neutronenbombe eine Atomwaffe für die Verteidigung auf, während bis dahin Kernwaffen immer mit Angriff und Apokalypse gleichgesetzt wurden. Dieses Kriegsinstrument, das nur die Menschen, nicht aber das Material vernichtet, hat freilich moralische Entrüstung hervorgerufen. Als ob es besser wäre – wenn es denn schon sein muß –, Bomben zu besitzen, die unterschiedslos Soldaten, all ihre Ausrüstung und das umliegende Land vernichten!

Vor dem Hintergrund solch technischen Raffinements wird eine ganze Palette von Konflikten vorstellbar, und der massive Angriff mit Atomwaffen wird dabei zur unwahrscheinlichsten Form der Auseinandersetzung. Nachdem der klassische Krieg wieder möglich ist, erscheint der Atomkrieg seinerseits fast unmöglich. Gerade die Möglichkeit seines fast völligen Verschwindens macht neue militärische Konflikte wieder denkbar. Ein unerträgliches Paradoxon: Atomwaffen verhinderten den Krieg, verschwinden sie, wächst erneut die Kriegsgefahr.

Diese Situation ist grundverschieden von der Lage in den sechziger Jahren. Zweifellos schrecken strategische Atomwaffen vom Einsatz strategischer Atomwaffen ab, so, wie die Maginot-Linie die Deutschen zwar nicht vom Krieg, aber von einem direkten Angriff abgehalten hat. Damals bot die geographische Lage die Alternative: die Ardennen und Belgien. Heute liegt sie in der Technik: die neuen konventionellen Waffen. Sind aber Atomwaffen erst einmal durch Atomwaffen ins Abseits gedrängt, kommen die klassischen Kräfteverhältnisse wieder zu ihrem Recht. Und in diesem Fall kann der Schwache den Starken nicht mehr erpressen. Die Zeit eines Tauschhandels à la Shakespeare – Vernichtung gegen Vernichtung – ist vorüber, jene Zeit, in der General de Gaulle einem Drohungen ausstoßenden sowjetischen Botschafter schroff entgegnen konnte: »Nun, Herr Botschafter, denn sterben wir eben gemeinsam.« Die Abschreckung des Starken durch den Schwachen ist durch die technische Entwicklung einfach überholt, sie verlangt von einem Staatschef, der sie doch noch anwenden will, die Qualitäten eines Nietzsche in Hochpotenz. Er muß glaubhaft seine Entschlossenheit bekunden, auch in einem konventionellen Krieg Atomwaffen einzusetzen, um zu verhindern, daß das herkömmliche Kräfteverhältnis im konventionellen Bereich wieder die entscheidende Rolle spielt. Nichts anderes hat wohl François Mitterrand gemeint, als er erklärte: »Die Abschreckung, das bin ich.« Je weniger die Abschreckung wirkt, um so entschlossener muß der Mann erscheinen, der den Finger am roten Knopf hat. Eine überaus große Entschlossenheit zur Anwendung eines Werkzeugs, das man gar nicht benutzen will.

Nicht die Force de frappe ist technologisch überholt, sondern die Doktrin, die ihren Einsatz festlegt. Doch in diesem strategischen Spiel, das sich mangels experimentell belegter Beweise lediglich auf Konzepte stützt, ist eine veraltete Doktrin weit bedrohlicher als eine veraltete Technologie: Diese läßt sich feststellen, jene ist unsichtbar.

Gibt es das »Sanktuarium« wirklich?

Eine Philosophie des Alles oder Nichts, wie die Abschreckung des Starken durch den Schwachen sie verkörpert, darf man natürlich nicht mißbrauchen. Sie muß für das Wesentliche gelten, in diesem Fall, strategisch ausgedrückt, für das nationale Territorium. Daraus folgt eine restriktive Definition der nuklearen Schutzzone, die zunächst unglaublich wirkt: das Staatsgebiet und nur dieses! Auf diese Weise trieb die Militärtechnik de Gaulle seltsamerweise bis an die äußerste Grenze seines Nationalismus. Frankreich und seine Grenzen wurden wieder zum rein geographischen Begriff, und das nationale Interesse entsprach ausschließlich dem Willen, einer Invasion Widerstand entgegenzusetzen. Eine höchst eigenartige Mixtur, in der Technik und die Ideen eines Maurras in einen Topf geworfen wurden: Atomwaffen und ein aus grauer Vorzeit stammender Nationalitätsbegriff. Auf einem solchen Nährboden mußten unweigerlich die absurdesten Gedanken keimen. So zum Beispiel die Ailleret-Doktrin und die »Rundumverteidigung«. Die Nation war etwas so Besonderes, Einzigartiges, daß es keine Bindung, kein Bündnis mehr geben konnte und daß es sie vor einem US-amerikanischen Angriff ebenso zu schützen galt wie vor einer Aggression von seiten der Sowjets. Frankreich wurde als strategische Insel betrachtet, und die Force de frappe sollte sie gegen die Außenwelt abschirmen. Aus dieser Sicht wäre es völlig belanglos gewesen, wenn die Rote Armee in die Kieler Bucht eingedrungen wäre, vorausgesetzt, sie wäre nicht durch den Nord-Ostsee-Kanal weitergefahren.

Es war nicht schwer, die Doktrin der Rundumverteidigung zu vertreten, solange Frankreich vom nuklearen Schutz der USA profitierte. Die Versuchung, im Schutz der Supermacht die Pantomime von der striktesten eigenen Unabhängigkeit aufzuführen, war natürlich groß. In diesem Schutz konnte Frankreich Nutzen aus seiner scheinbaren Autonomie ziehen, obwohl diese Haltung letztlich die Solidarität mit den USA im Falle echter Gefahr voraussetzte. In schwierigen Lagen hat General de Gaulle auch nie um diese Unabhängigkeit gefeilscht. War er nicht der Staatschef, der 1961 in der Berlin-Krise und 1962 in der Kuba-Krise am entschiedensten auf seiten der Amerikaner stand? Doch auch wenn der Hintergrund atlantisch gefärbt war, blieb der äußere Schein des Hypernationalismus doch immer gewahrt.

Dieser absurde Isolationismus führte freilich zu nichts, er war auch schon widersprüchlich zu Zeiten de Gaulles, der den Wunsch hatte, Weltpolitik zu machen. Wie käme ein Land, das sich selbst für abgeschlossen erklärt, wie beispielsweise ein demokratisches Albanien, dazu, ohne zu heucheln, Anspruch auf eine Rolle in der internationalen Diplomatie zu erheben? Die Epigonen mochten daran glauben, nicht aber ihr Meister. Daher wurde der Gedanke vom nationalen »Sanktuarium« durch den Begriff des »lebenswichtigen Interesses« ersetzt. Frankreich erklärte sich bereit, seine strategischen Atomwaffen einzusetzen, sobald seine »lebenswichtigen Interessen« auf dem Spiel stehen. Wo beginnen lebenswichtige Interessen? In Hamburg? Im Falle eines Übergriffs auf Griechenland? Bei der Aussicht auf eine Annexion West-Berlins? Niemand weiß es, und es soll auch niemand wissen. Um die Unklarheit des Konzepts zu verschleiern, erklärt man einfach, daß eine gewisse Undurchschaubarkeit wesentlicher Bestandteil der Abschreckung sei. Die Aureole der Philosophie eines Nietzsche, die dieses nukleare Spiel umgibt, ermöglichte auch noch diese geistige Pirouette der Militärdoktrin: Ein Demiurg beschließt die Vernichtung seines Landes unter Voraussetzungen, die nur er allein kennt! Die Faszination der Atomkraft liegt darin, daß sie dem fundamentalsten Akt des Präsidenten der Republik – wenn es um Sein oder Nichtsein geht – eine absolute Undurchsichtigkeit ermöglicht, während ihn die Demokratie bei allen anderen Dingen, von den größten Nichtigkeiten bis zum Wesentlichsten, zu völliger Transparenz verpflichtet!

So wird die französische Strategie seit 20 Jahren von diesem »lebenswichtigen Interesse« regiert. Der Begriff ist jedoch von den Schlacken der damaligen Zeit befreit. Heute weiß jeder, daß eine solche Strategie einen Ost-West-Konflikt voraussetzt. Die naiven Vorstellungen eines Ailleret sind verschwunden, es steht fest, daß dieses Interesse eng mit dem Schicksal der Bundesrepublik verbunden ist. Geographisch ist es präziser umrissen: Sollte die Bundesrepublik irgendwann in einen Krieg verwickelt werden, wäre das »lebenswichtige Interesse« berührt! Aber diese progressive, vernunftgesteuerte Einsicht genügt nicht. Von impliziten Äußerungen bis hin zu allgemeinen Bemerkungen, überall dringt der Gedanke durch, daß die Bande zwischen Frankreich und der Bundesrepublik Deutschland unauflöslich sind. Es gibt genügend Zeichen, die dies, wenn auch noch unklar, ausdrücken: das Konzept der »Vorwärtsverteidigung« zu Zeiten Valéry Giscard d'Estaings in Frankreich, die deutsch-französischen Beziehungen auf militärischem Gebiet während der ersten Amtsperiode François Mitterrands, die Versicherung Jacques Chiracs, der Kampf der Bundesrepublik sei auch der Kampf Frankreichs. Daß die konventionellen französischen Streitkräfte im Falle eines Angriffs auf die Bundesrepublik eingreifen, wäre wohl klar. Daß taktische Atomwaffen als letzte Warnung gemäß der offiziellen Doktrin eingesetzt würden, das steht fest. Aber daß Frankreich seine Force de frappe ins Spiel bringen würde, um die Bundesrepublik zu verteidigen, und daß das »Sanktuarium« auch das bundesdeutsche Staatsgebiet einschließen könnte, das ist höchst zweifelhaft. Die französischen Strategen weigern sich, eine präzise Grenze anzugeben, ab welcher sie den Einsatz ihrer Atomwaffen automatisch garantieren. Damit bewahren sie dem Staatschef seinen Handlungsspielraum. Aber warum ist, folgt man dieser Annahme, das, was für das deutsche Territorium billig ist, nicht auch für das französische Staatsgebiet recht? Warum sollte Hamburg dieser Flexibilität zum Opfer fallen und nicht auch Straßburg? Meint man etwa, es gäbe einen Unterschied zwischen der Bundesrepublik Deutschland, dem Gebiet eines Verbündeten, und Frankreich, einem unantastbar heiligen Gebiet? Worin besteht die strategische Zukunft Europas, wenn jeweils das Territorium der übrigen Mitgliedsländer weniger »heilig« ist als das eigene? Ein Staat kann sich nicht mit einem eher zufälligen Schutz begnügen; kann sich die Bundesrepublik im Angriffsfall der Verteidigung durch Frankreich sicher sein? In diesem Fall ja, im anderen vielleicht nicht. Man kann kein Bündnis und auch keine institutionelle Annäherung auf Unklarheit, ja völliger Verschwommenheit aufbauen. Im Westen durch die Franzosen und mehr noch durch die USA schlecht gesichert, tut die Bundesrepublik recht daran, ihre Sicherheit in einer Politik des Gleichgewichts in der Mitte zu suchen. In diesem globalen Spiel hält Frankreich einen Joker in der Hand, nämlich die Ausweitung seines nuklearen Schutzes auf die Bundesrepublik. Wenn es diesen immer wieder zieht, ohne ihn je auszuspielen, ihn kurz sehen läßt, ohne ihn je auf den Tisch zu legen, dann wird es ihn verlieren – und wenn es ihn dann tatsächlich einmal ausspielt, ist die Partie möglicherweise schon zu Ende.

Ein Fenster der Unverwundbarkeit

Die Diskussion einer Doktrin setzt voraus, daß das Instrumentarium zu ihrer Umsetzung noch funktionstüchtig ist. In der offiziellen Version lautet die Antwort selbstverständlich: »Ja, alles funktioniert, alles klappt, alles steht zum besten, und unsere Force de frappe gewinnt jedes Jahr an glaubwürdiger Abschreckungskraft.« Skeptiker sind der Meinung, daß sich die negativen Anzeichen häufen: Die Luftstreitkräfte haben nicht die geringste Chance, die gegnerische Verteidigung zu durchbrechen, das Plateau von Albion ist einem Präventivschlag schutzlos ausgesetzt, und nur noch die mit Kernwaffen bestückten U-Boote bewahren ihre Schlagkraft, allerdings auch nur bis zu dem unvermeidlich näher rückenden Tag, an dem sie mit Aufklärungsflugzeugen – und diesmal mit echten – aufgestöbert werden können. Kurzfristig gesehen, sind diese Skeptiker sicher im Irrtum, aber auf lange Sicht haben sie recht. Im

Augenblick verfügt Frankreich noch über ein »Fenster der Unverwundbarkeit«, wenn es die Raketenbasen von Albion verstärkt und die Zahl der nuklearen Sprengköpfe pro U-Boot erhöht. Ein paar Jahre noch wird sich die nukleare Streitkraft auf ihrem Höhepunkt halten können. Auf technologischer Ebene wird die Partie aber 20 Jahre im voraus entschieden, und unter diesem Blickwinkel läuft uns die Entwicklung davon, es sei denn, ein erheblicher Teil der für die Verteidigung bestimmten Mittel wird in Atomwaffen investiert. Das hieße aber, die Illusion aufzugeben, Frankreich als Großmacht sei in der Lage, gleichzeitig seine Force de frappe, eine konventionelle Armee und Interventionstruppen in den überseeischen Gebieten zu unterhalten. Entscheidungen dieser Tragweite können nur in einem westeuropäischen Rahmen getroffen werden, der allein eine Aufteilung der Mittel und Aufgaben erlaubt. Dies setzt allerdings wiederum eine eindeutige Klärung der französischen Position auf dem Gebiet der Atomwaffen voraus. Militärisch gesehen, läßt sich Westeuropa nicht teilen: einerseits Kernwaffen, Privileg der Franzosen, allein zu ihrer eigenen Verteidigung, auf der anderen Seite die möglicherweise vereinten restlichen Staaten. Man darf nicht glauben, daß unsere Bündnispartner eine derartige Hierarchie beim Waffeneinsatz und damit der unterschiedlichen Risiken akzeptieren werden.

Die Geschichte serviert nie das gleiche Menü zweimal. Das Abdriften der Bundesrepublik läßt eine Diskussion dieser Fragen immer dringlicher erscheinen; noch ist die französische Force de frappe in ihrer militärischen Bedeutung so glaubwürdig, daß eine solche Diskussion möglich ist. Doch schon morgen könnte es zu spät sein. Aber die Franzosen, eingelullt von dem bequemen, allgemeinen Konsens, erkennen leider die Dringlichkeit der Frage nicht.

Der diskrete Charme des Konsens

Die Franzosen sind so überrascht von ihrer übereinstimmenden Einschätzung im Bereich der Verteidigung, daß sie sie bewahren wie eine Reliquie, die sie betrachten, verehren, aber niemals in

Frage stellen. So konnte sich ein echtes Tryptychon aus »Unabhängigkeit-Autonomie-Gleichgültigkeit« entwickeln. Unabhängigkeit als Ziel und als Beleg des Stolzes, Autonomie als Handlungsprinzip und Gleichgültigkeit gegenüber anderen als unbeabsichtigte Auswirkung der ganzen Haltung. In den letzten 20 Jahren waren alle politischen Kräfte in Frankreich für die Atomwaffen, als ginge es um die Auszeichnung als bester Gaullist. Und auch die Kommunisten waren nicht die letzten unter den wild entschlossenen Parteigängern eines Alles oder Nichts und der Ailleret-Doktrin. Allein schon diese Tatsache sollte einen zu der Überlegung veranlassen, wie französische Atomwaffen wohl in den Augen der Sowjets erscheinen mögen. Stört sie die Unabhängigkeit *à la française*, die im übrigen nur das Abdriften der Bundesrepublik fördern kann? An der Seite der Kommunisten steht der konservativste und Maurras am deutlichsten nacheifernde Flügel des Gaullismus, der ebenfalls das Verschwinden der taktischen Atomwaffen wünscht und von der *flexible response*, in welcher Form auch immer, wenig hält, soweit sie auch nur ein Mindestmaß an Solidarität mit den atlantischen Bündnispartnern zur Voraussetzung hat. Alle anderen Kräfte folgen einhellig, mit geringen Abweichungen, der offiziellen Doktrin mit all ihren Verschwommenheiten und Zweideutigkeiten.

Doch dieser Konsens hat natürlich auch seine positiven Seiten. Als allererste ist hier das völlige Fehlen jeder Form von Pazifismus zu nennen. Weder die friedliche noch die militärische Nutzung der Kernkraft sind in Frankreich auf echte Ablehnung gestoßen, und die Regierung hatte in diesem Bereich praktisch einen Freibrief, ausgestellt von der Öffentlichkeit, in der Hand. Dann ist das Ende der Diskussion zwischen Nationalisten und Internationalisten zu erwähnen, die Frankreich von Briands Politik bis zum Streit um die Europäische Verteidigungsgemeinschaft immer wieder erschüttert hat. Und schließlich bietet dieser Konsens auch die Möglichkeit, ohne politische Streitereien langfristige Maßnahmen ungestört zu Ende führen zu können. Anders betrachtet, ist diese Einhelligkeit natürlich auch ein bleischwerer Ballast, denn niemand macht sich überhaupt noch Gedanken über die Berechtigung der Doktrin, niemand wagt, ihr Fundament in Frage zu stellen oder sogar nur seine

Zweifel laut zu äußern. Still wie Gläubige vor dem Altar schweigen die politisch Verantwortlichen angesichts des Tabernakels, angesichts des Konsenses.

Frankreich spricht bei jeder Gelegenheit über 1992, ignoriert dabei aber aus Furcht, Tabus zu verletzen, eine Strategie für Westeuropa. Auch wenn die Bundesrepublik abdriftet, so wird dort doch zumindest lebhaft diskutiert, die Diskussion über strategische Fragen füllt die Titelseiten der Zeitungen, und die Statistik der Waffenarsenale ist dem Leser ebenso vertraut wie die Tabellen der Fußball-Bundesliga. Bei uns sind die strategischen Überlegungen völlig festgefahren. Die führenden Schichten haben einfach aufgegeben und verlassen sich auf den Demiurgen, in unserem Fall auf den Präsidenten der Republik, der entscheiden soll, was gut, was böse, was eine richtige und was eine falsche Doktrin ist. Wieder einmal das Maginot-Linie-Syndrom. Die französische Atomstreitkraft in Zweifel zu ziehen wird heute fast als Verbrechen angesehen, ebenso wie seinerzeit die Vorteile der Maginot-Linie nicht in Frage gestellt werden durften. Es gibt keinen Oberst de Gaulle mehr, der Politiker, Beamte und das gesamte Establishment mit quasi subversiven Schmähschriften überschüttet. Vielleicht würde er heute noch weniger Gehör finden, und die Armee wäre noch weniger als im Jahr 1939 geneigt, einem ihrer besten Offiziere soviel Freiheit für so militant-agitatorische Zwecke zu gewähren ...

Finanzielle Grenzen im Militärbudget wirken sich bis jetzt noch nicht »friedensfördernd« aus. Mit einem Militärhaushalt, der im Verhältnis zum Bruttosozialprodukt durchaus mit dem anderer westeuropäischer Länder vergleichbar ist – und damit weit unter dem US-amerikanischen Niveau liegt –, ist es den Franzosen bis heute gelungen, neben ihrer Atomstreitmacht auch noch ein riesiges stehendes Heer zu unterhalten, offensichtlich angemessen ausgerüstete konventionelle Streitkräfte, eine vorzeigbare Marine und Interventionstruppen in den überseeischen Gebieten, die sich seit zehn Jahren im Erfolg des Handstreichs von Kolwezi (Zaire) sonnen. In den Kasernen blättert zwar die Farbe von den Wänden, manchmal fehlen Ersatzteile, die Motoren der Panzer streiken, den Luftstreitkräften fehlt es an Treibstoff für mehr Übungsflüge, einige Schiffe fahren nur mit halber Kraft, eine Intervention im Tschad belastet den Haushalt schwer. Aber insgesamt sieht alles noch immer so gut aus, daß niemand aus der Umnebelung durch den nationalen Konsens erwacht und laut nach einer Änderung verlangt. Diese Illusionen werden nicht ewig währen, aber erst der Druck der Realität und der Zahlen wird uns eines Tages zwingen, die Diskussion erneut aufzunehmen.

Bis dahin aber wird diese Einhelligkeit den Machtbestrebungen der Militärs noch als Schutzschild dienen, denn wie zufällig besteht die Atomstreitkraft Frankreichs aus drei Komponenten, die der gewohnten militärischen Dreiteilung – Heer, Marine, Luftwaffe – entsprechen. Und wie zufällig entspricht ihre Führungsstruktur der der Hierarchien in jeder dieser drei Streitkräfte. Und wie zufällig hat keine technische Neuerung Lösungen erforderlich gemacht, die sich zuungunsten eines der anderen Armeeteile ausgewirkt hätten. Die beiden Großmächte haben natürlich die gleichen Schwierigkeiten mit dem militärischen Standesdenken, das sich schließlich in dem Prinzip eines dreiteiligen Aufbaus ausdrückte. Aber besitzt Frankreich wirklich die Mittel, um ein verkleinertes Modell dessen unterhalten zu können, was die Supermächte aufgebaut haben? Es sind doch nichts anderes als strategische Alibis, die sich hinter der Schutzbehauptung verstecken, der gesunde Menschenverstand gebiete doch, nicht alle Eier in den gleichen Korb zu legen, die in Wirklichkeit aber nur dazu dienen, die Kapitulation der Regierung vor den berufsständischen Eigeninteressen der Militärs zu verschleiern. Wenn die Armee in Frankreich genauso geführt würde wie in anderen Ländern, nämlich wie ein Unternehmen, dann hätte eine technologische und strategische Revolution vom Ausmaß der Atomwaffen doch sämtliche überkommenen Strukturen und Organisationsformen umstürzen müssen.

Die Erstarrung erreicht ihren absoluten Höhepunkt, wenn nationaler Konsens und korporativistisches Denken einander in die Hände arbeiten und die Ergebnisse dann auch noch durchaus respektabel sind. Woher sollte denn auch Bewegung kommen? Von den Politikern? Sie haben mehr zu verlieren, als zu gewinnen, wenn sie sich aus dem Konsens ausklammern. Von der Militär-Lobby?

Sie kann ja gerade noch ihre Ziele bewahren, warum sich also bewegen? Von den zivilen Technokraten? Ihnen fehlt zur Zeit noch der einzige Trumpf, der sticht, die Massenverelendung. Von den Medien also? Sie sind an einem Thema, das so wenig an Diskussion mobilisieren kann, kaum interessiert. Oder von der öffentlichen Meinung? Warum sollte sie ihre Seelenruhe opfern, die sie sich im Schutz des Konsenses geschaffen hat? Soll man nun auf den »aufgeklärten Despotismus« setzen, weil diese Strategie von einem demokratischen Despotismus abhängig ist und der Despot »aufgeklärt« ist? Die strategischen Karten für das Jahr 2000 sind schon verteilt; heute geht es um 2010 oder 2020, also um die französische Verteidigung, wenn es das »Fenster der Unverwundbarkeit« der Force de frappe einmal nicht mehr geben wird. Woher sollen denn die Phantasie und die Beweglichkeit kommen, wenn die Stunde der Wahrheit noch in solcher Entfernung liegt? So weit denken Politiker nicht, sondern nur Stände, die sich ihres Ewigkeitswertes bewußt sind. Und warum sollten sie eine Zukunft vorbereiten, die für sie ungünstig ist? Die große Gefahr des umfassenden Konsenses liegt darin, daß er kurzsichtig macht, wenn es um die nahe Zukunft geht, und blind, wenn Weitblick gefordert ist.

Kollektive Blindheit

Frankreich meint, seine Trümpfe besser einsetzen zu können, wenn es die beiden Supermächte imitiert. Sein Militär möchte eine Miniaturausgabe der Streitkräfte der beiden Großen sein. So hat sich die französische Armee, allerdings mit zehn bis zwanzig Jahren Verspätung, die Atombombe, die Wasserstoffbombe und schließlich auch taktische Atomwaffen zugelegt und träumt davon, sich künftig auch die Anti-Raketen-Systeme, ja sogar den nuklearen Abwehrschild im Weltraum leisten zu können. Diese Art der Nachahmung verlangt nach einer bestimmten Technik; durch diese Technik wiederum wird wesentlich die Strategie festgelegt, und die Strategie verstärkt die vorhandenen Strukturen: Und so schließt sich denn der Kreis. So haben Rüstungsingenieure zuerst taktische

Waffen für kurze Strecken, die »Pluton«, mit 180 Kilometern Reichweite gebaut, dann die »Hades« mit 350 Kilometern Reichweite. Die Großmächte besitzen solche Waffen, die Technik war also bereits vorhanden, die Haushaltsmittel machten es möglich. Gründe genug, nicht ernsthaft über die Strategie nachzudenken. Kaum war das neue Kriegswerkzeug verfügbar, gerieten die Strategen in arge Verlegenheit, denn wie sollten sie eine derart »sensible« Waffe – geringe Reichweite, geringe Schlagkraft – in ein Konzept der Abschreckung des Starken durch den Schwachen, also in eine Strategie des Alles oder Nichts integrieren? So mußte man das Prinzip der »letzten Warnung« erfinden, um die angebliche Logik der Doktrin zu beweisen, die da lautet: Der taktische Schlag, der erste nukleare Schlag, zeigt, daß der Präsident gewillt ist, bis zum Letzten zu gehen, und kündigt seine Entschlossenheit an, wenn erforderlich, auch die strategischen Waffen einzusetzen. Wie unheilvoll wirkt sich hier die erwähnte Form der Nachahmung aus: Für die Sowjets und die Amerikaner sind taktische Waffen dazu da, um auf dem Schlachtfeld eingesetzt zu werden, für die Franzosen sind sie lediglich zu Trägern einer Botschaft geworden, einer Form von Ankündigung, da ja die Abschreckungsdoktrin jeden Konflikt prinzipiell ablehnt und somit auch die Möglichkeit einer kriegerischen Auseinandersetzung. Hat man sich den Bau dieser Waffen wirklich genau überlegt? Sicher nicht, denn Generäle, da sie sich nun einmal von den technischen Errungenschaften leiten lassen, denken ebensowenig an den Einsatz ihrer Waffen wie Ingenieure an die Absatzmärkte für die von ihnen hergestellten Produkte.

Für eine mittlere Atommacht ist die Neutronenbombe ein Trumpf. Sie unterstützt die klassische Form der Verteidigung, zögert den Einsatz strategischer Waffen hinaus und vermittelt den konventionellen Streitkräften Sicherheit. Sie kostet relativ wenig, ist nicht übermäßig kompliziert zu bauen und daher in ihrem Preis-Leistungs-Verhältnis für eine mittlere Macht äußerst wirtschaftlich. Sollten die USA ankündigen, daß sie darauf verzichten wollen, würden auch die Franzosen die Serienfertigung sofort ablehnen, obwohl doch die Gründe des einen überhaupt nichts mit den Interessen des anderen zu tun haben. Eine solche Waffe würde einerseits nur die militärischen Verpflichtungen der US-amerikanischen Streitkräfte in Westeuropa verstärken, während diese doch gerade bemüht sind, sich auf Zehenspitzen zurückzuziehen. Andererseits wäre sie ein sicheres Mittel, die Franzosen zur Verteidigung der Bundesrepublik zu zwingen. Doch darauf kommt es nicht an! Aus der Sicht des Militärs ist die Strategie nicht mehr ein Kind der Politik, sondern ein Nebenprodukt der Technik.

Was nun die Nutzung des Weltraums angeht, so läßt sie sich in der französischen Strategie nur sehr schwer unterbringen. Betont man die naiven Voraussetzungen für einen Krieg der Sterne, wie ihn sich Reagan vorstellte, so tut man das Thema damit zu leicht ab. Ein hermetischer atomarer Schirm kann ein Staatsgebiet nie vollkommen sichern, ein Krieg der Sterne kann nie zum völligen Verschwinden von Atomwaffen führen, und selbst wenn es ein solches Abwehrsystem zum Schutz der USA gäbe, könnte es doch niemals Westeuropa schützen. Diese Feststellung darf jedoch nicht dazu führen, vor anderen Tatsachen die Augen zu verschließen.

Erste Tatsache: Da es den Westeuropäern nun einmal gelungen ist, die besten Aspekte von Colberts Ideen auf westeuropäischer Ebene durchzusetzen, verfügen sie über ein erhebliches Knowhow auf dem Gebiet der Raumfahrt. Doch warum beschreiten sie nicht den traditionellen Weg von einem zivilen zu einem wehrtechnischen Programm? Aufgrund mangelnder Kapazität? Aus Unfähigkeit? Oh nein, die traditionelle Struktur der Streitkräfte zu Land, in der Luft und zu Wasser ist so in ihre festen Regeln eingeschnürt, daß sie die Raumfahrtpolitik nicht unterstützen kann. Nachrichtensatelliten haben lange auf sich warten lassen, obwohl sie doch weit lebenswichtiger sind als die Ausrüstung überalteter Panzerdivisionen. Das Raketenabwehrsystem im Weltraum könnte die Aufteilung der Etatmittel verändern, denn welchem Teil der Streitkräfte sind diese Ausgaben zuzuweisen, da doch der Weltraum nicht als natürlicher Luftraum gilt und die Luftstreitkräfte daher keinen Anspruch darauf erheben können? Also kann dieser Politik keine Priorität eingeräumt werden. In 20 Jahren wird die Errichtung von militärischen Stützpunkten im Weltraum lebensnotwendig sein, sie steht aber nicht im Mittelpunkt des derzeitigen französischen Programms. Im Gegensatz zur bisher üblichen Richtung des Technologie-Transfers von der militärischen Nutzung zum zivilen Einsatz beschäftigt man sich in der europäischen Weltraumpolitik nur gelegentlich mit den militärischen Einsatzmöglichkeiten und konzentriert sich fast ausschließlich auf Ziele im zivilen Bereich. Neben militärischen Aspekten besitzt das Weltraumprogramm für Westeuropa noch eine große politische Bedeutung: Während die Bundesrepublik nämlich durch die Verträge von 1955 vom Besitz der Nuklearwaffen ausgeschlossen ist, hat sie in ihrem Weltraumprogramm völlig freie Hand. So könnte sie auf diesem Gebiet die Handlungsfreiheit einer Großmacht wiedergewinnen, ein Trumpf ohnegleichen, der völlig aus dem Blickfeld geraten ist.

Zweite Tatsache: Die Nachahmung der Großmächte wird schließlich an die Grenzen des finanziell Machbaren stoßen. Die Illusion wird sich rasch verflüchtigen, es sei denn, die Militärausgaben werden auf Kosten von Erziehungs- oder Sozialprogrammen erhöht. Selbst die USA und die Sowjetunion gehen unter dieser Last allmählich in die Knie, und da soll Frankreich seine nuklearen und konventionellen Waffen, seine Armeen zu Land, in der Luft und zu Wasser, seine aus Wehrpflichtigen und hochqualifizierten Berufssoldaten bestehenden Armeen weiter finanzieren können? Unmöglich! Entweder die Rückkehr zu wirtschaftlichem Wachstum bringt, wie durch ein Wunder, neue Staatseinnahmen, was unwahrscheinlich ist, oder unsere Bündnispartner, insbesondere die Bundesrepublik, beteiligen sich an der Finanzierung der Atomstreitkräfte, aber dann müßten diese Truppen ihrer Sicherheit auch im gleichen Maße wie der französischen dienen. Oder aber es bildet sich beim französischen Militär eine gewisse Rangordnung heraus zwischen Atomstreitmacht, überseeischen Interventionstruppen und konventionellem Heer. Im Grunde liegen die wahren Einsparungschancen bei den konventionellen Streitkräften. Logistik und Organisation der Mobilmachung, wie 1914 und 1940 noch erforderlich, wären dann überflüssig, denn, wie jeder weiß, im Falle eines Konflikts bliebe wohl kaum mehr Zeit für die Einberufung der Reservisten. So würde dann auch der Militärdienst hinfällig, der die im modernen Krieg erforderlichen Fachkenntnisse längst nicht mehr vermitteln kann und dessen einziger Verdienst darin liegt, 600 000 Jugendliche nicht in den Arbeitslosenstatistiken auftauchen zu lassen. Auch die Bildung von Panzerdivisionen kann man zur Diskussion stellen, denn Panzerschlachten werden wohl kaum charakteristisch für militärische Auseinandersetzungen im Jahr 2000 sein. Und dies gilt auch für das Heer, das über das gesamte Staatsgebiet verteilt ist, als ob auch nur die geringste Möglichkeit bestünde, daß es in allen Teilen des Landes zu Kämpfen kommen könnte. Und auch die inneren Strukturen der Armee und das Material entsprechen noch immer dem Schema der beiden Weltkriege, so, als gäbe es keine Atomwaffen. Das Heer ist für eine moderne Verteidigungspolitik, was die Stahlindustrie für eine freie Wirtschaft ist: Solange keine Betriebskosten und keine sichtbaren Defizite gedeckt werden müssen, wird auch die Neuordnung auf sich warten lassen. Wo aber sollen Einsparungen vorgenommen werden? Bei den anderen Streitkräften mit zahlenmäßig geringerer Stärke, die daher zu einer erpresserischen Durchsetzung ihrer eigenen Interessen weniger in der Lage sind? Bei den nuklearen Streitkräften, deren Programme unauffällig gebremst wurden und für die Entscheidungen nach wirtschaftlichen Gesichtspunkten getroffen werden, ohne daß man es sich eingestehen will? Oder doch beim Heer, durch eine Staffelung der Investitionen, wenn schon nicht durch eine heilsame Neuordnung des Bestehenden? Wenn der Staat nicht in der Lage ist, eine Entscheidung zu treffen, macht er alle in gleichem Maße mittellos. Die Verteidigungspolitik verkümmert angesichts ihrer ewigen Alibis, ihrer ständigen Ausflüchte, ihrer Weigerung, eine Lösung herbeizuführen. Die Angst vor dem Korpsgeist der Militärs und vor dem heilsamen Schnitt könnte dazu führen, daß bald nur noch Blindheit regiert.

Dritte Tatsache: Technische Überalterung droht. Zwar noch nicht kurz- oder mittelfristig, denn die französische Force de frappe verfügt über ein, wenn auch zeitlich begrenztes, »Fenster der Unverwundbarkeit« – dank der mit Mehrfachsprengköpfen ausgestatteten Raketen auf den U-Booten, was ihre Durchschlagskraft deutlich verstärkt hat. Aber auf lange Sicht gesehen, besteht ein ganz konkretes Risiko. In erster Linie wohl im Luftbereich, denn hier werden immer ausgefeiltere Abwehrsysteme eingesetzt. Aber auch für die Raketen auf dem Plateau von Albion, die durch sowjetische Waffen unmittelbar bedroht sind. Und selbst für die U-Boote, die eines Tages sicher von Aufklärern ausgemacht werden können. Die Supermächte haben freilich die gleichen Probleme, aber rein statistisch gesehen, wird die Dimension der Bedrohung durch die Vielzahl der Möglichkeiten begrenzt: Je mehr Waffen vorhanden sind, um so geringer die Chancen, daß alle vernichtet werden. Die noch in der Ferne liegende Möglichkeit des Überflüssigseins, auch wenn diese mit Gewißheit eintreten wird, darf nicht zum Hemmschuh jetziger Entscheidungen werden, bildet jedoch auf jeden Fall den unübersehbaren Hintergrund. Sie sollte wohl für die militärisch-politische Strategie das sein, was für den Schriftsteller der Tod ist: die Grenze, aber auch das Mittel. In 20 Jahren werden alle unsere Trümpfe nichts mehr wert sein, wir müssen sie also heute schon ausspielen und unsere Nuklearwaffen so einsetzen, daß sie maximale politische Wirkung erzielen. Im Blickpunkt steht dabei natürlich die Bundesrepublik, und die Verteidigung Westeuropas ist die *ultima ratio*. Die ständigen Anstrengungen, ein Veralten der Waffensysteme zu vermeiden, müssen bestimmten Prioritäten untergeordnet werden. Wer immer nur bemüht ist, auf keinem Gebiet überholt zu werden, läuft Gefahr, daß ihm genau das in dem Bereich passiert. Es ist jetzt an den Spezialisten, die Gebiete zu nennen, in denen das Rennen noch offen ist. Sache der Politiker ist es, die entsprechenden Entscheidungen zu treffen. Immer ungenügendere Mittel undifferenziert zu verstreuen ist der erste Schritt zum Untergang.

Vierte Tatsache, die einem Bildersturm gleichkommt: Die zunehmende Konzentration der militärischen Anstrengungen auf das Gebiet der Nuklearwaffen macht die Aufrechterhaltung sinnvoll einsetzbarer überseeischer Interventionstruppen immer schwieriger. Wie sähe wohl die Zukunft der überseeischen Gebiete Frankreichs ohne militärische Verteidigung aus? Sie würden rasch zu einer unnützen Belastung des Mutterlandes, da sie dem Druck vor Ort, den ständigen Angriffen nach der alten antikolonialistischen

Gebetsmühle ausgesetzt und auch in Frankreich selbst umstritten sind. Als europäische Großmacht hat Frankreich nicht mehr die Mittel, auch noch eine kleine Kolonialmacht zu spielen. Als Kolonialmacht aber hätte es noch weniger Aussichten, eine europäische Großmacht zu werden. Eine zu spät gefällte Entscheidung ist keine Entscheidung und schadet unseren Bestrebungen, sowohl in Westeuropa als auch auf internationaler Ebene. Im Namen ihrer an Europa orientierten Strategie muß sich die Regierung allmählich mit der Überzeugung anfreunden, daß sie sich eines heute noch fernen Tages von den überseeischen Gebieten und Departements wird trennen müssen. Es ist nie zu früh, die Entkolonialisierung vorzubereiten, das hat die Erfahrung zur Genüge bewiesen. Unter diesem Gesichtspunkt könnte danach die Marine eine geringere Rolle spielen: Küstenmotorschiffe, um Drogenhändler aufzubringen, Schlepper, um die Fahrrinnen nach einem Schiffsunglück wieder freizumachen, ein paar Operettenschiffe für die Flottenparaden ... nicht mehr und nicht weniger. Und dann könnte ein wesentlicher Teil der Mittel für die nuklearen U-Boote verwendet werden. Polynesien oder die Verteidigung Europas: So sieht, überspitzt formuliert, die Alternative aus.

Fünfte Tatsache: Die konventionellen Landstreitkräfte haben für Frankreich eigentlich nur die Funktion einer Alarmglocke vor dem Einsatz der Atomwaffen. Wenn taktische Nuklearwaffen die letzte Warnung darstellen, ist der Einsatz der konventionellen Waffen praktisch nur der erste Schuß vor den Bug. Alles deutet darauf hin, daß das Risiko einer konventionellen Auseinandersetzung ohne Einsatz von Kernwaffen erneut auftaucht: die Umrüstung, die Weiterentwicklung der Verteidigungskonzepte, der Umschwung in der Denkweise. Frankreich verfügt nicht über die Mittel, sich auf dieses Gebiet einzulassen und sich eine schlagkräftige konventionelle Armee zuzulegen, es sei denn, es stellt seine nuklearen Anstrengungen ein. Die nicht mit Atomwaffen ausgestatteten Mächte sind jetzt aufgerufen, sich im konventionellen Bereich stark zu machen, und hier ist vor allem das Engagement der Bundesrepublik gefordert. Frankreich muß weiterhin gut ausgerüstete Streitkräfte in Westdeutschland unterhalten und sich eine erste Reserve im

Osten aufbauen, die eine Verbindung zu den nuklearen Streitkräften bildet – nach dem gleichen Prinzip, das die GIs in der Bundesrepublik als Garanten eines Eingreifens der USA sah. Alle sonstigen Ausgaben sind unnötig. Eines Tages werden wir die Konsequenz aus der Unantastbarkeit unserer Force de frappe ziehen müssen, indem wir ihr alle anderen militärischen Aufgaben unterordnen. Die nukleare Rüstung hat die traditionelle und überkommene Form der Verteidigung überlagert. Nach einem Vierteljahrhundert wäre es nun wohl an der Zeit, die Armee wieder aufzuwerten – wie andere die Dialektik: Atomwaffen als Grundlage, das übrige zum flankierenden Einsatz und alles Überflüssige über Bord.

Sechste Tatsache: Beide Großmächte müssen ihre Verteidigungssysteme überdenken. Die Sowjets, weil sie sonst jede Hoffnung auf eine Verbesserung der Wirtschaftslage aufgeben müßten, und die US-Amerikaner, weil sie endlich ihr Haushaltsdefizit ausgleichen wollen. Und ganz besonders die Franzosen, weil sie gegen ihren Willen aus dem Spiel gedrängt werden könnten, wenn sie weder ihre Ziele noch ihre Mittel nach Prioritäten ordnen. Deshalb nimmt die Dringlichkeit zu, der Zwang wird immer stärker. Durch die Abrüstungsgespräche der beiden Großmächte entsteht jedoch bei uns eine übermäßige Beunruhigung, und eine ebenso übermäßige Versuchung stellt sich ein. Die Franzosen befürchten, daß die Force de frappe trotz allen Widerstands mit in den Topf des abzubauenden westlichen Militärpotentials geworfen wird. Aber hier ist die Unnachgiebigkeit Antwort genug, denn niemand kann Frankreich dazu zwingen. Die USA haben dazu weder die Mittel noch die Absicht, und die Sowjets noch weniger. Man ist versucht sich vorzustellen, die Glaubwürdigkeit der französischen Strategie könne im gleichen Maße zunehmen, wie die Waffen der Großmächte abnehmen, etwa nach dem Prinzip der kommunizierenden Röhren. So davon überzeugt, daß sich die Abschreckung durch die französischen Atomwaffen verstärkt, werden die Politiker natürlich noch weniger geneigt sein, schmerzhafte Entscheidungen zu treffen, rigorose Einschnitte zu wagen und einen nervtötenden Kampf gegen die Schwerfälligkeit des Denkens und den Widerstand der Bürokratie zu führen. Käme es zu einer Abrüstung bei den Großmächten, so würde sich für Frankreich dadurch eine phantastische Möglichkeit ergeben, denn dann wären die französischen Rüstungsanstrengungen nicht mehr eine Frage des Überlebens inmitten einer Umwelt mit ständig wachsenden Zwängen, sondern sie wären ein Mittel, die Glaubwürdigkeit der Force de frappe zu fördern und damit ihren strategischen Wert.

Und *last but not least* die siebte Tatsache: Die Force de frappe ist kein militärisches Werkzeug, sondern ein strategisches und diplomatisches Instrument. Das gilt in Friedenszeiten für jedes Waffensystem und ganz besonders natürlich für Nuklearwaffen. Belegt nicht ihre Entwicklungsgeschichte, daß sie eher ein Mittel des »Nichtkriegführens« sind? Wurden sie nicht ausschließlich für die Kriegsvermeidung konzipiert? Und wie sollten sie auch ein Mittel zum Krieg sein, da doch jede nukleare Auseinandersetzuung ihrem Wesen nach undenkbar, unvorstellbar ist? Das Undenkbare läßt sich nicht programmieren, diese Binsenweisheit wird nur allzu leicht vergessen in diesem Spiel »Schiffeversenken für Erwachsene«, dem die Atomwaffenstrategie so sehr gleicht. Unter diesen Voraussetzungen ist es unbedingt notwendig, die Doktrin des Einsatzes der Force de frappe so weit wie nur irgend möglich aufzuwerten, um daraus politisch den größtmöglichen Nutzen ziehen zu können. Dies läßt selbstverständlich die Versuchung aufkommen, bis an die Grenzen zu gehen, vielleicht sogar über das hinaus, was die technologische Glaubwürdigkeit erlaubt; die französische Philosophie der Abschreckung begnügt sich jedoch innerhalb dieser Grenzen ausdrücklich mit einer zu eingeschränkten Konzeption von den »lebenswichtigen Interessen«. Das macht den wahren Strategen aus: das Kräfteverhältnis mit den wenigen Karten, die er in der Hand hat, zu verschieben. Man stelle sich einen de Gaulle in seinen besten Zeiten vor – wie damals, als er Roosevelt durch seine schlechte Laune brüskierte –, wie er sich anschickt, die Force de frappe als Mittel zur Schaffung eines geeinten Europas einzusetzen: Da gäbe es neben Bluff Seelenmassage, Beschwörung und – Zynismus. Alles in allem eine treffliche Karte für jemanden, der gewöhnt ist, auch ohne Trumpf zu gewinnen. Über das Ziel hinauszuschießen bedeutet heute, das einzig lohnende Ziel anzuvisieren, nämlich die Force de frappe zu einem Zündholz für mögliche militärische Konflikte werden zu lassen, das die USA zur Ankoppelung zwingt!

Finnlandisierung oder Zündholz?

Die französische Force de frappe kann zweierlei bewirken: Entweder sie beschleunigt den Finnlandisierungsprozeß Europas, das Abdriften der Bundesrepublik und die Errichtung jenes »gemeinsamen Hauses«, das den Sowjets so sehr am Herzen liegt, sobald es von den Vereinigten Staaten abgetrennt sein wird. Oder sie kann in einem Konflikt auf europäischem Boden das Zündholz bilden, das die USA zwingt einzugreifen, es sei denn, man könnte sich vorstellen, diese sei bis dahin zu einer nur noch regional bedeutenden Macht geworden, die der Einsatz strategischer Atomwaffen in irgendeinem Teil der Welt unberührt ließe. Eine solche Alternative ist kein Phantasiegebilde. Sie läßt sich aus den doppeldeutigen Reden, die die Sowjetunion Frankreich gegenüber führt, wie aus einem offenen Buch herauslesen. Einerseits ein Augenzwinkern von einer Atommacht zur anderen, im Sinne eines schmeichelhaften Einverständnisses: »Ihr und wir, wir sind die einzigen Atommächte in Europa« – eine Botschaft, die sich natürlich an das Frankreich des »nationalen Sanktuariums«, des geheiligten nationalen Gebiets richtet. Ein Eingeständnis – wenn es denn eines solchen überhaupt noch bedurfte – des Interesses, das die Sowjets an dieser Doktrin haben, da sie, die ohne Krieg zu Einfluß gelangen wollen, die Abschreckung des Starken durch den Schwachen nie herausfordern werden. Andererseits aber der sowjetische Wille, das französische Militärpotential in das westliche Arsenal mit einzubeziehen – in der Vergangenheit in Gestalt der atomaren Mittelstreckenwaffen, was nicht gelang, heute in Form von strategischen Atomwaffen, um die USA zu veranlassen, Frankreich noch stärker unter Druck zu setzen, damit es die Zahl seiner Atomwaffen parallel zu den eigenen Abrüstungsbemühungen verringere. Kommt es nicht zu dieser Form der gleichzeitigen Abrüstung, sähen sich die Amerikaner gezwungen, ihre eigenen Kontingente zusätzlich um die ursprünglich Frankreich zugeschlagenen Mengen zu reduzieren. In diesem Schema gehen die Sowjets von einem ganz simplen Postulat aus: Die französischen Streitkräfte können als vorgeschobene Atomstreitkräfte des Westens dienen und durch ihren Einsatz die Ankoppelung an die US-amerikanischen strategischen Waffen sichern. Zu Zeiten, als im Kreml noch mumienhafte Greise regierten, glich diese undifferenzierte Aufstellung dem Spiel mit Zuckerbrot und Peitsche. Das Zuckerbrot der Freundschaft, um die Franzosen darin zu bestärken, den Mythos von der Unverletzbarkeit des eigenen Territoriums aufrechtzuerhalten, die Peitsche der Aufrechnung, um sie davon abzuhalten, im atlantischen Bündnis den stellvertretenden Sicherheitsgaranten zu spielen. Gorbatschows Sprache ist weniger direkt: Sie bedient sich natürlich nicht mehr der zynischen Schwarzweißmalerei, hat jedoch trotz wohlgesetzter Worte und geschickter Wendungen nichts von ihrer Doppeldeutigkeit verloren. Zeigt sie uns nicht die beste Definition unserer Alternativen, getreu dem alten militärischen Prinzip, das besagt, daß die Art und Weise, wie der Gegner unsere eigenen Mittel einschätzt, die größte Hilfe für unsere strategischen Entscheidungen darstellt?

Daher stattet die »Zündholz-Strategie« Frankreich mit dem Attribut einer Weltmacht aus, während die Weiterverfolgung des »Konzepts Sanktuarium« lediglich der Haltung einer regionalen Macht gleichkommt. Wie hoch ist heute der Einsatz? Bis Gorbatschow auf den Plan trat, herrschte im Westen immer das Gefühl vor, die Sowjets wollten auf lange Sicht ihre Ziele ohne Krieg erreichen oder, schlimmstenfalls, durch einen konventionellen Krieg, also unterhalb der nuklearen Schwelle. Heute suchen sie zweifellos mehr Einfluß ganz ohne Krieg zu erlangen. Diese Strategie war schwierig zu vertreten, solange jeder Konflikt sofort zu einer nuklearen Auseinandersetzung zu eskalieren drohte; sie gewinnt jedoch mit der technischen Weiterentwicklung, die die Rückkehr zu konventionellen Kriegen immer wahrscheinlicher werden läßt, zunehmend an Glaubwürdigkeit. In Zukunft wird alles, was dem »Atom-Poker« ein Ende setzt, den Sowjets von Vorteil sein: die Philosophie des Alles oder Nichts, diese Abschreckung *à la fran-*

çaise, läßt noch genügend Raum für begrenzte Konflikte, Übergriffe, konventionelle Gefechte und vor allem für nach wie vor mögliche Bedrohungen; sie kann sie weder bremsen noch völlig verhindern. Deshalb schätzen die Sowjets gerade diese Doktrin so besonders. Halten wir also an der Strategie des nationalen »Sanktuariums« fest, wird sich am Horizont eine zweifache Gefahr abzeichnen: die eines isolationistischen Frankreichs und die eines in die Mitte Europas zurückgekehrten Deutschlands. Diese beiden Gefahren bilden Vorder- und Rückseite derselben Realität. So könnte im Namen des Gaullismus eine reale Situation entstehen, die den Grundlagen exakt widerspricht, auf denen de Gaulle sein Konzept der Atomstreitkräfte aufgebaut hatte. Hat man schon vergessen, daß damals drei Prinzipien galten? Man ging davon aus, daß jeder Krieg beinahe zwangsläufig zu einer nuklearen Auseinandersetzung führt, die US-amerikanische Überlegenheit für den Zusammenhang USA–Europa bürgt und Frankreich ganz automatisch geschützt ist und so seine Force de frappe als ein Instrument zur Wahrung politischer Autonomie einsetzen könne. In diesem Kontext rentierte sich die Strategie des »geheiligten nationalen Gebiets« wie keine andere Doktrin. Eine stärker atlantisch orientierte Strategie wäre der britischen Verteidigungsphilosphie gleichgekommen: Hat Großbritannien damals auch nur den geringsten politischen Vorteil aus dem Besitz von Atomwaffen gezogen? Als Hilfstruppe der USA gerieten die Briten damals in die höchst eigentümliche Situation, daß ihre militärische Stärke keinerlei politischen Einfluß mit sich brachte. Nicht so in Frankreich, das seine Force de frappe überbewertete, obwohl sie damals noch schwächer war als ihr britisches Gegenstück. Es gehört schon eine gehörige Portion Talent dazu, so zu tun, als hätte man seinen Beschützer vergessen – um ihn eines Tages wirklich zu vergessen.

Heute ist Großbritannien in seinen Beziehungen zu den Vereinigten Staaten gefangen, gefesselt und geknebelt. Wollte es seine Atomwaffen in den Dienst Westeuropas stellen, könnte damit die Ankoppelung an die USA wiederhergestellt werden, wozu jedoch deren vorherige Zustimmung notwendig wäre. Warum sollten die Nordamerikaner akzeptieren, daß der Einsatz der britischen Atomwaffen automatisch auch ihre nuklearen Streitkräfte zum Eingreifen verpflichtet, wenn sie sich doch bereits geweigert haben, die gleiche Zusicherung beim Einsatz ihrer eigenen Mittelstreckenwaffen auf europäischem Boden zu geben!

Frankreich hat dagegen die Mittel, den Zusammenhalt zu erzwingen. Es hält das Zündholz in der Hand, das den Weltbrand entfachen könnte, da es die Amerikaner zum Eingreifen zwingen würde. Frankreich besitzt also einen Joker, und es ist nun seine Sache, ihn auszuspielen. Dies setzt voraus, daß einer veränderten Situation auch eine andere Doktrin entspricht, was das Wesen einer flexiblen Strategie ausmacht. Anstelle der vor mehr als 15 Jahren begonnenen Schritt-für-Schritt-Bewegung hätte de Gaulle vielleicht, gleich einem Husarenstreich, einfach eine solche Kehrtwendung vollzogen. Die Philosophie des »erzwungenen Zusammenhalts« beruht auf drei Prinzipien.

In erster Linie zwingt die Force de frappe die Amerikaner mit ihren strategischen Waffen einzugreifen. Sie können sich nicht wie eine gigantische Schweiz gebärden und mit einem thermonuklearen Konflikt in Europa nichts zu tun haben wollen. Trotz des Wiedererwachens des Isolationismus und der Verlagerung der Interessensgebiete nach Süden und Westen ist Europa den USA doch noch eine Messe wert. Man kann sich vorstellen, daß sich die USA bei einem konventionellen Konflikt auf deutschem Territorium zurückziehen, auch wenn sie dadurch die GIs opfern müßten ... und ihre Ehre. Man kann sie sich jedoch nicht als Zuschauer bei einer nuklearen Apokalypse vorstellen, in deren Verlauf man sich gegenseitig ganze Landstriche atomar zerstören würde. Dies erklärt, entgegen der klassischen Doktrin, warum Frankreich, allen Widerständen zum Trotz, auf seinen großen Verbündeten zählen kann. Im übrigen würde dies, durch Atomwaffen bis zum Äußersten getrieben, bedeuten, daß sich ein altes historisches Prinzip nun bestätigt: Frieden führt die USA zu Isolationismus, Krieg führt sie, gegen ihren Willen, wieder zum Interventionismus zurück.

Aber das Streichholz in den Händen Frankreichs hilft nicht nur bei der Verteidigung des nationalen Territoriums. Ein autonomes Frankreich, das sich aus einem europäischen Konflikt heraushält, brächte sich damit in eine Lage, in der sich das Streichholz nicht mehr entzünden ließe. Die eigene Abschottung zöge unausweichlich die Abschottung der Bündnispartner nach sich, insbesondere der USA. Wenn Frankreich immer nur bestrebt ist, den konventionellen Krieg von einem Atomkrieg und das eigene Territorium von dem der Verbündeten abzugrenzen, dann schafft es damit genau die Grundlagen, die sich in einem solchen Fall dann gegen Frankreich selbst richten würden. Solidarität ist unteilbar.

Wenn der Force de frappe die »Streichholz-Funktion« zugewiesen wird, die Westeuropa und die USA enger aneinanderbindet, dann verschiebt sich dadurch zwangsläufig unsere nukleare Grenze vom Rhein zur Elbe. Militärisch betrachtet, wird damit das westdeutsch-französische Gebiet zu einer Einheit, und zwar nicht nur im Falle einer konventionellen Auseinandersetzung, wie die Regierung Chirac betont hatte, und auch nicht nur im Falle des Einsatzes taktischer Nuklearwaffen, wie es die französische Doktrin seit zehn Jahren nahelegt. Auch nicht nur für den Fall, daß sich unsere »lebenswichtigen Interessen« ganz unerwartet ebenfalls nach Osten verlagert hätten, sondern in allen nur denkbaren Fällen, und zwar uneingeschränkt. Dies wäre keine Durchlöcherung des Konzepts, denn jeder denkt so, nur spricht niemand es aus. Doch ist eine strategisch klare Formulierung niemals neutral; ist eine Regel erst einmal ausgesprochen, kann sie nicht mehr rückgängig gemacht werden. Warum verschweigt man sie also heute? Um dem Präsidenten der Republik ein Mindestmaß an Flexibilität zu bewahren, heißt es ... Wer mehr kann, kann auch weniger. Eine Verteidigungslinie zu ziehen hat noch nie bedeutet, sich auf diesem Stück Erde töten zu lassen: Zurückverlegung ist immer möglich, Rückzug ist gerechtfertigt, Änderung durchaus zulässig. Die Geschichte kennt viele dieser scheinbar unantastbaren und dann doch so häufig geänderten militärischen Grenzen. Wie steht es denn insbesondere mit den niemals genau festgelegten Verteidigungslinien? Sie sind noch zufälliger, militärisch ungewiß und strategisch bedeutungslos. Was riskiert Frankreich, wenn es die Grenze für den Einsatz seiner Atomwaffen in dieser Form festlegt? Nichts, denn die Flexibilität bleibt davon unberührt. Und was brächte es, dieses Konzept zu verwerfen? Nichts, denn es schafft eine strategische Unsicherheit, die Westdeutschland stärker zur Mitte drängt. Mit der Elbe als Grenze beschränkt sich die Revolution nicht nur auf den nuklearen Bereich. Alles steht auf dem Spiel: der Zusammenschluß der konventionellen Streitkräfte, die Aufteilung der Rüstungsanstrengungen, die Verteilung der Aufgaben, der einheitliche Oberbefehl. Wie viele Variationen und Überlegungen ergeben sich aus diesen offensichtlichen Möglichkeiten! Der Schmidt-Plan, der wohl am weitesten geht, sieht eine natürliche Spezialisierung vor: Atomwaffen für Frankreich, den konventionellen Bereich für Westdeutschland, einen finanziellen Beitrag der Bundesrepublik für die Modernisierung der Force de frappe und schließlich den integrierten Oberbefehl für Frankreich, falls es zum Einsatz der äußersten Waffe kommen sollte, denn die Befehlsgewalt über die Atomwaffen darf weder übertragen noch geteilt werden. Der Politik der kleinen Schritte mit ihrer Wiederbelebung der Westeuropäischen Union, der Einrichtung des deutsch-französischen Verteidigungsrats, den gemeinsamen Manövern und zaghaften Anstrengungen zur Normierung der Ausrüstungen ist noch ein hochpolitischer Akt hinzuzufügen: der Entschluß, den Verbündeten so zu verteidigen, als ginge es um das eigene Überleben. Westeuropa kann nicht mehr warten, denn die deutschfranzösischen Fortschritte im militärischen Bereich gehen langsamer voran, gemessen an dem Tempo, mit dem die Bundesdeutschen abdriften und die USA sich isolieren. Es ist fünf vor zwölf...

* * *

Frankreich hat die Wahl und die Qual der Entscheidung. Auf der einen Seite kann man an der gaullistischen Vulgata festhalten, d. h. Kult um das »nationale Sanktuarium«, eine zu begrenzte Auffassung von »lebenswichtigen Interessen«, eine naive Lust, mit der Sowjetunion auf gleicher Ebene, von Atommacht zu Atommacht, zu verhandeln, die Ablehnung der Solidarität auf dem Gebiet der westlichen Atomwaffen, das Unverständnis gegenüber der Entwicklung in der Bundesrepublik, den Weg des geringsten Widerstands zu gehen, den die Militärs einzuschlagen gedenken, die Weigerung, drastische Einsparungen im Haushalt vorzunehmen, mit einem Wort: Schwerfälligkeit im Handeln, eine weitere Maginot-Linie. Auf der anderen Seite geht es um das langfristig sich abzeichnende Problem der veralteten Technologie, um die Absicht, die nukleare Trumpfkarte aufzuwerten, eine Hierarchie der Mittel und Prioritäten zu akzeptieren, die Versuchung, das letzte Glied der atlantischen Kette zu bilden; zur Diskussion steht aber auch die »Politik des Zündholzes«, die atomare Grenze an der Elbe, die wachsende militärische Verflechtung mit der Bundesrepublik. Hier eine konservative Haltung, die den Übergang vom atlantischen Gleichgewicht zum kontinentalen Ungleichgewicht beschleunigt, dort ein verzweifelter Versuch, eine strategische Pascalsche Wette, um dieser Entwicklung Einhalt zu gebieten. Hier die einzige Position, die uns zu Verlierern macht: die Unbeweglichkeit. Dort die einzige Strategie, die es für eine mittelgroße Macht gibt: die Bewegung. Ganz so schwarzweiß darf man die Alternative natürlich nicht sehen, denn Frankreich hat ja bereits das Konzept der auf das eigene Territorium beschränkten Verteidigung aufgegeben; es wird sicher nie eine völlige strategische Schicksalsgemeinschaft mit der Bundesrepublik eingehen. Aber eine plötzliche Wendung in Richtung auf die »Zündholz-Strategie« könnte wie ein Sandkorn im Getriebe der Geschichte wirken, das den Lauf der Dinge ausgerechnet in dem Augenblick verändert, in dem sich Westeuropa in seiner Strategie vom Atlantik zum Ural hin bewegt, ein Europa, in dem parallel zu scheinbarer Freundschaft und Gegenseitigkeit ein gewisser sowjetischer Einfluß zum Vorschein kommt, der entfernt und liebenswürdig, distanziert und aufmerksam, höflich und besitzergreifend zugleich ist. Oder sollte das Sandkorn ganz unbeabsichtigt vom Osten kommen?

5

Im Osten etwas Neues?

Eine sehr komplexe Situation existiert jetzt im anderen Lager. Der Westen, technologisch hoch entwickelt und ständig in Bewegung, war unberechenbar, die Sowjetunion dagegen diktatorisch, einfach auszurechnen und ewig in ihrer Stetigkeit. Ihre Ziele schienen unantastbar: vom zaristischen Rußland als Erbe übernommen, das Streben nach Zugang zu den warmen Meeren; aus dem chinesischen Schisma entstanden, das Phantasiegebilde einer Politik des »containment« im Osten; schließlich, als Mischung aus einem lang gehegten russischen Wunsch und einer bolschewistischen Bestrebung, die fixe Idee, Westeuropa von den Vereinigten Staaten zu isolieren. Bis heute schienen die Blöcke in einem jeweils anderen Raum-Zeit-Verständnis zu leben. Im Westen eine in ständiger Bewegung befindliche Demokratie, eine einflußreiche öffentliche Meinung, das Primat des Augenblicks: die wärmste Gesellschaft, in dem Sinne, wie Lévi-Strauss sie von der kalten Gesellschaft unterschied. Im Osten eine allgegenwärtige Bürokratie, Diktat der Ideologie, institutionelle Unbeweglichkeit, mit einem Wort, die kälteste Gesellschaft. In einer solchen Welt war der Zeitfaktor zu einer entscheidenden Variablen der Strategie geworden. Er bedeutete im Atomzeitalter, was der geographische Raum im Zeitalter der konventionellen Streitkräfte bedeutete: eine Dimension, Schwerkraft, ein Verhängnis. Auf lange Sicht mochte es scheinen, als könne die Sowjetunion die Oberhand gewinnen, und zwar mit der gleichen Gewißheit, mit der in der Vergangenheit ihre Steppen und die unermeßliche Weite Rußland vor Napoleon und später die UdSSR vor Hitlers Regimentern schützten. Alles schien zu stimmen: Waren nicht der unausweichliche Rückzug der GIs und die

Drehung der Bundesrepublik um die eigene Achse durch den unvermindert harten Druck der Sowjets vorprogrammiert?

Doch da kommt Gorbatschow an die Macht, und die schlimmsten Befürchtungen der Vergangenheit verlieren ihre unausweichliche Gewißtheit. Selbstverständlich hat die UdSSR keinen Anfall von Heiligkeit erlebt, und ihre grundsätzlichen Bestrebungen wurden nicht in die Requisitenkammer der Geschichte verbannt. Aber Ungewißheit und Risiko gehen nun von der anderen Seite aus. Trotz der inneren Zerrissenheit und des Auseinanderdriftens der Kontinente auf strategischem Gebiet, wodurch sich die USA immer weiter von Europa entfernen, erscheint der Westen nun als der stabilere der beiden Akteure. Seine Meinungsverschiedenheiten sind bekannt, ihr regelmäßiges Auftreten gehört einfach dazu, tiefe Erschütterungen werden nicht geduldet. In den USA wie auch in Westdeutschland sind gewisse Kräfte am Werk; die öffentliche Meinung ist in Bewegung geraten, der strategische Konsens wird in Frage gestellt. Das Abdriften scheint kontrollierbar, die Richtung ist offensichtlich, die zeitliche Abfolge erkennbar. Heute ist der Westen durchschaubar, die sowjetische Welt nicht mehr. Die Skeptiker, die immer noch behaupten, in der UdSSR habe sich nichts verändert, melden sich immer seltener zu Wort. Immer mehr Naive glauben, daß sich die kommunistische Welt um 180 Grad gedreht hat und zu einer friedlichen Großmacht wird, und sie träumen von ihr mit der gleichen jugendlichen Arglosigkeit wie ihre Vorgänger, die den Aufruf von Stockholm unterzeichneten. Die Strategen sind verwirrt, sie können sich nicht daran gewöhnen, daß dieselben sowjetischen Politiker, die bisher in Unbeweglichkeit erstarrt waren, nun eine flexible Außenpolitik betreiben. Mit einem Wort, die Sowjetunion ist unberechenbar geworden.

Wie weit wird die Perestroika gehen? In welchem Maße wird die Bewegung auch die Volksrepubliken mitreißen? Wird die Entwicklung im Innern die Strategie in der Weltpolitik verändern? Oder werden im Rahmen dieser unorthodoxen Strategie Schlingerbewegungen als Vorwand für einen Rückfall in die alte Politik benutzt? Diese Fragen bestimmen ganz sicher auch die Entwicklung in Westeuropa und den Übergang vom atlantischen Gleichgewicht zu einem kontinentalen Ungleichgewicht. Für jede dieser Fragen läßt sich ein Szenario vorstellen. In großen Linien umrissen, sind es drei an der Zahl: erstens, die Fortsetzung einer kontrollierten Liberalisierung: Die Anstrengungen der UdSSR in diese Richtung gehen weiter, und der Westen und die USA driften immer rascher auseinander, weil die Westeuropäer den trügerischen Veränderungen weiterhin Glauben schenken. Zweitens: die Rückkehr zur alten Ordnung aufgrund eines unkontrollierbaren Ereignisses: Seine plötzlichen Auswirkungen würden auch die Atmosphäre im Westen sehr belasten und die strategische Abdrift bremsen, auch wenn die Richtung durch nichts mehr umgekehrt werden kann. Drittens: eine raschere Öffnung, die ihre eigene, unkontrollierte Dynamik erzeugt: Ein neues Europa könnte sich dann vom Atlantik bis zum Ural erstrecken, es trüge nicht mehr die Züge eines soliden Protektorats, sondern wäre mehr denn je kontinental und nicht mehr atlantisch orientiert. Allerdings hätten sich dann auch die Faktoren des Ungleichgewichts zugunsten der Sowjets in echte Kräfte des Gleichgewichts verwandelt. Für dieses Spiel mit stark vereinfachten Szenarios braucht man Phantasie und Weitblick. Wir unsererseits werden weiterhin auf »Rot« setzen, denn die Ungewißheiten der sowjetischen Entwicklung hemmen zwar die kontinentale Abdrift, stellen sie jedoch nicht in Frage.

Gestern noch war alles einfach ...

Seit 1945 verfolgt die Europapolitik der Sowjetunion nur ein einziges Ziel: Westeuropa zu beherrschen, es in ein von Moskau kontrolliertes Sicherheitssystem zu integrieren und Wirtschaftsbeziehungen aufzubauen, die sich allein nach ihren hegemonialen Machtinteressen richten. Deshalb verfolgt man die fixe Idee, die USA aus Westeuropa zu verdrängen, was auch die schwankenden Einstellungen zur europäischen Einheit erklärt: zuerst Feindseligkeit, als sich das Bündnis mit den USA zu verstärken schien, dann Sympathie, als sich die Anfänge eines »europäischen Gaullismus« und vielleicht sogar einer Anwandlung von Neutralismus abzuzeichnen begannen. Daraus erklärt sich auch die ständige Versuchung, Westdeutschland und Frankreich mal so, mal so gegeneinander auszuspielen, um immer mit dem gute Beziehungen zu pflegen, der gerade die deutlichste antiamerikanische Haltung an den Tag legt. Dazu gehört auch das zustimmende Nicken bei jeder Anwandlung von Unabhängigkeit gegenüber den USA, angefangen bei der Vereinbarung zwischen de Gaulle und Stalin im Jahre 1945 über die Philosophie von »Entspannung, Verständigung, Zusammenarbeit« von 1966, die Ostpolitik von 1970 bis hin zu den diskreten Ermunterungen an die Adresse der Bundesrepublik in den letzten Jahren. Schließlich ist auch das geschickte Ausnutzen der Wirtschaftsbeziehungen mit einer sicher bewußt gesteuerten Vergabe von großen Aufträgen nicht zu unterschätzen.

Zweifellos hatten die Sowjets nie die Absicht, ihre Ziele durch Krieg zu erreichen. Anfänglich wohl deshalb, weil sie unterlegen waren, später dann, weil die strategische Parität, wenn man allzulange mit dem Feuer spielt, enorme Gefahren birgt, und in jüngster Zeit wohl deshalb nicht, weil sie es nicht mehr auf einen Konflikt ankommen lassen müssen. Stärke ist wichtig, um die Ordnung in den Staaten des Warschauer Pakts zu wahren, dagegen genügt schon die Andeutung von Stärke, um westliche Demokratien in Schach zu halten. Die Sowjetunion war sich immer klar darüber, daß eine rein theoretische militärische Überlegenheit genügen würde, um die Partie zu gewinnen, das übrige besorgen die Unstimmigkeiten und Hemmnisse innerhalb des atlantischen Bündnisses selbst . . . Krieg wird damit überflüssig, da seine Folgen praktisch schon vorweggenommen werden können, abgesehen von dem minimalen Risiko, daß die Westeuropäer sich in letzter Minute noch einmal aufbäumen und dem Druck aus Moskau entgegenzuwirken versuchen.

Im Gegensatz zu den Franzosen haben sich die Sowjets in ihren strategischen Überlegungen nicht durch ein Abschreckungskonzept lähmen lassen, das mit dem Schlimmsten, aber auch dem Unwahrscheinlichsten, einer nuklearen Katastrophe, rechnet. Sie nehmen den Krieg ernst, und wenn er denn stattfinden muß, möchten sie ihn auch gewinnen. Durch ihre Vorbereitung auf den Krieg erhöhen sich auch die Chancen einer Veränderung der Lage zu ihren Gunsten, und das wissen sie. Zu diesem Zweck haben sie in ihrem Jargon den Begriff des »dynamischen Status quo« geschaffen, ein Ausdruck, der für sich spricht: Um sich den Sieg zu sichern, genügt es, der Stärkere zu sein und bewegungslos zu verharren. Für diese Strategie hat die Unbeweglichkeit die gleiche Funktion wie einst die Weite des riesigen Landes für die alte russische Überlebenstaktik. Auf diese Form von Macht zu setzen entspricht haargenau der Zielsetzung: beherrschen, nicht besetzen. Träumte die Sowjetunion davon, die westeuropäischen Länder zu Bruderländern und Satellitenstaaten zu machen, könnte sie weder auf die Eroberung noch auf die Besetzung verzichten. Wenn das Ziel aber Beherrschung ohne Besetzung und Einfluß ohne Annexion lautet, dann genügt der Schlagschatten der Stärke.

Die latente Bedrohung kann nur dann ihre volle Wirkung entfalten, wenn man den Vorteil der massiven konventionellen Bewaffnung für sich geltend machen kann und der westeuropäische Kontinent völlig atomwaffenfrei ist. In diesem ersten Punkt scheint sich das militärische Denken der Sowjets deutlich weiterentwickelt zu haben, denn sie beschränken sich nicht mehr darauf, Divisionen, Panzer und Flugzeuge aufzurechnen, die denen des Westens zahlenmäßig weit überlegen sind, sondern sie beziehen diese Zahlen auf eine Strategie der Beweglichkeit, die sich auf den Überraschungseffekt, den raschen Angriff und das Einkreisen stützt. Eine solche Strategie setzt selbstverständlich voraus, daß man in der Lage ist, bei diesem oder jenem wichtigen Glied der Kette dem Gegner im Verhältnis von fünf zu eins gegenüberzustehen. Bei dieser Überlegenheit besteht die große Gefahr, daß die taktischen Atomwaffen des Westens die sorgfältig ausgearbeiteten Pläne durcheinanderbringen und auf diese Weise zu einer ernsten Bedrohung für die Sowjets werden. Die Zeit der massiven und statischen Frontalangriffe ist vorbei, denn sie erfordern so viel Zeit, daß sich dadurch die Gefahr einer nuklearen Eskalation erhöht. Für die UdSSR ergibt sich daraus neben der strategischen Absicht die militärtaktische Notwendigkeit, die Entnuklearisierung Europas anzustreben. Die erste Nullösung wirkte sich in diesem Sinne günstig auf die Abkoppelung aus, die zweite bürgt dafür. Die dreifache Nullösung würde jegliche Gefahr der nuklearen Eskalation aus einem konventionellen Krieg verbannen. Mit Atomwaffen kann Westeuropa verteidigt werden, mit konventionellen Waffen unterliegt es kampflos.

Die Sowjets haben immer wieder versucht, den Abzug der US-Mittelstreckenraketen aus Westeuropa zu erreichen. Es war nur auf ihre eigene Ungeschicklichkeit zurückzuführen, daß es 1983 dann doch zur Stationierung der Pershings und Cruise-Missiles kam. Die Greise im Kreml glaubten, diese Stationierung allein durch Drohreden verhindern zu können. Ihre Nachfolger haben eingesehen, daß ein Zugeständnis, das den Vereinigten Staaten sowieso nicht sehr schwerfiel, mit einem Entgegenkommen ihrerseits belohnt werden muß. Diese Geste genügte, die doppelte Nullösung wurde begeistert aufgenommen, als sei ein in vieler Hinsicht unwiderruflicher US-amerikanischer Abzug einem jederzeit umkehrbaren sowjetischen in der Wertigkeit gleichzusetzen.

Die Falle hat wunderbar funktioniert, denn Gorbatschow gelang durch Fingerspitzengefühl und Flexibilität, was seine Vorgänger durch ihre ungehobelte Sturheit nicht erreichen konnten. So bleibt nun noch, das Manöver mit der dreifachen Nullösung zu beenden, d. h. mit der Abschaffung der taktischen Kurzstreckenraketen. Der Westen ist sich noch immer nicht schlüssig, welche militärischen Nachteile damit für ihn verbunden wären. Aber die dreifache Nullösung würde zur Denuklearisierung der Bundesrepublik führen, dem einzigen Land, das der Bedrohung der in Europa stationierten Kurzstreckenwaffen unmittelbar ausgesetzt ist. Die westdeutsche Friedensbewegung hat erneut eine Kampagne gestartet und drängt damit die Politiker der Bundesrepublik in die Defensive, die im Augenblick noch wenig geneigt sind, dieser Weiterentwicklung Rechnung zu tragen. Jeder vernünftige Mensch muß bei dem Gedanken an ein denuklearisiertes Westeuropa zurückschrecken, von der die französische Force de frappe ausgenommen ist, die jedoch von einer unzeitgemäßen Verteidigungsdoktrin durchdrungen ist. Doch es besteht die Gefahr, daß sich in der Frage der dreifachen Nullösung das gleiche, nur zu gut bekannte Spiel wie beim Doppelbeschluß wiederholt, als sich die sowjetischen Abrüstungsvorschläge und der Druck der westlichen Friedensbewegungen gegenseitig verstärkten.

Seit 30 Jahren läßt sich in der sowjetischen Strategie wie in einem aufgeschlagenen Buch lesen: ihre Ziele, ihre fixen Ideen, ihre linkischen Formfehler und auch ihre Grenzen. Nur keine Überschätzung der Intelligenz des Gegners: Er verfolgt mit einfachen Mitteln und einer vereinfachten Denkweise ein einfaches Unterfangen. Plötzliche Meinungsumschwünge waren noch nie seine Stärke. Dies zeigt sich auch darin, daß er die westdeutsche Karte nur sehr halbherzig spielt. Natürlich hat Moskau in den letzten 15 Jahren erkannt, daß durch verstärkte Beziehungen der Bundesrepublik zum Osten auch die Abkoppelung von den Vereinigten Staaten beschleunigt werden kann. Und doch hat es die Sowjetunion nie gewagt, die deutsche Frage anzuschneiden, obwohl jedes Abrücken der Bundesrepublik vom Westen in Richtung auf eine stärker nationale Einstellung für die UdSSR nur von Vorteil sein kann. Schuld daran sind Überreste aus der Vergangenheit, nicht ausgeräumte Befürchtungen, inneres Widerstreben, die Verträge aus der Nachkriegszeit in Frage zu stellen, Furcht vor einem Abgleiten der DDR oder Angst, die anderen Staaten des Ostblocks könnten sich mitreißen lassen: Die kleinmütige Zaghaftigkeit der sowjetischen Außenpolitik ist von solchen Hemmungen geprägt. Man muß bis ins Jahr 1953 und zu jener seltsamen Note Stalins zurückgehen, um zu erkennen, wie es zu dem offensichtlichen Feilschen darum kam, ob nun eine Wiedervereinigung oder zumindest eine deutsch-deutsche Annäherung oder die Neutralisierung anzustreben sei. Seit damals wollte die UdSSR die Entwicklung immer forcieren, aber die Karten, die nach dem Krieg ausgegeben worden waren, nicht neu verteilen. Heute ist die Sowjetunion ein unberechenbarer Faktor, denn so, wie Gorbatschow den Rückzug der Pershings und Cruise-Missiles erreicht hat, indem er den fälschlicherweise von Reagan vorgebrachten Gedanken der doppelten Nullösung sofort aufgriff, so könnte er auch die alten Vereinbarungen über die Teilung Deutschlands ändern. Auch an dieser Frage läßt sich erkennen, daß die Ungewißheit nun aus dem anderen Lager kommt.

Bisher galt die Zeit als Schlüsselfaktor der sowjetischen Strategie. Bei gegebenem oder sich langsam verbesserndem Kräfteverhältnis stellt die Zeit einen wichtigen Trumpf dar und diente der Sowjetunion dazu, ihre inneren Schwächen zum strategischen Vorteil zu machen. Sie ertrug die Nachteile einer erstarrten Gesellschaft: mittelmäßige Produktivität, eine wenig leistungsfähige Wirtschaft, mangelnde Innovation. Auf internationaler Ebene erwies sich diese Unbeweglichkeit als Vorteil, denn sie entnervte den Westen, dessen Instabilität und Stimmungsschwankungen an der Starrheit der Sowjetunion abprallten. Bewegung birgt immer auch ein gewisses Risiko; manche Vorteile lassen sich zwar rascher erreichen, aber könnte Moskau dadurch nicht auch Gebiet auf dem gleichmäßigen und unaufhaltsamen Vormarsch einbüßen, das es bisher allein dem Zeitfaktor zu verdanken hatte? Diese Entwicklung ist nicht auf eine Entscheidung zurückzuführen, die die Sowjets überstürzt gefällt haben, denn wenn die Volksmassen erst einmal richtig in Bewegung geraten, wird diese Unbeweglichkeit zum Nachteil. In einer »kalten Gesellschaft« ist die strategische Haltung starr, während eine »heiße Gesellschaft« ganz natürlich zu strategischer Innovation neigt. Gorbatschow wird andere Waffen einsetzen als Breschnew, aber verfolgt er auch andere Ziele?

Nein, im Gegenteil: Man kann durchaus behaupten, Gorbatschows Politik entspräche haargenau den traditionellen sowjetischen Bestrebungen. Einerseits ist die Bevormundung leichter zu ertragen, wenn sie mit einem charmanten Lächeln ausgeübt wird. Andererseits können die wirtschaftlichen Veränderungen im Inneren die Beziehungen zum Westen nur verbessern. Und schließlich ist eine freundliche Sowjetunion eher in der Lage, die USA durch Verhandlungen und mögliche Abrüstungsabkommen zur Abkoppelung zu bewegen. Ich möchte meine Meinung zur Prognose erheben: Wenn sich die Perestroika undramatisch und ohne Zerfall der Sowjetunion durchsetzen kann, wird Gorbatschow obendrein im Westen noch seine strategische Wette gewinnen. Kann man aber bei einem Scheitern der Strategie noch auf den Sieg der Perestroika setzen? Hat dieser Begriff dann überhaupt noch einen Sinn?

Angesichts der Gerüchte aus dem Osten reicht Skepsis anstelle von Analyse nicht mehr aus: Nur so läßt sich die Verwirrung der Sowjetologen aller Richtungen erklären. Seit Breschnews Amtsantritt hatten sie sich eine auf drei Prinzipien gestützte Philosophie aufgebaut. Erstes Prinzip: Das System ist zur Unbeweglichkeit verdammt, weil es nur mit eigener Kraft aus dieser herauskommen kann. Zweites Prinzip: Plötzliche Erschütterungen sind nur an den Rändern der Sowjetunion möglich, in den Volksrepubliken des Ostblocks oder unter dem Druck der Glaubensfragen in den moslemischen Grenzländern. Drittes Prinzip: Die Antwort auf innere Konflikte kann nur in einer Verhärtung des Kurses bestehen, und zwar entweder auf Betreiben der Partei oder der Militärs. Nur in einem Punkt des Szenarios waren sich die Kenner der Sowjetunion nicht einig: Die einen glaubten, die Partei werde die beherrschende Kraft sein, die anderen sahen sie in den Wünschen des Militärapparats. 20 Jahre lang paßte das Erklärungsmodell ganz genau auf eine Sowjetunion, die sich bestenfalls dem Status quo und schlimmstenfalls einem verschärften Totalitarismus verschrieben hatte, wobei jede Erschütterung zu einer weiteren Verschärfung führte. Unter diesen Voraussetzungen ist es für die Kremlogen schwer zu verstehen, daß heute die Initiative von der Spitze ausgeht und nicht durch ein unerwartetes Geschehen an der Basis ausgelöst wird. Die Bewegung wird nicht von oben registriert, sie wird per Dekret verordnet; die Veränderung wird nicht improvisiert, sie wird befohlen; und Liberalismus schleicht sich nicht etwa ein, er ist das Losungswort. Daß dieser Fall eintreten würde, war am unwahrscheinlichsten, er ist daher auch am schwierigsten zu beurteilen. Wer hätte geglaubt, daß der beste Mann, den das System hervorgebracht hat – so gut, daß er sich schon sehr früh die Macht nahm –, ausgerechnet gegen dieses System am heftigsten protestieren würde? Die alte Erklärung vom Zauber des »aufgeklärten Despotismus« zieht nicht mehr: Der junge Despot wäre demnach offen und aufgeklärt, und im Alter träfen dann wieder alle Attribute des Absolutismus auf ihn zu. Gorbatschow spielt heute mit hohem Einsatz. Aus welchem Grund? Um des demokratischen Prinzips willen? Man müßte schon sehr von den unbegrenzten Möglichkeiten der Vorsehung überzeugt sein, wollte man an ein solches Paradoxon glauben. Aufgrund machiavellistischen Denkens? Vielleicht, denn nur die Perestroika bietet ausreichend Vorwand, einen bürokratischen Apparat von Grund auf zu erneuern und sich seiner Ergebenheit gegenüber dem neuen Herrn zu versichern. Aufgrund der klaren Einschätzung der Dinge? Sollte das System langfristig wirklich so sehr bedroht sein, daß allein sein Chef das wahre Ausmaß der Katastrophe kennt? In geschichtlicher Perspektive? Gorbatschow hätte genügend Zeit vor sich, um sich in einer ersten Etappe die Schrecken der Reform leisten zu können, bevor er dann in einem zweiten Schritt die Früchte erntet. Wer sagt denn überhaupt, daß der Held noch mehr weiß?

Zum ersten Mal seit 1956 zeigt sich nun Neues im Osten. Ist das nicht eine außerordentliche Umkehr der Perspektiven? Jahrzehntelang schien es, als sei der Westen in der Defensive, der Kapitalismus in die Enge getrieben, die Marktwirtschaft umstritten, die Demokratie bedroht und die sozialen Spannungen täglich zunehmend. Der Wind der Geschichte blies immer in die gleiche Richtung, und der Kommunismus hatte den Wind im Rücken: Seine Einflußsphäre dehnte sich sichtlich aus, seine militärische Macht zog allmählich mit der des Westens gleich, seine ideologische Ausstrahlung reichte weiterhin bis in die Herzen der Demokratien. Wer hätte zu Beginn der siebziger Jahre gedacht, daß die Demokratie 15 Jahre später voll im Aufwind stehen würde, daß der Kapitalismus sich in ein Wertesystem verändern und der Markt eine eigene Moral entwickeln könnte, daß die kommunistischen Parteien vom Aussterben bedroht wären, der Marxismus selbst überlebt werden würde durch eben das, was er ursprünglich leisten wollte: die erklärende Theorie einer liberalen Wirtschaft? Die Zukunft hat die Seiten gewechselt, die Zweifel grassieren jetzt im anderen Lager. Einer Sowjetunion gegenüber, die sich mitten im Glasnost-Taumel befindet, besteht doch eine ganze Reihe von Ungewißheiten, von denen jede einzelne einen Schlüssel zu den künftigen Kräfteverhältnissen bildet.

Die erste Ungewißheit liegt in der Frage: Wird sich die Perestroika von selbst erschöpfen? Gleich einer Maschine verbraucht eine gesellschaftliche Bewegung Energie. Diese kommt heute von oben, vom Chef und von einer Reformerelite in seinem Fahrwasser. Dauerhaft läßt sich eine Gesellschaft auf diese Weise nicht verändern. Früher oder später versiegt diese Art von Reformeifer immer. Ermüdungserscheinungen bei den Verantwortlichen, die Annehmlichkeiten der Unbeweglichkeit, die Bequemlichkeit, die der Konservatismus birgt: Reformen sind wie Rosen – sie blühen einen Sommer lang oder ein paar Jahre. Die ersten Reformschritte müssen der Gesellschaft die Möglichkeit eröffnen, den weiteren Weg nun selbst zu bestimmen. Die von oben kommenden Gesetze müssen die Voraussetzungen für die dauerhafte Bewegung schaffen, die man Demokratie und Marktwirtschaft nennt. Verordnungen und Regeln *ex nihilo* müssen flexible und bewegliche Strukturen zustande bringen. Wenn es um den Übergang von einer rechten Diktatur zur Demokratie geht, ist der Weg wohl bekannt: Am Ziel ist von den totalitären Strukturen nichts mehr übriggeblieben, sie schmelzen in der Demokratie dahin wie Butter in der Sonne. Aber die Perestroika nimmt einen recht gewagten Verlauf. Die Alleinherrschaft der Partei muß fortbestehen, der Leninismus hat als Alibi zu dienen, die Privilegien der Technokraten müssen bewahrt werden. Ein solcher Weg ist noch nicht beschritten worden. Wie wird Gorbatschow aus einer offensichtlichen Alternative hervorgehen? Entweder die Reform versandet und das nur eben äußerlich renovierte System verewigt sich im Staat, oder die gesellschaftliche Dynamik hat einen solchen Schwung erreicht, daß ihr nicht widerstehen kann, was sie verleugnet: weder die Ideologie noch das Ein-Parteien-System, noch die Machtübernahme durch eine sich durch Vererbung am politischen Leben erhaltende Elite. Eine halbe Demokratie, ein zum Teil totalitäres Regime, eine teilweise verdeckte Bürokratie lassen sich weder eindeutig konzipieren noch klar verständlich darlegen. Das sind keine verläßlichen Fakten. Wenn man nicht davon ausgehen will, daß die Geschichte noch immer über unerschöpflichen Erfindungsreichtum verfügt, wird der »Gorbatschowismus« schließlich auf die eine oder andere Seite kippen müssen, und man kann wohl darauf wetten, daß es die Seite des Status quo sein wird, selbst wenn einige Öffnungen bestehen bleiben und unzweifelhafte Fortschritte darstellen, denn selbst geringe Freiheiten sind nicht zu verachten.

Die zweite Ungewißheit lautet: Werden die übrigen Staaten des Ostblocks die Perestroika überleben? Ihre bürgerlichen Gesellschaftsschichten haben sich gegen enormen Druck behauptet, ihre Erwartungen sind ganz anderer Art. Die wenigen Keime der Freiheit, die für die Sowjets schon einen riesigen Fortschritt darstellen, sind für sie unwesentlich. Den Satellitenstaaten ist es nicht darum zu tun, die Grundlagen einer Gesellschaft neu aufzubauen, sondern sie wollen zur Demokratie zurückkehren. Wie bei den Diktaturen der Rechten, in Spanien unter Franco oder in Portugal unter Salazar, mußte sich das kommunistische Regime mit einem reichen Gesellschaftsleben unter der Oberfläche abfinden, das so weit entwickelt ist, daß nur noch der letzte Schritt, die Errichtung der Demokratie, zu tun bleibt. Für den kleinen Mann auf den Straßen von Warschau oder Budapest sind die liberalen Ansätze in der Sowjetunion nichts weiter als Gestammel, da müßte schon noch mehr kommen. Deshalb ist es für die Sowjets äußerst schwierig, in den Volksdemokratien nicht die Kontrolle über die Perestroika zu verlieren. Die Umgestaltung nicht in die Satellitenstaaten zu exportieren ist nicht denkbar; das würde unweigerlich zur Explosion führen. Sie Schritt für Schritt vom sowjetischen Modell auf die anderen Länder zu übertragen ist nicht durchführbar, es würde eine ungeheure Enttäuschung in deren Bevölkerung bedeuten und wiederum die Gefahr einer Explosion heraufbeschwören. Überläßt man das Phänomen aber den Unwägbarkeiten der nationalen Kräfteverhältnisse, könnte dies sehr rasch das Regime selbst in Frage stellen: Was erwarten die Polen oder Ungarn anderes? In der Sowjetunion schon schwer vorstellbar, erscheint eine kontrollierte Liberalisierung in den Satellitenstaaten als denkbar ungeeignet. Das Dilemma scheint unlösbar, denn in seinem eigenen Land hat Gorbatschow immer die Möglichkeit, von einer abgehalfterten Reform zu einem offenen Konservatismus zurückzukehren und diesen der Gesellschaft aufzuzwingen. Aber bei seinen Vasallen? Die

Unbeweglichkeit setzt eine eiserne Hand voraus, die schwerer sein muß als die heutige: Sie braucht Mittel, militärischen Druck, eine Gewalt, die mit dem Bild, das die UdSSR heute von sich zeichnen möchte, unvereinbar ist. Die Beweglichkeit dagegen öffnet die Büchse der Pandora. 1956, 1968, 1980: Die Geschichte hat sich bereits wiederholt. Die geringste Bewegung mündet in genau die Hoffnungen, die Moskau nicht akzeptieren kann, nämlich den Übergang zum Pluralismus sowie die politisch-militärische Emanzipation. Wann geht es weiter? Angesichts des Aufstands in Ungarn war einer reformistischen sowjetischen Macht der Schutz des Reichs wichtiger als das Image der Demokratisierung. Sollten sich die Prioritäten geändert haben? Rangiert die Liberalisierung jetzt vor den strategischen Belangen? Würde sich die Perestroika mit dem leisen Davonstehlen einer Volksrepublik abfinden? Könnte die weltweite Entspannung als Ersatz für die Fortsetzung des Kadavergehorsams der Staaten dienen, die die Grenzen der Sowjetunion abschirmen? Das alles sind zwar legitime, aber eher unwahrscheinliche Fragen: Die Aufrichtigkeit gebietet, sie zu stellen, die strategische Realität wird sie beantworten. Wenn Gorbatschow gezwungen sein sollte – und alles deutet darauf hin –, bei seinen Verbündeten die Rolle des Polizisten zu spielen, falls dort die politischen Entwicklungen außer Kontrolle geraten, dann verliert er dadurch seine Handlungsfreiheit im eigenen Land. Zu Hause ist der Zar liberal, nach außen hin jedoch autokratisch: Eine solche Situation wäre nicht neu, aber unter Staaten, die so intensiv miteinander verbunden sind, wäre sie wohl kaum annehmbar. Die Zeiten sind vorbei, in denen die räumlichen Entfernungen solche Schizophrenie gestattete. Die sowjetische Reformbewegung läuft Gefahr, auf den Straßen von Budapest oder Krakau unterzugehen.

Dritte Ungewißheit: Wird die Bewegung der Umgestaltung schließlich dazu führen, daß auch die Strategie in Frage gestellt wird? Ihre Erscheinungsformen oder ihre Theorie ganz gewiß, aber ihre Realität wohl vom Prinzip her nicht, wenn die Regierung die Kontrolle über den Prozeß behält. Doch was geschieht, wenn ihr diese entgleitet? Wie stellt man sich eine Strategie in der Verpuppung vor, von der Umgebung völlig abgeschnitten? In Demokratien hängt die internationale Strategie ebenso von der öffentlichen Meinung ab wie die Maßnahmen zur Verteidigung. Wenn die Führer der UdSSR wieder eine öffentliche Meinung zulassen, setzen sie sich auch dem Risiko aus, von ihr kritisiert zu werden. Ist es ihr nicht schon gelungen, den Rückzug aus Afghanistan durchzusetzen, ganz ähnlich – wenn auch ein wenig diskreter –, wie die US-amerikanische Öffentlichkeit damals das Ende des Vietnam-Kriegs erzwang? Fordert sie nicht wirtschaftlichen Fortschritt, auch wenn dieser in Widerspruch zu einem Militärhaushalt steht, der den größten Teil des Bruttosozialprodukts verschlingt? Wünscht sie, mit dem angeborenen Egoismus des Verbrauchers, nicht die Abrüstung? Die Regierung wird zumindest ihre herkömmliche Politik in eine passendere Theorie kleiden müssen, sowohl gegenüber den westlichen Medien als auch gegenüber der Öffentlichkeit im eigenen Land: Die sattsam bekannten Töne und die Variationen über Europa, unser »gemeinsames Haus«, verfolgen doch dieses Ziel. Aber die Regierung läuft andererseits auch Gefahr, mit ihrer eigenen Gesellschaft einen Vergleich schließen zu müssen, der im Extremfall sogar diesen oder jenen Aspekt ihrer internationalen Handlungsfreiheit in Frage stellen könnte. Diese simple Möglichkeit könnte sich im übrigen als ein wesentliches Hindernis für die Perestroika erweisen. Werden die Militärs gewillt sein, weiteres Hinauszögern zu akzeptieren, dem sie als erste zum Opfer fallen könnten, wenn die Strategie zur Finnlandisierung Europas im Westen und des Zugangs zu den warmen Meeren im Osten zusammenbricht? Die Demokratisierung setzt möglicherweise die Strategie aufs Spiel, das Risiko einer strategischen Veränderung genügt schon, um die Demokratisierung zu gefährden.

Je mehr die Sowjetunion von Wirtschaftswachstum träumt, um so mehr ist sie auf ein Mittel- und Westeuropa angewiesen, das ihr als Lieferant sowohl für Güter als auch für Technologie dient. Je mehr sie sich um ein Europa unter einem sehr zurückhaltenden Protektorat bemüht, um so eher verfügt sie über die Mittel für ihren wirtschaftlichen Aufschwung. Je stärker ihre Verflechtung mit dem Westen zu ihrem eigenen Vorteil, um so deutlicher ihre strategische Einflußnahme. Theoretisch paßt die Perestroika besser zur

Finnlandisierung Westeuropas als der törichte sowjetische Totalitarismus der letzten Jahrzehnte. Grundsätze lassen sich gewiß nicht aneinanderreihen wie Dominosteine. Gorbatschow versucht offensichtlich, dieses Register zu ziehen, aber er ist sich keineswegs sicher, ob er damit seine Position verbessert. Gegenüber dem Westen hat er bessere Karten in der Hand und schafft mit einem Lächeln leichter, was seine Vorgänger durch Drohung zu erreichen suchten. Um seine Ziele im eigenen Land zu realisieren, findet er nicht so leicht den richtigen Weg.

Angesichts so tiefgreifender Ungewißheiten scheint alles offen. Ist es für uns nicht ein ganz außerordentliches Gefühl, endlich eine unvorhersehbare Entwicklung mitzuerleben? Unsere Geschichte langweilte angeblich die klugen Köpfe durch ihre Banalität. Sie können sich freuen. Das Schauspiel beginnt, und das Publikum kann mit mehreren Schlußtableaus rechnen – mindestens mit den folgenden drei ...

Das Szenario des »aufgeklärten Despotismus«

Für die Westeuropäer ist dies vielleicht die faszinierendste Hypothese. Nach diesem Drehbuch gelingt es Gorbatschow über einen längeren Zeitraum hinweg, seine Trapeznummer durchzuhalten. Der Tradition entsprechend würde das Wesentliche beibehalten werden. Das sowjetische System bleibt in seinen großen Zügen unverändert: eine Einheitspartei, eine Ideologie, die das wahre Ausmaß der Misere kaschiert, ein Machtmonopol und auf strategischem Gebiet das Weiterverfolgen der Abkoppelung Westeuropas von den Vereinigten Staaten, das Herstellen eines Modus vivendi zwischen den Großmächten und die Fortsetzung der globalen Herrschaft der beiden Supermächte auf Dauer.

Was die Erneuerung anbelangt, so kommt der sowjetischen Gesellschaft auf verschiedenen Gebieten eine liberale Nachsicht zugute, die jedoch auf Widerruf gewährt wird. Die Mechanismen der Wirtschaft lassen bei der Festlegung der Preise und Löhne einen gewissen Spielraum zu. Langfristige Pachtverträge dienen als Alibi für die Aufhebung des Kollektiveigentums am Boden, und wie in China führt die fast völlige Freigabe der Agrarpreise zu deutlichen Produktionssteigerungen. Die private Schattenwirtschaft stürzt sich auf diese Lücken und übernimmt mehr denn je die Rolle des Ventils für die Unwirtschaftlichkeit des offiziellen Systems. Aufgrund der Abrüstungsabkommen können einige Prozente des Bruttosozialprodukts von der Kriegswirtschaft abgezogen und auf die Konsumwirtschaft verlagert werden. Bei der Einstellung hochqualifizierter Fachleute wird stärker auf Kompetenz denn auf langjährige Parteitreue geachtet. Junge Technokraten treten an die Stelle der Parteigreise. Die Außenpolitik schließlich sucht nicht mehr die Auseinandersetzung, sondern ist stärker um Ausgleich, um die Lösung von Konflikten und nicht um ihre Verschärfung bemüht. So zeichnet sich gewissermaßen ein Ungarn mit sowjetischen Ausmaßen ab, mit einer neuen Sprache und einem Leninismus à la spätes 20. Jahrhundert, die zwar gewisse Zugeständnisse an die heutigen verbalen Anforderungen machen, in bezug auf das Wesentliche jedoch kompromißlos bleiben.

Eine solche Sowjetunion hat ganz gewiß leicht gewonnenes Spiel gegenüber Westeuropa, denn die Europäer, und besonders die Westdeutschen, werden jede dieser Neuerungen zum Vorwand für einen »Drang nach Osten« in neuem Gewande nehmen. Den Prozeß der Erneuerung zu fördern, das ist das Hauptargument, mit dem man den Wünschen der Sowjetunion entgegenkommt, wenn auch mit einem leichten Anflug von schlechtem Gewissen, so daß in der UdSSR Stockungen im Umgestaltungsprozeß auf eine möglicherweise zögerliche Haltung des Westens geschoben werden könnten. Die Suche nach Absatzmärkten: Dieses Riesen-Ungarn wird sich im Westen verschulden, um Konsumgüter für die Bevölkerung zu kaufen; Ausrüstungsgüter, um den technischen Bedarf der Industrie zu befriedigen; Spitzentechnologien, um den Wünschen der Militärs Rechnung zu tragen. Die Wirtschaften des Westens, immer auf der Suche nach zahlungskräftigen Absatzmärkten, werden sich die Finger lecken. Der angeborene Sinn fürs Appeasement in den Demokratien wird sich dann auf das vorsichtige und kooperative Verhalten der Sowjetunion stützen. Der ewige Wunsch, die Militärausgaben zu reduzieren, wird sich auf die Abrüstungsabkommen berufen und an die Überzeugung klammern, daß Überrüstung sinnlos ist gegenüber einem Gegner, der ebenfalls sparsam mit seinen Mitteln umgehen muß. Das natürliche Abdriften der Bundesrepublik: Die wird zu Höhenflügen starten angesichts einer Sowjetunion, die sie zu ihrem privilegierten Partner machen und die Möglichkeit einer Regelung zur Wiedervereinigung durchblicken lassen wird. Eine solche Regelung wird sie dann hinauszögern, erneut als möglich erscheinen lassen und sich ihr dann doch wieder verschließen, ganz wie es die taktischen Notwendigkeiten erfordern. Und schließlich gehört in diese Aufzählung auch die alte Grundtendenz Westeuropas, seine Sicherheit in guten Beziehungen zum Osten zu suchen: Angesichts immer offenerer Volksdemokratien und einer immer weniger bedrohlichen UdSSR wird diese Neigung frei zur Entfaltung kommen.

Solche Verhaltensweisen entwickeln ihre eigene Dynamik und nehmen natürlich jeden neuen Schritt zum Vorwand, um noch einen weiterzugehen. Die Hochrechnung ist einfach: Man muß nur einmal die Entwicklung im Westen seit den Anfängen der Ostpolitik betrachten, damals noch mit einer Sowjetunion als Gesprächspartner, die unfreundlich und launisch war. Wie weit werden sich die Dinge wohl mit einem liebenswürdigen und beweglichen Partner entwickeln? In nur drei Jahren konnte Gorbatschow gegenüber dem Westen so viele Punkte für sich sammeln wie seine Vorgänger in 30 Jahren. Wie wird es dann erst im Jahr 2000 aussehen, da ihm das Szenario des »aufgeklärten Despoten« die Mittel an die Hand gibt, einen mit Liebenswürdigkeit getarnten Druck auszuüben? Am Ende steht das Protektorat. Das ist das Ende einer Entwicklung, die den US-amerikanischen Rückzug, den westdeutschen Drang nach Osten, die französische Unbeweglichkeit und ein sowjetisches System, das flexibel genug ist, um zu täuschen, aber konservativ genug bleibt, um das Wesentliche zu bewahren, in Einklang bringen kann.

Ein solches Protektorat wird nicht die bisher üblichen, unangenehmen Begleiterscheinungen aufweisen. Keine militärische Präsenz natürlich, denn schon der Schlagschatten der Divisionen genügt, das Ungleichgewicht der Kräfte in Erinnerung zu rufen. Selbstverständlich auch keine diplomatische Vormundschaft, denn die sowjetischen Botschafter werden nicht in die Rolle verkleideter Volkskommissare schlüpfen. Die Reden werden voller Lobgesänge auf den Frieden und die Zusammenarbeit sein, Begriffe wie Beherrschung oder Unterdrückung kommen darin nicht mehr vor. Und keine diktatorischen Wirtschaftsbeziehungen, denn die Gläubiger und Lieferanten werden im Westen sitzen. Und schon gar kein Druck seitens der nationalen kommunistischen Parteien im Westen, denn sie könnten sogar die Opfer dieser neuen Entspannung werden. Von Moskau verachtet, von der öffentlichen Meinung im Westen abgelehnt, sind sie schließlich dazu verdammt, an Ort und Stelle zu verkümmern. Die Entfremdung zwischen den USA und Westeuropa aber wird sich vollenden. Der erste Blick geht künftig nach Moskau und nicht mehr nach Washington. Das geringste Stirnrunzeln im Kreml läßt Panik ausbrechen, bei der geringsten Nuance an Abweichung verliert man die Fassung. Es ist nur natürlich, daß die Geschichte auf diese Weise alte Spuren wiederfindet. Das Spiel zwischen dem »aufgeklärten Despotismus« und der Demokratie bleibt unausgeglichen. Der aufgeklärte Herrscher kann seinen Untertanen wieder nehmen, was er ihnen an Freiraum gewährt hat, eine demokratisch aufgeklärte, gewählte Regierung kann dies wohl schwerlich. Der eine spielt noch immer mit dem Hintergedanken einer Großmacht, die andere ist von Natur aus leichtgläubig. Der eine hat eine Strategie, die andere improvisiert. Der eine erhält sich für den Fall der Rettung in höchster Not die militärische Macht, die andere, hat sie einmal den Säbel gesenkt, ist nicht mehr in der Lage, ihn wieder aufzunehmen. Der eine spielt auf lange Sicht, die andere sucht die Gunst des Augenblicks. Das Szenario des »aufgeklärten Despotismus« in Moskau fördert die Implosion des Westens am stärksten. Damit wäre dann das atlantische Sicherheitsbündnis verschwunden, und das kontinentale Ungleichgewicht kann ohne weiteres und ohne viel Aufhebens an die Stelle der alten Ordnung treten. In dem Maße, wie seine eigene Leichtgläubigkeit zunimmt, wird Westeuropa als Einheit zugunsten von Kontinentaleuropa in den Hintergrund treten.

Könnte man in der Entmachtung Chruschtschows einen Präzedenzfall sehen? Sollte in der Sowjetunion der Endpunkt der Reformbewegung zwangsläufig in einer Restauration der alten Ordnung liegen? Gorbatschow kennt sicher als erster das Risiko, er ist deshalb bemüht, sich im Eiltempo vor einem Staatsstreich im Inneren der Kommunistischen Partei in Sicherheit zu bringen. Aber die Restauration selbst hat viele Gesichter: Die brutalste Form ist wohl die Machtübernahme durch die Militärs, in der klassischen Form des Militärputsches, oder, besser, die sanfteste Form, die Umkehr auf Gorbatschows eigenes Betreiben hin.

Da das Militär früher der Partei unterstellt war, schien eine Machtübernahme von seiner Seite unvorstellbar. Seit dem Aufstand 1981 in Polen ist ein Militärregime keine rein theoretische Hypothese mehr. Wenn die Gesellschaft in große Angst gerät, hält auch die Partei nicht stand; wenn die Partei zerfällt, bleibt nur noch eine einzige Institution bestehen, die Armee. In der Sowjetunion ist eine Erhebung an der gesellschaftlichen Basis – sie entwickelt sich ja gerade erst richtig – weit unwahrscheinlicher als ein unkontrollierbares Ereignis in einer Volksrepublik. Das weitere läßt sich leicht ausmalen: Die Gesellschaft einer der am weitesten fortgeschrittenen Volksdemokratien, Ungarn z. B., zügelt schließlich ihre Ungeduld, eine Perestroika nach ihren eigenen Vorstellungen zu gestalten, nicht mehr. Erhebung des Volkes, politische Unterminierung des Systems, die selbst auf die Partei übergreift: Wie viele Möglichkeiten gibt es, die die Sowjets noch tolerieren können? Die Grenze liegt wohl wie immer bei der Gefahr des Austritts aus dem Warschauer Pakt und dem Umschwenken in den Neutralismus, die Lockung des Westens im Hintergrund. Für die sowjetischen Militärs ist eine solche Situation völlig inakzeptabel. Sie würden dabei Teile ihres Nachrichtennetzes verlieren, ihre vorgeschobene Front und, schlimmer noch, ihre Glaubwürdigkeit. Entweder sie zwingen die zivile Regierung zu einer Rückkehr zur Ordnung oder sie tun das selbst an deren Stelle. Für den Westen ist diese formale Alternative nicht unbedeutend. Im ersten Fall könnten sich die Europäer selbst täuschen und nach Protesten und enttäuschten Gefühlen die Beziehungen zum Osten auf dem gerade erreichten Stand einfach einfrieren, um auf diese Weise das Erreichte zu bewahren und, wenn bessere Zeiten anbrechen, den Vormarsch wieder fortzusetzen. Würde die zweite Hypothese zur Realität, wäre der Schock zu stark, wären die Gefühle zu erregt, zumal, wenn die erneute Gleichschaltung des zu unabhängigen Satellitenstaates ein Blutbad zur Folge hat. Die brutale Unterdrückung mobilisiert noch immer starke Gefühle. Der Einschnitt in den Ost-West-Beziehungen käme zu plötzlich, und wenn sich diese Erhebung in der DDR ereignete, wäre die Schockwirkung in der Bundesrepublik enorm groß. Es würde Jahre dauern, bis man den politischen Faden wiederaufnehmen könnte. Das Abdriften Westdeutschlands würde abrupt beendet, und Westeuropa fände wieder zurück zu den Vereinigten Staaten, falls diese dann noch bereit wären, seine Sicherheit zu garantieren.

Neben dieser Restauration durch einen Militärputsch nimmt sich ein bürokratischer Staatsstreich wie ein Sketch aus. Der Präzedenzfall aus dem Jahr 1964 zeigt, wie es sich abspielt: ein Verteidigungsreflex des Parteiapparats, ein verschwiegenes Komplott, eine Absetzung am Rande der Legalität, ein bequemer Ruhesitz für den Gestürzten und die Einsetzung einer neuen Führung, die mit der einen Hand die Rückkehr zum Leninismus beschwören und mit der anderen versuchen wird, die einmal gewährten Freiheiten heimlich wieder zurückzunehmen. Offensichtlich versucht Gorbatschow, sich gegen diese für ihn bedrohlichste Gefahr zu wappnen: Sich mit der gesetzlich abgesicherten Rechtmäßigkeit der Staatsgewalt auszustatten bedeutet doch, sich vor einem Angriff aus dem Innern der Partei zu schützen, deren Rechtmäßigkeit in der Hierarchie an die zweite Stelle rückt. Bei einem solchen Verlauf der Ereignisse wäre die Erregung im Westen groß, würde jedoch nicht ausreichen, die tiefgreifenden Bewegungen der Geschichte zu überfluten. Jahre wären verloren. Dies eröffnete all jenen Chancen, die mit aller Kraft versuchen würden, die europäische Identität wiederzubeleben. Doch ohne nachdrückliche, energische Bemühungen würde das Abdriften erneut einsetzen, wenn auch etwas langsamer – aufgrund des psychologischen Schocks –, etwas weniger vertrauensselig, da die sowjetischen Führungsschichten, die die westliche Öffentlichkeit so geschickt zu manipulieren wußten, nicht mehr am Ruder wären. Weniger tiefgreifend, wenn man die unvermeidlichen Hemmnisse berücksichtigt. Mit etwas weniger Begeisterung vielleicht, aufgrund des Wiederauflebens der ursprünglichen anti-sowjetischen Haltung. Aber der Vorfall hätte den Lauf der Dinge nicht umkehren können.

Und er wird das erst recht nicht bewirken können, wenn Gorbatschow schließlich selbst die Restauration veranlaßt. Die Schwierigkeiten, die unüberwindlichen Widerstände, die Unmöglichkeit, im wirtschaftlichen Bereich Berge zu versetzen, die Gefahren, daß ihm die Entwicklungen in den Volksdemokratien entgleiten, oder ganz einfach Erschöpfung, die Verlockungen des Konservatismus, die Versuchung der Macht um ihrer selbst willen – das alles sind Gründe für ein Herumreißen des Ruders. Gorbatschow wäre nicht der erste Reformer, der selbst das Ende der Erholungspause bestimmt. Eine solche Restauration wäre natürlich vom Zeitpunkt her nicht festlegbar; sie würde sich ganz allmählich in die tägliche Praxis der Macht einschleichen. Einige Schritte rückwärts, ein paar seitliche Abweichungen; schnell gewährte, schnell zurückgenommene Freiheiten; ein paar Leute würden in aufsehenerregender Weise zum Schweigen gebracht; Gewohnheiten, die sich von selbst wieder einstellen; die Zensoren, die zu ihrem früheren Eifer zurückfinden; die Polizeikräfte, die zu ihrer alten Arbeitsweise zurückkehren; Richter, die wieder der alten Rechtsprechung verfallen; Geheimagenten, die erneut lernen, wie man die psychiatrischen Kliniken füllt; Bürokraten, die einen Seufzer der Erleichterung ausstoßen; Apparatschiks, die sich wieder sicher fühlen: Die Restauration hat viele Gesichter. Sie ist in dieser Form besonders heimtückisch und unaufhaltsam. Gorbatschow würde mit viel Geschick wieder abbauen, was er so beherzt aufgebaut hat: So betrachtet ist der Rückweg leichter als der Hinweg. Aber wie viele Punkte gegenüber dem Westen hat er dabei gesammelt! Selbstverständlich werden wir uns weigern, den Tatsachen ins Auge zu sehen. Wir werden Ausflüchte und Entschuldigungen erfinden, um diese Rückschritte zu rechtfertigen. Sie werden uns als nur rhetorisch, provisorisch und undeutlich erscheinen, denn unsere Blindheit wird, wie es sich gehört, ebenso groß sein wie unser Wunsch nach Perestroika. Wird der Westen daher in der Lage sein, in der Aufschwungphase die Beziehungen zur UdSSR noch zu verbessern, während sich die Eiszeit schon seit geraumer Weile wieder ausbreitet?

Gorbatschow hat im Westen einen moralischen Kredit angesammelt, den er gar nicht so rasch wieder verspielen kann. Da er mit unserer Denkweise vertraut ist und unsere Schwächen auszunutzen versteht, wird er auch die Restauration so gut verbrämen, daß die Faszination des Westens über die Entwicklung in der UdSSR nicht nachläßt. Die Perestroika wird uns noch lange blenden – wenn sie selbst längst vorbei ist, erloschen wie eine Sternschnuppe. Das sowjetische Regime, hart nach innen, liebenswürdig nach außen, aber immer starr – wird es eine Vollkommenheit erreichen, die es ihm erlaubt, bei anderen zu gewinnen, ohne zu Hause zu verlieren? So betrachtet, ist es viel sinnvoller, liberal anzufangen und reaktionär aufzuhören als umgekehrt. Die Kredite werden auf der Habenseite verbucht, während sie im anderen Fall mit Gesten des guten Willens und Beweisen aller Art allzu teuer bezahlt werden müssen. Wäre er Machiavellist, Gorbatschow dürfte nicht anders handeln: Bildet nicht der Westen in seiner Leichtgläubigkeit das beste Publikum? Wenn das Drehbuch à la Machiavelli überzeugend erscheint, dann gilt dies ebenso für die Hypothese des in der eigenen Falle Gefangenen, denn es könnte ja auch sein, daß der Generalsekretär der Kommunistischen Partei eine Bewegung in Gang gebracht hat, die er eines Tages nicht mehr unter Kontrolle halten kann.

Das Szenario der »stillen Revolution«

Das Schlimmste ist nie gewiß. Und wenn nun Gorbatschow die Lunte angezündet hätte, die das Gefängnis des Totalitarismus sprengt? Wenn es in der Sowjetunion die Möglichkeit der freien Meinungsäußerung, die Selbständigkeit von Wirtschaftsunternehmen und verschiedene Strömungen innerhalb der Partei gäbe, als Ersatz für Pluralismus? Wenn die anderen Staaten des Ostblocks noch weiter gingen, ohne daß der Große Bruder etwas dagegen tun könnte? Wenn die Mitgliedschaft im Warschauer Pakt zu einer reinen Formsache würde? Wenn das labile Gleichgewicht, das im Herbst 1980 zwischen der Gesellschaft und der KP Polens erzielt wurde, erneut zustande käme? Wenn sich die DDR von der deutsch-deutschen Pantomime mitreißen ließe und sogar einige demokratische Werte von der Bundesrepublik übernehmen wollte? Wenn die Sowjets, aufgrund des Drucks seitens der Bevölkerung, bereit wären, echte Abrüstungsabkommen auf dem Gebiet der konventionellen Waffen zu akzeptieren, also ein Ungleichgewicht zu ihren Ungunsten? Wenn der Warenverkehr von West nach Ost auch auf den Personenverkehr ausgedehnt würde? Mit einem Wort: Wenn Europa allmählich dem gliche, was es sein sollte? In diesem Szenario spielt das Wunder eine bedeutsame Rolle, und darauf kann man ja beim Aufstellen von Hypothesen nicht ganz verzichten. Offensichtlich labile Gleichgewichte müßten dazu erst ausgeglichener werden und sich festigen, Gleichgewichte zwischen der fortbestehenden Einheitspartei und den Forderungen des Pluralismus, zwischen der wirtschaftlichen Öffnung und der Beibehaltung zentralistischer Regelmechanismen, zwischen einer geschwächten RSFSR und den nach Autonomie strebenden Randprovinzen, zwischen einer reformistischen Technokratie und einem widerstrebenden Militärapparat, zwischen einer Sowjetunion, die erst ihre ersten Gehversuche in die Freiheit unternimmt, und anderen sozialistischen Staaten, die sich auf den Pluralismus zubewegen, zwischen einer sozialistischen Solidarität, die nur noch Fassade ist, und Satellitenstaaten auf dem Wege in die Neutralität. Wenn auch nur eines dieser Gleichgewichte grundsätzlich gestört ist, wäre der Zauber gebrochen, und der Osten würde in ein anderes Szenario, viel dunkler und altbekannt, umkippen. All diese Voraussetzungen bedeuten natürlich ebenso viele Risiken. Aber, statistisch gesehen, gewinnt manchmal das Unwahrscheinlichste die Oberhand: Dies beweist der Übergang zur Demokratie in Spanien, der damals ebenso ungewiß erschien wie heute eine »stille Revolution« im Osten.

In dieser hypothetischen Welt erhielte das Abdriften Westeuropas eine ganz andere Bedeutung. Die deutsch-deutsche Annäherung würde die Veränderungen im Osten beschleunigen, durch die Abkoppelung von den USA könnte sich ein strategisches Gleichgewicht zwischen Ost und West aufbauen, bei dem wir einmal nicht die Dummen wären. Die wirtschaftliche Öffnung des Ostens könnte ein natürliches Expansionsgebiet für die EG-Länder liefern, die unbedingt sichere Absatzmärkte brauchen. Mitteleuropa fände seine kulturelle Identität wieder, die in der Vergangenheit ebenso seine Grundlage war wie die strategischen Interessen. Westeuropa könnte so den Platz für das wahre Europa freimachen, das Europa der Vergangenheit, das vom Atlantik bis zu den westlichen Grenzen Rußlands reicht. Auf diese Weise würde die Liberalisierung im Osten dem Abdriften des Westens zugute kommen und umgekehrt: Die Liberalisierung fände Rückhalt in einem Westeuropa, das in den Augen des Ostens als Modell für Pluralismus und Leistungsfähigkeit dienen könnte, und das Abdriften bezöge täglich von neuem seine Rechtfertigung aus einem wachsenden Einfluß Westeuropas auf den Osten. Dem eher naheliegenden Szenario mit einem Westeuropa auf dem Wege zur Finnlandisierung stünde das eines kontinentalen Europas gegenüber, das gerade im Begriff steht, sein Gleichgewicht wiederzufinden.

Offensichtlich denken die neuen Lobredner an diese optimistische Perspektive, wenn sie von »Entspannung, Verständnis und Zusammenarbeit« reden, allen voran Hans-Dietrich Genscher. Jede freundschaftliche Geste gegenüber dem Osten fördert die »stille Revolution« in Moskau, jede Schroffheit gefährdet sie. Eine wirklich außerordentliche Umkehrung der Perspektive. Unsere aufgeweckten Strategen empfinden sich als Buchführer der Liberalisierung in der Sowjetunion und würden sich schließlich sogar für ihr Scheitern verantwortlich fühlen, wenn die innenpolitische Entwicklung dort unglücklicherweise eine plötzliche Wendung nähme. Für den Traum von einem neuen Europa wollen sie den Preis schon im voraus bezahlen und durch eigenes Voranschreiten beweisen, daß es tatsächlich Bewegung gibt. Dies drückt sich in der Mehrdeutigkeit des Szenarios von der »stillen Revolution« aus. Sie ist in erster Linie eine These, über die man sich allein schon deshalb nicht hinwegsetzen darf, weil sie die bei weitem attraktivste ist. Sie ist aber auch eine Fiktion, die bereits heute das Handeln vieler unserer Verantwortlichen bestimmt. Sie ist schließlich auch eine Utopie, die dazu dient, nicht sonderlich paradiesische Entwicklungen ein wenig zu bemänteln, denn damit lassen sich Abweichungen, Fehltritte und Rückschritte begründen. Als Mittel der Rechtfertigung muß man ihr mit Mißtrauen begegnen, als etwas freundlicheres Szenario ist sie nur ein Traum.

Das unaufhaltsame Abdriften

Das Szenario vom Paradies auf Erden scheidet von selbst aus. Seine Inszenierung ist die Zugabe zur übrigen Aufführung und braucht daher weder Taktik noch Strategie. Es sind die anderen Hypothesen, die den Hintergrund bilden, auf welchem sich das Schicksal Europas abzeichnet. Seit es »im Osten Neues« gibt, herrscht etwas Unsicherheit bezüglich der zuvor völlig problemlosen Vorgehensweise. Der Isolationismus der Nordamerikaner tritt täglich deutlicher zutage; die Dynamik der Westdeutschen ist offensichtlich, selbst wenn sie durch tausend, oft berechtigte Hintergedanken abgewertet wird. Die Entwicklung in der Sowjetunion ist durch eine seltsame Ironie der Geschichte eher vom Zufall abhängig. Doch genügen diese Ungewißheiten nicht, den Lauf der Dinge umzukehren, ganz im Gegenteil. In den meisten der genannten Hypothesen – »aufgeklärter Despotismus«, einvernehmliche Restauration – hat die Perestroika die Funktion, die historische Entwicklung zu beschleunigen: Im Westen geht es bei der Bewegung um Wesentliches, im Osten um Äußerlichkeiten. Natürlich können andere Konstellationen die Bewegung bremsen: eine plötzliche Rückkehr zur Gleichschaltung, eine erkennbare Unterdrückung, aber die Zeit wird schließlich das Ihrige tun. Die Entwicklung im Westen erfolgt im Grunde stufenweise, jede neue Phase in den Ost-West-Beziehungen macht die Umkehr noch schwieriger. Nur ein – auch stufenweises – immer schlimmeres Ereignis könnte die westeuropäischen Reaktionen noch umkehren. Dies beweist auch die große Bedeutung, die Äußerlichkeiten und symbolischen Handlungen beigemessen wird: Eine unauffällige Restauration ändert nichts, eine hochmütige Restauration bremst, ein Militärputsch führt zum Umsturz, eine blutige Auseinandersetzung bewirkt eine Wende um 180 Grad. Ein humanistisch gebildeter und auf Symbole geradezu versessener Westen kann nur durch die Vergewaltigung der Freiheit von der natürlichen Versuchung der Annäherung an den Osten abgebracht werden. Die Sowjets kennen uns gut, sie werden alles tun, um solche Extreme, die nur ihren eigenen Interessen schaden, zu vermeiden. Es ist nicht auf moralische Bedenken, sondern auf den wohlverstandenen Zynismus der Großmacht zurückzuführen, daß sie, falls sich die Lage zuspitzt, bemüht sein wird, die Grenzen des Anstands nicht zu verletzen.

Im Spiel der Wahrscheinlichkeiten nehmen die Antworten der Wahrscheinlichkeit nach gewöhnlich die Form einer Gaußschen Kurve an. Am einen Ende, mit geringen Aussichten auf Gewinn, steht die »stille Revolution«, die ihre automatische Fortsetzung im Abdriften Westeuropas und in der Liberalisierung des Ostens findet. Am anderen Ende mit bescheidener, aber zweifellos nicht ganz so geringer Wahrscheinlichkeit steht eine unkontrollierte Explosion im Osten, gefolgt von heftigen Repressionen und der offenen oder heimlichen Militarisierung des Regimes: Der Westen setzt möglicherweise wieder bei einer Situation wie vor einigen Jahrzehnten an, um das Puzzle Europas erneut zusammenzufügen. Zwischen diesen beiden Punkten liegt das Feld der größten Wahrscheinlichkeit: im Halbdunkel die konkrete Entwicklung der Sowjetunion, eine komplizierte Dosierung aus Kontinuität einerseits und Innovation andererseits, eine sich mit der Zeit ständig verändernde Mischung, die das Abdriften des Westens beschleunigen kann, wenn die Perestroika beherrschenden Einfluß gewinnt, die es bremst, wenn sie sichtlich übel zugerichtet wird, und es nicht behindert, wenn die Verhärtung nicht provozierende Formen annimmt. Der Westen hat sich schon vor 15 Jahren in Bewegung gesetzt, seine Gesprächspartner waren damals die vergreisten Politiker des Kreml. Selbst in einer verhärteten Lage wird ein Gorbatschow immer noch mindestens genausogut wie sie sein. Wenn auch die Geschwindigkeit des Vorgehens noch nicht deutlich wird, die Richtung steht fest: Indem Europa nach dem geologischen Abdriften der Kontinente, jetzt deren strategisches Abdriften entdeckt, kippt es ins andere Extrem und festigt sodann wieder seine frühere Position.

* * *

Es gibt viele Kritiker, die diese schwerwiegenden Tendenzen abstreiten. Unter Rückgriff auf das Argument von der Unvorhersehbarkeit der Geschichte servieren sie uns zahlreiche Beispiele. Von optimistischem Wollen beseelt, weigern sie sich, die Anzeichen und die Veränderungen im Verhalten zu erkennen. Aus Achtung vor dem augenblicklichen Gleichgewicht möchten sie den Status quo verewigen. Vor lauter Angst, die Säulen des atlantischen Tempels niederzureißen, werden sie darauf beharren, die Unvergänglichkeit der nordamerikanischen Solidarität zu proklamieren. In ihrer Ehrerbietung vor den Gesetzestafeln de Gaulles werden sie Frankreich auch noch von der geringsten Verantwortung freisprechen. Aus Furcht davor, einer subjektiven antideutschen Haltung nachzugeben, werden sie darauf bestehen, die Bundesrepublik des Jahres 2000 durch die Brille des Jahres 1950 zu sehen. Diese kollektive Prüderie ist eine überaus französische Eigenheit. Man braucht nur die nordamerikanische Presse zu lesen, um zu verstehen, daß die Abkoppelung bereits jetzt einen wesentlichen Aspekt im Verhalten der Vereinigten Staaten bildet, und bundesdeutsche Zeitungen zu lesen, um zu erkennen, daß der Osten und die Mitte inzwischen genausoviel zählen wie der Westen. Man muß diesen Winkelphilosophen in Erinnerung rufen, daß die Geschichte von langer Hand geplant war: Lag in der Abtrennung von Elsaß-Lothringen nicht bereits der Keim zum Ersten Weltkrieg und im Vertrag von Versailles der zum Zweiten?

Dies ist der Hintergrund der Bühne, auf der sich Europa bewegt: Seine neue Standortbestimmung begann nicht erst gestern, ebensowenig seine geopolitische »Mittejustierung«. Dies sind die beherrschenden Bewegungen. Das strategische Vorgehen ist kein Nebenprodukt der Wirtschaft – auch wenn diese Einsicht dem alten Marx nicht gefallen hätte. Die Völker haben ihre eigene Dynamik, und die wirtschaftlichen Abläufe sind nicht imstande, sie zu beeinflussen. Die Landkarte Europas wird neu gezeichnet, so, wie auch Europa heute durch die Geschichte geformt wurde, und der Mythos von 1992 wird daran nichts ändern. Wenn Westeuropa, dieses Zufallsgebilde der Nachkriegszeit, den Weg für das kontinentale Europa freimacht, dann ist 1992 zum A und O des öffentlichen Denkens und Handelns geworden. Ein bewundernswertes Projekt, das jedoch nicht den geringsten Einfluß auf das Abdriften des Kontinents haben wird. Beides liegt nicht auf der gleichen Ebene, spielt sich nicht in der gleichen historischen Schicht, in der gleichen Realität ab. Betrachtet man die Grundströmung, ist der Binnenmarkt nur eine Nebenerscheinung. Ist er die Antwort auf diese fundamentalen Entwicklungen? Ist er eine Realität oder nur ein Köder? Gibt es ihn überhaupt?

II

1992 – EINE TÄUSCHUNG

I

Vorfahrt für den Markt!

Das Jubeljahr der Marktwirtschaft, 1992, bahnt sich an zu einer Zeit, da Westeuropa, das sich mit diesem Wirtschaftssystem identifiziert, seine strategische Rolle zu verlieren beginnt. Europa ist zerrissen, widersprüchlich und spannungsreich. Gibt es dieses Europa überhaupt, oder spricht man nur von ihm? Drei Kreise, die jedoch in immer geringerem Maße konzentrisch verlaufen, ziehen sich heute um Europa: ein strategischer, der mehr und mehr kontinentale Züge trägt, ein wirtschaftlicher, der ab 1992 nur noch innerhalb der Grenzen der EG verläuft, und schließlich ein soziokultureller, der die westliche Hemisphäre abdeckt, Nordamerika einschließt, auf andere Kontinente übergreift und Europa nur noch als einen wichtigen Teilbereich einbezieht. Die Tatsache, daß sich diese drei Kreise immer stärker auseinanderbewegen, ist der Grund dafür, daß die sympathische Illusion, mit dem Binnenmarkt errichte man »Europa«, zum Scheitern verurteilt ist.

Mit dieser Feststellung verliert »1992« nicht an Interesse, wohl aber an Faszination. Mit derselben Hartnäckigkeit, mit der sich die Westeuropäer noch vor einigen Jahren am Ende glaubten, sehen sie sich nun in der Rolle derer, die die Geschichte aktiv mitgestalten, zumindest für die Zeit bis 1992. Der geniale Einfall von Jacques Delors und die Tatkraft einiger Staatsmänner, vor allem François Mitterrands und Helmut Kohls, haben bewirkt, daß es in Westeuropa eine neue Europaidee gibt. Wunder der Willenskraft? Trugbild der Medien? Rätsel der öffentlichen Meinung? Die neue Zuwendung, die Europa erfährt, verwundert um so mehr, als sie in zwei Punkten unverständlich erscheint. Zum einen ist 1992 keine Antwort auf das strategische Abdriften des Kontinents, da es sich dabei um eine sehr viel tiefere, weniger einsehbare und machtvollere Dynamik handelt; zum anderen ist das politische Ziel 1992 widersinnigerweise der K.o.-Sieg des Marktes über die Politik. Mit einer Geste des Triumphs, die ihnen zur Ehre gereichen möge, lassen sich die Politiker vom Markt entmachten – das ist der tiefere Sinn, der hinter den Bemühungen um den europäischen Binnenmarkt steckt. Die veränderte Einstellung, die es ermöglicht hat, die Maschine Europa wieder in Gang zu setzen, ist das Ergebnis einer völlig neuen Methodik: Die Staaten danken ab zugunsten des Marktes; sie verzichten auf absichtsvolles Handeln, geben ihre angestammte natürliche Neigung auf, zu gestalten, aufzubauen und Normen zu setzen, vertrauen dem Prinzip der Unordnung in der Überzeugung, daß dieses besser als sie nach angemessener Frist eine neue Ordnung schaffen werde. Hinter so viel unerwarteter Bescheidenheit stehen sowohl aufrichtige Hoffnungen als auch eine Portion Naivität. So oder so, es wird sich alles irgendwie lösen. Dennoch verdient eine solche Politik, da Politik heutzutage immer mehr an Wertschätzung verliert, unseren Respekt, hat sie doch immerhin die Kraft, einen Mythos zu schaffen, und den Mut, sich selbst zurückzunehmen, damit dieser Mythos Wirklichkeit werde, auch wenn der Weg weit sein mag.

Ein Mythos mit Vorteilen

Es fehlte uns an Mythen. Endlich haben wir einen! Nach der Revolution, allerdings nur in einem Lande, dem Heraufkommen der Dritten Welt, dem Siegeszug des Sozialismus, der Wiedergeburt des Liberalismus und ein paar weiteren, mehr oder weniger kurzlebigen Träumen haben wir hier einen perfekten Mythos: Europa 1992! Diesmal besteht nicht die Gefahr, daß der GULAG unsere Hoffnungen Lügen straft, daß der real existierende Kommunismus den Ton angibt, daß wirtschaftliches Unvermögen durch kollektive Aneignung von Produktionsmitteln vertuscht wird. Europa ist ein Mythos so recht nach unserem Bilde: sauber, gemäßigt, vernünftig, risikoarm, emotional unter Kontrolle... Dynamisch, aber verläßlich – was wollen wir mehr! Ein seltsames Schicksal für das, was im Grunde nur die verspätete Erfüllung der Römischen Verträge darstellt. Der Binnenmarkt war im Gründungstext von 1957 vorgesehen; er hat lange auf sich warten lassen. Nach 25 Jahren stellt er sich nun ein, und die Begeisterung ist grenzenlos. Hinter einer sich vollziehenden wirtschaftlichen Integration zeichnet sich eine mythologische Europa-Gestalt ab.

Die Verklärung Europas wird nicht von allen Mitgliedsstaaten mit der gleichen Intensität betrieben. Sehr aktiv zeigen sich Spanien, Frankreich, Italien. Eher skeptisch sind Großbritannien – Adel verpflichtet – und die Bundesrepublik Deutschland, sie wohl aber unter der Devise: Abdriften verpflichtet. Für die Spanier bringt 1992 die Vorteile einer neuen Grenze, die sie zwingt, ihren Anschluß an die moderne Zeit zu forcieren; eine Gesellschaft, die nach dem langen Winterschlaf der Franco-Ära nur darauf wartete, sich zu engagieren, konnte es nicht besser treffen. Die Italiener ihrerseits, Europäer von alters her, haben mit ihrem angeborenen Sinn für Innovation ebenfalls nur Vorteile von einem europäischen Binnenmarkt zu erwarten: Sie haben diesen vorweggenommen, solange er noch nicht existierte, und werden ihn voll nutzen, sobald er am Horizont erscheint. Die *furia francese* dagegen kommt eher unerwartet bei einem Schüler, der jahrelang als der eigensinnigste im europäischen Klassenzimmer galt. Sollte Frankreich auf diese Weise ein strahlendes Synonym für Modernisierung und Produktivität gefunden haben, eine Möglichkeit, Dinge zu tun, ohne sie anzukündigen, beim Thema zu bleiben, ohne das Wesentliche preiszugeben? Seltsam ist es allemal. Großbritannien, so scheint es, ist sowenig begeistert wie eh und je und zeigt sich entschlossen, im Blick auf 1992 jenen Zynismus zu praktizieren, der ihm bisher soviel Erfolg gebracht hat, indem es sich demonstrativ widerstrebend gibt, um dergestalt mehr zu erreichen, als ihm zusteht, und alles ablehnt, was ihm mißfällt, sobald die Vorteile gesichert sind. Auf diese Weise wird es Margaret Thatcher wohl gelingen, London alle Vorzüge des integrierten Finanzmarktes zu verschaffen, ohne die geringste Gegenleistung, etwa in Form einer Eingliederung des englischen Pfunds in das Europäische Währungssystem, erbracht zu haben.

Es bleibt nun noch das Land zu erwähnen, in dem das Projekt 1992 den geringsten Anklang findet: die Bundesrepublik Deutschland. Liegt dies an der Gewißheit der Westdeutschen, über eine Wirtschaft mit internationaler Leistungsfähigkeit zu verfügen, die über den europäischen Markt hinausreicht? Fürchten sie, in einen Prozeß der wirtschaftlichen Integration hineingezogen zu werden, in der der Klassenprimus die höchsten Finanzierungslasten zu tragen hat? Wollen sie es vermeiden, die neue strategische Orientierung durch eine zu starke Bindung an Westeuropa zu belasten? Man hat den Eindruck, als sei der künftige Binnenmarkt für die bundesdeutsche Öffentlichkeit entweder schon im voraus abgehakt oder ein Ereignis ohne Belang. Was die kleinen Länder betrifft, so stimmen sie ihm alle begeistert zu: die reichsten unter ihnen, die Niederlande und Dänemark, weil sie überzeugt sind, dann auf größerem Gebiet operieren zu können; die ärmeren, Portugal und Griechenland, weil sie so die für die beschleunigte Modernisierung notwendigen Kredite und Subventionen erhalten werden. Alle denkenden Westeuropäer, die einen mehr, die anderen weniger, beschäftigen sich mit 1992, was nicht zuletzt den Wert dieses Mythos ausmacht.

In einem solchen Klima beginnen die Fakten der Konzeption vorauszueilen. Arbeitgeber und Gewerkschaftler, Monopolverwalter, Bank- und Versicherungsmanager, Spezialisten der verschiedensten Fachgebiete – sie alle denken als Europäer, entwickeln ihre offensiven oder ihre defensiven Strategien mit Blick auf den Binnenmarkt, sind überzeugt davon, daß für Protektionismus und Privilegien die Stunde geschlagen hat, wollen agieren statt reagieren. Für einen Kontinent, wo man noch vor kurzem Erdölschocks wie Schicksalsschläge hinnahm, dem Erstarken der Konkurrenz aus fernen Ländern mit Resignation begegnete und den Verlust wirtschaftlicher Potenz gleich einem auferlegten Los ertrug, ist das, wenn man so will, eine geistige Revolution. Die Westeuropäer haben mittlerweile eine ähnliche Einstellung wie die Japaner, denen heute der starke Yen – zuvor waren es die steigenden Erdölpreise – Anlaß zu neuen Anstrengugnen gibt. Westeuropa schreckt auf aus seiner Lethargie, stimuliert durch einen psychologischen Effekt.

Aber wird dieser sich makro-ökonomisch stärker auswirken als das bloße Zusammenspiel der Marktmechanismen, die durch die Errichtung des Binnenmarktes ausgelöst werden. 1992 ist eine Täuschung, die den Vorteil hat, daß sie eine bestimmte Verhaltensweise hervorruft, und den Nachteil, daß es bei erfolgloser Annäherung an das Ziel zu Enttäuschungen kommen muß. Mit dem Zauberstab namens Binnenmarkt haben die führenden Politiker und Jacques Delors die Westeuropäer zwar aus ihrem Dornröschenschlaf geweckt; doch ob diese ihnen dorthin folgen werden, wo sie sie haben wollen, bleibt äußerst fraglich.

Doch 1992 ist nicht nur eine Täuschung – es ist auch ein Kunstgriff, ein Instrument der Modernisierung, ein Mittel der Mobilisierung ohne Traumata, ein willkommener rhetorischer Hebel. Die französischen Sozialisten wissen das besser als andere, haben sie doch auf diese Weise ihr Godesberger Programm verwirklicht, ohne so unangenehme Begriffe wie *laisser faire, laisser passer*, Markt und andere liberale Phrasen verwenden zu müssen. Die Terminologie bleibt, aber die Wirklichkeit hat sich verändert. Was will man als verantwortlicher Politiker mehr! Schiffswerften sollen geschlossen werden? Früher mußte man Argumente vorbringen, über Herstellungskosten sprechen, Subventionen aufdecken. Reicht es heute nicht, auf 1992 zu verweisen? Ein Bankoligopol soll übernommen werden? Wie sinnlos war doch die Polemik der letzten 20 Jahre; mit der europäischen Fata Morgana läßt sich künftig alles bewerkstelligen. Geschlossene Berufsgruppen, überhöhte Erträge? Seit einem halben Jahrhundert sinnen die verschiedenen Regierungen erfolglos auf Abhilfe. Und heute? Läßt man ihnen überhaupt noch eine andere Wahl als die, der Entwicklung vorzugreifen, um weiterzubestehen, oder aber die Augen zu verschließen und die Existenz aufzugeben? Modernisierung, um gegenüber Japanern und Südkoreanern bestehen zu können, wurde als unangenehmer Zwang empfunden; dasselbe tun zu müssen, um den Nachbarländern gewachsen zu sein, wird jetzt fast zu einem Vergnügen. Nahezu jeder Fachkongreß setzt das Thema 1992 auf die Tagesordnung; so gut wie alle Unternehmen argumentieren mit Blick auf den Binnenmarkt, und in jedem Verwaltungsapparat werden bang die eigenen

Strukturen durchleuchtet. Europa als Plädoyer für Modernisierung birgt jedoch einiges an Ungereimtheiten. Keiner weiß so recht, wieviel Anstrengungen noch erforderlich sein werden, um das Nahziel in der vorgegebenen Zeit zu erreichen; was allerdings das Fernziel anlangt, so ist es nicht einmal klar umrissen. Aber lieber engagiert man sich, als in einem permanenten Spannungszustand zu verharren. Doch die Enttäuschung könnte groß sein, wenn man zu gegebener Zeit feststellt, daß das Ziel 1992 nur eine Etappe ist, daß die Ausrichtung auf den europäischen Binnenmarkt nur die Vorstufe zu einer weltweiten Öffnung darstellt.

Aufgrund derselben Dynamik ist 1992 zu einer Zauberformel für Wachstum geworden. Niemand glaubte mehr daran; man hatte sich auf Stagnation eingestellt. Restriktive Wirtschaftspolitik, sinkende Kaufkraft, Verlust von Arbeitsplätzen – der Teufelskreis schien perfekt, und jedes Opfer zog ein weiteres nach sich. Auf Nullwachstum und Sparsamkeit beruhte vor wenigen Jahren die herrschende Zukunftsvorstellung, nachdem Wunschdenken und Naivität der siebziger Jahre verflogen waren. Die Vertreter dieser Meinung erwarten nun von der Errichtung des Binnenmarktes eine Rückkehr zu wirtschaftlicher Expansion, ganz nach Art ihrer Väter, die seinerzeit im Wiederaufbau den Hebel für die Wirtschaftsentwicklung sahen. Der europäische Binnenmakrt sollte weder allzu optimistisch noch allzu pessimistisch eingeschätzt werden. Es ist wohl nicht zu erwarten, daß er uns weitere »dreißig glorreiche Jahre« beschert. Aber über die marktbedingten positiven Auswirkungen hinaus wird ihm das unschätzbare Verdienst zufallen, uns von unseren Hemmschuhen befreit zu haben. Denn die Wirtschaft ist kein geschlossener Kreis – sie ist das Leben selbst, voller Höhen und Tiefen.

Die US-Amerikaner, die sehr gewissenhaft das europäische Stimmungsbarometer beobachten, bezeichnen die neue Entwicklung in ihrem Jargon als »Eurooptimismus«; kein Wort mehr von »Europessimismus« oder »Eurosklerose«. Folgt man ihrer Einschätzung, dann hätten die Zeichen des Niedergangs den Kontinent gewechselt: drüben Beunruhigung, bei uns Vertrauen, drüben rückläufige Entwicklung, bei uns Fortschritt. Stimmungswechsel haben auf die Welt der Wirtschaft dieselbe Wirkung wie Meinungsumfragen auf die Öffentlichkeit... Wann wird es den nächsten Umschwung geben, und wann werden wir uns wieder einmal in einem Stimmungstief befinden? Der neue Optimismus wird nicht andauern; die schwerfälligen Reaktionen der Wirtschaft und die langfristig negativen Auswirkungen der demographischen Entwicklung sprechen nicht für eine Fortdauer der Hochstimmung. Aber nach 15 Jahren des Bangens und des Gefühls, dem unaufhaltsamen Niedergang geweiht zu sein, werden die Europäer dank 1992 wieder Selbstvertrauen gefaßt und Geschmack am Wirtschaftswachstum gefunden haben. Und das wäre schon ein Segen für eine Gesellschaft, die mehr von geistigen Inhalten als durch Infrastrukturen bestimmt wird, auch wenn Marxisten, sollte es solche noch geben, das gar nicht gern hören.

Im Jahr 1985 beschlossen die Regierungschefs der EG-Mitgliedsstaaten in Fontainebleau, einen Binnenmarkt anzustreben und bei künftigen Entscheidungen das Mehrheitsprinzip anzuwenden. Sie glaubten, damit eine wirtschaftliche und eine politische Entscheidung getroffen zu haben. Tatsächlich begründeten sie jedoch einen Mythos. Es regte sich etwas im Unterbewußtsein der Westeuropäer; zu einer Zeit, da der Boden nachzugeben drohte und neue strategische Perspektiven sich auftaten, verspürten sie den Wunsch nach einer Kraft, die ihnen Halt gab. Es wäre logisch gewesen, auf ein strategisches Abdriften mit einer verteidigungspolitischen Initiative zu reagieren. Doch nichts dergleichen geschah. Statt dessen verlangte man ausgerechnet von der Wirtschaft ein verstärktes Bekenntnis zu Europa. Somit dient die Perspektive 1992 als Antwort auf eine Frage, doch hat sie sozusagen nebenbei so viel Gefühl für Gemeinsamkeit ausgelöst, wie es eine militärische Antwort nie vermocht hätte. Statt einer militärischen erfolgt eine wirtschaftliche Mobilisierung, die Begeisterung wird von der Verteidigung auf den Handel gelenkt. Hätte man die nukleare Verteidigungslinie Westeuropas an die Elbe verlegt, so hätte das Ängste, mindestens aber Gleichgültigkeit ausgelöst. Mit der Aussicht auf den Binnenmarkt jedoch hat man neue Energien geweckt und die Bürger in den EG-Ländern aus der Reserve gelockt. Das ist begreiflich, nachdem Individualismus, Gewinnstreben und Marktbewußtsein zu Westeuropas heiligsten Werten aufgestiegen sind. Eine Marktgesellschaft braucht eine Marktideologie, und Marktideologie zeitigt Marktbegeisterung. Doch wenn man ein Wirtschaftsvorhaben zum Instrument der europäischen Einigung macht, bedeutet das, so paradox es klingen mag, einen Sieg des Marxismus.

Der paradoxe Sieg des Marxismus

Das Projekt 1992 ist ein Kind der EWG, dieser Europäischen Wirtschaftsgemeinschaft, die man stets nur mit ihren Initialen zu benennen pflegt, so daß man ihre eigentliche Bedeutung vergißt. Seit 30 Jahren identifiziert sich (West-)Europa mit der Wirtschaft; wenn es bisweilen in andere Bereiche vorstößt, so doch immer vor dem Hintergrund seiner wirtschaftlichen Dimension. Diese Tatsache hat ihre Eigengesetzlichkeit entwickelt, die sich jeglichem europapolitischen Ehrgeiz aufzwingt. Als legitimierte Sachwalter sind die Brüsseler Institutionen damit befaßt, dieses Reservat zu schützen. Aus dortiger Sicht kann Europa nur über das Raster der Wirtschaft entstehen; daher müssen alle Initiativen diese Vorgabe berücksichtigen, sollen sie nicht mangels Subventionen und Krediten zum Scheitern verurteilt sein. Dabei wären durchaus auch andere Wege denkbar gewesen, um zu einem gemeinsamen Westeuropa zu finden; das wird heute allzuoft vergessen. Ein politischer Weg etwa, der so ausgesehen hätte, daß man mit einem Minimum an Organisation den Keim für eine Föderation gelegt hätte; seit dem Scheitern des Fouchet-Plans von 1962 hat das politische Westeuropa ausschließlich von gutem Willen und der Bemühung um Konvergenz gelebt, beide gleichermaßen kurzlebig und zufällig. Auch ein militärischer Weg – wenn die Europäische Verteidigungsgemeinschaft nicht nach ihrem Scheitern noch jahrzehntelang als Trauma nachgewirkt hätte. Sodann ein Weg über die Kultur, wobei grenzüberschreitende Initiativen genutzt worden wären. Ferner ein pädagogischer Weg, indem man die Lehrpläne abgestimmt und in allen

Mitgliedsstaaten ein einheitliches Bild der europäischen Geschichte vermittelt hätte. Schließlich ein Weg über das Rechtswesen; hierbei hätte man zunächst das bürgerliche Recht und das Strafrecht der Mitgliedsländer harmonisiert und Westeuropa als einheitlichen Rechtsraum etabliert. Nun, die Entwicklung ist anders verlaufen, was hier weder kritisiert noch bedauert werden soll. Allerdings sollte man die anfallenden Probleme nicht ausschließlich unter wirtschaftlichen Gesichtspunkten angehen. Man denke beispielsweise an das wichtigste Ziel: die Schaffung einer gemeinsamen europäischen Staatsangehörigkeit, wobei die Europa-Bürger gleichzeitig Bürger ihres jeweiligen Herkunftslandes blieben. Die wichtigste Voraussetzung dafür ist zwar wirtschaftlicher Natur und besteht in der Freizügigkeit des Personenverkehrs und in der Niederlassungsfreiheit; man hätte den Komplex jedoch auch von der rechtlichen Seite angehen und gleiche Rechte und Pflichten für die Bürger in allen Mitgliedsstaaten beschließen können, so daß sich die Frage, welches nationale Recht im Einzelfall anwendbar wäre, gar nicht mehr gestellt hätte. Der wirtschaftliche Ansatz ist nicht besser als der rechtliche; in einem Europa unserer Träume wären beide nötig. Aber die Macht der Gewohnheit und die Schwerfälligkeit der Institutionen ist so groß, daß die Schaffung Europas offenbar nur über die Wirtschaft möglich ist; unsere Euromanager jedenfalls halten unerschütterlich an der Überzeugung fest, daß alles laufe, wenn nur die Wirtschaft laufe, und das weitere sich von selbst ergeben werde.

Diese Priorität, die allem Wirtschaftlichen eingeräumt wird, macht 1992 zu einem problematischen Ziel. Dem Buchstaben nach handelt es sich lediglich um die verspätete Erfüllung der Römischen Verträge durch die Schaffung eines immer größeren und immer homogeneren Binnenmarktes. Bei den Fertigprodukten wird mit dem völligen Abbau nichttarifärer Handelshemmnisse bis 1992 ein Prozeß abgeschlossen sein, der seinerzeit mit der Abschaffung der Zölle in Gang gesetzt wurde, und bei den Dienstleistungen wird man dann endlich jenen Stand erreicht haben, auf dem sich die Industrie schon vor 20 Jahren befand – nicht mehr, nicht weniger. In Wirklichkeit aber soll die von 1992 ausgehende Dynamik durchaus außerwirtschaftlichen Zielen zugute kommen, etwa der wechselseitigen Anerkennung der Hochschulabschlüsse, der Niederlassungsfreiheit und der freien Berufsausübung innerhalb der Gemeinschaft. All diese an sich erfreulichen Fortschritte auf dem Weg zur gemeinsamen Staatsangehörigkeit haben indes einen Makel: Sie laufen auf eine rein wirtschaftsbezogene EG-Staatsbürgerschaft hinaus. Deren Träger ist ein höchst seltsamer »Homo europaeus«, der sich als marxistisches Exemplar reinsten Wassers entpuppt, sind es doch seine Wirtschaftsrechte, nicht seine Kultur, seine Herkunft, sein Wahlrecht, die ihn zum Europäer machen. Es ist wirklich paradox: Ein griechischer Arzt kann sich in Lyon niederlassen und völlig ungehemmt als Konkurrent seiner französischen Kollegen auftreten, aber bis auf weiteres wird er nicht die Möglichkeit haben, in Frankreich an den Kommunal- oder gar an den Parlamentswahlen teilzunehmen. Will er sich von seiner ihm treu gefolgten griechischen Ehefrau trennen, muß er ein Gericht in Griechenland anrufen, nicht eins in Lyon, wo man hinwiederum sehr wohl zuständig ist, falls er einen Kunstfehler begeht. Wirklich absurd! Westeuropa bewegt sich hinkend voran, und die Westeuropäer werden mit der Errichtung des Binnenmarktes allesamt mit gespaltener Persönlichkeit umhergehen: Wirtschaftlich gesehen, sind sie EG-Bürger, in politischer und rechtlicher Hinsicht gelten sie als Angehörige eines der Mitgliedsstaaten. Es gehört schon sehr viel naiver Bekehrungseifer dazu, uns weismachen zu wollen, aus gemeinsamem Wirtschaften werde naturgemäß eine Gemeinschaft entstehen.

Hinter der Tatsache, daß das gemeinsame (West-)Europa ein Ziehkind wirtschaftlicher Entscheidungen ist, taucht verstohlen eine Ideologie auf: die einer im Entstehen begriffenen europäischen Gesellschaft als Frucht des Binnenmarkts. Welch eine Illusion! Ausgerechnet jene, die sich dem freiheitsträchtigsten aller bisherigen Vorstöße in der Geschichte verschrieben haben: einen gemeinsamen Markt für 300 Millionen Menschen zu verwirklichen – ausgerechnet sie fallen hier in den Marxismus zurück. Wenn das nicht paradox ist! – und zwar in vierfacher Hinsicht: in philosophischer, weil man die Funktionsmechanismen einer Gesellschaft mit dem

Spiel von Angebot und Nachfrage gleichsetzt; in soziologischer, weil man soziale Begehrlichkeiten unberücksichtigt läßt; in historischer, weil man gegebene Schwerfälligkeiten und bestehende Bindungen ignoriert; in politischer, weil man der politischen Gesellschaft weniger Kraft zutraut als einer nur wirtschaftsbezogenen. Intelligente Europäer sehen diese Problematik; sie erliegen nicht dem Irrtum zu glauben, das wirtschaftlich geeinte Westeuropa sei bereits Europa schlechthin, setzen aber nichtsdestoweniger darauf, daß die Wirtschaftsdynamik auch die außerwirtschaftlichen Bereiche erfassen und schließlich das erstrebte Ziel erreicht sein werde. Das heißt unter anderem, daß man sich nicht im geringsten Gedanken macht über die Folgen einer strategischen Umorientierung des Kontinents; sie paßt im Grunde ganz gut in das Bild des europäischen Binnenmarktes. Warum sollte die Freizügigkeit im Waren- und Personenverkehr innerhalb der zwölf Mitgliedsstaaten eine verborgene Strömung aufhalten, deren Ursachen und Begleitumstände ganz woanders zu suchen sind! Politische Einigungen kommen stets auf Betreiben von Staaten zustande, nötigenfalls durch Feuer und Schwert. Der Zollverein allein hat die Entstehung des Deutschen Reiches nicht bewirkt; da gab es auch noch Bismarck, der in der Wahl seiner Mittel nicht gerade zimperlich war ... Nun, die Zeiten von Feuer und Schwert sind gottlob vorbei, aber der Wille der Staaten bleibt, er ist der Stützpfeiler jeder Einigung. Der Binnenmarkt wird ihn nicht ersetzen können.

Diese offenkundigen Zusammenhänge werden weithin verkannt, weil Westeuropa ganz im Bann von 1992, diesem sympathischen Mythos, steht. Die Westeuropäer wiegen sich in dem Glauben, sie seien dabei, Europa zu bauen. Das könnte ein böses Erwachen geben, wenn sie eines Tages abwägen, was ihnen der Binnenmarkt gebracht und was er sie gekostet hat. Bei einigem Nachdenken wird man möglicherweise zu der Auffassung gelangen, daß die Vorteile erheblich überwögen. Ein bloß wirtschaftsbezogenes Plus rechtfertigt indes noch lange nicht die hochfliegenden Erwartungen, die da und dort zu hören sind, daß nämlich die wirtschaftliche Einheit zur gesellschaftlichen Einheit, diese zur politischen Einheit und die wiederum zur militärischen Einheit führen und daraus Europa entstehen werde, ohne Auseinandersetzungen, ohne Spannungen. Nun, der Binnenmarkt wird kommen, aber er wird nicht jenes vielbeschworene vereinte Europa mit sich bringen. Diese Einheit ist nicht mehr möglich. Unsere »LiberalMarxisten« müssen wieder auf den Boden der Tatsachen zurückfinden. Sie haben in einer seltsamen Alchimie die liberalen Wunschvorstellungen von einem freien Markt mit dem marxistischen Glaubenssatz vom Primat der Wirtschaft vermischt. Das aber geht zu weit. Es könnte sein, daß der europäische Traum dies nicht überlebt.

Ein technokratischer Geistesblitz

Eine total verknöcherte Bürokratie erwacht plötzlich zu neuem Leben. Die Brüsseler Maschinerie verkörperte noch vor vier, fünf Jahren den Inbegriff schlechtester Technokratie. Man bearbeitete immer gleiche Vorgänge nach immer gleichen Mustern und war durch unantastbare Prinzipien blockiert; die Arbeit verschlang riesige Mittel aus dem EG-Haushalt, ohne je zu produktiven Ergebnissen zu führen, sie war zum Selbstzweck geworden – Europa lag in weiter Ferne und konnte nicht einmal als Feigenblatt für die ideologische Misere dienen. Das technokratische Modell von Brüssel hatte sich hoffnungslos *ad absurdum* geführt, war Endstation, auf die jede Verwaltung zusteuert. Und ausgerechnet diese schon krankhaft unflexible Institution besinnt sich auf neue Dynamik. Ein solcher Impuls kommt nicht aus der Organisation selbst, sondern geht vielmehr auf die sie lenkenden Politiker zurück; der Verwaltungsapparat hat jedoch reagiert und hingenommen, daß alle bisher geltenden Grundsätze umgestoßen wurden: ein wahrhaft traumatisches Erlebnis, etwa so erschreckend wie die Erkenntnisse eines Kopernikus für die katholische Kirche.

Seit 30 Jahren arbeiteten die Institutionen der Gemeinschaft nach einem ehernen Prinzip: erst die Harmonisierung, dann die Liberalisierung des Handels. Das ist bei einer Organisation nicht weiter verwunderlich, die mit dem Modell der Pariser Technokratie groß geworden ist. Leistungsfähigkeit bedeutete für sie seit eh und je die

Aufstellung perfekter, schnurgerader Richtlinien, nach denen man europäische Perspektiven anlegen konnte wie einen französischen Park. Mit dieser Mentalität wurden die Montanunion, die Gemeinschaft, die Agrarpolitik und andere europäische Errungenschaften konzipiert. Die Zollschranken ließen sich ohne große Schwierigkeiten abbauen, da eine rücksichtslose, völlig unsensible Bürokratie sich meisterhaft darauf verstand, mit Hilfe der eigenen Vorschriften die der anderen verschwinden zu lassen. Als es aber darum ging, die nichttarifären Hindernisse abzuschaffen und mit bestehenden Eigenständigkeiten im steuerlichen Bereich und im Rechtswesen generell aufzuräumen, da versagte die Maschinerie: zuviel Sand im Getriebe! 1500 französische, 7000 britische und 25000 deutsche Gesetzesnormen – Ausdruck des geheimen Protektionismus, der allgemein betrieben wird – galt es zu beseitigen; das mußte jede Administration überfordern. Die Zölle waren bekannt und überschaubar, die protektionistischen Maßnahmen dagegen vielgestaltig und nicht auf den ersten Blick zu erkennen; für erstere hatte der technokratische Bulldozer genügt, bei letzteren hatte er versagt. Noch hartnäckiger hielten sich die Steuern, denn sie sind, von der Mehrwertsteuer abgesehen, hoheitliches Privileg der Staaten. Beim Rechtswesen kam man sich keinen Schritt näher. Die Mitgliedsstaaten verschmolzen keineswegs zu einem Gebilde europäischen Rechts, obwohl dies jedem Unternehmer als absolut notwendig erschien und ein entsprechender Entwurf schon seit 1973 in den Akten des Ministerrats schlummerte. Auch die eifrigsten Eurokraten gaben schließlich auf. Der gemeinsame Markt wurde zur Unvollständigkeit verurteilt; die Gemeinschaft würde sich auf die Bewältigung der alltäglichen Arbeiten beschränken, und Europa würde regelmäßig wiederkehrende Krisen durchlaufen, die man ruhm- und glanzlos beilegen würde.

Allmählich beginnen aber auch andere Institutionen um ihren Fortbestand zu bangen. Die katholische Kirche erfindet einen Johannes Paul II., eine so traditionsreiche Zeitung wie »Le Monde« kann sich nur mit knapper Not vor dem sicheren Untergang retten, und die Europäische Gemeinschaft gibt ihr Gründungsprinzip auf: das Primat der Harmonisierung vor der Liberalisierung. Seit 1985 verläuft das Spiel nach umgekehrten Regeln: Die Liberalisierung kommt vor der Harmonisierung. Europa heißt die revolutionäre Devise, auf die man sich beruft, wenn man davon ausgeht, daß ein Produkt, das den gesetzlichen Vorschriften des Ursprungslandes entspricht, automatisch auch den Anforderungen der europäischen Gesetzgebung, d. h. denen aller Mitgliedsstaaten genügt. Was in einem der zwölf Länder gilt, gilt auch in den übrigen elf. Wer mit dieser Elle mißt, macht Schluß mit sämtlichen nichttarifären Handelshemmnissen. Die Westdeutschen können sich nicht länger auf ein Reinheitsgebot beim Bier berufen, das schon seit dem Mittelalter existiert und das bisher die Einfuhr französischer Biersorten verhinderte: Bier, das in Frankreich ausgeschenkt werden darf, ist automatisch auch für den deutschen Markt zulässig. Nationale Standards sind überholt, wie hier die Radachsenbreite oder dort der Abstand zwischen Fahrersitz und Lenkrad, um den Lkw-Markt im Griff zu behalten. Die gesundheitspolizeilichen Vorschriften, die den britischen Markt durch höchst absurde Anforderungen abschotteten, haben ausgedient. Der neue Weg ist revolutionär, ein Ei des Kolumbus, aber man mußte erst einmal darauf kommen: Für die Geschichtsschreiber wird der Vater des »europäischen Kindes« einst Jacques Delors heißen. – Die Konzeption mußte nun akzeptiert werden, und dabei leistete die Technokratie einen entscheidenden Beitrag: Sie hat sich das Eingeständnis ihrer Unfähigkeit etwas kosten lassen und den Mut gehabt, sich dem Markt zu beugen. Und als sanfte Strategien angesagt waren, kam man auf die ebenso geniale wie einfache Idee einer datierten Zielvorgabe: die »Prellbock-Idee«. Aber auch sie mußte zunächst einmal akzeptiert werden. Es ist vor allem den Staats- und Regierungschefs der Gemeinschaft, insbesondere François Mitterrand, der ansonsten für den Markt wenig übrig hat, zu verdanken, daß sie bereit waren, diesen Weg zu gehen und Europa einen neuen Impuls zu verleihen.

Die kopernikanische Wende hat die Brüsseler Technokraten jedoch keineswegs arbeitslos werden lassen, sie hätten diese Revolution sonst wohl auch abgelehnt. Im Bereich der Harmonisierung gibt es sogar mehr zu tun als bisher. Aber dank der Einheitlichen Akte, die für die Beschlußfassung nicht mehr die Einstimmigkeit, sondern die qualifizierte Mehrheit vorsieht, kann man sicherlich davon ausgehen, daß die noch ausstehenden 300 Richtlinien* rechtzeitig vorliegen werden. Jedes Jahr wird eine entsprechende Anzahl an Texten fertiggestellt, ohne Zwischenfälle, ohne Schockreaktion. Mit der Einstellung von gestern war der Binnenmarkt eine Sisyphusarbeit; heute dagegen legt man das Gleichheitsprinzip zugrunde und hat damit die Arbeit schon fast getan. Solange die Harmonisierung als erste Voraussetzung galt, konnte jede fortschrittliche Initiative am Veto irgendeines Mitglieds scheitern. Gibt man der Liberalisierung den Vorrang, so setzt man die nationalen Bürokratien außer Gefecht, und der Markt entscheidet. Das Europa der Reglementierungen führte zu immer mehr Normen und Verboten. Mit dem liberalen Ansatz ist es dagegen sinnlos geworden, Verordnungen und Gesetze anzuhäufen. Offensichtlich sieht man heutzutage nur noch die Vorteile des marktwirtschaftlichen Instrumentariums: Es ist dynamisch, effizient und einfach zu handhaben. Erst 1992 werden wir merken, wie hoch der Preis für den Binnenmarkt war: Es wird einen natürlichen Überlebenskampf à la Darwin geben, an den unsere wie in einem Kokon lebenden Volkswirtschaften nicht mehr gewöhnt sind. Es wird ein grausiges Erwachen geben. Um so besser, wenn man zu denen gehört, die jede Erschütterung für heilsam halten! Aber hatte man das in Brüssel gewollt, als man umschwenkte? Hatte man sich tatsächlich zu einer Weltanschauung bekehrt, die mit EG-Traditionen und EG-Mechanismen wenig gemein hat? Hatte sich die EG tatsächlich so stark gewandelt? Sicher zu überleben hatte sie zu einer Initiative greifen lassen, deren Wirkung und Ausmaß sie nicht überschaute. Die Politiker, die diese Initiative mitgetragen haben, waren sich vermutlich nicht klar darüber, daß sie im Begriff standen, eine Bombe zu zünden. Ein typischer Fall von unbegreiflicher Blindheit, die an jene Nachtsitzung aus der Französischen Revolution erinnert, auf der alle feudalen Privilegien abgeschafft wurden: Politik und EG-Beamte in der Rolle der Aristokraten, die ihre Rechte nicht etwa zugunsten

* Beschlüsse, die vom Ministerrat der Gemeinschaft auf Vorschlag der Kommission gefaßt werden

eines Dritten, sondern zugunsten des Marktes aufgeben. Sie bringen ein Opfer, und zugleich danken sie ab.

Die Politik dankt ab

Die Reihenfolge, Harmonisierung vor Liberalisierung, entstand nicht zufällig. Sie entsprach dem, was Politik und Verwaltung in den einzelnen Ländern praktizierten. Die EGKS und das französische Kommissariat für Wirtschaftsplanung pflegten das gleiche »konstruktivistische« Vorgehen, wie Hayek es formulierte. Der Staat verkündete die allgemeinen Regeln, und die Akteure der Wirtschaft hatten sich an sie zu halten. Damals war man der Meinung, grenzenloses Wachstum sei möglich; der Staat investierte massiv, und der technokratische Apparat siegte an allen Fronten. Gestützt auf nationale Erfolge und eine gut funktionierende Bürokratie, war es für Frankreich kein Problem, sich mit seinem Modell in einem Europa der Sechs durchzusetzen. Nur die Bundesrepublik hatte ja eine ähnlich starke Position aufzuweisen, und das war ein Land, das einerseits nicht von seiner Vergangenheit loskam, sich andererseits aber zum »Mythos de Gaulle« hingezogen fühlte. Ein geradezu unerschütterliches Vertrauen in französische Vorgehensweisen war nötig, um die gemeinsame Agrarpolitik in Gang zu bringen, dieses unberechenbare Produkt administrativer Haarspalterei... Dieser »konstruktivistische« Ansatz kam nicht nur den Funktionären in Europa und den einzelnen Mitgliedsländern gelegen, er bestärkte auch die Politiker in ihrer Rolle. Nur sie konnten grundlegende Schwierigkeiten aus dem Weg räumen, Konflikte lösen, gordische Knoten zerschlagen. Das Brüsseler Spektakel war ihnen in diesem Zusammenhang nicht unangenehm: Nachtsitzungen, Erklärungen zu früher Morgenstunde, übermüdete Gesichter, Pseudolösungen, lautstarke Verbrüderungsbekundungen, Gesetz und Dramaturgie eines Schauspiels, bei dem die Politiker die Hauptrolle spielten und die breite Öffentlichkeit der europäischen Mitgliedsstaaten im Zuschauerraum Platz genommen hatte. Aber die Verstrickung in ungelöste Probleme war schließlich so groß, daß es unmöglich wurde, die europäische Maschinerie funktionsfähig zu erhalten; jede Art von Fortschritt schien unerreichbar geworden.

Und dann, wie ein Donnerschlag, der große Binnenmarkt, die Umkehrung der bestehenden Logik: Liberalisierung statt Harmonisierung. Aber, ich wiederhole, diese Revolution in der Methodik bedeutet das Abdanken der Politik: Sie versucht jetzt das, was sie nicht mehr leisten kann, über den Markt zu erreichen. Ein solches Vorgehen ist nicht ungewöhnlich – nicht zum ersten Mal versuchen europäische Politiker, denen der Erfolg auf ihrem ureigensten Terrain versagt bleibt, die Wirtschaft einzuschalten, um Europa neue Impulse zu geben. So besannen sich die Politiker, nachdem die Europäische Verteidigungsgemeinschaft gescheitert war, auf die Römischen Verträge und den Binnenmarkt; erst einmal auf den Weg gebracht, so meinen sie, werde sich diese Konstruktion weiterentwickeln, ohne daß der Staat immer wieder technisch komplexe und politisch kostspielige Entscheidungen treffen müsse. Auch 1962, als der Fouchet-Plan eines europäischen Staatenbundes scheiterte, bemühte man die Wirtschaft, sprach sich für eine raschere Verwirklichung des europäischen Binnenmarktes aus und leitete die gemeinsame Agrarpolitik ein. Diese Akzentverschiebung nahm jedoch seinerzeit der Politik nicht ihren Einfluß; im Namen des technokratischen »Konstruktivismus« *à la française* mußten sich die Regierungen der Mitgliedsstaaten auf jedes neue Maßnahmenpaket durch einstimmigen Beschluß einigen.

Heute hat der Rückzug auf dem Felde der Politik eine andere, ganz eigene Qualität. Es kommt zu einem Transfer: An die Stelle des Staates tritt die Gesellschaft, der Gesetzgeber gibt seine Funktion an die Menschen und Organisationen des Wirtschaftslebens ab, und, ganz allgemein gesprochen, das Prinzip der Ordnung wird durch das der Unordnung ersetzt. Gesellschaft statt Staat: Diese Entwicklung ist ganz offensichtlich. Wenn der Handel durch national geltendes Recht europaweit abgesichert wird, läßt er sich unbegrenzt ausdehnen, wird er das Wirtschaftssystem umformen und damit wiederum die Gesellschaft verändern können. Unternehmen werden umstrukturiert, bestimmte Berufe verschwinden von der

Bildfläche, Mobilität des einzelnen wird angestrebt, Güter, Know-how und Menschen geraten in den europäischen Schmelztiegel. Derart tiefgreifende Veränderungen hat es in der bisherigen Geschichte kaum gegeben. Als im 18. und 19. Jahrhundert die einzelnen europäischen Staaten entstanden und sich parallel dazu die marktwirtschaftlichen Strukturen etablierten, behielt der Staat den Markt scharf im Auge. Bismarck, zum Beispiel, vertraute ganz gewiß nicht auf die spontanen Reaktionen der Deutschen. Heutzutage ist keine Institution mehr in der Lage, die Europäer in vergleichbarer Weise zu kontrollieren: die Staaten nicht, weil sie nunmehr völlig hilflos Veränderungen ausgeliefert sind, die sie nicht mehr im Griff haben; die Europäische Gemeinschaft nicht, weil sie, von Ausnahmen abgesehen, über keinerlei Hoheitsrechte verfügt; der Europäische Gerichtshof nicht, weil er erst *post festum* tätig wird und nur eine marginale Rolle spielt.

Sollten wirklich Verbraucher und Unternehmer zu Gesetzgebern werden? Da das Prinzip der Harmonsierung außer acht gelassen wird, steigt der Verbraucher zum alleinigen Friedensrichter auf. Er wird sich für oder gegen ein Produkt entscheiden, das verschiedene Merkmale aufweist und ganz unvereinbaren Normen unterliegt. Wenn er, wie bei jedem Kauf, zwischen Preis und Qualität abzuwägen hat, wird er nach dem Preis gehen, denn nur in diesem Punkt kann er zweifelsfrei unterscheiden. Der Verbraucher wird zwar letztlich auf bestimmten Qualitätsmaßstäben beharren, zunächst aber wird er seine Kaufentscheidung vom Preis abhängig machen. Statt fester Standards wird es unzählige mikro-ökonomische Anpassungsprozesse geben. Hinter diesem radikalen Verzicht auf Normen stehen eine Überzeugung und eine Erwartung: die Überzeugung, daß das Europa der Zwölf bereits so homogen ist, daß die Regelungen des großzügigsten EG-Landes immer noch vertretbare Minimalanforderungen darstellen; die Erwartung, daß es dem Verbraucher in einer florierenden Wirtschaft gelingt, die Erzeuger wirkungsvoll unter Druck zu setzen. Dies setzt übrigens voraus, daß Monopole und Kartelle noch konsequenter als bisher verboten werden, andernfalls wird die uneingeschränkte Liberalisierung des Handels zu Lasten des Käufers gehen. Ebenso wie die Verbraucher sind nun auch die Unternehmer gefordert. Allein aus ihrem Konkurrenzverhalten wird das wirtschaftliche Optimum resultieren und nicht aus der Feinabstimmung zwischen staatlichen Reglementierungen und marktwirtschaftlichen Freiheiten, wie sie sich seit dem Krieg entwickelt hat. Der große Binnenmarkt wird zum Nährboden für eine Konkurrenz von beispielloser Härte und Brutalität. Die Wirtschaftstheoretiker hätten sich für ihre Idee vom vollkommenen Markt kein besseres Experimentierfeld als Europa vorstellen können. Im Grunde setzt sich hier die nordamerikanische Mentalität durch, allerdings in übersteigerter Form, denn die Vereinigten Staaten haben immerhin noch landesweit gültige Normen, und diese werden nicht in der Weise festgelegt, daß sich alle Bundesstaaten demjenigen Staat mit den großzügigsten Regelungen anpassen. Von diesem Detail (!) einmal abgesehen, übernimmt die EG jedoch US-amerikanische Prinzipien: Sie sieht im Markt den Motor der Wirtschaft, im Wettbewerb den Regulationsmechanismus und in der Einhaltung der gesetzlichen Vorschriften die *ultima ratio*.

Letztlich wird das Prinzip der Ordnung durch das Prinzip der Unordnung ersetzt: Auf Westeuropa als Wirtschaftsraum, von Technokraten konzipiert, folgt das bunte Durcheinander europäischer Lebenswirklichkeit. Allgemeinverbindliche Vorschriften werden durch das freie Spiel der Kräfte ersetzt. Die Wirtschaft wird nicht mehr gestaltet, sondern gelebt. Hinter dieser totalen Kehrtwendung steckt weniger ein übergreifender Denkansatz als vielmehr eine bestimmte methodologische Überzeugung. Eine wohldurchdachte Grundsatzentscheidung wäre anders an die Öffentlichkeit gelangt – vielleicht in Ausführungen à la Reagan oder Thatcher, die den Markt als Grund allen Heils und staatliche Reglementierung als Grund allen Übels betrachten. Die jetzige Form der ungeregelten Entwicklung, die sich auf ganz Westeuropa erstreckt und daher noch nie so ausgedehnt war, geht von anderen Prämissen aus. Uneingestanden haben sich die Westeuropäer jedoch die zeitgemäße Auffassung zu eigen gemacht, daß Ordnung aus Unordnung entsteht und Bewegung aus verlorengegangenem Gleichgewicht resultiert. Vielleicht haben die wissenschaftlichen Theorien unserer Zeit das Denken der Menschen so nachhaltig beeinflußt, daß ihnen die Ketzereien von gestern als die unabweisbaren Tatsachen von heute erscheinen. Moderne Erkenntnisse auf dem Gebiet der komplexen Zusammenhänge der Regulierung durch Feedback, der Steuerung scheinbar ungeordneter Materie, zeigen ihre Wirkung. Die Physik steht Pate und erinnert uns daran, daß Ordnung im Grunde stabile Unordnung bedeutet. Auch die neuesten Forschungsergebnisse der Biologie, die belegen, daß die »Logik des Lebendigen« von »Zufall und Notwendigkeit«* bestimmt ist, bleiben nicht ohne Einfluß. In zunehmendem Maße wurden wissenschaftliche Thesen allgemeinverständlich aufbereitet, verkürzt und in übertriebener Weise simplifiziert, so daß sich schließlich eine Philosophie für den Hausgebrauch entwickelte, die Postulate wie Ordnung und Unordnung grundsätzlich vom Sockel gestürzt hat. Die Väter des Binnenmarktes wären verwundert, ihre Vorstellungen mit einer naturwissenschaftlichen Sicht der Dinge befrachtet zu sehen; aber wie wir anderen alle sind auch sie vom herrschenden Klima geprägt, und dies hat sich inzwischen verändert. Planung bedeutete für die Wirtschaft ungefähr dasselbe wie Determinismus für die Wissenschaft; auf den Markt setzen hat für die Wirtschaftstätigkeit etwa denselben Stellenwert wie das Prinzip des Zufalls für das wissenschaftliche Denken: Die kreative Unordnung hat die konservative Ordnung überholt: in der Kunst seit langem, in der Wissenschaft seit kurzem und im Zusammenhang von Wirtschaft und Gesellschaft *hic et nunc*.

Hätte man die Entscheidungsgründe für den Binnenmarkt so erklärt, wäre er niemals zustande gekommen. Man hätte die Risiken als zu hoch, die Chancen als zu gering eingeschätzt, denn nach der Logik des Prinzips der Unordnung wären die Risiken früher aufgetreten, als sich Möglichkeiten hätten realisieren lassen. Und der Zeitfaktor, mit dem Politiker rechnen, spielt für die unmittelbare Zukunft eine andere Rolle als für die entfernte. Ein Quentchen Heuchelei, ein Stück Unbesonnenheit, eine Portion Mut und ein

* Anspielung auf die Bücher von François Jacob bzw. Jaques Monod, die als erste mit diesen neuen Ideen an die Öffentlichkeit traten

gewisses Maß an geschichtlichem Weitblick: Diese »chemische Verbindung« war nötig, um die Politiker dazu zu bewegen, ihrer Verantwortung für Europa zu entsagen und sie in die Hände der Allgemeinheit zu legen. In ihrer Begeisterung gingen sie sogar so weit, die spezifische Arbeitsweise der Gemeinschaft umzustellen, um jedes Hindernis auf dem Weg nach 1992 zu beseitigen. Sie akzeptierten ohne besondere Dramatik oder Polemik das Prinzip der qualifizierten Mehrheit, und der Grundsatz der einstimmigen Beschlußfassung wurde auf einige höchst seltene Ausnahmefälle beschränkt. Damit entfiel der Trick mit dem Veto, dieses bedrohliche und störende Element in europäischen Debatten, das de Gaulle eine Politik des leeren Stuhls ermöglicht hatte, mit der sich testen ließ, wer das supranationale Europa wollte oder für ein Europa der Vaterländer schwärmte, eine Politik, die in Frankreich das Staatssiegel des Gaullismus trug. So haben die für Westeuropa Verantwortlichen ihre eigene Entmachtung bis zur letzten Konsequenz vorangetrieben. Nicht genug damit, daß sie, statt ein politisches Instrumentarium einzusetzen, mit den Waffen der Wirtschaft ins Feld ziehen, nein, sie haben sich aus freien Stücken auch noch den Rückzug abgeschnitten, indem sie auf das Vetorecht als letzte Rettungsmöglichkeit verzichteten. Diese Art abzudanken kann man nur als triumphal bezeichnen! Nur die Politik war in der Lage, die Administration in dieser Weise zurückzudrängen; nur sie konnte das Skalpell so ansetzen, daß die Operation gelang und die Genesung des Patienten möglich wurde, so, wie sich seinerzeit der Freihandel nach der Verabschiedung der großartigen Gründungsgesetze durchsetzen konnte. Nur die Politik kann die Kugel ins Rollen bringen, und daran hat sie uns wieder einmal erinnert.

Eine offene Frage

Die Väter des Binnenmarktes lassen sich in verschiedene Kategorien einteilen. Die einen, mit François Mitterrand und Jacques Delors an der Spitze, gehen davon aus, daß mit der Errichtung des EG-Binnenmarktes eine stärkere Ausrichtung auf gemeinsame politische Ziele einhergehen wird, und sie nehmen gegebenenfalls einen Wirtschaftsraum in Kauf, der entsprechend Darwins Gesetzen ein hohes Maß an Ungleichheit hervorbringen wird. Sie stehen damit übrigens in der Tradition europäischer Denkweise, die Fortschritte im Bereich des Handels immer nur in Verbindung mit den entsprechenden flankierenden politischen Maßnahmen zuläßt. Die Vertreter der anderen Kategorie glauben an die Kräfte des Marktes und sind überzeugt, daß sich nach dem Selbstreinigungsprozeß Wohlbefinden einstellen wird. Und schließlich gibt es noch diejenigen, die zwar der Meinung sind, daß aus Unordnung Ordnung entsteht, gleichzeitig aber darauf bauen, daß die Dynamik des Marktes bei Bedarf selbst Gegenreaktionen hervorrufen wird, durch regulierende Gesetzgebung, durch Sozialgesetzgebung oder entsprechende Ausgleichsmechanismen. Bisher haben sich die Anhänger eines voluntaristischen Europas nicht durchsetzen können. »Eureka«, »Esprit« und andere Programme sind, wie auch die geplante Aufstockung bestimmter Gemeinschaftsfonds, bemerkenswerte Initiativen, lassen sich jedoch letztlich nicht mit dem vergleichen, was sich geradezu als Erdbeben ankündigt.

Es ist nicht sicher, daß aus Unordnung Ordnung entsteht, wie das Internationale Währungssystem bewiesen hat. Auch hier hat in einer bestimmten Situation der Markt die Oberhand gewonnen, nicht, weil man bewußt so entschieden hatte, sondern weil die steigende Flut spekulativer Gelder die Deiche der Währungsinstitutionen durchbrach. Damals gab man sich der Illusion hin, daß freischwankende Wechselkurse automatisch zu Zahlungsbilanzgleichgewicht, sinkenden Inflationsraten und realistischen Währungsparitäten führen würden. Die Wirklichkeit präsentierte sich dann allerdings nicht in ganz so rosigem Licht: Die Überschüsse kumulierten, und die Abwertungen erreichten besorgniserregende Prozentsätze, noch bevor die ersten Anzeichen von Normalisierung erkennbar wurden. Heute ist nur Mrs. Thatcher für freie Wechselkurse, nur sie lehnt Ausgleichsmechanismen ab und stellt sich gegen eine gegenseitige Abstimmung; selbst die USA mußten zugeben, daß es ganz ohne Eingriff in die Wechselkursbildung nicht geht. Aber aus dieser internationalen Enttäuschung hat man, sieht man einmal vom Europäischen Währungssystem ab, nichts gelernt; man hat keine wesentlichen Abkommen zur Wechselkursstabilisierung getroffen, keine regelnde Instanz gegründet und keine neue Währungsbasis gefunden. Es ist leichter, eine gegebene Ordnung zu verlassen, als in sie zurückzukehren. Wird dem großen Binnenmarkt ein ähnliches Schicksal beschieden sein?

Freier Markt und staatliche Norm gehören zusammen – das vergißt man nur allzuoft –, sie sind die zwei Seiten ein und derselben Wirklichkeit. Aus dem Wettbewerb ohne gesetzliche Einschränkungen wird ein Dschungel; ein Korsett von Reglementierungen ohne Freiräume verliert jede Effizienz. Gemeinplätze? – vielleicht, aber gerade Gemeinplätze werden oft übersehen. Frankreich hat in besonders großem Maße Schwierigkeiten mit dem Regelmechanismus von Gesetzen; die Wettbewerbsordnung, Grundvoraussetzung jeder Marktwirtschaft, wird in diesem Land stets nur sehr zaghaft angewandt; man nimmt die allgemeinen Vorschriften passiv hin, statt mittels vertraglicher Regelungen Rechtssicherheit zu schaffen. Der Gesetzgeber seinerseits tut sich schwer, Rechtsnormen anzuerkennen, denen auch er selbst sich beugen muß. So kommt es, daß bei jedem liberalistischen Aufwind eine Lücke im Gesetz entdeckt wird. Europa läuft Gefahr, sich in die gleiche Richtung zu entwickeln. Wer an einen Binnenmarkt ohne die geringsten Vorschriften denkt, unterschätzt die Härte, mit der in der Wirtschaft um Marktpositionen gekämpft wird. Die Westeuropäer sind dabei, ein Maximum an Markt mit einem Minimum an Institutionen zu schaffen, um hier einmal mit den Worten von Michel Albert und Jean Boissonnat zu sprechen.* Dieses Mißverhältnis wird sehr bald offenbar werden. Wird es dann notwendigerweise neue Vorschriften, neue Institutionen geben? Woher sollen sie eigentlich kommen? Werden die EG-Instanzen gegebenenfalls das Durchsetzungsvermögen haben, neue Institutionen, neue Reglementierungen zu schaffen? Das ist eine völlig offene Frage. Niemand kann ausschließen, daß die Gemeinschaft am Ende dem Binnenmarkt ebensowenig gewachsen sein wird wie der Internationale Wäh-

* Michel Albert, Jean Boissonat, *Crise, krach, boom*, Le Seuil 1988

rungsfonds der Freigabe der Wechselkurse. Ein müßiger Vergleich, werden die Eurokraten sagen. Schließlich verfügt die Kommission über eigene, rechtlich abgesicherte Kompetenzen; der Ministerrat wird die Kommission unterstützen; der Gerichtshof in Luxemburg hat die Möglichkeit, Rechtsnormen zu schaffen. Dabei vergißt man, daß der Internationale Währungsfonds – ebenfalls eine Konstruktion aus der Nachkriegszeit – über fast schon hoheitsrechtliche Kompetenzen verfügte: Er konnte zur Zeit der festen Wechselkurse seine Aufgabe als Hüter der Währungsordnung wesentlich besser wahrnehmen, als heute die Kommission in der Lage ist, den gemeinsamen Markt zu überwachen. Leider hat der Währungsfonds diese Möglichkeiten nicht mehr, sie sind in der Zeit der großen Weltwährungskrisen verlorengegangen und lassen sich den Industriestaaten gegenüber heute nicht mehr wiederbeleben: Der IWF als Fürsprecher der von Konkurs bedrohten Nationen hat es nicht geschafft, den Wirtschaftsmächten irgendeine Form von Verhaltenskodex aufzuerlegen, schon gar nicht der amerikanischen Regierung, die jeden Tag aufs neue gegen den Grundsatz der sorgfältigen Geschäftsführung verstößt, obwohl sie als erste die Einhaltung dieses Prinzips von Brasilien, Mexiko oder Polen fordert, wenn es um Umschuldung geht. Wer weiß, wie die Bundesrepublik Deutschland reagieren würde, wenn man von ihr irgendwelche flankierenden Maßnahmen zur Stützung des Binnenmarktes verlangte; vielleicht würde sie sich den Forderungen des IWF ebenso widersetzen wie die USA. Die Starken haben keinerlei Interesse daran, Regelungen zu schaffen, die ihre überlegene Position den Schwachen gegenüber mindern könnten. Wenn Normen nur Dekor sind, läßt man sie gelten, wenn sie aber gar nicht existieren, warum sollte man welche aufstellen? Bestenfalls lassen sich die wirtschaftlich Großen hin und wieder einmal erweichen, wenn es gilt, besonders krasse Mißstände zu korrigieren. Das griechische Thrakien, vermutlich eine der ärmsten Regionen Europas überhaupt, mit einer Kaufkraft, die pro Kopf um das Fünfzehnfache niedriger liegt als in Baden-Württemberg, wird es sicherlich schaffen, ein Almosen zu ergattern; von wirklichen Ausgleichsmechanismen ist man jedoch noch meilenweit entfernt. Die Starken haben die Möglichkeit, einen Verhaltenskodex aufzustellen – aber kein Interesse daran; den Schwachen fehlen die Möglichkeiten. Daher rührt die Gefahr, daß der Binnenmarkt mit einem permanenten Ungleichgewicht leben muß, ohne daß bestimmte Eingriffe möglich sind oder ein Ausgleich geschaffen werden kann.

Wenn eine solche Situation von Ungleichheit entsteht, wird man schließlich den Belangen des einzelnen Staates doch Rechnung tragen müssen. Dies wird aber nicht im Rahmen einer europäischen Lösung geschehen, sondern die jeweils betroffenen Mitgliedsländer werden aufgerufen sein, etwas zu tun. Damit wäre die Katastrophe da: Wenn Schäden, die durch das geeinte Europa verursacht wurden, behoben werden müssen, dann bleibt den ärmsten Ländern keine andere Wahl, als entweder europafeindlich zu reagieren oder die wohlhabenden Kollegen der Gemeinschaft anzubetteln oder aber damit zu drohen, das ganze System zu torpedieren. Letzteres wäre noch nicht einmal die schlechteste Lösung, denn nur so ließen sich vielleicht jene aus dem behaglichen Dauerschlaf reißen, die einst aus dem Spiel um den Binnenmarkt als Sieger hervorgegangen sind. Wie dem auch sei, die Stärksten können nicht noch stärker werden und die Schwächsten nicht noch schwächer, selbst wenn insgesamt die Kaufkraft steigen sollte. Es muß etwas geschehen. Die Gemeinschaft muß Regelungen und wirtschaftliche Ausgleichsmechanismen schaffen, will sie nicht vor unlösbaren Konflikten stehen.

Das Jahr 1992 löst allgemeine Begeisterung aus. Man muß aber weder Gelehrter noch Marxist sein, um spannungsreiche Zeiten vorherzusagen, Spannungen zwischen Staaten auf der Gewinnerseite und Staaten auf der Verliererseite, denn es bleibt eine schöne Utopie zu meinen, der Produktivitätszuwachs verteile sich auf alle Länder gleichmäßig; einige werden immer besser wegkommen als andere. Spannungen zwischen Regionen mit Hochkonjunktur und solchen, die sich in der Talsohle befinden; Spannungen zwischen Wachstumssektoren und Wirtschaftsbereichen im Abschwung, zwischen Verbrauchern und Landwirten, zwischen den Angestellten expandierender Dienstleistungsbetriebe und Arbeitnehmern, die in rückläufigen Industriezweigen beschäftigt sind, zwischen dem Teil der Wirtschaft, der sich dem internationalen Wettbewerb stellen muß und von ihm mehr denn je in die Zange genommen wird, und dem geschützten Teil, der noch stärker als zuvor begünstigt ist. Konflikte dieser Art sind das täglich Brot hochentwikkelter Industriegesellschaften: 1992 wird dafür sorgen, daß diese Auseinandersetzungen in einer nie dagewesenen Stärke auftreten werden. Heute bemüht sich jeder Staat darum, der eine mehr, der andere weniger, Spannungen in seinem Einflußbereich abzubauen. Wer sorgt für Abbau der Spannungen in einem Europa der Zwölf? Das ist die ungelöste Frage, die sich mit 1992 stellt: Ein Prozeß ist in Gang gesetzt, der Fortschritt und Probleme bringen wird, sicherlich aber mehr Vorteile als Nachteile, was ein nicht zu leugnendes Plus bedeutet. Die Früchte wird man ernten, ohne viel Aufhebens zu machen, aber wer wird die Aufgabe übernehmen, die Nachteile in Grenzen zu halten?

***

Das Ziel 1992 ist mit dem Jahr 1992 noch nicht erreicht. *Nach* diesem Zeitpunkt gilt es, den großen Binnenmarkt zu regeln und ins Gleichgewicht zu bringen. Dabei gibt es eine ganze Reihe von Punkten, in denen man sich unter den zwölf Mitgliedsstaaten nicht einig ist. Die ganze Energie Westeuropas wird wieder einmal nur auf die Wirtschaft gerichtet sein. Wer aber kümmert sich um alle übrigen Probleme? Um die Staatsbürgerschaft z. B., solange die Bewohner unseres Kontinents eher westlich statt spezifisch europäisch denken und fühlen; um die institutionelle Struktur, die bewirken soll, daß Europa nicht nur Geschichte wird, sondern auch Geschichte macht; um die Verteidigungsstrategie, mit der versucht werden muß, die erkennbare Entwicklung in eine andere Richtung zu lenken; um eine Gesamtstrategie, die verhindern sollte, daß Westeuropa in einen militärisch-politischen Raum von kontinentaler Dimension und einen Wirtschaftsraum, der ohne staatliches Rückgrat nur bis an die Grenzen der Zwölf reicht, zerfällt. Es kann kein Europa geben, solange mehrere europäische Räume mit unterschiedlicher Ausdehnung gleichzeitig existieren. Wenn wir den

Blick starr auf die Vollendung des europäischen Binnenmarktes richten und danach nur mit der Notwendigkeit beschäftigt sind, diesen Markt zu regeln, laufen wir Gefahr, nichts gegen die langsam fortschreitende strategische Verschiebung zu unternehmen. Es könnte eines Tages zu spät und das Unabänderliche eingetreten sein. Der Gaullismus hat uns gelehrt, daß sich der Zug der Geschichte, einmal abgefahren, nicht mehr einholen läßt. In der Zeit zwischen 1960 und 1966 wäre es dem General möglich gewesen, Europa nach seiner Vorstellung zu formen: Die Bundesdeutschen waren bereit, die Vormundschaft der Franzosen anzuerkennen, die anderen Länder hätten gute Miene zum bösen Spiel gemacht und sich angeschlossen. Wahrscheinlich hätte man es de Gaulle zugemutet, das europäische Gebäude mit ein paar atlantischen Stilelementen zu versehen – eine Konzession an den Zeitgeist. Aber im Vergleich zu dem, was auf dem Spiel stand, wäre es ein bescheidenes Zugeständnis gewesen, vor allem bei einem Staatsmann, der mehr als andere den Atlantiker herauskehrte, wenn konkrete Gefahren auftraten. Der Kult um die nationale Unabhängigkeit, der Wunsch, sich bei allen diplomatischen Verhandlungen frei bewegen zu können, ein langgehegter Argwohn gegen die Vereinigten Staaten, ein geradezu atavistischer Haß auf jede Form von Supranationalität – das reichte aus, um die Gelegenheit ungenutzt verstreichen zu lassen. Es wird dies die nicht auszulöschende historische Sünde des Gaullismus bleiben. Die Europäer sollten nicht noch einmal, ohne einzugreifen, die Geschichte ihren Lauf nehmen lassen, nur weil sie auf den Binnenmarkt fixiert sind. Muß 1992 erst zu einem Tagtraum werden, damit sich unsere Zwangsvorstellungen offenbaren?

2
Ein Tagtraum

In neuem Kleid und mit den Attributen des großen Binnenmarktes versehen, halten alte Wirtschaftstheorien wieder glanzvollen Einzug. Erinnert nicht das eine oder andere in den gängigen Postulaten unserer Zeit an Adam Smith, an Ricardo, Pareto oder Friedman? Mehr Wettbewerb führt zu sinkenden Preisen, fördert Produktivität und Wachstum. Freie Kapitalbewegung sorgt dafür, daß anlagebereite Gelder bestmöglich investiert werden, sie ist sozusagen ein Garant für das wirtschaftliche Optimum. Der Abbau der Zollschranken wirkt sich auf die komparativen Kosten günstig aus. Alles fügt sich zum Besten. Liberale Ideen erstrahlen mehr denn je in vollem Glanz. Sie gewinnen an Boden, wenngleich sie Masken tragen und sich hinter Synonymen verstecken: 1992 steht für Markt, Europa für Wettbewerb, Gemeinschaft für *laisser aller* und *laisser faire*. An dem Tag, an dem der engste Berater von Michael Gorbatschow erklärte: »Es gibt nichts Besseres als den Markt, um die Wirtschaft anzukurbeln«, hat die freie Marktwirtschaft einen K.-o.-Sieg davongetragen. Da hat man nun Jahrzehnte gebraucht, um diese Binsenweisheit wiederzuentdecken: Der Markt ist nicht das Ergebnis einer bewußten Entscheidung, er ist ein naturgemäßer Zustand der menschlichen Gesellschaft. Warum dieses Bild von der Wirklichkeit allerdings zur Ekstase führen muß, ist unklar. Man ist fertig mit der marxistischen Krisentheorie, mit der keynesianischen Konzeption der Globalsteuerung, mit der Auffassung, daß ein intervenierender Staat notwendig ist. Die Westeuropäer erwarten heute von 1992, d. h. vom Markt und der Deregulierung, wahre Wunder: Wachstum, Produktivität, wirtschaftliche Dynamik. Aber die eifrigsten Tagträumer sind gerade nicht die, die man dafür hält: Die colbertinischen Franzosen sind es in stärkerem Maße als die am Freihandel orientierten Deutschen, die protektionistisch ausgerichteten Spanier mehr als die liberalen Engländer, die Sozialisten mehr als die Konservativen, die wirtschaftlich schwachen Länder mehr als die Industriestaaten. Eine seltsame Spielsituation: Die alten Markthasen wissen, welche ungeheuren Vorteile, aber auch welche Nachteile der Markt mit sich bringt, die Neulinge dagegen haben das Gefühl, gelobtes Land zu betreten. Es wäre amüsant, sich sozusagen als Stilübung einen Text von so kundigen Leuten wie Solchaga oder Bérégovoy vorzunehmen und jeweils 1992 durch Markt und Europa durch Deregulierung zu ersetzen: Die Verfasser würden sich weigern, so viel Friedman-Zündstoff zu unterschreiben. Wir haben es hier mit einer Übertragung im psychoanalytischen Sinn zu tun, die im Bereich der Wirtschaft erstmals auftritt. Wir projizieren einen Anpassungsprozeß auf Westeuropa, weil Komplexe und Hemmungen uns daran hindern, diesen auf nationaler Ebene zu vollziehen. Freud ist noch nicht tot! Mit Blick auf ideale wirtschaftliche Bedingungen wäre es sicher sinnvoller, im eigenen Land stärker zu reglementieren und sich auf Gemeinschaftsebene etwas zurückzuhalten, aber wie in der Psychoanalyse ist eine Übertragung besser, als lebenslang einen Komplex mit sich herumzuschleppen. Deshalb muß man phantasieren – denn anders läßt sich jenes seltsame psychoanalytische Vorgehen nicht rechtfertigen, das die EG-Länder von übermäßig eingeengten und reglementierten Wirtschaftssystemen entliehen haben, um sich zu befreien.

Ein notwendiges Wunder

Der Kranke – um bei der Analogie zu bleiben – brauchte dringend eine Therapie. Westeuropa leidet seit 15 Jahren an einer Antriebsschwäche, die sich in Arbeitslosigkeit und verlorenen Marktanteilen äußert. Mit 17 Millionen Arbeitslosen haben die westeuropäischen Staaten einen Grad an Unterbeschäftigung erreicht, der in keiner anderen wirtschaftlich entwickelten Region anzutreffen ist.

Mit einer Wachstumsrate, die auch bei günstigsten Voraussetzungen – sinkende Inflationsrate, sinkender Ölpreis, sinkender Dollarkurs – nur knapp über drei Prozent liegt, steht Westeuropa im Vergleich zu den USA schlecht da, die sich seit sechs Jahren in einer ununterbrochenen Aufschwungphase befinden; oder zu Japan, das in den letzten Monaten zum exponentiellen Entwicklungstempo der unmittelbaren Nachkriegszeit zurückgefunden hat. Auch im Exportgeschäft, dessen Anteil am Welthandel ständig abnimmt, lassen die Europäer anderen Ländern den Vortritt – nicht so sehr den Nordamerikanern und Japanern, sondern vielmehr den neuen Exporteuren aus der Dritten Welt, wie etwa Brasilien und den vier »Drachen« des südostasiatischen Raums: Taiwan, Singapur, Hongkong und Südkorea. Westeuropa hatte nicht wie die USA die Möglichkeit, mit den leoninischen Privilegien einer Leitwährung die Spielregeln zu verändern. Man wäre selbst beim besten Willen nicht in der Lage gewesen, einen keynesianischen Aufschwung zu inszenieren und dabei eine angebotsorientierte Wirtschaftspolitik zu betreiben. Westeuropa hätte es sich niemals leisten können, jahrelang und ohne dafür zu zahlen, gigantische Binnen- und Außenhandelsdefizite anzuhäufen. Es hätte nicht die Stärke gehabt, sich einen Teil der Wiederherstellung des wirtschaftlichen Gleichgewichts von anderen finanzieren zu lassen – indem es die eigene Währung eine rasante Talfahrt antreten läßt. Wenn die liberaleren unter den Mitgliedsstaaten der Gemeinschaft für eine europäische Währung eintreten, so deshalb, weil sie insgeheim den Wunsch hegen, dann auch über entsprechende Privilegien verfügen zu können: Die haben in ihren Augen den unschätzbaren Vorteil, den Zahltag hinauszuschieben.

Angesichts ihres Niedergangs hatten die Westeuropäer drei Möglichkeiten: die Dinge laufen zu lassen, sich unter den gegebenen Verhältnissen ein Sparprogramm aufzuerlegen oder aber die Probleme zu verlagern. Lange Zeit herrschte die erste Tendenz vor. Westeuropa glaubte sich zum Zeitpunkt der Ölschocks reich genug, um von seinem seit langem angesammelten Wohlstand leben und auf Opfer verzichten zu können. Mit dieser Illusion war es schnell vorbei: Man mußte handeln. Die zweite Lösung – ein Sparprogramm – hätte von jedem der Mitgliedsstaaten weitaus größere Anstrengungen gefordert, als die in den achtziger Jahren tatsächlich erfolgten, weil der bekannte Grundsatz lautet: Je stärker der restriktive Eingriff, um so größer der Wiederaufschwung. Dazu war die Öffentlichkeit nicht bereit; sie akzeptierte nur ein Minimum an Restriktionen, die nötig waren, um das makroökonomische Gleichgewicht wiederherzustellen. Dabei ist es kein Zufall, daß Länder wie Großbritannien und die Bundesrepublik, die sich die stärkste Deflation auferlegten, seit zwei Jahren einen Anstieg der Kaufkraft um drei bis vier Prozent zu verzeichnen haben. In hochentwickelten Volkswirtschaften mit intakten Schutzmechanismen im sozialen Bereich und mit starken Interessenvertretungen stößt jede restriktive Politik ohnehin bald an Grenzen. Bleibt die dritte Möglichkeit: den Spieß umzudrehen, die Spielregeln zu verändern, einen neuen Kontext zu finden, der notwendige Eigenanstrengungen überflüssig macht. Das hat man mit der Projizierung auf den großen Binnenmarkt geschafft. Er soll für überdurchschnittliches Wachstum sorgen, Freiräume schaffen, Expansion ermöglichen.

Diesem Lösungssatz fehlt es jedoch an Logik, das wird sich im Laufe der Anpassungs- und Modernisierungsmaßnahmen zeigen, die mit Blick auf 1992 durchgeführt werden. Sie sollen das wirtschaftliche Wachstum fördern, doch das ist ohne Probleme und Verzögerungen wiederum nur bei dauerhaftem Wachstum möglich: ein unauflöslicher Widerspruch ... Darin liegt der entscheidende Unterschied zu jener ersten Liberalisierung des Handels, die nach Abschluß der Römischen Verträge vorgenommen wurde. Die westeuropäischen Volkswirtschaften blickten damals zufrieden auf eine Wachstumsrate von fünf Prozent pro Jahr und erwarteten vom gemeinsamen Markt nicht so sehr steigendes Wachstum, als vielmehr die Gewißheit, daß er eine Fortsetzung des begonnenen Werks garantieren würde, sobald die erste Dynamik der Wiederaufbauphase abklingen würde. Sehr beruhigende Aussichten: Was durch die Expansion in der Gegenwart erreicht worden war, sollte die unvermeidlichen Einbrüche in der Zukunft abfangen. Eine glückliche Verkettung von Umständen, die sich günstig auf die

»glorreichen dreißig Jahre« auswirkte. Die Zollschranken sind inzwischen gefallen, die Aufmüpfigkeit der Landwirte ist abgeklungen, die Einzelhändler haben resigniert; der Poujadismus ist in Vergessenheit geraten – alles wundervolle Folgen der Expansion. Es gibt keinen Handlungsspielraum bei der Kaufkraft und keinen überflüssigen Produktivitätszuwachs, um Wunden zu heilen. Jedes Land nähert sich dem Jahr 1992 mit angezogenen Bremsen, zu Recht davon überzeugt, daß das geringste *laisser aller* zu einer kostspieligen Entgleisung führen würde, was die ohnehin teure Modernisierung noch weiter verteuern würde. Es muß schon ein gewaltiger Fortschritt sein, den man da erwartet, anderenfalls ließe sich eine solche Askese nicht rechtfertigen.

Ein makroökonomisches Märchen

Angesichts der Zielvorgabe 1992 entwickelt die Gemeinschaft ein ausgeprägtes Bedürfnis, die angestrebten Ergebnisse terminlich zu fixieren: Schon der Zeitplan ist das reinste Glaubensbekenntnis. In einer Zeit, in der makro-ökonomische Modelle sehr beliebt sind und für jede noch so geringe wirtschaftspolitische Maßnahme angefertigt werden – in der sie sich mitunter verselbständigen – und, allein durch ihre Existenz, Entscheidungsträger überflüssig machen, wird die für die Wirtschaft wichtigste Entscheidung unserer Zeit auf gut Glück gefällt, ohne die unzähligen Simulationen, die für eine wesentlich unbedeutendere Maßnahme sicherlich durchgeführt worden wären. Das läßt auf die Dringlichkeit dieser Entscheidung schließen oder, besser noch, um es in der Theatersprache zu formulieren: auf ihre kathartische Seite. Nichts könnte die mythische Seite dieses Gründungsaktes besser verdeutlichen. Die Herrscher haben ihre Entscheidung getroffen, Glaube, Überzeugung, Intuition oder Skepsis haben sie dazu veranlaßt, gleichzeitig aber haben sie auf jeden Nachweis ihrer sachlichen Kompetenz verzichtet, den sie doch sonst bei der geringsten Auseinandersetzung führen müssen, z. B., wenn es um die Milchquoten, die Achsenbreite oder den EG-Haushalt geht. Es fehlt nicht an Studien, aber sie wurden alle erst im Nachhinein vorgelegt. Die Brüsseler Kommission verfügt nunmehr über eine Menge von Zahlen, die einen immer noch phantastischer als die anderen, und sie will damit beweisen, daß sie zurecht auf 1992 setzt, obwohl bei der Entscheidung für den Binnenmarkt Zahlen gar keine Rolle gespielt haben.

Man spricht heute gern und viel von den 220 Milliarden Ecu, die man pro Jahr spart. Man erwartet diesen stolzen Betrag von der Errichtung des Binnenmarktes, und die Gemeinschaft wird dann darangehen können, diese Summe unter die Verbraucher, Unternehmen und Staaten zu verteilen, und zwar nach einem Schlüssel, der Weichen für die Zukunft stellen und gewährleisten soll, daß sich dieses Wunder jährlich wiederholt. Dieser großartige Gewinn wird mit dem Abbau der nichttarifären Handelshemmnisse erklärt, und er wird sich in den verschiedensten Bereichen einstellen. Zunächst einmal durch die Beseitigung der Hindernisse, die mit den Landesgrenzen gegeben sind: Es wird keine Abfertigung mehr geben, keine besonderen Formalitäten, keine Verspätungen, die den Warentransport verteuern, keine Verwaltungskosten, die mit einem unvorstellbar komplizierten bürokratischen Aufwand verbunden sind. Zwischen 12 und 23 Milliarden Ecu würden nicht mehr benötigt. Als nächstes wird der Protektionismus im Bereich der öffentlichen Auftragsvergabe angeführt: Verträge dieser Art werden bisher grundsätzlich nicht an Unternehmen anderer Mitgliedsstaaten vergeben. 15 % des EG-Inlandsprodukts sind somit nicht Bestandteil des gemeinsamen Marktes. Wenn es in diesem Bereich zu einer Marktöffnung käme, und sei es nur zu 50 %, würden 8 bis 19 Milliarden Ecu nicht mehr ungerechtfertigt ausgegeben werden. Französische Experten unterscheiden drei Einsparungsfaktoren: Einen »statischen Beschaffungseffekt«, da der Staat die Aufträge an den Anbieter mit den günstigsten Konditionen vergibt, gleichgültig, ob es sich dabei um einen Inländer oder um einen »EG-Ausländer« handelt; einen »Wettbewerbseffekt«, der die Unternehmen dazu zwingt, ihre Preise zu senken, um wettbewerbsfähig zu bleiben und ihre Marktanteile zu wahren; einen »Restrukturierungseffekt«, der durch die Kostenoptimierung entsteht, der sich aus der arbeitsteiligen Wirtschaft mit westeuropäischer Ausdehnung ergibt. Diese Berechnungen sind nicht einmal übertrieben, denn unberücksichtigt sind sowohl die Preissenkungen im Bereich der Dienstleistungen als auch der stimulierende Effekt geblieben, der für Innovation, Investition und Wachstum zu erwarten ist. Der freie Kapitalverkehr an dritter Stelle: Zwanzig Milliarden Ecu sollen auf diese Weise in die Kassen der EG fließen. Der Betrag soll dadurch erreicht werden, daß man sich auf die konkurrenzfähigen Konditionen einstellt, die für Verbraucherkredite, Kreditkarten, Handelskredite, Versicherungsleistungen aller Art und Maklerprovisionen angeboten werden. Starke Preissenkungen werden für Spanien und, in geringerem Maße, für Belgien, Frankreich und Italien erwartet, in Ländern also, in denen der Kapitalmarkt noch immer sehr protektionistisch ausgerichtet ist. Die Vereinheitlichung der Fernsprechgebühren steht an vierter Stelle des »Gewinnerwartungsprogramms«: mehr als 10 Milliarden Ecu. Nicht zuletzt schlagen auch die sinkenden Produktionskosten zu Buche, ein Ergebnis der Kostenoptimierung durch arbeitsteilige Wirtschaft: 60 Milliarden Ecu sollen damit eingespart werden, wobei hier nur die verarbeitende Industrie erfaßt wurde. Diese Zahl überrascht nicht, wenn man hört, was an weiteren Gewinnen zu erwarten ist. Sinkende Produktionskosten bilden das Herzstück der Pläne für 1992: Ein europäischer Binnenmarkt wird die Kosten senken, und zwar unabhängig von den Einsparungen, die dadurch entstehen, daß man störende Funktionsabläufe ausschaltet, Hemmnisse an den Landesgrenzen abbaut, das öffentliche Vergabewesen öffnet und die Finanzmärkte vereinheitlicht... Auch für eine Industrie, die jetzt schon liberalisiert ist, wie die Automobilindustrie, wird es Kostensenkungen von bis zu 5% geben, da noch bestehende Handelshemmnisse wie technische Normen, unterschiedliche Besteuerung und Aufsplitterung des Produktionsapparates wegfallen sollen. Obwohl in diesem Bereich die Freizügigkeit des Warenverkehrs realisiert ist, bleibt er national. Fiat, Peugeot oder Volkswagen sind nationale Unternehmen, die in europäische Länder exportieren, es sind keine europäischen Unternehmen, die einen Binnenmarkt auf EG-Ebene beschicken. Berücksichtigt man noch die hier und da auftretenden Gewinne in Teilbereichen, sind die angepeilten 200 Milliarden Ecu durchaus drin!

Wenn es darum geht, das Manna der finanziellen Vorteile auf seine makro-ökonomische Konsequenzen hin zu untersuchen, wählen unsere Experten höchst elegant überaus vorsichtige Formulierungen. Sie haben nur die direkten Auswirkungen und nicht die induzierten Größen berücksichtigt. Das Ergebnis ist beachtlich: Das Bruttoinlandsprodukt steigt sprunghaft auf 4,5 % an, gleichzeitig sinken die Preise um 6,1 %, die Haushaltslage entspannt sich (2,2 % des Bruttoinlandsproduktes), und die Außenhandelssituation zeigt sich positiver (1 %); schließlich werden 1,8 Millionen neue Arbeitsplätze geschaffen, was die Arbeitslosenrate auch EG-weit um 1,5 % verringert. Ergebnisse dieser Art lassen sich nicht beliebig und auf Dauer realisieren. Irgendwann sind sie erreicht, ein für alle Mal. Der Grad an Liberalisierung, der auf diese Weise erzielt worden ist, eröffnet die Möglichkeit einer fortgesetzten Kettenreaktion: Das Wegfallen von Beschränkungen führt zu einem wirtschaftlichen Wiederaufschwung, der wiederum sinkende Preise zur Folge hat usw. – alles zum großen Nutzen von Wachstum und Beschäftigung. Wieder einmal märchenhafte Aussichten!

Man sollte sich durch dieses Zauberkunststück mit Zahlen nicht täuschen lassen. Letztlich gibt das Modell immer nur das her, was die Experten für es vorprogrammiert haben. Welche Anreize brauchen Wirtschaftsmodelle, um bestmöglich zu funktionieren? Eine verbesserte Angebotslage: Das ist die direkte Auswirkung des EG-Binnenmarktes. Kostenoptimierung durch arbeitsteilige Wirtschaft: Diesen Wunsch verbindet man mit Blick auf 1992. Ein freies Spiel der Marktkräfte nach dem Prinzip der komparativen Kosten oder, anders ausgedrückt: Abbau nichttarifärer Handelshemmnisse. Eine Verbesserung der Rentabilität für Unternehmen: Sie ist in jeder Finanzwirtschaft angelegt und immer dann möglich, wenn Produktionskosten erzeugernah gesenkt werden. Auch makroökonomische Modelle sind der Mode unterworfen. Nach den nachfrageorientierten Konstruktionen eines Keynes kam das Instrumentarium der Simulation mit liberalem Anstrich, das mit der Wettbewerbsfähigkeit des Angebots operierte. Wenn der EG-Binnenmarkt aus dieser Sicht beurteilt wird, dürfte er von vornherein als erfolgreich gelten. Er entspricht in jeder Hinsicht den Anforderungen des Systems. Mit dieser sympathisch aussehenden Fehlkonstruktion gelingt es jedoch nicht, die makro-ökonomische Auswirkung des großen Binnenmarktes aufzuheben. Möglicherweise führt die Simulation zu einem Resultat, wobei dazwischenliegende Prozesse unberücksichtigt blieben. Möglicherweise ist auch das Zahlenmaterial in zweifacher Hinsicht geschönt: einmal durch die etwas naive Berechnung des Einsparungseffektes, die die Experten hier vorlegen, zum anderen aufgrund des Modells selbst, das den Entwicklungen auf der Angebotsseite eindeutig Präferenz gegenüber der Nachfrage einräumt. Auch ist in dem Schema möglicherweise nicht vorgesehen, daß Volkswirtschaften von Monopolen oder Oligopolen beherrscht werden können, als gäbe es so etwas heutzutage gar nicht. Aber selbst wenn man mehr oder weniger willkürlich die Auswirkung des Binnenmarktes auf die Hälfte reduziert, so bleibt doch immer noch ein Gebilde, das einem durch Zahlen belegten Märchen gleicht. Aus der Ferne und durch das makro-ökonomische Fernglas betrachtet, hat 1992 nur Vorteile. Aus der Nähe jedoch und mit der mikro-ökonomischen Lupe analysiert, lassen sich auch einige Nachteile erkennen . . .

Ein möglicher Handlungsspielraum

Über seine spezifischen Vorteile und über seinen märchenhaften Aspekt hinaus hat der Binnenmarkt eine weitere positive Eigenschaft: Er schafft einen Raum, in dem makro-ökonomisches Eingreifen wieder möglich wird. Seit etwa zehn Jahren gehört es nunmehr zum guten Ton, makro-ökonomische Maßnahmen zu belächeln, ausgenommen die Interventionen, die sich auf Produktions- und Angebotsstrukturen auswirken. Was hat man nicht alles über die Schwächen des Keynesianismus gehört? In der Theorie habe er zu falschen Behauptungen geführt, insbesondere hinsichtlich der Gesamtnachfrage; empirisch soll er als Rechtfertigung für staatliche Maßnahmen gedient haben, die andernfalls nie hätten durchgesetzt werden können: Beweis dafür seien die Haushaltsentwürfe von Chirac 1976, von Mauroy 1981, von Callaghan 1978 und von Schmidt 1980; politisch sei Keynes' Ansatz der Grund für ein Übermaß an staatlichen Eingriffen gewesen, die sich die Allgemeinheit heute nicht mehr bieten lasse; sozial soll er als Vorwand für einen nimmersatten Versorgungsstaat gedient haben, der für die Mittelschicht die Rolle des ständigen Umverteilers von Einkommen übernommen habe. Natürlich ist einiges wahr an diesen inquisitorischen Anklagen: Der Keynesianismus hat staatlicher Schwäche tatsächlich als theoretisches Alibi gedient. Daß er jedoch gescheitert ist, liegt in erster Linie an dem Wirtschaftsraum, in dem die Regierungen ihn angewandt haben. Keynesianismus läßt sich nicht im Rahmen einer nationalen Volkswirtschaft praktizieren, und sei es die bundesdeutsche. Wie soll denn eine keynesianische Politik sinnvoll eingesetzt werden, wenn ein Drittel des nationalen Bruttosozialproduktes auf den Außenhandel entfällt, wenn die Zinssätze in stärkerem Maße vom internationalen Umfeld als von der jeweiligen Zentralbank abhängen, wenn aufgrund freischwankender Wechselkurse schon die leiseste Zunahme des Außenhandelsdefizits zu einer Entwertung der Landeswährung führt, wenn bereits eine leichte Vergrößerung des Haushaltsdefizits die Nachfragesituation belastet und damit auch die Importe einschränkt und wenn sich die Arbeitskosten am internationalen Wettbewerb orientieren?

Diese Situation ändert sich natürlich grundlegend, sobald die europäische Dimension erreicht ist; vor allem ändert sich die Abhängigkeit vom Ausland, da der Güteraustausch mit anderen EG-Ländern einen wesentlichen Anteil am Außenhandel der Mitgliedsstaaten ausmacht. Die Gemeinschaft wird somit zu einer halbgeschützten Zone, vergleichbar den USA, deren Importrate etwa der der Gemeinschaft entspricht. Selbstverständlich wird der Binnenmarkt, der auf jede Form von Handelsschranken verzichten will, den europäischen Außenhandel verstärken, was wiederum zu einer steigenden Abhängigkeit führen wird. Es ist jedoch vorerst nicht zu erwarten, daß sich die EG insgesamt derart nach außen hin öffnet, daß ein Drittel ihres Inlandsprodukts auf den Außenhandel entfällt, wie dies für die einzelnen Mitgliedsstaaten zur Zeit der Fall ist. Die europäische Dimension wird weiterhin eine geringere Abhängigkeit von ausländischen Zinssätzen bedeuten: Schon heute wird das deutsche Zinsniveau nicht systematisch als Reaktion auf Entwicklungen an anderen Plätzen der Welt festgelegt, vor allem nicht bei Veränderungen in den USA; ein europäischer Zinssatz würde eine Leitfunktion übernehmen und gleichberechtigt neben den amerikanischen Leitzins treten; er würde zu einer wirtschaftlich-politischen Variablen und wäre nicht länger eine von außen aufgezwungene Realität. Dies setzt natürlich eine westeuropäische Währung voraus (s. folgendes Kapitel), aber ohne einheitliche Währung ist ein westeuropäischer Binnenmarkt langfristig ohnehin nicht denkbar. Schließlich wird die europäische Dimension mehr Spielraum im Bereich der Inflationsbekämpfung schaffen: Das sinkende Preisniveau, das sich aus dem EG-Binnenmarkt ergeben soll, wird für die notwendige Marge sorgen, um den wirtschaftlichen Aufschwung intensivieren zu können. Noch bevor der Binnenmarkt im Gespräch war, hatte man erkannt, daß sich der westeuropäische Raum in besonderem Maße für einen wirtschaftlichen Aufschwung eignet. Besonders nachdrücklich wurde darauf in dem Bericht hingewiesen, den Albert und Ball bereits im Jahr 1983* vorlegten. Der Bericht verwies auf einen Multiplikator der EG-Effizienz, so, wie auch Keynes von einem Multiplikatorprinzip spricht. Die Beweisführung ist einfach: Wirtschaftspolitische Maßnahmen zur Belebung der Konjunktur sind problematisch, solange die meisten EG-Staaten ihren Handel überwiegend untereinander abwickeln. Beschließt man sie aber auf europäischer Ebene, kommen sie voll zum Tragen. Michel Albert und Jean Boissonnat** stützten sich auf dieses Postulat und entwickelten daraus ihr Modell. Sie behaupten, daß eine EG-Anleihe in Höhe von 20 Milliarden Ecu für die Dauer von drei Jahren – das sind 120 Milliarden Franc, etwas mehr als das jährliche Haushaltsdefizit der Franzosen – ein jährliches Wachstum von plus 1 % ergeben würde. Bei zwei weiteren Jahren ergäbe sich ein Akzelerationseffekt: plus 1,2 % für 1991, plus 1,3 % für 1993.

Die Beschäftigungssituation würde sich so beträchtlich verbes-

* Michel Albert, *Le Pari européen*, Le Seuil 1984

** Michel Albert, Jean Boissonnat, *Crise, krach, boom*, a.a.O.

sern: Im ersten Fall würden 4,7 Millionen Arbeitsplätze geschaffen, im zweiten 5,4 Millionen. Wenn man von märchenhaften Prognosen sprechen will, so sind diese Zahlen noch eindrucksvoller als das Material, das den Perspektiven für den Binnenmarkt zugrunde liegt. Und dabei geht diese Simulation noch von den z. Zt. bestehenden wirtschaftlichen Strukturen aus und berücksichtigt nicht den Multiplikator des Multiplikators, wie er sich naturgemäß durch die Vollendung des EG-Binnenmarktes ergeben soll. Paradoxerweise ist gerade die Effizienz der angebotsorientierten Wirtschaftspolitik, so, wie sie seit einigen Jahren betrieben wird, ein Beweis für die Stärke der Keynesschen Theorie. In der Zeit zwischen 1960 und 1973 bedurfte es eines wirtschaftlichen Wachstums von mindestens 4,2%, um neue Arbeitsplätze zu schaffen; von 1973 bis 1979 waren nur noch 2,1% erforderlich, und seit 1979 reichen 1,7%, unter der Voraussetzung, daß die Löhne im Verhältnis zu den Preisen stabil bleiben. Verbesserte Unternehmensstrukturen, erhöhte Leistungsfähigkeit und ein niedrigerer »Breakeven-point« sind, neben anderen, wichtige Faktoren, die einen wirtschaftlichen Aufschwung begünstigen. Und somit kommt der Keynesianismus zu neuen Ehren, sowohl auf der Ebene der Gemeinschaft von heute als auch auf der des großen Binnenmarktes von morgen. Dies muß allerdings auch von der Bundesrepublik akzeptiert werden, was wieder ein ganz anderes Problem darstellt. Bei dieser Gelegenheit sollte man den Keynesianismus rehabilitieren und ihn von dem schlechten Ruf befreien, den ihm die herrschende Meinung beschert hat, nach der jeglicher staatliche Aufwand ungesund, jede staatliche Wirtschaftsbelebung kriminell und jedes künstlich herbeigeführte Wachstum eine Perversion sei.

Diese in Aussicht stehenden Ecu-Milliarden müßten eine Bestimmung finden, und nach dem altbewährten Prinzip, das heute mehr denn je Gültigkeit besitzt – eine Konjunkturbelebung über den Konsum ist schlechter als eine Belebung über Investition und Auslandsnachfrage –, darf dies keinesfalls ein Mehr an Kaufkraft bedeuten. Bloß nicht! Die alte Freude an der Erstellung von Infrastrukturen ist noch nicht verschwunden, im Gegenteil, sie kommt bei den großen europäischen Bossen zu neuen Ehren. Die sitzen am runden Tisch, über die Karte Europas gebeugt, und träumen von Tunneln, Autobahnen und Schnellstraßen, mit denen sie ganz Westeuropa überziehen wollen. Es ist eine seltsame Angewohnheit dieser Akteure der Marktwirtschaft, sich staatliche Intervention immer nur in Form der Errichtung schwerfälliger Infrastrukturen vorstellen zu können – frei nach dem Vorbild der sowjetischen Wirtschaft in den dreißiger Jahren.

Aber jenseits dieser wenig originellen Investitionsanstrengung gibt es die bestechende Idee von einem Marshall-Plan für den Osten Europas. Die wirtschaftlichen Vorteile liegen auf der Hand: Ein Überhang an Auslandsnachfrage entfaltet dann keine inflationären Auswirkungen – auch nicht in geringem Umfang –, die bei einer konjunkturellen Belebung im eigenen Lande zu befürchten wären. Die Verfechter dieser Idee verweisen unter anderem auch auf die humanitären Meriten, die politischen Vorteile und die strategischen Auswirkungen einer solchen Politik. So kommt es, daß auf seltsamen Umwegen eine wirtschaftliche Vereinigung Westeuropas, die ja unabhängig vom Abdriften des Kontinents gesehen werden sollte, doch wieder auf ein solches Abdriften hinausläuft. Die Entwicklung von einem westeuropäischen zu einem kontinentaleuropäischen Raum wird nicht etwa gestoppt, sondern noch beschleunigt. Dies erklärt unter anderem auch die veränderte Position, die die Sowjets im Hinblick auf die Europäische Wirtschaftsgemeinschaft einnehmen: Solange ihnen Westeuropa lediglich als ein atlantisches Anhängsel erschien, waren sie von unbekehrbarer Feindseligkeit, in dem Maße jedoch, in dem sich Westeuropa zunehmend von den USA ablöste, wurde ihre Einstellung sichtbar positiver.

Heute nun stehen sie uns wohlwollend gegenüber und sind davon überzeugt, daß ein geeintes Europa zwangsläufig eine aktive Ostpolitik zur Folge haben wird. Die Vorstellungen von einem neuen Marshall-Plan belegen das. Gerade die Bundesdeutschen werden eine konjukturelle Belebung dieser Art kaum ablehnen können, da sie es waren, die mit Berufung auf die Idee von Mitteleuropa insgeheim ihren eigenen Entwicklungsplan für die Volksdemokratien des Ostblocks entworfen haben.

Der EG-Binnenmarkt gibt der Wirtschaftspolitik wieder eine

Chance. Die Perspektive einer unvermeidlichen Deflation, wie sie in Europa aus mehreren Gründen zur Norm geworden war, kann nun verblassen. Diese Sicht war entstanden, weil man einmal erkannt hatte, wie stark die Abhängigkeit der Mitgliedsstaaten untereinander die gegebenen Möglichkeiten einschränkte; zum anderen aus psychologischen Gründen, da man sich gewissermaßen an den Gedanken des Niedergangs der Europäischen Gemeinschaft gewöhnt hatte; und schließlich aufgrund unserer Feigheit, da wir eine Sparpolitik stets auf ein Mindestmaß reduzierten, obwohl allein sie eine Antwort auf die Ölkrisen hätte sein können. Aus der europäischen Vogelperspektive gesehen, scheint dieser Verzicht auf jegliche Form von Wirtschaftspolitik normal und allgemein üblich. Dabei vergißt man, daß sich die Regierungen Japans und der USA das Heft nicht aus der Hand nehmen ließen und nie aufgehört haben, in ihrem Wirtschaftsraum die großen Gleichgewichte der Volkswirtschaft zu beeinflussen. Der Liberalismus hat nur verdeckt, daß die amerikanische Regierung die großen Kräfte ihrer Wirtschaft fest im Griff hat und abwechselnd mal höchst monetaristisch, dann wieder eindeutig keynesianisch reagiert. Es mutet wie eine Ironie der Geschichte an, daß nur ein Markt mit mehr Handlungsspielraum den Regierungen die Möglichkeit eröffnet, in die Wirtschaft einzugreifen. Eine solche Entwicklung setzt jedoch voraus, daß dieser riesige Markt nicht nur für Güter und Dienstleistungen besteht und daß es zu einer Revolutionierung des Kapitalmarktes kommt.

Die Revolutionierung des Kapitalmarktes

Auf dem Weg zum großen Binnenmarkt von 1992 spielt die Freizügigkeit des Kapitalverkehrs in Europa eine entscheidende Rolle. Sie ist nunmehr in Gang gesetzt, und zwar sowohl vom Grundsatz her als auch, seit den letzten Beschlüssen der Finanzminister, was die Durchführungsbestimmungen anbelangt; auch Übergangszeiten für die wirtschaftlich schwächeren Länder wurden vereinbart. Welch ein später Erfolg für Pareto und die klassischen Theorien über den Kapitalmarkt. Die verantwortlichen Experten bezeichnen es als gesicherte Tatsache, daß nur ein gesamteuropäischer Kapitalmarkt und somit die Freizügigkeit des Kapitalverkehrs eine bestmögliche Kanalisierung von anlagebereiten Geldern bewirkt und daß dies eine Voraussetzung für eine optimale Investitionstätigkeit ist. Wenn man bestimmte Erklärungen des EG-Ministerrats liest, hat man den Eindruck, in einer Volkswirtschaftslehre für Anfänger zu blättern. Erste Lektion: Spartätigkeit und Investitionstätigkeit müssen sich ausgleichen. Zweite Lektion: Je höher das Sparaufkommen, desto besser funktioniert die Wirtschaft. Dritte Lektion: Ein vollkommener Markt bietet die Möglichkeit, dieses Gleichgewicht herzustellen. Auf diese tiefsinnigen Erkenntnisse bezieht man sich, und schon läuft die wichtigste Deregulierung an, die es je im Bereich des Kapitalverkehrs gegeben hat. Die wirtschaftliche Einigung Westeuropas wird, wenn sie realisierbar ist, den wettbewerbsfähigsten Kapitalmarkt der Welt hervorbringen. Im Vergleich dazu werden selbst die Vereinigten Staaten als eingeschränkt erscheinen, gefangen in einem Netz unzähliger Vorschriften.

Der freizügige Dienstleistungsverkehr eröffnet jedem Anbieter von finanziellen Dienstleistungen, der in Westeuropa niedergelassen ist, die Möglichkeit, seine Finanzprodukte in jedem anderen Land der EG anzubieten, ohne zwingend außerhalb des eigenen Landes Niederlassungen zu unterhalten und ohne anderen als den nationalen Vorschriften oder nationalen Anweisungen zuständiger Aufsichtsbehörden entsprechen zu müssen. Der erste Grundsatz heißt, daß jeder anbieten kann und daß damit für den Finanzbereich dasselbe gilt wie für die Industrie: Die Banque Nationale de Paris kann von Paris aus ihre Kredite und Investmentzertifikate exportieren wie Peugeot seine Fahrzeuge. Der zweite Grundsatz, daß nämlich Aufsicht und Kontrolle nur im Rahmen der jeweiligen nationalen Vorschriften erforderlich sind, beweist, daß nun auch im Finanzbereich Liberalisierung vor Harmonisierung geht: Für den mittelfristigen Kredit, den die BNP von Paris aus einem Unternehmen in Hamburg einräumt, werden die Bestimmungen der Französischen Zentralnotenbank und nicht die der Deutschen Bundesbank gelten. Der freie Wettbewerb im Rahmen des EG-Binnenmarkts wird auch die Praxis des Kapitalverkehrs grundlegend verändern. Entscheidend sind modernste Informationstechnik und Kommunikationsmittel und nicht mehr die engagierten Aktivitäten einer Auslandsniederlassung. Bisher mußte man sich im Ausland niederlassen, wenn man dort Marktanteile erkämpfen wollte, man mußte die lokalen Vorschriften beachten und sich wie die ortsansässigen Banken verhalten. Dies gilt nun nicht mehr: Ab 1990 kann jeder Franzose ohne weiteres ein Bankkonto bei Barclay's in London eröffnen. Institutionelle Anleger, die gemeinschaftliche Anlagen in offenen Fonds verwalten, können ihre Zertifikate ab 1. Oktober 1989 im Ausland anbieten. Ein Londoner Bürger kann sich bei einer italienischen Bank verschulden, sein Geld in Luxemburg anlegen, eine Lebensversicherung in Paris abschließen und seine Schadensversicherungen weiter in London abwickeln. Alles ist möglich. Allerdings wird man die meisten Abschlüsse auch weiterhin nicht im Ausland tätigen: So wird ein Franzose, der einen Volkswagen kaufen will, sicherlich einen VW-Vertragshändler in seinem Viertel aufsuchen und nicht dessen Konkurrenten in Frankfurt; es wird aber genügend grenzüberschreitende Geschäftsbewegungen geben, um zu bewirken, daß sich der Markt innerhalb der Gemeinschaft auf einheitliche Bedingungen einpendelt. Das macht den vollkommenen Markt aus: Eine gewisse Zahl von Transaktionen reicht aus, um innerhalb eines größeren Wirtschaftsraums den Gleichgewichtspreis zu ermitteln.

Selbstverständlich ist die Freizügigkeit des Kapitalverkehrs eine unverzichtbare Voraussetzung für diesen uneingeschränkten Wettbewerb. Es ist Schluß mit der Devisenbewirtschaftung, mit dem versteckten Protektionismus und mit dem Wunsch, der so alt ist wie die Staaten selbst, nationale Sparguthaben im eigenen Land zu halten. Ein Spanier wird z. B. in Zukunft seine Ersparnisse in Amsterdam, und zwar in Pfund Sterling, anlegen können, so, wie ein Franzose für das gleiche Vorhaben die D-Mark als Währung wählen kann. Das Vertrauen in eine Währung, die jeweils gültigen Zinssätze, die Besteuerung durch das aufnehmende Land und die Qualität der finanziellen Dienstleistungsangebote werden von entscheidender Bedeutung sein. Man wird die verschiedenen Faktoren gegeneinander abwägen und dann die Kapitalbewegungen in die eine oder andere Richtung lenken. Man wird vielleicht einwenden, daß dies nur einen scheinbaren und keinen tatsächlichen Fortschritt bedeute und daß das Kapital schließlich in aller Welt – und nicht nur in der EG – unbeschränkt umläuft. Dies mag auch für die meisten der großen Wirtschaftsunternehmen stimmen, ausgenommen einige Fälle, in denen veraltete Formen der Devisenbewirtschaftung nicht zu umgehen sind. Für den einzelnen besteht jedoch diese Freizügigkeit nicht. Weder Bankeinlagen noch Personalkredite, Bausparverträge oder Zinserträge können frei transferiert werden. Ein Franzose z. B., dem es nicht gefällt, daß sein Guthaben auf dem Girokonto nicht verzinst wird, kann zur Zeit sein Gehalt nicht nach London auf ein Pfund-Sterling-Konto überweisen, um damit in den Genuß attraktiver Zinsen zu kommen.

Wieder einmal sind die Verbraucher die großen Gewinner. Die Zinssätze dürften sinken, vor allem für Privatpersonen, die bisher von den Banken im Schutz nationaler Grenzen sozusagen erpreßt werden konnten: Diese Zeiten gehen zu Ende. Die Banken werden in Zukunft nicht mehr die Möglichkeit haben, die auf Druck der Großkunden geringer gewordenen Gewinnspannen zu Lasten der kleineren Einzelkunden aufzubessern. Auch sie müssen sich an das eherne Gesetz der Produktivität gewöhnen. Den Reiz der gesicherten Reservate wird es bald nicht mehr geben. Die marktüblichen Konditionen werden sich an dem Anbieter orientieren, für den das geringste Maß an Vorschriften gilt und dessen Niederlassung sich in dem Land mit der niedrigsten Besteuerung befindet. Der Kunde kann dies nur begrüßen, während die Staaten mit Steuereinbußen rechnen müssen. Die nationalen Bankaufsichtsgremien haben keine andere Wahl, als sich in ihren Maßstäben auf das Land mit den großzügigsten Vorschriften einzustellen. Eines Tages wird man für diesen Mangel an Reglementierung zahlen müssen: Es wird Banken geben, die in Konkurs gehen und eine wehrlose Kundschaft zurücklassen. Das aber sind die Risiken, die jede beschleunigte Liberalisierung im Bereich des Handels nach sich zieht. Zumindest für den Verbraucher, der plötzlich zum Idol der EG geworden ist, wird der Tagtraum anhalten: nach den Industrieprodukten nun die Finanzprodukte. Eines schönen Tages jedoch wird dasselbe Individuum, das als Verbraucher und Sparer so viele Privilegien genießt, entdecken, daß es selbst diese neu gewonnenen Vorteile finanziert, einmal als Produzent – Arbeiter, Angestellter, Selbständiger – und vor allem auch als Steuerzahler. Der Ausfall an Steuereinnahmen muß wieder hereingeholt werden, und zwar zum einen durch Belastungen für Unternehmen, die dann wiederum versuchen werden, die Steuern auf die Produktionskosten abzuwälzen, und zum anderen durch verstärkte Besteuerung natürlicher Personen – und die haben dann niemanden mehr, dem sie den Schwarzen Peter zuschieben können. Heute jedoch, zu Beginn dieser Revolutionierung des Kapitalmarktes, ist der Traum stärker als die Wirklichkeit, um so mehr, als er genährt wird von dem psychologisch überaus wirksamen Argument einer gemeinsamen europäischen Währung.

Das monetäre Rückgrat

Ohne gemeinsame Währung ist die Freizügigkeit des Kapitalverkehrs lediglich eine Täuschung. Das alte Greshamsche Gesetz, wonach schlechtes Geld gutes Geld verdrängt, wird nun umgekehrt und besagt dann, daß das gute Geld dem schlechten sein Diktat aufzwingt. So verhält es sich in dem extremen Fall der griechischen Drachme, die in Konkurrenz zur arroganten D-Mark tritt. Der Anleger aus Athen wird dem verführerischen Zauber der D-Mark erliegen, und die Folge wird sein, daß sämtliches Kapital aus Griechenland abfließt, ohne daß dies durch Vorschriften und Regelungen verhindert werden könnte. Der Rückgriff auf Formen der Devisenbewirtschaftung wird sich dann jedoch so schwierig gestalten wie der Versuch, Schutzklauseln für den Warenverkehr einzuführen. Griechenland bliebe dann nur noch die Möglichkeit, die Zinssätze anzuheben, und zwar stärker, als es makroökonomisch vertretbar wäre; die harten Konsequenzen einer restriktiven Wirtschaftspolitik müßten hingenommen werden. Ein Teufelskreis zeichnet sich ab: Die ärmeren Länder werden durch hohe Zinsen in die Rezession getrieben, während das Kapital in die wohlhabenderen Länder abfließt. Die vorbehaltlosen Verfechter des vollkommenen Marktes werden dazu bemerken, daß die Aufblähung der umlaufenden Geldmenge, zu der es z. B. in Westdeutschland kommen könnte, Inflation hervorrufen und damit eine entsprechende Entwertung der D-Mark einleiten wird... Leeres Gerede! In einem Umfeld flexibler Wechselkurse – das hat die Erfahrung gezeigt – wird der Starke noch stärker, und nur der Schwache ist gezwungen, mit ständig zunehmender restriktiver Disziplin seine wirtschaftliche Gesundheit wiederherzustellen. In einem geeinten Europa wird diese Erscheinung besonders stark ausgeprägt und unerträglich sein. So, wie das Europäische Währungssystem im Augenblick funktioniert, steht es in klarem Widerspruch zur Freizügigkeit des Kapitalverkehrs. Nun kann man sich auf die Theorie berufen, daß Freizügigkeit nach entsprechenden Währungsschwankungen zu stabilen Wechselkursen führen wird – wobei an sich 15 Jahre flexibler Wechselkurse dieses Postulat widerlegt haben müßten. Es ist jedoch nicht anzunehmen, daß es stabile Wechselkurse für Währungen geben kann, die erst einmal den Zufluß und Abfluß von sich frei bewegendem Kapital verkraften müssen. Man würde damit das wahre Gesicht des Kapitalmarktes einfach ignorieren; ebensogut könnte man leugnen, daß sich ein fester Stoff, chemisch gesehen, bei Erhitzung ausdehnt. Die Alternative ist einfach: Entweder das Europäische Währungssystem (EWS) scheitert, weil die Paritäten zwischen den Kursen ständig neu festgesetzt werden müssen, was zu der eher paradox wirkenden Einsicht führen würde, daß ein finanzpolitisch zerstückeltes Europa relativ stabile Wechselkurse hervorgebracht hat, während ein auch finanzpolitisch geeintes Europa zu flexiblen Wechselkursen zurückkehren müßte; oder aber eine echte Währung tritt an die Stelle des Europäischen Währungssystems, mit allen damit verbundenen Zwängen und Einschränkungen. Angesichts der im Augenblick herrschenden Europa-Begeisterung scheint die erste Hypothese ausgeschlossen, und damit steht der gemeinsamen Währung nichts mehr im Wege. Akzeptieren wir einstweilen dieses Omen, solange der Tagtraum anhält.

Eine gemeinsame europäische Währung hat offenbar nur Vorteile: Sie bietet dem Binnenmarkt Sicherheit, sie vermittelt dem westeuropäischen Raum ein Mindestmaß an Geschlossenheit, sie ermöglicht eine neue makro-ökonomische Liberalität und hindert bestimmte Mitgliedstaaten daran, ihren Neigungen zur Nachlässigkeit nachzugeben. Warum ist heutzutage ein kleines Land an einer eigenen Landeswährung interessiert? Es möchte die Möglichkeit haben, in einen Konjunkturzyklus von Aufschwung – Wachstum – Defizit – Entwertung – Sparpolitik – Wiederaufschwung etc. einzutreten ... Dieser zeigt zwar nicht mehr die gleiche Wirksamkeit wie noch zu Zeiten des Bretton-Woods-Systems, ermöglicht aber dennoch einige flüchtige Momente des *laisser aller.* Einmal am Ziel angelangt, sind ausgeglichene Konten unerläßlich, aber in der Zwischenzeit können die Regierungen der Illusion von Freiheit nachhängen. Mit einer europäischen Währung ist dies nicht mehr möglich: Es gilt für alle die gleiche Disziplin. Nur durch diese Disziplin könnten sich die Mitgliedsstaaten von dem auf ihnen lastenden Druck des Außenhandels befreien, und dies zu einem Zeitpunkt, wo er sich aufgrund des EG-Binnenmarktes noch verschärfen könnte. Die Realignments wären damit nicht von heute auf morgen verschwunden, sie würden sich aber nicht mehr über Abwertungen und Aufwertungen vollziehen, sondern ähnlich wie in den USA, wo immerhin 50 Staaten an den Dollar als einheitliche Währung gebunden sind: Die regulierenden Faktoren sind dort Kaufkraft, spontane Abwanderungs- und Zuwanderungsbewegungen der Bevölkerung und Standortverlagerungen der Industrien. Das liegt auch in der Logik eines großen Binnenmarktes und paßt sehr viel besser zu ihm als frei schwankende Wechselkurse, die 1992 ebenso unzeitgemäß wären wie die städtischen Eingangszölle zu Zeiten des beginnenden Freihandels. Ein wirklicher Ecu – und nicht diese rein rechnerisch ermittelte Ersatzgröße, mit der wir heute operieren – würde bei Einschaltung einer europäischen Währungsbehörde – Notenbank, politischer Entscheidungsträger – zu einem europäischen Zahlungsmittel mit allen Merkmalen einer internationalen Währung führen. Man könnte massive Geldschöpfung tätigen, ohne für eine permanente Konvertierbarkeit in andere EG-Währungen sorgen zu müssen, hohe Kapitalbeträge zugunsten der EG mobilisieren und eine eigenständige Zinspolitik betreiben – all das zum Wohl der Gemeinschaft. Jeder EG-Staat hätte darüber hinaus die Gewißheit einer wirtschaftlichen Anbindung an die leistungsstärksten Volkswirtschaften der Gemeinschaft, was einer Art »Lebensversicherung gegen wirtschaftliche Risiken« gleichkäme.

Anders als der EG-Binnenmarkt insgesamt ist der Plan zu einer europäischen Währung jedoch nicht durch einen Trick der Technokraten zu verwirklichen. Es geht vielmehr darum, wieder zu einem »verwalteten Europa« zurückzufinden, komplizierte Abkommen zu schließen, eigene Souveränitätsansprüche, wenn auch widerwillig, aufzugeben und Möglichkeiten zur Einflußnahme auszuhandeln. Das Prinzip der Harmonisierung wäre wieder voll in Kraft und mit ihm alle Schwerfälligkeit in den Verwaltungsabläufen. Eine Reihe von Fragen ist nach wie vor ungelöst, hier nur einige davon: Wird die europäische Währung alle nationalen Währungen ersetzen, oder werden sie nebeneinander bestehen? Wer soll für den Währungsbereich verantwortlich sein: eine politische Instanz, die Kommission, eine zentrale Notenbank, und wenn, soll es sich um eine föderative Bank nach US-amerikanischem Muster handeln oder nur um eine für alle zuständige Währungsbehörde? Wie wird man den Ecu definieren: Soll er, unter Verzicht auf einen Währungskorb wie er heute besteht, als ein Gebilde *sui generis* gesehen werden, dessen Parität sich im Wechselkursverhältnis zu den übrigen Weltwährungen ausdrückt? Wer wird die Grundsätze der Währungspolitik bestimmen: eine europäische Institution, ein Gremium, in dem sich die verschiedenen Staaten abstimmen, oder ein Notenbankgouverneur, der ganz nach eigenem Ermessen schalten und walten könnte wie seinerzeit Paul Volcker in den Vereinigten Staaten? Wer regelt die Schuldenaufnahme in Ecu, dieser besonderen Form der Verschuldung in europäischer Währung, und wer entscheidet über die entsprechende Zuweisung von Haushaltsmitteln? Wer legt den Zeitplan für Übergangsregelungen fest? Letzteres ist eine besonders schwierige Aufgabe, so schwierig, daß sich im Vergleich damit so hochkomplizierte EG-Zusammenhänge wie der gemeinsame Agrarmarkt eher harmlos ausnehmen. Mit anderen Worten, die Europa-Politiker müssen sich wieder einmal umorientieren. Nachdem sie politisch abgedankt und sich in die Hände des Marktes begeben haben, müssen sie sich nun wieder auf ihre Berufung als Baumeister Europas besinnen. Währungsfragen treffen den Staat an seiner empfindlichsten Stelle: Man braucht sich nur die Reaktionen von Mrs. Thatcher zu vergegenwärtigen. Eine unbedingte und gemeinsame Entschlossenheit ist jetzt erforderlich, die noch sehr viel stärker sein muß als seinerzeit der Wille, die Montanunion zu errichten oder das technokratische Monster der gemeinsamen Agrarpolitik hervorzubringen. Ein Europa, in dem man alles laufen läßt, muß durch ein »konstruktivistisches« Europa ersetzt werden, sonst wird der Binnenmarkt, wenn er ohne die lebenswichtige Stütze einer gemeinsamen Währung auskommen müßte, ein Waisenkind bleiben. Der Tagtraum eines wirtschaftlich geeinten Europas kann sich nicht nur auf die Erwartung eines Wunders beschränken, er muß vielmehr zu konkreten und keineswegs geringen Anstrengungen führen.

Jedem das Seine

Alle träumen von 1992: die EG-Staaten, aber auch die wichtigsten Konkurrenten im Nicht-EG-Raum ... Am stärksten könnten unter Umständen Nicht-Europäer vom Binnenmarkt profitieren; da diese Länder aber keine protektionistischen Maßnahmen auslösen wollen, halten sie sich zurück. Was die westeuropäischen Länder anbelangt, so hat jedes seine eigenen Erwartungen an den Binnenmarkt. In Frankreich ist die Situation, wie sooft, besonders paradox: Aufgrund seiner Wirtschaftsstrukturen hat es eine äußerst harte Anpassungsphase zu erwarten. Industrie, Banken und Versicherungen sind davon betroffen, eine Steuerreform ist notwendig. Die Opfer, die man von Frankreich fordern wird, sind erheblich – das wird das folgende Kapitel zeigen. Es gibt so manche Hypothek aus der Vergangenheit, die jetzt belastend wirkt: z. B. ein Steuersystem, das mehr Sozialabgaben als Steuern, mehr indirekte als direkte Steuern kennt und jetzt zum Prügelknaben herhalten muß. Hinter der eher naiven und ansteckenden Begeisterung für 1992 wird eine sehr viel subtilere Vorgehensweise erkennbar, der wir aber nicht zum ersten Mal begegnen: Hier wird vergewaltigt, aber mit Einwilligung des Opfers! Nicht zum ersten Mal läßt sich die französische Wirtschaft von außen Maßnahmen zur Modernisierung und zur Produktivitätssteigerung aufzwingen, zu denen sie aus eigenem Antrieb nicht in der Lage ist. Erinnert sei an die Freihandelsabkommen im 19. Jahrhundert, die Gründung der Europäischen Wirtschaftsgemeinschaft 1958 oder die Drohung, durch das Kaudinische Joch des Internationalen Währungsfonds gehen zu müssen: Stets hat die Geburtszange gute Dienste geleistet.

Frankreich reagiert, wie es schon immer reagiert hat, das gleiche gilt auch für Großbritannien. Trotz der sehr freiheitlichen Konzeption des großen Binnenmarktes, die Mrs. Thatcher eigentlich hätte gefallen müssen, hat sie wie üblich mehr Rückzieher als Zugeständnisse gemacht. Sie akzeptierte das Ziel und, mehr noch, das Verfahren (d. h. Abstimmung mit qualifizierter Mehrheit) erst, nachdem man ihr in der Beitragsfrage sehr weit entgegengekommen war. Seltsamerweise hatte sie zahlreiche Vorbehalte gegenüber einem Europa des *laisser faire* und sprach sich mit allem Nachdruck gegen jede durchgreifende Maßnahme aus, z. B., als es um den finanziellen Ausgleich für besonders gravierende Härtefälle ging, oder als es galt, Fortschritte in Richtung auf eine gemeinsame Währung zu erzielen. Noch immer ist das Pfund Sterling nicht in das Europäische Währungssystem einbezogen, was der britischen Regierung die Möglichkeit gibt, unübersehbar ein Symbol antieuropäischer Skepsis zu wahren. Diese Halbherzigkeit der Briten wirkt mitunter scheinheilig, denn für die Freizügigkeit des Kapitalverkehrs z. B. haben sie sich, im Gegensatz zu ihrem sonstigen Verhalten, sehr stark engagiert, da die Unternehmen aus der City die wichtigsten Nutznießer dieser Errungenschaft sein werden. Wollte man den Beweis antreten, daß die Errichtung des Binnenmarktes die Schaffung eines geeinten Europas nur wenig vorantreibt – die britische Einstellung wäre das beste Argument. Sektorielle Vorteile sind stets erwünscht, und der Hinweis auf liberale Grundsätze kommt gut an, aber eines muß klar sein: Dieses Stückwerk bedeutet nicht Europa.

Was die Einstellung der Bundesrepublik anbelangt, so ist wohl jedem klar, daß die europäische Frage eng mit der deutschen Frage verknüpft ist. Soweit nur der Binnenmarkt gemeint ist, hat man kaum etwas gegen 1992 einzuwenden: Auf der einen Seite stehen die aktiven Befürworter mit Helmut Kohl an der Spitze, die während der deutschen Präsidentschaft in der EG sehr viel Enthusiasmus und Verhandlungsgeschick bewiesen haben; auf der anderen die Vertreter der Industrie und Finanzwelt, die mit Blick auf den Weltmarkt argumentieren und die Vollendung des europäischen Marktes eher begrüßen. Und wie steht es mit der öffentlichen Meinung? Ihre Europa-Begeisterung hat sich etwas abgekühlt, und dem Jahr 1992 wird nicht mehr Priorität eingeräumt. Aber die eigentlichen Schwierigkeiten beginnen erst, wenn sich herausstellt, daß 1992 mehr bedeutet als nur einen Markt mit größeren Wettbewerbschancen. Da ist z. B. die geplante Währungsunion, die bei den Bundesdeutschen die uralte Angst aktiviert, sie könnten unter der Disziplinlosigkeit der anderen zu leiden haben. Dann die Vorstellung, es könnte zu mehr Protektionismus an den Grenzen der Zwölfergemeinschaft kommen: Die Unternehmer befürchten Vergeltungsmaßnahmen aus dem Ausland und bangen um ihre Absatzmärkte in aller Welt. Ein weiteres Thema ist die Öffnung des westeuropäischen Marktes nach Osten: Hier stehen die Deutschen ganz vorn und wünschen mehr Durchlässigkeit zwischen den beiden Blöcken. Im Grunde will die Bundesrepublik einen großen europäischen Markt, der nach Westen und Osten hin offen ist: nach Westen, um in ihrer am Welthandel orientierten Dynamik nicht behindert zu werden, und nach Osten, um in der eigenen Politik bestärkt zu werden. Durchaus verständlich für ein Land, das versucht, um sich herum einem Zentraleuropa neue Konturen zu verleihen. Wie man sich diesen Weg weiter vorstellt, ist allerdings schwer zu sagen. Die Bundesrepublik hat keine Lust mehr, den Bankier für die EG zu spielen und noch weitere Anstrengungen finanzieller Art zu unternehmen, um eine Europa-Idee voranzutreiben, die für sie nicht mehr so lebenswichtig ist wie noch in den sechziger Jahren, als sie ihr erlaubte, alte Schuldkomplexe abzubauen und aus der diplomatischen Isolation herauszutreten. Der Gedanke an ein geeintes Europa löst weder übermäßige Begeisterung noch besondere Ablehnung aus, er ist kein Traum mehr, für den die Westdeutschen bereit wären, sich übermäßig zu engagieren.

Die anderen Mitglieder der Gemeinschaft beurteilen 1992 ausnahmslos vor dem Hintergrund ihrer nationalen Interessen, und jeder hat da seine eigenen Erwartungen. Für die Spanier bedeutet es den »Big Bang«, das Ziel ihrer Bemühungen um demokratische Verhältnisse in der Politik und in der Wirtschaft, das sie seit Ende des Franco-Regimes aktiv anstreben: 1992, das heißt für sie Modernisierung, Entwicklung und Wachstum. Die Hebelwirkung des Binnenmarktes ist unbestritten: Sie sorgt dafür, daß sehr tiefgreifende Veränderungen beschleunigt vollzogen werden. Tatsächlich bedeutet 1992 den krönenden Abschluß einer makro-ökonomischen Politik, die von den spanischen Sozialisten, seit sie an der Macht sind, mit ungewöhnlichem Geschick betrieben wurde. Sie haben dafür gesorgt, daß Löhne und Gehälter nicht gestiegen sind, um auf diese Weise einen Wettbewerbsvorteil zu wahren, der, eben aufgrund dieses niedrigen Lohnniveaus, etwa bei 25 % liegt; sie haben die produktivitätsfördernden Investitionen vorangetrieben und vor allen Dingen Auslandsinvestitionen unterstützt. In einer ganzen Reihe von Bereichen genießen spanische Produkte den besten Ruf. Weiterhin hat man sich durch den Beitritt zur EG Absatzmärkte gesichert, die nun die Produkte einer inzwischen sehr wettbewerbsfähigen Industrie aufnehmen. Die Rechnung ist aufgegangen, und der Erfolg beschert den Spaniern Wachstumsraten, die mehrere Jahre hintereinander 1 % bis 2 % über dem EG-Durchschnitt lagen.

In Italien sieht man 1992 mit unterschiedlichen Gefühlen entgegen, was sicher an der sehr vielfältigen, oft widersprüchlichen Struktur des Landes liegt. Für die großen italienischen Industrie-Kapitäne, leistungsstark und sieggewohnt, ist 1992 bereits eine Realität; schneller und wendiger als andere haben sie den großen Markt bereits antizipiert. Für die zahllosen mittelständischen Unternehmen, die sich durch Dynamik und Exportfreudigkeit auszeichnen, ist 1992 ein wahrer Glücksfall: Sie gewinnen viele Absatzmärkte und verfügen endlich über einen angemessenen

Wirtschaftsraum für ihre expandierenden Geschäfte. Für die veralteten und im Bürokratismus erstickten Sektoren der italienischen Wirtschaft, d. h. für den öffentlichen Dienst, die verschiedenen Monopole und das Bankwesen, bedeutet der Binnenmarkt eine dramatische Herausforderung, und es gibt sicherlich eine Reihe von staatlichen Unternehmen, die schon jetzt Alpträume haben, wenn sie an 1992 denken. Für die Sparer dieses Landes, dessen Zinssätze es zum Japan unter den europäischen Ländern machen, eröffnet sich die wunderbare Perspektive diversifizierbarer Anlagemöglichkeiten. Für den Staat schließlich sind ernsthafte Schwierigkeiten im Bereich der Verschuldenspolitik zu erwarten: Ein Haushaltsdefizit in Höhe von 14 % des Inlandsbruttosozialprodukts ist kaum zu vereinbaren mit einem Westeuropa, das sich unter anderem auch auf eine Währungsunion zubewegt.

Die kleineren Länder der EG bereiten sich mit Blick auf 1992 auf eine Marktlücken-Strategie vor, das einzig Sinnvolle, was sie in ihrer Lage tun können. Belgien, z. B., wird versuchen, Brüssel in seiner Bedeutung als europäische Hauptstadt aufzuwerten, indem es sich bemüht, die Stadt als Gesellschaftssitz für möglichst viele Unternehmen attraktiv zu machen. Die Niederlande wollen ihre stärksten Trümpfe ausspielen und bereiten sich systematisch darauf vor: So lernen die Lkw-Fahrer niederländischer Transportunternehmen schon jetzt Französisch, um für eine Eroberung des französischen Marktes entsprechend gerüstet zu sein ... Luxemburg hofft, sich als Steuerparadies und Niederlassungsort für Holdings zu profilieren, sobald die Freizügigkeit des Kapitalverkehrs wirksam wird. Portugal und Griechenland wollen besonders geschickt vorgehen: Sie streben eine möglichst rasche Modernisierung an, benötigen dafür aber Übergangsregelungen und zeitlich begrenzte Schutzklauseln für die Fälle, in denen die Anpassung an das EG-Niveau mit besonderen Härten verbunden ist; sie bemühen sich daher um eine großzügige Zuweisung von Haushaltsmitteln aus der EG-Kasse und hoffen auf Ausgleichsregelungen, die, sobald sie beschlossen sind, in erster Linie ihren eigenen Ländern zugute kommen. Indem sie so Vorteile und Härten möglichst ausgleichend sorgfältig dosieren, werden sie hinterher als die eigentlichen Gewinner dastehen.

Im Rahmen des Binnenmarktes darf jeder die Hoffnung hegen, daß es für Opfer und Schwierigkeiten, die er eventuell akzeptieren muß, einen Ausgleich geben wird. Die Begleitumstände des Zusammenschlusses, vor allem die verschiedenen Etappen der währungspolitischen Entwicklung, werden diesem angenehmen Zustand der Einmütigkeit rasch ein Ende setzen. Die einen haben Angst, ihre währungspolitische Autonomie zu verlieren, die anderen müssen befürchten, zu einer Umverteilung ihrer Haushaltsmittel gezwungen zu sein, um die Auswirkungen einer westeuropäischen Währung aufzufangen, die sie mit voller Härte treffen werden; wieder andere werden der Meinung sein, daß die Zuweisungen aus EG-Mitteln nicht ausreichen, um einen finanziellen Ausgleich für Anpassungsprobleme zu bieten, die bei schwächeren Ländern zu Kaufkraftverlusten führen müssen, wenn es nicht zu Stützungsmaßnahmen kommt. Schließlich wird es Länder geben, die charakteristische Merkmale ihrer Volkswirtschaft nicht verändern wollen, z. B. ihr permanentes Haushaltsdefizit oder andere Eigenheiten, mit denen sie bisher sehr talentiert zurechtgekommen sind. Wenn es soweit ist, daß Liberalisierung allein nicht mehr ausreicht und konstruktive Eingriffe notwendig werden, werden sich Vorbehalte und Ängste verstärken. Die Illusion vom geeinten Europa als Schlaraffenland wird sich allmählich in nichts auflösen.

Diese Momentaufnahme hat den Nachteil, daß sie nur das gegenwärtig bestehende Kräfteverhältnis zeigt. Dabei wird übersehen, daß sich abseits der wirtschaftlichen Entwicklung ein demographischer Erdrutsch abzeichet. Dies wird eine völlig neue Rangordnung unter den Zwölf hervorbringen. Es ist kaum vorstellbar, daß eine Bundesrepublik mit 40 Millionen Einwohnern, einer völlig überalterten Bevölkerung und einer unerträglich hohen finanziellen Belastung durch die Rentenzahlungen noch denselben unangefochtenen Einfluß in der Gemeinschaft ausüben kann wie heute. Auch die Niederlande werden bei rapidem Bevölkerungsrückgang an wirtschaftlicher Dynamik verlieren. Welches Gewicht wird dann Großbritannien haben, dessen Bevölkerungszahlen zwar auch sinken, das aber in größerem Maße Emigranten aus den Commonwealth-Ländern aufnehmen muß, ein Lumpenproletariat, das durch die britische Staatsbürgerschaft geschützt wird? Günstiger sieht es dagegen in den Ländern des europäischen Südens aus, in denen die demographische Entwicklung im Gegensatz zu anderen Ländern, auch bei nur schwach ansteigender Kurve, den Eindruck erstaunlicher Vitalität vermittelt. Sie werden Elan und Leistungsfähigkeit demonstrieren, ohne Mühe ein gesamtwirtschaftliches Gleichgewicht herstellen und bei entsprechender Produktivität die Aufgaben eines noch vertretbaren Versorgungsstaates übernehmen können. Im Vergleich zur Bundesrepublik mit einer Geburtenrate von 1,1 oder 1,2 Kindern pro Frau wird Frankreich mit einer Rate zwischen 1,8 und 1,9 geradezu geburtenstark wirken. Zu Beginn des 20. Jahrhunderts wird Frankreich als die, demographisch gesehen, stärkste europäische Macht dastehen, eine Position, die es im 18. Jahrhundert verloren hatte. Dementsprechend wird auch sein wirtschaftliches Gewicht zunehmen. Der Binnenmarkt wird diese demographischen Veränderungen verstärken und sich insbesondere für die Mitgliedsstaaten günstig auswirken, die mit starker Nachfrage und jungen Arbeitskräften aufwarten können. Damit ändern sich langfristig die Perspektiven: Angesichts eines demographisch und wirtschaftlich erstarkten Frankreichs wird die Bundesrepublik noch stärker geneigt sein, Rückhalt an der Seite der Deutschen Demokratischen Republik zu suchen. Im Jahr 2020 müßte man die Einwohner der beiden deutschen Staaten zusammenrechnen, wollte man auf ein Deutschland mit 60 Millionen Einwohnern kommen! In einem solchen demographischen Umfeld könnte sich 1992 langfristig ganz anders darstellen als in der gegenwärtigen Form: Das Rad der Geschichte wird sich schneller drehen, und die Diskrepanz zwischen Ländern mit stabilen Bevölkerungszahlen und denen, die an demographischer Auszehrung leiden, wird sich zunehmend verschärfen.

Westeuropa wird sich allerdings zu einem Schlaraffenland für Nicht-Europäer entwickeln. Für sie werden Milch und Honig fließen. Für sie bedeutet die Errichtung eines völlig ungeschützten europäischen Binnenmarktes eine Chance, die sie nach der ursprünglichen EG-Konzeption nicht unbedingt erwartet hätten. Die gegenwärtige Situation zeigt eine völlige Umkehrung der Grundsätze, die im Zuge einer gemeinsamen Agrarpolitik gefaßt worden waren; Europa ist eine Wirtschaftszone mit hohem Preisniveau, nach außen mit Schleusen in Form von Abschöpfungs- und Rückerstattungsmechanismen versehen, in der die Erzeuger Subventionen erhalten, wenn sie in Nicht-EG-Länder exportieren. Die Agrarwirtschaft ist zweifellos der Wirtschaftsbereich, in dem am meisten versteckt subventioniert und transferiert wird. Die USA wissen das besser als alle anderen, aber der europäische Protektionismus steht ihnen in nichts nach. Im Güter- und Dienstleistungsverkehr gibt es immer wieder neue Überraschungen, die sich nur mit europäischer Naivität begründen lassen, und das Ausland ist nun in Sorge, daß sich die Europäer dieser Naivität bewußt werden könnten.

Aus dem geeinten Europa werden die Konkurrenten vom Weltmarkt Vorteile ziehen, ohne den geringsten Nachteil in Kauf nehmen zu müssen. Vor ihren Augen öffnet sich ein homogener Wirtschaftsraum mit 380 Millionen Einwohnern, ein Raum, in dem die Kaufkraft stark, das Konsumverhalten anspruchsvoll, die Arbeitskräfte qualifiziert und anlagebereite Gelder im Übermaß vorhanden sind und den die Westeuropäer dem Ausland bedenkenlos und widersinnigerweise unbeschränkt preisgeben. Welch glücklicher Umstand! Die Japaner, die an US-amerikanische Handelsschranken stoßen, die »Selbstbeschränkung« geloben und Importquoten festsetzen, haben einen vielversprechenden Ersatzmarkt gefunden. Für die Vereinigten Staaten, denen es an Absatzmärkten mangelt, weht ein frischer Wind! Wie schön auch für die neuen Exportnationen Brasilien und Korea, die bisher von Japan zurückgedrängt und von den USA in ihre Grenzen verwiesen werden. Das Europa der Güter und Dienstleistungen läuft Gefahr, zu einem Tummelplatz rivalisierender Handelsmächte zu werden. Die Japaner als geborene Strategen stellen sich auf diese Situation ein und setzen ihre industrielle Streitmacht in Bewegung: Wer weiß, wie viele Konzerne ihren Tochtergesellschaften bereits die Anweisung erteilt haben, sich auf die Invasion in Europa vorzubereiten. Die Gemeinschaft muß auf eine Überschwemmung durch japanische Produkte gefaßt sein und hat eine Flut von Investitionen zu erwarten: Mit den Exporten will Japan sich nach alter Gewohnheit Marktanteile verschaffen und diese Anteile auf Dauer sichern. Auch alle anderen werden zum Angriff übergehen, wenn auch nicht mit der gleichen Stärke: Schließlich wird einem nicht jeden Tag ein solches Auffangbecken geboten, das man ohne Konzessionen und Gegenleistungen nutzen kann.

Von dieser Invasion bleibt auch der Finanzplatz Europa nicht verschont. Dienstleistungen und Kapital strömen auf einen attraktiven Boulevard der Freizügigkeit. Welch eine Verlockung für amerikanische und japanische Banken! Sie brauchen keine kostspieligen Zweigniederlassungen zu errichten und, wie ihre westeuropäischen Kollegen, hohe Allgemeinkosten in Kauf zu nehmen. Eine einzige Niederlassung in Europa genügt, und für die wird man sich das Land mit der liberalsten Gesetzgebung aussuchen; man muß nur noch die richtigen Marktlücken aufspüren. Und schon sind die Segel gesetzt, Spesen und Gebühren bestimmen nach dem Grenzkostenprinzip das Tempo. Ein Marktanteil nach dem anderen wird ihnen in die Hände fallen. Schon jetzt beherrschen japanische Banken den Euro-Dollarmarkt, das einzige Marktsegment, für das keinerlei Reglementierung besteht und das einen Vorgeschmack auf den europäischen Kapitalmarkt von morgen gibt. Wenn die europäischen Geld- und Kapitalmärkte erst einmal wie der Euro-Markt heute funktionieren, dann werden die Banken der EG-Staaten eine gesalzene Rechnung präsentiert bekommen. Die liberalistische Öffnung der Gemeinschaft gegenüber dem Nicht-EG-Raum ist in dreifacher Hinsicht widersinnig: Zunächst baut sie Schranken dort ab, wo schon jetzt wenig Schutz besteht – weit weniger Schutz als andere große Wirtschaftsmächte, wie etwa Japan und die USA, für sich in diesem Bereich beanspruchen; diese Öffnung wirkt darüber hinaus wie ein unverhofftes Geschenk an die Konkurrenz, die für die neu erworbenen Vorteile nicht einmal auch nur andeutungsweise Gegenleistungen in Form von Konzessionen zu erbringen hat; sie führt nicht zuletzt zu ungleicher Behandlung jener europäischen Länder, die sich auf dem Wege forcierter Umstrukturierung, durch Aufgabe von Unternehmen und Umgestaltung ihrer Industrie- und Finanzlandschaft den Binnenmarkt erkauft haben, im Wettbewerb mit ihren Konkurrenten, die durch das geeinte Europa begünstigt werden, ohne hierfür irgendeinen Beitrag, etwa in Form von Zöllen, zu leisten. Bei einer Kosten-Nutzen-Analyse werden die Europäer mit Blick auf den großen Binnenmarkt feststellen, daß der Nutzen für sie überwiegt; das Ausland jedoch wird nur Nutzen und keine Kosten gehabt haben. Kein Wunder also, daß die gesamte Welt proeuropäisch eingestellt ist und die Presse serienweise vom neuen Geist des alten Kontinents, vom Eurooptimismus und ähnlichen Klischees zu berichten weiß.

1992: Eine Sache des Herzens oder der Vernunft?

Ein typisches Merkmal für die Beschäftigung mit der Wirtschaft ist unverändert die Notwendigkeit, in größeren Zeiträumen zu denken. Und wir müssen uns nicht erst auf die Lehren unseres Meisters, des alten Braudel, besinnen, um wieder auf diese simple Tatsache zu stoßen. Auch mit dem Binnenmarkt verhält es sich so, der schon lange vor seiner Errichtung Wirkung zeigt und Umstrukturierungsmaßnahmen, Zusammenschlüsse von Unternehmen und öffentliche Übernahmeangebote auslöst. Die Dynamik ist in Gang gesetzt, man folgt ihr freiwillig oder unfreiwillig. Vom Herzen zum Kopf, von der Gefühlsregung zur verstandesmäßigen Überlegung ist der Weg jedoch weit. Es sei mir gestattet, an dieser Stelle aus eigener Erfahrung zu berichten, wie es zum ersten öffentlichen Kaufangebot auf europäischer Ebene und zur Übernahme der Société Générale de Belgique kam.

Die Ausgangssituation schien klar: Einer der expansionsfreudigsten Konzerne Europas, mit dem bekannten Industriellen Carlo de Benedetti an der Spitze, möchte die Kontrolle über die alte, noch aus dem vergangenen Jahrhundert stammende Société Générale de Belgique erwerben und begründet seine Absicht mit dem eher simplen Argument, daß mit Blick auf den europäischen Binnenmarkt europäische Holdings entstehen müßten, Kapitalanlagegesellschaften, an denen Anleger aus ganz Europa und nicht nur die eines einzigen Landes beteiligt sein sollten. Daher der Plan, nach erfolgreichem öffentlichem Kaufangebot die beiden Holding-

Gesellschaften, die Herausfordernde und die Herausgeforderte, zusammenzuschließen und die Société Générale de Belgique als Muttergesellschaft einzusetzen; als Gesellschaftssitz dieses Industrie- und Finanzimperiums hatte man Brüssel, die Hauptstadt Europas, ins Auge gefaßt. Ein Lehrstück gewissermaßen, wenn man an 1992 denkt. Nicht nur das Gerangel am Kapitalmarkt, die verworrene Rechtslage oder das Fehlen von Regelungen und Entscheidungshilfen, sondern auch die soziale und politische Dimension dieses Projekts machen deutlich, wo die eigentlichen Schwierigkeiten bei der Errichtung des Binnenmarktes liegen. Dieses Lehrstück enthält für den interessierten Beobachter, der versuchen will, seine allzu subjektiven Regungen zu zügeln, eine ganze Reihe von Lektionen.

Erste Lektion: Es gibt nach wie vor ein hohes Maß an Nationalismus, der, naturgemäß, von den Staaten vertreten wird. Für sie ist Westeuropa ein Schlachtfeld, und die Unternehmen eines jeden Landes sind die dort aufmarschierenden Armeen. Es ist nun die Aufgabe des Staates, für deren Schutz zu sorgen, er muß sie unter seine Fittiche nehmen, wenn sie sich zu ihm flüchten. Aber dafür sind die verschiedenen Mitgliedsstaaten nicht in gleicher Weise gerüstet. Länder ohne Verwaltungsstrukturen und ohne eine starke Regierung sind machtlos. So war es dem belgischen Staat im Grunde nicht möglich, in den Kampf um die Société Générale de Belgique einzugreifen. Aber nehmen wir doch einmal Frankreich oder Großbritannien als Schauplatz des Geschehens an: Man hätte mit Sicherheit Mittel und Wege gefunden, sich einem solchen Kaufangebot zu widersetzen, wenn man es für nicht wünschenswert gehalten hätte. Es ist kein Zufall, daß die englische Zentralnotenbank jede Beteiligung innerhalb oder außerhalb der EG – einer Gesellschaft von über 15 % an einer anderen Gesellschaft, die ihrerseits eine Bank, und sei sie noch so unbedeutend, beherrscht – genehmigungspflichtig macht. Die französische Zentralnotenbank stand der englischen in nichts nach und setzte die Sperre sogar auf 10 % fest, was die Assecurazioni Generali mit Bedauern feststellen mußte, als sie versuchte, die Herrschaft über die Compagnie du Midi zu übernehmen.

Zweite Lektion: Die breite Öffentlichkeit hat mehr für Europa übrig, als man gemeinhin annimmt. Nachdem sich die erste Aufregung gelegt hatte, gab es keinerlei feindselige Reaktionen. Man zeigte sich zunächst sehr verwundert und konnte sich nur schwer vorstellen, daß ein Italiener an der Spitze einer belgischen Institution stehen könnte, die älter als das Königreich selbst ist; aber sehr bald glätteten sich die Wogen. Für den Teil der Gesellschaft, der als besonders dynamisch gilt – jüngere Leute, Führungskräfte und Arbeitnehmer aus dem High-Tech-Bereich –, ist Europa ohnehin gleichbedeutend mit Modernität und aus dieser Sicht haben für ihn nationale Argumente nur geringe Bedeutung. Die reformfreudigen Gewerkschaften sind zwar zurückhaltender, vertreten aber eine ähnliche Meinung: Sie erwarten von Europa einen gewissen Druck auf die Unternehmen, die somit gezwungen wären, sich von längst überholten nationalen Bindungen zu befreien. Was nun Sparer und Anleger anbelangt, so kennen diese – wie man weiß – keinerlei Heimatgefühle. Die belgischen Aktionäre der Société Générale haben sich auf den Kapitalmarkt gestürzt, um das günstige Kaufangebot zu nutzen, und dachten gar nicht daran, sich in die Auseinandersetzung zwischen den beiden betroffenen Konzernen einzuschalten. Die Gefühle gingen nicht so weit, als daß sie irgend jemanden davon abgehalten hätten, seine Aktien zu verkaufen. Einmal mehr wird deutlich, daß in einem Europa des freizügigen Kapitalverkehrs in erster Linie das Gewinnstreben eine Rolle spielt und weniger die Rücksicht auf bestehende Einrichtungen und Usancen.

Dritte Lektion: Der etablierten Elite fällt es besonders schwer, nicht nur von Europa zu sprechen, sondern es auch zu praktizieren. Sie fühlt sich durch die tiefgreifenden Veränderungen des großen Binnenmarktes bedroht und bangt um ihr Machtmonopol. In Belgien und vor allem in Frankreich hat sie auf das gegen die Société Générale de Belgique lancierte öffentliche Kaufangebot so reagiert, als sei hier ein Tabu verletzt worden: Die Festungen alteingesessener Wirtschaftsmächte, Unternehmen mit jahrhundertealter Tradition, deren guter Ruf ihr bester Schutz sein sollte, waren nun nicht mehr uneinnehmbar. Wo es keine Grenzen gibt, kennt man keine Grenzen. So läßt sich das Gefühl beschreiben, das in jener Situation die Mächtigen in der Wirtschaft bewegte. Man wollte diese Entwicklung aufhalten und versuchte es sogar mit einer heiligen Allianz. Aber selbst wenn sie sich hätte durchsetzen können, wäre dies einer heillosen Sisyphusarbeit gleichgekommen. Ein Beweis dafür war die Attacke, zu der die Assecurazioni Generali nur einen Monat später gegen die Compagnie du Midi aufriefen, und zwar auf Anraten eben jener Großbank, die sich bei der Verteidigung der Société Générale de Belgique zum Wortführer der Etablierten gemacht hatte.

Vierte Lektion: Die Abwehrhaltung der Etablierten ist kein Zufall. Sie macht deutlich, daß es für bestimmte Gruppen und Wirtschaftsbereiche schwierig sein wird zu erkennen, daß 1992 Wettbewerb bedeutet und daß sich auf lange Sicht keinerlei Monopolstellung aufrechterhalten läßt, wenn der Binnenmarkt erst einmal errichtet ist. Weder Macht noch Wissen, weder Gesetz noch Gewohnheit werden zu beherrschenden Positionen führen. Die ersten Schockwirkungen werden schmerzhaft sein, und die Malthus-Jünger werden versuchen, mit ihren Argumenten durchzudringen. Wird es ihnen gelingen? Entscheiden werden die öffentliche Meinung und die Regierungen. Aber wie wird man sich in der Öffentlichkeit orientieren? Und welchen Kurs werden die Regierungen verfolgen?

Fünfte Lektion: In einer friedlichen Gesellschaft, ohne Generationskonflikte und soziale Probleme, erscheint das Wirtschaftsleben als Mimodrama der Konfrontation. Die Wirtschaft allein setzt Menschen in Szene, provoziert Strategien und taktische Züge, ruft Zustimmung oder Ablehnung hervor. Sie ist das Medium, sie rührt der Menschen Herz mit ihren Heldenliedern von Industrie und Hochfinanz, und mit der Europäisierung des Kriegsschauplatzes wird ihr Einfluß noch weiter wachsen. Dieses Phänomen ist im Hinblick auf den Europagedanken ambivalent. Auf der einen Seite macht es deutlich, wie stark Europa im Vormarsch ist; auf der anderen verstärkt es Polemik und Nachhutgefechte. Der Fall der Société Générale de Belgique hat der Welt der freien Marktwirtschaft gezeigt, auf welche Überraschungen man sich bei der Errichtung des Binnenmarktes gefaßt machen muß. Eine am freien Markt orientierte Wirtschaft ist flexibler, beweglicher, sie reagiert von Haus aus schneller: An ihr läßt sich schon jetzt erkennen, was 1992 für den Wirtschaftsalltag darstellen wird. Niemand wird sich ihr entziehen können, kein noch so geschützter Wirtschaftssektor, keine Berufsgruppe und kein Fachbereich. Das ist es ja gerade, was den großen Binnenmarkt ausmacht. Auf der einen Seite verspricht er einem alternden Europa mehr Wachstum, mehr Dynamik und neue wirtschaftliche Chancen: Und damit stellt sich der Tagtraum ein. Auf der anderen Seite führt er zu Verzerrungen, zu Kämpfen hinter der Front, zu nicht erwarteten Ungleichheiten und Ungerechtigkeiten, d. h. zu unvermeidbaren Begleiterscheinungen eines wirtschaftsdarwinistischen Alptraums.

3

Der darwinistische Alptraum

Es hat immer wieder Zeiten gegeben, in denen man sich für Liberalismus begeisterte, so wie jetzt, da er als die Seele des EG-Binnenmarkts gilt. Jeder Vorstoß des Freihandels ging dabei einher mit der Überzeugung, man könne auf diese Weise das wirtschaftliche Paradies auf Erden errichten, und diese merkantilistische Utopie kehrt nun, nachdem sie 1750 in England zum ersten Mal in Erscheinung trat, ein- oder zweimal in jedem Jahrhundert wieder. In dem Maße, wie sich die volkswirtschaftlichen Realitäten komplexer gestalteten, nahm die Faszination, die von solchen wirtschaftstheoretischen Ideologien ausging, allmählich ab. Der Markt funktionierte ausgezeichnet; der Eingriff des Staates war gerechtfertigt und wirtschaftspolitisch erforderlich: Alles war eine Frage der richtigen Dosierung und des Ausmaßes. Und nun haben wir wieder den Manichäismus. Dieses Denkmodell trägt erwartungsgemäß viele Züge eines Tagtraums, der aber unter Umständen in einen Alptraum ausarten kann. Entscheidend ist, wie man die Dinge sieht oder sehen will. Da uns nun die »Euro-Ideologie« ständig große Versprechungen macht und die Vorteile von morgen besingt, ist es vielleicht vernünftig und heilsam, wenn man auch einmal die Kehrseite dieser bunten Klischees betrachtet. Man bekommt dann einen Blick für die Probleme, die bisher noch ungelöst sind; man wird sich klar darüber, daß Europa, sobald der große Binnenmarkt realisiert ist, den gleichen Weg gehen muß wie alle Volkswirtschaften, die von heute auf morgen in die Freiheit entlassen wurden: Westeuropa muß einen neuen Sozialstaat nach eigenem Muster schaffen, der die zu erwartende Schockwirkung auffangen und entstehende Lasten umverteilen kann.

Der »darwinistische Reinigungsprozeß« ist in der Tat unvermeidbar und mit Härten verbunden. Unvermeidbar deswegen, weil ein neuer Aufschwung für Europa nur vom Binnenmarkt her zu erwarten war und allein die Priorität, die man ohne Rücksicht auf Verluste der Liberalisierung des Handels vor der Harmonisierung der diversen nationalen Bestimmungen einräumte, die Chance bot, die Unternehmen vor dem Versinken in den Sümpfen europäischer Abstimmungsmodalitäten zu bewahren. Mit Härten verbunden, weil sich, wenn man den Markt aktiviert, ohne ihn durch Umverteilungsprozesse abzusichern, ein gefährlicher Automatismus entwickelt: Die Starken werden noch stärker, die Schwachen noch schwächer. Das nationale Bruttosozialprodukt dürfte dank des Binnenmarkts zwar um einige Prozentpunkte zunehmen, aber dieses erfreuliche Ergebnis wird unter Umständen nur den reicheren Ländern zugute kommen, wenn nicht eingegriffen wird. Natürlich ist anzunehmen, daß sich die neue Dynamik auf die gesamte Wirtschaft auswirken wird, ein Thema, das Liberale und Sozialdemokraten von jeher sehr kontrovers diskutieren. In Sachen Europa kommt jedoch hinzu, daß sich das zu erwartende Ungleichgewicht europaweit sehr viel stärker als auf der einzelstaatlichen Ebene herausbilden wird: Der Liberalismus bekommt alles, die Sozialdemokratie geht leer aus. Jacques Delors sieht dieses Problem vielleicht klarer als andere und verlangt immer wieder die Schaffung von Ausgleichsmechanismen. Wahrscheinlich müssen erst Anzeichen eines darwinistischen Alptraums deutlich werden und muß Anlaß zu der Befürchtung bestehen, daß die Bürger revoltieren, bevor man sich entschließt, einen neuen gemeinschaftlichen Sozialstaat zu konzipieren.

Das Wettbewerbstrauma

Die harten Gesetze des Wettbewerbs werden niemanden und nichts verschonen: die Industrieprodukte nicht, die durch nichttarifäre Handelsschranken abgesichert waren, die Dienstleistungen nicht, die bisher nur in sehr geringem Maße mit dem internationalen Umfeld in Berührung gekommen sind, auch nicht die geschützten Berufsgruppen und die Elemente des Produktionsprozesses auch nicht – wobei dies für den Faktor Kapital bereits bekannt sein mag, man hat das ja schließlich mit der Freizügigkeit des Kapitalverkehrs bewußt gewollt. Was jedoch den Faktor Arbeit anbelangt, so wird es zu manch unliebsamer Überraschung kommen.

Sehr lehrreich war die Auseinandersetzung darüber, ob neu zugelassene Fahrzeuge mit Katalysator ausgerüstet sein müssen oder nicht. Sie zeigt, wie schwierig die Situation für den Binnenmarkt geworden wäre, wenn man weiterhin allgemein die Harmonisierung von Bestimmungen vor einer Liberalisierung des Marktes gefordert hätte. Es gibt nämlich drei Bereiche, Gesundheit, Sicherheit und Umwelt, in denen das Primat der Liberalisierung nicht gilt. Diese Art der Sonderbehandlung überrascht und wirkt auf den Außenstehenden wie ein Resultat politischer Schlichtungsversuche. Die Westdeutschen haben es geschafft, das Umweltproblem einzubringen, um die Grünen zufriedenzustellen und so europafeindliche Reaktionen im Namen der Ökologie zu verhindern. Mit dem gleichen Recht hätten natürlich auch die Franzosen für ihre Kulturgüter und die Italiener für ihre Modeerzeugnisse Ausnahmeregelungen fordern können. Jeder hat schließlich seine private nationale Spielwiese. Neben den Sonderwünschen der bundesdeutschen Umweltlobby gibt es noch die Ausnahmeregelungen im Gesundheitswesen, die wir der britischen Einflußnahme zu verdanken haben. Ausnahmen und Sonderregelungen zeigen, wie das tatsächliche innergemeinschaftliche Kräfteverhältnis zu bewerten ist. Ohne diese Sonderbehandlung wären die Autos nach den in den Mitgliedsstaaten geltenden Vorschriften mit umweltfreundlichen Vorrichtungen ausgestattet worden, und der Markt bzw. der Käufer hätte entschieden. Hätten sich die Westdeutschen allesamt auch weiterhin die saubere Luft etwas kosten lassen, dann hätten sie aus eigenem Antrieb nur umweltfreundliche, d. h. teurere Fahrzeuge gekauft, und selbst wenn man ihnen Fahrzeuge ohne Katalysator angeboten hätte, wären sie nicht dem Argument des billigen Kaufpreises erlegen. Situationen wie diese werden sich von jetzt an wiederholen und zur Regel werden. Überraschungen sind dabei nicht auszuschließen, und die Label »made in Greece« oder »made in Portugal« werden immer häufiger anzutreffen sein; schließlich bieten diese Länder nicht nur niedrige Arbeitskosten, sondern auch eine lockere Handhabung der Vorschriften. Es ist damit zu rechnen, daß auch andere Staaten, mit dem Ziel, Arbeitsplätze zu schaffen, durchlässige Vorschriften und Gesetze verabschieden – so geschehen bereits im steuerlichen Bereich, wo man für bestimmte Fälle Hinterziehungen sozusagen vorprogrammierte. Das wird in Zukunft der Normalfall sein, allerdings sind jederzeit Überraschungen möglich: für den Verbraucher, wenn der sich erst einmal an den angenehmen Effekt von Preissenkungen gewöhnt hat; für die Unternehmer, die sich plötzlich unerwarteten Konkurrenten gegenübersehen; für die Bürokratie, die von der gewohnten Gründlichkeit abgehen und eine eher großzügige Abwicklung vornehmen muß; für Unternehmen aus Nicht-EG-Ländern, für die sich immer neue Aktionsräume auftun. Auch da findet ein Superwettbewerb statt – und nicht nur bei den sinkenden Preisen zugunsten der Verbraucher, die mit Staunen auf dieses Dauerwunder blicken.

Es ist mit einigem Gerangel an den Kapitalplätzen und mit Schwierigkeiten bei der Ausrichtung der Wechselkurse zu rechnen, und wieder wird es »Meistbegünstigung« für den Staat geben, der die großzügigste Gesetzgebung hat; in Folge der Liberalisierung im Dienstleistungsbereich wird man wohl so mancher liebgewonnenen Gewohnheit entsagen müssen. Alle geschützten Berufsgruppen wie z. B. Ärzte, Spediteure oder Anwälte werden aus ihrem wohlig-weichen Kokon schlüpfen. Sie sind jetzt am Ball, sie müssen jetzt zum Angriff übergehen und können sich nicht mehr auf Schutz und Schirm berufsständischer Strategien verlassen. Man erwartet von ihnen nichts Geringeres als eine vollständige Neuorientierung. Jeder Protektionismus verleitet zu Rückzugsgefechten: Und diese Mentalität läßt sich am schwersten ablegen. Die französischen Ärzte z. B. verhandeln über Honorare, als wäre in der jüngsten Vergangenheit nichts geschehen. Denken sie auch nur einen Augenblick daran, daß es nach 1992 eine Konkurrenzsituation geben wird, die sich zweifellos auch auf die Honorare für medizinische Leistungen auswirken wird? Ein ganz anderes Problem müßte sie jetzt beschäftigen: Wie man sich nämlich durch bessere Aus- und Weiterbildung auf die neue Entwicklung einstellen kann. Statt sich nach alter berufsständischer Sitte nur darum zu kümmern, anfallende Kosten möglichst weitgehend auf den Patienten abzuwälzen, sollten sie jetzt mit ganz anderen Parolen an die Öffentlichkeit treten: Ihnen müßte es um die Erarbeitung eines umfassenden Ausbildungskonzepts, um die staatliche Finanzierung von Maßnahmen zur beruflichen Weiterbildung u. ä. gehen. Ich prophezeie: Nach den ersten negativen Erfahrungen wird man sich, wenn auch völlig überstürzt, auf die neue Situation einstellen, ohne diese wohlüberlegt und mit klarem Kopf vorbereiten zu können.

Ein anderes Beispiel: die Fuhrunternehmen. Sie kämpfen um arbeitsrechtlich bessere Bedingungen für ihre Tag- bzw. Nachtfahrten. Was wird aus diesen Vorteilen nach 1992, wenn eine Flut von weniger anspruchsvollen Konkurrenten die Straßen bevölkert und Jagd macht auf Frachtverträge? Die Spediteure könnten im eigenen Land, vielleicht durch Hinweis auf Sicherheitserfordernisse, ein Minimum an Bestimmungen durchsetzen, bei einer ganzen Reihe von Kostenpositionen des Frachtgeschäfts müßten sie sich jedoch der Konkurrenz beugen. In dieser Branche bleibt kaum die Zeit zu modernisieren, sich zusammenzuschließen oder einen Gegenangriff auf das feindliche Lager vorzubereiten. Aber macht man sich überhaupt Gedanken darüber? Nun zu den Anwälten: Sie gelten in Frankreich als ausgesprochene Individualisten, in diesem Berufsstand gibt es nur ganz wenige größere Zusammenschlüsse; von einer Ausnahme abgesehen, schließen sich kaum mehr als 20 oder 30 Anwälte zu einer Gemeinschaft zusammen. Wie soll sich der freie Wettbewerb gestalten, wenn dann die riesigen englischen Anwaltspraxen auftauchen, regelrechte Fabriken der Rechtspflege, die über eine Arbeitsteilung nach tayloristischem Muster verfügen und ständig unter Produktivitätsdruck stehen? Und die Apotheker? Sie stützen sich auf ihre Lobby und kämpfen nach wie vor gegen genossenschaftlich organisierte Apotheken, ohne sich auf die absolute Niederlassungsfreiheit vorzubereiten, die es ab 1992 geben wird. Wie steht es mit den Versicherungsvertretern? Sie glauben noch immer, daß sie in ihrer Existenz in erster Linie von den Versicherungsgesellschaften auf Gegenseitigkeit bedroht werden, sie verteufeln diese Versicherungen so wie schon vor 20 Jahren. Ist ihnen vielleicht entgangen, daß der unbeschränkte Wettbewerb unter den europäischen Versicherungsgesellschaften sie dazu zwingen wird, möglichst kurze und möglichst lukrative Wege zu ihren Kunden zu finden? Welche Aussichten haben Taxifahrer, Notare oder auch Senatoren? Glauben sie tatsächlich, daß sie an einer Zulassungsbeschränkung, die seit dem Bericht von Rueff und Armand (1958) nur künstlich aufrechterhalten wird, festhalten können, wenn die Länder der EG die freie Berufsausübung sanktioniert haben? Es wird einen gewaltigen Erdstoß geben, und die Berufsgruppen täten gut daran, ihre Energie und die ihnen verbleibende Zeit nicht in Rückzugsgefechten zu vergeuden. Die Qualität französischer Diplome hat sie für die Offensive gerüstet und nicht für den Rückzug. Häufig ist es jedoch so, daß gerade Vertreter dieser Berufe einen negativen Malthusianismus vertreten, sich defensiv verhalten und staatliche Interventionen fordern, statt eine Strategie der Öffnung und Eigendynamik zu verfolgen.

Nicht nur die Produkte selbst, sondern auch die Faktoren des Produktionsprozesses sind nunmehr Gegenstand eines hemmungslosen Wettbewerbs. Bei den Investitionen sind die Spielregeln klar: Man hat sich für die Freizügigkeit des Kapitalverkehrs entschieden, und die EG-Kommission beruft sich auf das Prinzip, daß jede Wettbewerbsverzerrung zu unterbinden ist; so geht sie allen Subventionen, steuerlichen Begünstigungen und anderen finanziellen Anreizen, die irgendwo gewährt werden, bis ins letzte auf den Grund. Brüssel vertritt eine zunehmend harte Position und wird darin vom Europäischen Gerichtshof in Luxemburg unterstützt, so daß es außerordentlich schwierig geworden ist, diesen Grundsatz zu umgehen und über eigene Kanäle an Gelder heranzukommen, es sei denn, es handelt sich um Finanzmittel aus dem Strukturfonds der EG. Aber mehr noch als bei den Investitionen wird sich der Wettbewerb im Bereich der Arbeitskosten bemerkbar machen. Das Beispiel Irlands, die massiven Investitionen von ausländischen Firmen in Spanien und nun auch in Portugal sind nur erste Vorläufer eines brutalen Wettbewerbs mit dem Ziel, die Löhne zu drücken. Länder, in denen eine hohe soziale Absicherung existiert – die ihren Preis hat –, werden zwangsläufig in die Defensive geraten. Mindestlohn, Lohntarife, Arbeitszeit und andere Themen aus der Arbeitswelt wie Ausbildung, Weiterbildung, Personalvertretung u.s.w. werden im Mittelpunkt der Diskussion stehen. Es ist kein Zeichen von Pessimismus, wenn man vorhersagt, daß die gut ausgebauten Sozialstaatsstrukturen in einigen Ländern keinesfalls zur Anhebung des Niveaus der sozialen Absicherung in den rückständigen Ländern führen werden; vielmehr wird man sich auf die Absenkung des sozialen Versorgungsstandards einstellen müssen. Wenn wir mächtigere Gewerkschaften hätten, wäre eine Art Leitereffekt nicht auszuschließen: Sprosse um Sprosse würde man sich mit europaweit organisierten solidarischen Aktionen hocharbeiten und sozial restriktive Praktiken mehr und mehr an großzügigen Regelungen ausrichten. Aber wie dürfte man von den Gewerkschaften erwarten, daß sie innerhalb der Gemeinschaft ein Gegengewicht bilden, wenn sie dieses Gewicht schon auf Landesebene nicht besitzen? Damit ist sicher, daß es bei der sozialen Absicherung Abstriche geben wird, wenn die Staaten bzw. die Regierungen nicht für eine entsprechende Ausgewogenheit sorgen. In der gesunden und unverzerrten Dialektik zwischen Marktgeschehen und sozialer Gerechtigkeit dürfte der Markt bestens abschneiden, während die soziale Gerechtigkeit mehr denn je auf der Strecke bleiben wird. Mit der Errichtung des Binnenmarktes müßten Arbeitsrecht und Sozialrecht logischerweise von der einzelstaatlichen auf die europäische Ebene gehoben werden. Aber ohne den Druck sozialer Konflikte wird dies zu einer Sisyphusarbeit. Mehrere Faktoren stehen einer solchen Entwicklung entgegen: die technischen Schwierigkeiten der Harmonisierung und die mangelnde Erfahrung der Gremien der EG in diesem Bereich, die Trennung zwischen Privatrecht und öffentlichem Recht, die in vielen Mitgliedsstaaten unterschiedlich verläuft, und schließlich die verschiedene Interessenlage der Beteiligten. Diesmal haben die schwächeren Staaten die Trümpfe in der Hand. Warum sollten sie sie vorzeitig ausspielen? Dies wird am Verhalten der regierenden spanischen Sozialisten deutlich, die es wohlweislich vermieden haben, durch ein rasches Aufbessern der Löhne und Gehälter europäisches Niveau zu erreichen.

Auch die Soziallasten gehören zu diesem Thema, weil sie indirekt Ausdruck konkurrierender Systeme der Sozialversorgung sind. Eine entsprechende Anhebung des Versorgungsniveaus in rückständigen Ländern wäre mit unglaublichen Schwierigkeiten verbunden, selbst wenn sich in diesem Bereich die Politik sehr stark machen sollte. Wie läßt sich beispielsweise die Höhe der Altersversorgung eines Dänen, der sein Leben lang Beiträge zur Sozialversicherung gezahlt hat, zu der Altersrente eines Portugiesen in Beziehung setzen, der noch nie irgendwelche Beiträge geleistet hat? Wer soll denn eigentlich für diesen »fiktiven« Portugiesen zahlen? Vielleicht der englische Ingenieur, der belgische Zahnarzt oder der italienische Unternehmer? Bei diesen Problemen müssen gerechte Entscheidungen getroffen und Kompromisse zwischen den jeweiligen Gruppen gefunden werden. Die westeuropäischen Landwirtschaftsminister könnten ein Lied davon singen; unzählige Marathonsitzungen wären nötig, um zu einer gerechten Einkommensverteilung zwischen höchst unterschiedlichen Marktbeteiligten zu kommen: Die Situation des Südfranzosen, der Getreide anbaut, entspricht nicht der des niederländischen Viehzüchters; und wie läßt sich die Ertragslage eines Obstbauern aus dem Mittelmeerraum mit der eines bayerischen Landwirtes vergleichen? Was in der Agrarpolitik geleistet wurde, ist nicht unbedingt auf alle anderen Bereiche übertragbar. Europa braucht mehr Klassenkampf, um eine neue Dynamik zu entwickeln. Leider steht dieses Thema nicht auf der Tagesordnung. Und so wird der darwinistische Reinigungsprozeß bewirken, daß unser soziales Netz eher dünner als fester wird.

Es wäre sinnvoll, wenn sich unter dem Einfluß des großen Binnenmarktes folgende Anpassungsprozesse durchsetzen könnten: Das eher liberalistisch ausgerichtete Land sollte sich an dem Land mit eher restriktiver Politik orientieren, das Unternehmen mit großzügiger Lohnpolitik am Unternehmen mit geringerem Budget, und Staaten mit hoher sozialer Absicherung sollten sich am

Niveau der Versorgung ausrichten, das im Land mit der niedrigsten staatlichen Sozialversorgung anzutreffen ist. Aber machen wir uns nichts vor: Die deutsche Sozialversicherung wird niemals an das Sozialversicherungssystem Griechenlands angepaßt werden, die dänischen Löhne werden nicht auf das Lohnniveau der Portugiesen absinken, die Arbeitszeit in England wird sich nicht an der Arbeitszeit in Spanien orientieren und der garantierte Mindestlohn in Frankreich nicht an den Mindestlöhnen in Irland. In gewisser Hinsicht stellen die sozialen Absicherungsmechanismen gegenwärtig ein Maximum dar. Es wird einen starken Druck geben, diese Sozialleistungen zu beschränken oder sogar abzubauen: Dies wäre übrigens die einzige Möglichkeit, um auch in reichen Mitgliedsstaaten langfristig Arbeitsplätze zu sichern und um zu verhindern, daß es, für ganz Europa, zu allzu massiven Verschiebungen im Bereich der Marktanteile und Investitionen kommt. Die Forderung nach verbesserten Sozialleistungen dürfte mit Blick auf 1992 zu einem eher unangenehmen Thema werden.

Durch die Errichtung eines erweiterten Binnenmarktes wird sich der Abstand zwischen Reichen und Armen, zwischen entwickelten und weniger entwickelten Ländern vergrößern, und schon die Ausgangsdaten sind alles andere als erfreulich. Im Kaufkraftvergleich ergibt sich zwischen Griechenland, dem ärmsten EG-Land, und der Bundesrepublik Deutschland, dem reichsten, ein Verhältnis von 1:15. Bei den Arbeitslosenquoten beträgt die Differenz 1:10, wenn man als Beispiel Luxemburg nimmt, das nur 3 %, und Andalusien, das 30 % Arbeitslosigkeit zu verzeichnen hat. Das enorme Gefälle zwischen den einzelnen Mitgliedsstaaten bleibt in einem Europa, das sich selbst über die eigenen Konturen noch nicht ganz im klaren ist, weitgehend unbekannt. Das wird sich aber ändern, sobald der EG-Binnenmarkt errichtet ist, man wird mehr voneinander wissen, Informationen werden zirkulieren wie Güter, Kapital und Menschen. Wird das aber schon genügen, um für eine strukturelle Anpassung der EG-Staaten untereinander zu sorgen? Ist damit zu rechnen, daß eine sozial bedeutsame Umverteilung der Einkommen schon in Angriff genommen wird, bevor Arbeitskämpfe zu Entscheidungen zwingen? Wenig spricht dafür: Es besteht vielmehr die Gefahr, daß ein auf die Liberalisierung des Handels fixiertes Westeuropa nicht in der Lage sein wird, ein Mindestmaß an Harmonisierung im sozialen Bereich durchzusetzen.

Die Wirtschaft: ein Schlachtfeld

1992 ist kein Sandkastenspiel, kein Operettenkrieg, den sich die Akteure aus Industrie- und Finanzwelt liefern, und die Staaten stehen dem Geschehen alles andere als gleichgültig gegenüber. Auf diesem gewaltigen Schlachtfeld des großen Binnenmarkts ist mit Wettbewerb auf zwei Kampfplätzen zu rechnen: Einmal werden aufgrund der Liberalisierung des Warenverkehrs die einzelstaatlichen Vorschriften miteinander konkurrieren, zum andern wird die von Land zu Land unterschiedliche Verflechtung von Staat und Industrie sich entscheidend auswirken. Die Herren in Brüssel sprechen sich zwar gegen jede Form von staatlicher Intervention aus und verweisen auf das freie Spiel der Marktkräfte, sie sind aber völlig machtlos angesichts der zahllosen Einzelfälle, in denen sich zwischen dem Staatsapparat und großen Unternehmen eine Art Solidarität entwickelt. In dieser Hinsicht funktioniert das bundesdeutsche System nahezu perfekt: Der Bund steht grundsätzlich nie an der Front, und die Länder bleiben, von Ausnahmen abgesehen, im Hintergrund. Damit bilden die beiden stärksten Akteure der Wirtschaft ein Oligopol, das über eigene Ordnungsprinzipien verfügt wie zu Zeiten Bismarcks. Banken, Versicherungsgesellschaften und Industriekonzerne sind durch Beteiligungen wie Kettenglieder miteinander verbunden: Diese Kette versperrt den Zugang zum nationalen Hoheitsgebiet – ein »unfreundliches« Aktienkaufangebot hätte in der Bundesrepublik keine Chance – und sichert die Disziplin des Produktionsapparats.

Wie kann da die EG-Kommission Einfluß nehmen auf Entscheidungen, die in den Vorstandssitzungen der Deutschen Bank und von Siemens gefällt werden? Wer könnte von diesen privaten Gesellschaften überhaupt etwas anderes erwarten, als daß sie an gewinnbringenden Geschäften und nur an diesen interessiert sind? In einem Wirtschaftskampf der Zwölfergemeinschaft kann es gar nichts Besseres geben als ein System, das wirtschaftlich und sozial »sich selbst genügt«! Franzosen oder Briten sind hier natürlich im Nachteil, denn in ihrem mächtigen staatlichen Zentralismus ist es völlig ausgeschlossen, Verbindungen zwischen Staat und Industrie zu vertuschen: Sie befinden sich folglich in der Defensive, sind ständig gezwungen, sich unter Rückgriff auf die Prinzipien eines vollkommenen Marktes zu rechtfertigen, der letztlich nichts anderes ist als ein schöner Schein.

Dieser Verbund aus Staat und Industrie beschäftigt sich bereits heute intensiv mit dem Jahr 1992. Einem alten strategischen Grundsatz folgend, stecken sie ihr Gelände ab. Wie man so etwas macht, das zeigen in beeindruckender Weise die Zusammenschlüsse westdeutscher Unternehmen. Man kann sie in zweierlei Weise interpretieren: Einmal als eine ungewöhnliche Form industrieller Endogamie, d. h. Heirat innerhalb des Stamms oder der Kaste, die im Widerspruch zu einer nationale Grenzen überschreitenden Expansion steht – oder als langfristig angelegte Taktik mit dem Ziel zu rationalisieren und damit die Voraussetzung für die Eroberung der Auslandsmärkte zu schaffen. Letzteres ist selbstredend die richtige Version. Seit jeher fühlt sich die bundesdeutsche Industrie erst dann wohl, wenn ihre Position auf dem eigenen Markt gesichert ist. Diese Strategie der Rationalisierung im eigenen Lande als Vorbereitung auf die Herausforderungen des großen Binnenmarktes setzt sich auch außerhalb der deutschen Grenzen mehr und mehr durch. Margaret Thatcher z. B. hat keinerlei Bedenken, der British Aerospace die Firma Rover zum Geschenk zu machen, und das zu vom Staat diktierten Bedingungen, die noch den einfallsreichsten Sozialisten vor Neid erblassen lassen. Auch Spaniens Banken schließen sich zusammen, und zwar forciert, um auf dem Inlandsmarkt eine gewisse Unternehmensgröße zu erreichen, bevor sie ins internationale Geschäft einsteigen. Frankreich kann sich diesem Wirbel zum Teil entziehen: Da es sich später als alle anderen in den internationalen Wettbewerb eingeschaltet hat, sind die französischen Unternehmen noch damit beschäftigt, ihre Stellung im Ausland auszubauen, und befassen sich weniger mit

Zusammenschlüssen im Inland, obwohl es auch hier einige Ausnahmen gibt wie etwa bei Axa-Midi oder Louis Vuitton-Moët-Hennessy. Wie stark sich die nationalen Märkte abschotten, das gibt einen Vorgeschmack darauf, wie die grenzüberschreitende Konfrontation dann ab 1992 aussehen wird: Man muß mit einiger Härte rechnen. Im freien Spiel der Marktkräfte werden sich unterschwellig nationale Interessen bemerkbar machen, und der Kampf um die Société Générale de Belgique wird sich im nachhinein wie ein romantisches Vorspiel dazu ausnehmen.

Die Tatsache, daß einige Länder einen sehr starken öffentlichen Sektor haben, verfälscht den Wettbewerb insofern, als sich damit die Beziehungen zwischen Staat und Industrie ändern. Ein Übergewicht des Staates wird, rein oberflächlich gesehen, zur Achillesverse: es weckt Verdacht bei den anderen Mitgliedsstaaten und führt zu Feindseligkeit. Es wird zu einem Rückzug des Staates aus der Wirtschaft kommen, der als Nachteil empfunden werden mag, der dem Staat aber gleichzeitig in Gestalt prosperierender nationaler Unternehmen einen Trumpf in die Hand spielt – dies allerdings unter der Voraussetzung, daß sich der Staat diskret aus dem Gesellschaftskapital zurückzieht und sich wie ein ganz normaler Aktionär verhält, also nicht wie ein Kapitaleigner mit 100% Beteiligung. Mit einer Minderheitsbeteiligung kann der Staat das Unternehmen vor jeder Attacke aus dem Ausland schützen, er kann ihm die Möglichkeit eröffnen, sich nach den klassischen Regeln des freien Marktes zu verhalten, und ihm gleichzeitig, aus der Ferne, Schützenhilfe geben. Das französische Modell vom Typ der Compagnie Française des Pétroles hat Zukunft. Was nun die staatlichen Monopole anbelangt, so werden die besten und leistungsstärksten von der Deregulierung profitieren, z. B. im Bereich der Luftfahrt und der Stromversorgung. Vielleicht wird es den französischen Elektrizitätswerken gelingen, ihren überschüssigen Atomstrom nach Herzenslust zu exportieren ... Mit der technologischen Entwicklung wird sich nicht viel Staat machen lassen; es müßte eine Art Kulturrevolution stattfinden, in deren Folge man merkantile Gesinnung und organisatorische Flexibilität ebenso hoch einschätzt wie technische Errungenschaften. Hier könnte sich der öffentliche Sektor eventuell erfolgreich in das Marktgeschehen nach 1992 einschalten. Diese Vorstellung paßt aber nicht zu der herrschenden Auffassung, die darauf hinausläuft, den Staat möglichst rasch aus dem freien Spiel der Marktkräfte hinauszudrängen. Der Rückzug des Staates wäre sicherlich gesund und heilsam... Aber nun mal Schluß mit der Einfalt! Die Staaten werden sich niemals von ihren großen Unternehmen abwenden und sie dem Schicksal eines europäischen Binnenmarktes überlassen. Es gibt immer irgendwelche unauflöslichen Abhängigkeiten und Verbindungen: Selbst in den USA beschäftigt sich der Bundesstaat Washington mehr mit dem Schicksal von Boeing als mit dem von IBM, weil nämlich der Wohlstand von Seattle auf dem Spiel stehen könnte. Und die staatlichen Stellen in Texas bemühen sich nicht nur um die Erdölindustrie, sondern wünschen sich ebenfalls gute Beziehungen zur Automobilbranche. Neben den wirtschaftlichen Interessen spielen auch kulturelle Bindungen eine Rolle und der verständliche Wunsch der Mächtigen, ihren Einflußbereich zu schützen. Geht es bei dem Oligopol nach bundesdeutschem Muster nicht in erster Linie um ein soziologisches Phänomen? Darin liegt die Chance für eine geschickte Nutzung des öffentlichen Sektors unter der Voraussetzung, daß der Staat seine Position als absoluter Herrscher aufgibt. Bei gewaltsamer Lenkung werden die staatlichen Unternehmen zu einem Handicap für 1992; bei vorsichtigem Vorgehen jedoch und mit einem Staat als Aktionär, der sich zurückhält, aber doch präsent ist, könnten die staatlichen Unternehmen in diesem gnadenlosen Krieg, den Staaten im Verbund mit ihren nationalen Industrien gegeneinander führen, als äußerst aussichtsreiche Truppenverbände eingesetzt werden.

Ein fiskalisches Beben

Der EG-Binnenmarkt führt auch indirekt zu tiefgreifenden Veränderungen: Ein fiskalisches Beben zeichnet sich ab, das, nachhaltig und unkontrollierbar, traditionelle gesellschaftliche Gewohnheiten erschüttern wird. Steuern gehören zu den ganz wenigen Bereichen, für die das Prinzip der Abstimmung mit qualifizierter Mehrheit nicht gilt. Man kehrt also zurück zur traditionellen Ausübung von Hoheitsrechten, was sich darin ausdrückt, daß jeder im Namen seiner übergeordneten Interessen sein Veto einlegen kann ... Eine paradoxe Situation: Wenn es im Zuge des Binnenmarktes zu einer einheitlichen Besteuerung in Westeuropa kommen soll, dann muß zunächst eine umfangreiche Harmonisierung in der Steuergesetzgebung stattfinden, die nun, aufgrund des geltenden Abstimmungsmodus, am Egoismus eines einzigen Mitglieds scheitern könnte. Bei genauem Hinsehen wird man feststellen, daß eine unterschiedliche Steuerpraxis die Regel und einheitliche Verfahren die Ausnahme darstellen. Inzwischen hat man mit der Harmonisierung begonnen, und schon jetzt lassen sich schwerwiegende Konsequenzen erkennen.

Die EG-Kommission hat vorrangig beim Problem der Mehrwertsteuer angesetzt, um den Abbau der nationalen Schranken innerhalb der EG durchzusetzen. Eine Weiterführung der jetzigen Praxis, Freistellung der Exporte und Besteuerung der Importe, würde eine Aufrechterhaltung der Grenzkontrollen erforderlich machen, die mit den bereits eingegangenen Verpflichtungen oder gar mit dem Geist von 1992 nicht zu vereinbaren wäre. Daher hat man sich im Bereich der Mehrwertsteuer für das »Bestimmungslandprinzip« entschieden: Der Exporteur zahlt nach Abzug der im Ursprungsland geleisteten Mehrwertsteuer die Mehrwertsteuersätze des Bestimmungslandes. Damit bleibt die unantastbare Neutralität des steuerlichen Instrumentariums gewahrt. Ohne Ausgleichsmechanismen käme es jedoch durch dieses Verfahren zu einer unvertretbaren Umverteilung der steuerlichen Einkünfte zwischen den Mitgliedsstaaten; es müßte also ein System der Rückerstattung geschaffen werden, damit die im Ursprungsland erhobene Steuer dem Land zugute kommt, in dem der Endverbrauch stattfindet. Dies ist nur möglich über eine sehr komplizierte Verteilerstruktur: Für jeden Staat müßte monatlich errechnet werden, wieviel an Mehrwertsteuer eingenommen bzw. abgeführt wurde, und der Differenzbetrag würde dann umverteilt werden. Das klingt umständlich, entlastet jedoch die Unternehmen von den

Grenzformalitäten; die Staaten wickeln diese Formalitäten ab und gleichen so im nachhinein ihre Konten aus, ohne dem Steuerpflichtigen lästige verfahrenstechnische Details zuzumuten.

Dieser erste Beschluß, einen komplizierten Verteilermechanismus zu errichten, geht mit einem zweiten einher, der die Angleichung der Mehrwertsteuersätze zum Inhalt hat: Es ist geplant, von zwei Mehrwertsteuersätzen, dem normalen und dem ermäßigten Satz, auszugehen und dafür eine Spanne zwischen 4 % und 9 % im ersten Falle und 14 % und 20 % im zweiten Fall vorzusehen. Und damit beginnen die Schwierigkeiten. Die EG-Kommission begründet die Harmonisierung der Steuersätze mit dem Argument der Vereinfachung und läßt für diese Angleichung relativ breite Spannen gelten, weil sie der Ansicht ist, daß eine Differenz von 5 % bis 6 % zu keiner unangemessenen Wettbewerbsverzerrung führt. Dem wäre entgegenzuhalten, daß der Binnenmarkt der USA sogar Unterschiede von 9 % bei den Mehrwertsteuersätzen der einzelnen Bundesstaaten ohne Schaden verkraftet. Die Argumente der Kommission überzeugen nur scheinbar: Wozu brauchen wir eigentlich einheitliche Mehrwertsteuersätze, wenn doch die Mehrwertsteuer für die Unternehmen nur ein Durchlaufposten ist und ihr lediglich die Aufgabe zufällt, Steuerbeträge zu sammeln? Die Steuersätze eines Landes, auch wenn sie sehr hoch liegen, finden auf alle geschäftlichen Transaktionen Anwendung und sind damit nicht wettbewerbsschädigend. Selbst wenn man davon ausgeht, daß sehr unterschiedliche Steuersätze Auswirkungen auf das jeweilige Konsumverhalten in dem einen oder anderen Land haben könnten, ist diese Begründung doch sehr weit hergeholt, wenn man damit Steuerharmonisierung rechtfertigen will. Auf den ersten Blick mag das Prinzip der Harmonisierung einleuchten, bei näherer Betrachtung aber stellt man fest, daß diese Maßnahme, berücksichtigt man ihre Folgen, nicht mehr zu rechtfertigen ist. Natürlich sind in erster Linie Staaten mit hohen Mehrwertsteuersätzen benachteiligt, denn sie müssen erhebliche Einbußen bei ihren Steuereinnahmen hinnehmen. Den Franzosen, die sich besonders viel Gedanken über ihre zukünftigen Erträge aus der Mehrwertsteuer machen, antwortet die EG-Kommission mit dem eindeutigen Hinweis auf zusätzliche Steuereinnahmen, die der französische Fiskus aus der Harmonisierung der Tabak-, Alkohol- und Benzinsteuer, die ja ebenfalls geplant sei, zu erwarten habe; nach den Berechnungen der Kommission würden sich Gewinne und Verluste die Waage halten. Diese Gleichung geht nicht auf, da das Mehrwertsteueraufkommen, das generell auf dem Endverbrauch liegt, denkbar hoch ist; die Einkünfte aus den spezifischen Steuern auf z. B. Tabak und Alkohol fallen niedriger aus, da in diesem Bereich der Umsatz zurückgeht. Die Angleichung der indirekten Steuern ist gerade für Länder mit hohen Steuersätzen eine kostspielige Angelegenheit. Böse Zungen behaupten, daß sich unsere »Wettbewerbspartner« deshalb für die Harmonisierung der Mehrwertsteuer stark gemacht haben, weil sie das großzügige Haushaltsgebaren der Franzosen einschränken und die Subventionierung von Unternehmen durch den Staat unterbinden wollten. Wie auch immer es sich verhalten mag, am Ende steht das gleiche Ergebnis.

Diese erste, von der EG beschlossene Harmonisierung wird durch eine zweite ergänzt, die durch den Binnenmarkt forciert wird. Davon betroffen ist z. B. die Quellensteuer. Mit der Liberalisierung des Kapitalverkehrs werden vor allem die Herrscher in den Steuerparadiesen absahnen. Jersey und Luxemburg spielen schon jetzt diese Rolle. Geld- und Kapitalanleger bleiben dort völlig anonym, ihre Erträge sind steuerfrei, und Quellensteuern, die sie unter Umständen in Form von Steuerkrediten oder Steuerguthaben leisten mußten, werden ihnen aufgrund bestehender Doppelbesteuerungsabkommen zurückerstattet. Der »belgische Zahnarzt« verkörpert diesen Typ von Anleger: Er zeichnet von Luxemburg aus Auslandsanleihen und ist somit von der belgischen Quellensteuer in Höhe von 25% befreit. Schon morgen kann jeder Franzose ganz legal seinen Wertpapierbestand von Luxemburg aus verwalten und völlige Steuerfreiheit genießen. Wer wird sich schon an die gesetzliche Verpflichtung halten, nach der auch die im Ausland bezogenen Erträge steuerpflichtig sind? Jeder Staat kann im Bedarfsfall beschließen, zu einem Steuerparadies für Ausländer zu werden und zirkulierende Geldströme zu seinen Gunsten umzuleiten: Es besteht eine »Meistbegünstigung« für das Land mit der niedrigsten Besteuerung. Nur einen Ausweg aus diesem zu erwartenden Puzzlespiel gibt es: die Einführung einer für alle EG-Länder und alle Arten der Wertpapieranlage einheitlichen Quellensteuer. Da jedoch steuerliche Beschlüsse einstimmig gefaßt werden müssen, kann ein Staat, der die Rolle des Steuerparadieses als »Marktnische« nutzen und für sich ausbauen will, jegliche Maßnahmen blockieren, die sein Vorhaben beeinträchtigen würden. Auf diese Weise könnte ein Staat ganz erheblichen Druck auf das Steuersystem eines anderen ausüben, ohne die geringste »Vergeltung« befürchten zu müssen. Allgemein wird man versuchen, die Quellensteuersätze nach unten zu korrigieren, und besitzt dann eine einzige, ziemlich stumpfe Waffe gegen das Abfließen anlagebereiter Gelder in andere Länder.

Abgesehen davon, daß über bestimmte Finanzprodukte Steuerflucht möglich wird, besteht die Gefahr, daß sich Steuerhinterziehung zu einem florierenden Gewerbe entwickelt. Folgendes Beispiel: Ein italienischer Pullover, hergestellt in der Nähe von Neapel, wird in Paris verkauft. Nach den geltenden Vorschriften wird das Produkt zunächst von der italienischen Mehrwertsteuer freigestellt, dann exportiert und in Frankreich mit der französischen Mehrwertsteuer belegt; die Finanzbehörden haben lediglich (!) dafür zu sorgen, daß dieses Produkt nicht ohne Rechnung und Angabe der Mehrwertsteuer weiterverkauft wird. Nach dem neuen System hat das französische Finanzamt zwei Eingänge zu erwarten: einmal die auf den Endverbrauch erhobene Mehrwertsteuer abzüglich der in Italien geleisteten Vorsteuer und zum anderen die Mehrwertsteuer, die ihm nach Einschaltung der Clearing-Stelle zuerkannt wird. Ob der französische Fiskus seine Aufgabe wahrnehmen kann, wird weitgehend davon abhängen, ob die italienischen Behörden der Region Neapel ordnungsgemäß ihre Pflicht erfüllen. Ein leicht zu durchschauendes Lehrstück: Es gehört nicht viel dazu, um verschlungene Verwaltungswege zu erfinden und die Zahl der bearbeitenden Stellen zu vermehren mit dem Ergebnis, daß sich immer irgendwo eine Schwachstelle findet und Betrug möglich wird. Wie und wo die neuen Handelsströme verlaufen, wird davon abhängen, wie konsequent die Steuerbehörden arbeiten; steuerliche Klarheit und Konsequenz wird man überall dort vermissen, wo Schlamperei und Korruption das Feld beherrschen, und den Ländern mit gut funktionierender Steuererhebung wird nichts anderes übrigbleiben, als die Zähne zusammenzubeißen und den Ärger hinunterzuschlucken: sie sind ihren Kollegen ausgeliefert, den unfähigen ebenso wie den skrupellosen. Zur Vermeidung einer solchen Fehlentwicklung wäre es ratsam, sich nicht nur steuerpolitisch abzusprechen und gemeinsam dem Steuerbetrug entgegenzuwirken; darüber hinaus müßte es auf europäischer Ebene einheitliche steuerliche Richtlinien geben, die sich an dem Land mit der besten und strengsten Steuerpraxis orientieren sollten. Ein frommer Wunsch! Die Realität sieht anders aus: Man hat sich in Form von Mimikry für den Verfall besonders vertrauenswürdiger Verwaltungseinrichtungen entschieden, die nun zusammenzubrechen drohen. Wenn es nun zur Steuerhinterziehung nicht nur bei der Mehrwertsteuer und einer vereinheitlichen Tabak- und Alkoholsteuer kommt, sondern auch bei der Kapitalertragssteuer, dann sind alle Voraussetzungen für einen Boom in Betrügereien, Steuerflucht und Unterschlagung erfüllt, der nun ebenfalls den Ausmaßen eines EG-Binnenmarktes gerecht werden wird.

Die mit der Errichtung des europäischen Binnenmarktes entstehenden steuerlichen Probleme sind um so schwerwiegender, als die Gemeinschaft keinerlei Möglichkeit hat, für den gesamten EG-Raum ein einheitliches Steuersystem zu schaffen, weil z. B. die direkte Besteuerung natürlicher und juristischer Personen sowie Soziallasten, unzählige punktuelle Steuern und die Erbschaftssteuer dem Zugriff der EG entzogen sind. Es gibt eine Reihe von Einzelfaktoren, die die spezifische Steuerstruktur eines jeden Mitgliedsstaates prägen. Viele Pannen, Fehlentwicklungen und Inkohärenz sind vorprogrammiert und führen zu einem Verlust an Steuergerechtigkeit.

Steuerliche Entlastung für die Reichen, zunehmender Steuerdruck für die Armen?

Es lohnt sich, die geschichtliche Entwicklung der Besteuerung von Kapitalerträgen einmal bis zum Ende zu verfolgen. In der ersten Hälfte des 20. Jahrhunderts waren die Industriestaaten überwiegend der Auffassung, daß man Erträge aus Kapitalanlagen steuerlich stärker belasten sollte als Löhne und Gehälter. Man hielt dies für die Grundvoraussetzung einer jeden Steuergerechtigkeit. Danach ging man mehr und mehr von diesem Prinzip ab, und ausgerechnet in einer Zeit, in der die Sozialdemokratie auf dem Höhepunkt ihrer Macht stand, wurde Arbeit genauso stark besteuert wie Kapital: in Frankreich war dies ab 1960 der Fall. Seit gut zehn Jahren nun sind zahlreiche Staaten dazu übergegangen, Kapital geringer zu besteuern als Arbeit; der Grund hierfür liegt in der Konkurrenz durch die Steuerparadiese, in der Notwendigkeit, Spargelder einzusammeln und in der eher als Alibi vorgeschobenen Überzeugung, daß dank des Wirtschaftswachstums jeder Arbeitnehmer schließlich als ein potentieller Anleger zu betrachten sei. Ein typisches Beispiel für diese Entwicklung ist die Quellensteuer, mit der das Prinzip der progressiven Besteuerung durch das der proportionalen Besteuerung ersetzt wird; das gleiche gilt für das Steuerguthaben, das eben diesen progressiven Anstieg dämpft, und für Steuerkredite, die überhaupt nicht mehr in bezug zu den Einkünften des Steuerpflichtigen gesetzt werden. Frankreich macht hier eine besonders gute Figur: Erträge aus festverzinslichen Papieren werden nur mit 25 % besteuert; für Wertzuwächse gilt zunächst ein Steuerfreibetrag von ca. 300000 Franc, anschließend findet ein Steuersatz von nur 16% Anwendung; demgegenüber ist bei der Einkommenssteuer eine rasche Progression festzustellen, die bis zu einem Höchstsatz von 56,5% geht. Die Erbschaftssteuer belastet Verwandte in direkter Linie mit maximal 40%, so, als sei es legitimer, geerbtes Geld zu besitzen als selbstverdientes.

Seltsamerweise war es Margaret Thatcher, die hier den Versuch einer Korrektur unternahm: Sie sorgte dafür, daß die steuerliche Belastung von Wertzuwächsen der Besteuerung der Einkünfte aus selbständiger Arbeit entsprach, wobei sie im ersten Fall eine Steueranhebung, im zweiten eine Steuersenkung vornehmen mußte. Sobald die Freizügigkeit des Kapitalverkehrs europaweit hergestellt ist, wird eine solche Maßnahme im Sinne der Steuergerechtigkeit nicht mehr möglich sein. Unausweichlich und zwangsläufig werden die Staaten in einen Wettlauf um die niedrigste Kapitalertragssteuer getrieben. Wenn Kapitalbewegungen nur noch vom Motiv der Steuerflucht bestimmt werden – und es wird nicht allzu viele Anleger geben, die sich ihrer Bürgerpflicht erinnern und im Ausland bezogene Dividenden und Zinsen versteuern! –, haben die Mitgliedsstaaten nur zwei Möglichkeiten: Entweder sie verschließen die Augen vor der Wirklichkeit, behalten ihre Steuern bei und gestehen sich nicht ein, daß ein Großteil der Kapitalerträge und vor allen Dingen die größeren Wertpapierbestände so gut wie steuerfrei sind; oder aber sie bringen das Recht in Übereinstimmung mit der Wirklichkeit und senken nach und nach die Steuern, bis sie das Niveau eines Landes mit einer legalen Steuerfreiheit erreicht haben. In beiden Fällen werden Kapitalerträge für den Staat uninteressant. Wenn beispielsweise ein Staat im Rahmen vermögensbildender Maßnahmen eine Sparprämie ansetzen will, so bleibt ihm nicht einmal mehr das Argument der steuerlichen Begünstigung; man müßte sich schon zu einer negativen Steuer entschließen. Die so entstehenden Steuerausfälle können nur über die Einkünfte aus nichtselbständiger Arbeit ausgeglichen werden, und somit müßte man Löhne und Gehälter steuerlich stärker belasten. Das ist alles andere als eine gerechte Umverteilung des Volkseinkommens! Mit dem Binnenmarkt wird es im Bereich der Steuern gelingen, das Kapital zu ent- und die Arbeit zu belasten. Mit anderen Worten, die Reichen werden Steuerfreiheit gewährt bekommen und die Armen unter Steuerdruck gesetzt werden. So hat man das sicher nicht gewollt; das ist vielmehr das Resultat aus der Mixtur, die folgende Ingredienzien enthält: den großen Binnenmarkt, die Liberalisierung des Kapitalverkehrs und das Vetorecht in Steuersachen, das jedem Mitgliedsstaat die Möglichkeit verschafft, die Diktatur der Steuerparadiese zu begünstigen.

Diese Perversion eines geeinten Europas kommt ungelegen. Sie wird zu einem Zeitpunkt offenbar, in dem das Gleichgewicht zwischen der Besteuerung von Einkommen und der Besteuerung von Vermögenswerten ins Wanken zu geraten droht. Damit geht eine Epoche zu Ende, in der die Einkommensunterschiede weitgehend durch die Besteuerung nivelliert wurden. Sobald man aber auf Steuerprogression verzichtet und wieder mit festen Sätzen arbeitet, nehmen die Unterschiede bei den Vermögensbeständen zu. Die unterschiedlichen Vermögensverhältnisse werden Ende dieses Jahrhunderts die gleiche entscheidende Rolle spielen wie die ungleiche Einkommensverteilung in den fünfziger Jahren. Spannungen, Konflikte und Unzufriedenheit werden die Folge sein, vor allem in einer Gesellschaft alter Menschen, in der man vorwiegend an bleibenden Vermögenswerten interessiert sein wird. Die Rückkehr des »Privatiers«, der nur von seinem Vermögen lebt, wirft Probleme auf. Der Fiskus hat die Aufgabe, bei ungleicher Vermögensverteilung korrigierend einzugreifen, so, wie dies bei der ungleichen Einkommensverteilung geschehen ist; und die Dinge hätten sich auch in diese Richtung entwickeln können, wenn der Druck der Öffentlichkeit größer gewesen wäre. Die Tatsache, daß Steuerparadiese so großen Einfluß nehmen können, schadet Europa. Wie leicht wäre es für die Kommunistische Partei gewesen, hier die richtigen Argumente zu finden, wenn sie ihre Funktion als Kämpfer für die Interessen des Volkes öffentlichkeitswirksam wahrgenommen hätte: das Europa der Großkapitalisten! Das Europa der Reichen! Europa als Einbahnstraße! ... Das hätten ihre Themen sein können, die nun von anderen aufgegriffen werden, was nicht sehr beruhigend ist. Eine Rückkehr ins 19. Jahrhundert wird 1992 nicht zum Erfolg verhelfen.

Frankreich ist schlecht gerüstet

Es ist paradox, aber nicht untypisch, daß ausgerechnet in Frankreich mehr als in allen übrigen Mitgliedsstaaten Begeisterung im Hinblick auf 1992 herrscht, obwohl es auf dem Weg dorthin mit den größten Schwierigkeiten zu rechnen hat. Naivität? Oder hintergründige Intelligenz, die Frankreich alles lieben läßt, was die eigene Lethargie überwinden hilft? Aber der Preis für ein geeintes Europa erscheint heute sehr hoch. Bleibt zu hoffen, daß der Binnenmarkt möglichst rasch Früchte trägt, als Gegengewicht zu den unvermeidbaren Frustrationen, die der große Reinigungsprozeß hervorrufen wird.

Probleme kündigen sich für Frankreich vor allem im steuerlichen Bereich an. Die französische Wirtschaft wird unter den Nachteilen zu leiden haben, die eine für das Land atypische Steuerstruktur mit sich bringt. Es scheint so, als werde nur noch Griechenland mit ähnlichen Schwierigkeiten fertig werden müssen. Die Franzosen haben sich stets für Besteuerungsformen entschieden, die auf den ersten Blick für den einzelnen weniger schmerzhaft erscheinen: Die Sozialabgaben belasten weniger die Arbeitnehmer als die Arbeitgeber, man zieht Sozialabgaben Steuern vor, indirekte Steuern direkten Steuern, ganz zu schweigen von den versteckten Steuern und Abgaben, wie etwa die Versicherungssteuer, die zusammen mit der Prämie der Kraftfahrzeugversicherung zu entrichten ist... Die einzelnen Posten summieren sich und schlagen erheblich zu Buche. Die Gesamtheit der Pflichtabgaben beläuft sich auf 45 % des Inlandsbruttosozialproduktes gegenüber 40 % bei den übrigen Mitgliedstaaten; französische Unternehmer haben im EG-Vergleich die höchsten Soziallasten zu tragen; die Einkommenssteuer liegt bei nur 5 % bis 6 % des Bruttoinlandsprodukts im Vergleich zum doppelten Satz bei den übrigen EG-Ländern; die Mehrwertsteuer macht den größten Teil des Steueraufkommens aus. Dies alles führt zu einem Berg von Schwierigkeiten.

Erste Schwierigkeit: Die Wettbewerbsfähigkeit der französischen Unternehmen wird beeinträchtigt. Das ist an sich nichts Neues. Die Unternehmer beklagen sich darüber seit Errichtung des gemeinsamen Marktes: Allerdings haben sie trotz dieser Fußangeln ihren Vorteil daraus gezogen. Aber auch andere Wirtschaftssektoren wie Banken und Versicherungen werden die Entdeckung machen, wie teuer es kommt, Franzose zu sein. Zu der Mehrbelastung, die für diese Unternehmen nach dem Muster der Industrieunternehmen entsteht, kommen die spezifischen Steuern, die aufgrund des in einzelnen Bereichen gestatteten Protektionismus möglich wurden. Geschlossene Grenzen, teure Leistungen; teure Leistungen, Mehreinnahmen des Staates: Ohne es zu wissen, zahlte der Verbraucher, was der Steuerzahler einsparte. Das gilt für die Kreditsteuer, die systematisch gesenkte Sonderabgabe für Bankengewinne und die Versicherungssteuer. Entweder der Staat verzichtet auf solche finanziellen Begünstigungen und kompensiert sie durch Kürzungen der Löhne und Abbau von Arbeitsplätzen, oder aber er verzichtet ganz auf diese Steuereinkünfte, dann wird er aber Schwierigkeiten haben, sich an deren Stellen andere Einkommensquellen zu erschließen.

Zweite Schwierigkeit: Die anormal hohen Soziallasten schwächen die gesamtwirtschaftliche Wettbewerbsfähigkeit. In besonderem Maße sind, wie das uns vorliegende Zahlenmaterial beweist, die Bereiche Produktivität und Wirtschaftswachstum betroffen; es ergeben sich aber auch Auswirkungen auf den Arbeitsmarkt, wo, von Ausnahmen abgesehen, eine enge Beziehung zu erkennen ist zwischen der Arbeitslosenrate und der Höhe der Sozialabgaben; ganz allgemein wird das Arbeitsklima beeinträchtigt, das durch mangelde Dynamik und fehlende Arbeitsmotivation gekennzeichnet ist. Nun ist es aber so, daß auf einem Markt, der mehr und mehr wettbewerbsorientiert ist, vor allem die nicht meßbaren Faktoren ausschlaggebend für das besondere Profil des Marktteilnehmers sind. Muß dies erst bewiesen werden durch die Ausführungen von Carré, Dubois und Malinvaud, die seitenlange Berechnungen anstellten und stundenlange Simulationen durchführten, um dann festzustellen, daß 50% der Produktivitätsgewinne anhand von quantifizierbaren Elementen nicht belegbar waren? Sieht man einmal ab von ihrer ideologischen Großsprecherei, dann haben Margaret Thatcher und Ronald Reagan uns wieder einmal darauf hingewiesen, daß es eine ganz banale Wahrheit ist, daß eine zu hohe Steuerbelastung die unternehmerische Initiative im Keim erstickt.

Dritte Schwierigkeit: Das Aufkommen aus der Mehrwertsteuer ist doppelt so hoch wie die Steuereinnahmen aus Löhnen und Gehältern. Bei einer Haushaltslage, die aufgrund eines strukturellen Defizits als gespannt anzusehen ist, wächst sich auch der geringste

Einkommenstransfer zu einem Drama aus. Den Versuch, ein so entstehendes Defizit über die direkte Steuer auszugleichen, müßte wohl jede Regierung ablehnen: Bei den jetzigen für die verschiedenen Einkommensgruppen geltenden Steuersätzen und angesichts einer starken Progression bei der Einkommenssteuer ist eine solche Lösung unrealistisch. Die einzige Lösung wäre darin zu sehen, die Zahl der einkommenssteuerpflichtigen Haushalte zu erhöhen. Ein Drittel von ihnen entgeht heute der Steuer, weil sie, wie man sagt, einkommensschwachen Schichten angehören und der Schonung bedürfen; unter diesen Deckmantel der Schonung verbirgt sich jedoch eine Ungerechtigkeit, denn die Zahl derer, die von der Steuer befreit werden, ist sehr viel höher als die Zahl der tatsächlich Armen, auf die sich doch, um eine wirkliche Steuergerechtigkeit herzustellen, die steuer- und sozialpolitischen Begünstigungen konzentrieren sollten. Man müßte schon sehr viel Mut aufbringen, um die steuerlichen Privilegien, die die mittleren Einkommensschichten für sich beanspruchen, im Namen der sozialen Solidarität abzubauen. Es dennoch zu wagen, um eine indirekte Folge des Binnenmarkts aufzufangen, wäre glatter Selbstmord.

Nur blauäugige Technokraten können glauben, daß die Bürger bereit sein werden, für ein geeintes Europa mehr Steuern in Kauf zu nehmen; sie erwarten vielmehr, daß Europa für sie zahlt, und werden sich weigern, einer spitzfindigen Argumentation zu folgen, die ein Gleichgewicht durch Einsparungen im Mehrwertsteuerbereich und durch Ausdehnung der Steuerpflicht im Sinne der Einkommenssteuer für natürliche Personen herstellen will. Also muß man die geringeren Steuereinnahmen durch Kürzungen im Haushalt ausgleichen. Aber wo soll man kürzen? Beim Wehretat? – damit würden wir im Namen Europas unsere stärkste Karte aus der Hand geben. Bei den Ausgaben für Soziales oder für Bildung und Erziehung? – hier ist der Spielraum gering. Bei den Ausgaben für konjunkturpolitische Interventionen oder für große technologische Projekte? – nein, denn wir würden dadurch unsere Chancen im Kampf um den großen Binnenmarkt empfindlich verringern. Blind und wahllos kürzen? – damit würden wir die Grenze zwischen Staat und Gesellschaft verschieben, was keine intelligente

Lösung wäre ... Die Jahre gehen ins Land, und noch immer liegen die Harmonisierungsanstrengungen vor uns: Möglicherweise wird es jetzt schwerer sein als je zuvor, in den wenigen Haushaltsjahren, die uns noch bis 1992 bleiben, eine solche Harmonisierung durchzuführen.

Vierte Schwierigkeit: Die französische Quellensteuer ist höher als in allen anderen Mitgliedsstaaten. Eine Harmonisierung wird schwierig sein, und im Gegensatz zu der Mehrwertsteuer, bei der jeder, ohne es offen zuzugeben, einen Aufschub erwartet, muß für die Quellensteuer eine Entscheidung fallen. Gnadenfristen gibt es nicht. Eine Senkung des französischen Steuersatzes wäre allerdings nur denkbar, wenn die Vermögensbesteuerung als Ganzes noch einmal auf den Tisch käme. Durch die vielen Abgabeformen und steuererhebenden Stellen – Staat, Regionen, Departements, Gemeinden – ist eine hochkomplizierte Steuerstruktur entstanden, die weder logisch ist noch eine schlüssige Gesamtkonzeption erkennen läßt. Der große Binnenmarkt würde sich für die Franzosen auszahlen, wenn er sie zu einer Rationalisierung bewegen könnte, die sie nicht selbst zustande bringen, weil sie hoffnungslos in den Wirrwarr aus Interessen und Privilegien verstrickt sind. Politisch dürfte diese Aufgabe allerdings ihren Preis haben.

Fünfte Schwierigkeit: Eine gute Steuer ist eine alte Steuer. Die Steuerreform ist ein schwieriges Kapitel in einem Land, in dem der Individualismus zunimmt, der Staat auf immer mehr Ablehnung stößt und die geringste Veränderung zu geradezu hysterischen Reaktionen führt. Ein Beispiel dafür ist die solidarische Vermögenssteuer, die seinerzeit sehr viel Polemik ausgelöst hat und die doch weder ein solches Maß an Beachtung noch so große Entrüstung verdient gehabt hätte. Ähnlich war die Situation, als man über die Gewerbesteuer oder die Anhebung der Erbschaftssteuer stritt. Die zügige Entwicklung in Richtung auf die europäische Einigung hat die Steuerbehörden in einen »Steuersog« gezogen, aus dem sie sich nun befreien müssen, indem sie durch Sofortmaßnahmen das Schlimmste abwenden. Unter diesen Voraussetzungen sind sie kaum gewillt, eine umfangreiche Steuerreform in Gang zu setzen, die für Frankreich aber erfolgten müßte, wenn es nicht zu Störungen bei einigen wichtigen ökonomischen Gleichgewichten kommen soll, etwa aufgrund der steuerlichen Behandlung von Arbeitnehmern und Selbständigen, von Einzelpersonen und Unternehmen, bei den aufgrund von Arbeitsleistung oder durch Erbschaft bezogenen Einkünften, bei Grundbesitz und Wertpapierbesitz. Es geht um den Besitzstand des Steuerpflichtigen und um Verzerrungen, die auftreten und sich fortsetzen werden.

Aber leider beschränkt sich der Problemkatalog nicht nur auf diese, wenn auch beträchtlichen steuerlichen Schwierigkeiten. Es liegt uns eine internationale Untersuchung (DRI-Untersuchung) vor, die zu denken gibt. Sie enthält nicht nur skeptische Prognosen hinsichtlich der makroökonomischen Auswirkungen des großen Marktes und der zu erwartenden positiven Ergebnisse, sondern weist auf eine tiefgreifende, sektoriell bedingte Veränderung hin: Die Wirtschaftssektoren, bei denen ein »nicht wettbewerbsfähiges Wachstum« zu erwarten ist – wenn nämlich die Importquote über der Wachstumsrate liegt –, befinden sich, laut Bericht, praktisch alle in Frankreich. Der für die Kraftfahrzeugbranche erwartete Boom werde, so sagt der Bericht, mehr als aufgezehrt durch die rückläufige Entwicklung in der Lebensmittelindustrie, im Flugzeug- und Eisenbahnbau. Für den Außenhandel habe man ein wachsendes Defizit zu erwarten, das bis 1995 aus einem Anstieg der Importe um 4,3 % gegenüber einer Exportzunahme von nur 1,9 % resultieren werde. Trotz eines relativen Preisrückgangs (-2,5 %) und einem Anstieg des Inlandsbruttosozialprodukts (1 %), werde die Arbeitslosenrate 12 % erreichen, weil sich sowohl die verschlechterte Außenhandelsbilanz als auch die immer noch wachsende Zahl der Erwerbstätigen negativ auf den Arbeitsmarkt auswirken werden. In diesem letzten Punkt sind sich alle Fachleute einig: Frankreich ist das einzige europäische Land, für das sich unter Umständen noch steigende Arbeitslosenraten ergeben können. Die demographische Entwicklung bedeutet hier eine weit größere Belastung als die Auswirkungen des Binnenmarkts, wobei das wohl ein vorübergehendes Problem sein dürfte. Langfristig wird diese im Vergleich zu den anderen westeuropäischen Ländern kräftige Steigerung bei den Bevölkerungszahlen sicherlich als der stärkste

Trumpf der Franzosen zu bewerten sein. Man könnte nun versuchen, die schwerwiegenden Schlußfolgerungen, die sich für bestimmte Sektoren aus der DRI-Untersuchung ergeben, Punkt für Punkt zu widerlegen und Prognosen anzuführen, etwa aus dem Dienstleistungsbereich der Informatik oder aus der Luxusgüterindustrie, die das Gesamtbild aufhellen könnten. Das ändert jedoch nichts an der Tatsache, daß Frankreich aufgrund besonderer Merkmale mehr als andere die Auswirkungen des Binnenmarkts spüren wird.

Besonders stark sind Sektoren betroffen, die auf öffentliche Aufträge angewiesen sind, wie etwa der Flugzeugbau, die Rüstungsindustrie, die Elektronik-Branche, der Wohnungsbau und der Tiefbau, die, ganz im Sinne des Merkantilismus *à la française,* oft genug als Speerspitze der französischen Industrie eingesetzt wurden. Die Liberalisierung des staatlichen Vergabewesens wird für diese Unternehmen zu einem Trauma, denn mit ihr verschwindet ein Teil ihres Reservats. Stärker auf den Endverbraucher ausgerichtete Industrieunternehmen werden dagegen weniger von der neuen Entwicklung berührt, für sie kam der Schock bereits vor längerer Zeit. Ein Teil der französischen Industrie wird jedoch zunächst den Preis dafür zahlen müssen, daß sie sich durch eine zu starke Ausrichtung auf den staatlichen Auftraggeber an diesen gebunden hat. Aber es wird zu ihrem Besten sein: Diese Unternehmen müssen sich früher oder später den harten Gesetzen des Weltmarkts stellen. Die Zeit der komfortablen Monopolstellungen ist vorbei: Besser, man nutzt jetzt die Stunde der Wahrheit und setzt sich mit den Konkurrenten der Gemeinschaft auseinander, die in dem gleichen wirtschaftlichen Umfeld leben, als daß man sich in einigen Jahren der heftigen Aggression der Mitbewerber aus dem fernen Osten gegenüber sieht.

Die Wirkung des Binnenmarktes wird weiterhin, wenn auch unbeabsichtigt, dadurch verstärkt, daß Frankreich über die modernsten Absatzwege Europas verfügt. Der beispiellose Erfolg dieses Sektors wird sich paradoxerweise nachteilig auf das globale Handelsbilanzgleichgewicht auswirken: Zwar schlagen sich Auslandspräsenz, Dividenden und Lizenzen sowie der Druck auf die Preise zunächst positiv nieder, dieser Vorteil wird aber, wie es heißt, mehr als wettgemacht durch eine breite Öffnung für Importe. In einem Westeuropa, in dem es keine nichttarifären Handelshemmnisse, keine protektionistischen Normen und keine Zollformalitäten mehr gibt, bilden die Absatzwege das letzte noch verbleibende Instrument, sich protektionistisch zu verhalten. Es kann sich dabei um einen bewußten Protektionismus handeln, der an ein Käuferverhalten aus vergangenen Zeiten appelliert – Bundesbürger kaufen in der Bundesrepublik –, oder um einen diffusen Protektionismus, der durch ein zu kompliziertes und rückständiges Verteilersystem entsteht, wie dies in Italien der Fall ist. Die französischen Distributionsnetze dagegen sind hochmodern und leistungsfähig: Den Zugang zu ihnen verschafft man sich einfach, indem man ein billigeres Preisangebot macht als die anderen. Nicht das nationale Argument zieht, sondern allein der Preis. Und das macht den französischen Verbrauchermarkt für Güter des Massenkonsums offener als irgendeinen anderen.

Eine besondere Rolle spielt auch der Cartesianismus der französischen Verwaltung. Sie arbeitet mit militärischen Methoden, sie hält alles in Ehren, was allgemein gültig und unpersönlich ist, ihre klaren und überschaubaren Verfahren passen schlecht zu den Tricks, den Scheinfakten und Ausnahmeregelungen, die der kaschierte Protektionismus einiger unserer Konkurrenten verwendet. Auch nach der Vollendung des Binnenmarktes wird es diese Form von Protektionismus geben. Auf der einen Seite wird man die Riegel zurückschieben, auf der anderen Seite jedoch in einen erbitterten Kampf um einheitliche EG-Normen eintreten. Es wird nicht einfach sein, den starren, hierarchischen und unabhängigen französischen Verwaltungsapparat dazu zu bringen, seine Anforderungen zurückzuschrauben, um es bestimmten industriellen Branchen zu ermöglichen, den französischen Markt mit Produkten zu überschwemmen, die zwar weniger betriebssicher, aber billiger sind.

Weiterhin muß man auf den Rückstand hinweisen, der bei einer ganzen Reihe von Rationalisierungsprozessen besteht. Das gilt z. B. für den Luftverkehr, den die europäische Deregulierung mit unverminderter Wucht treffen wird. Zu einem Zeitpunkt, zu dem in Europa gigantische Luftfahrtgesellschaften errichtet werden – ein Beweis ist die Fusion zwischen British Airways und British Caledonian –, leben die französischen Luftfahrtgesellschaften Lichtjahre von bestimmten Realitäten entfernt. Das gilt in sozialrechtlicher Hinsicht, wenn in Frankreich darum gestritten wird, ob ein oder zwei Piloten im Cockpit sitzen sollen, während Arbeitgeber und Gewerkschaften im Zuge dieses längst überholten Streits eher daran interessiert sein sollten, die neuen technologischen Veränderungen zu berücksichtigen. Das gilt für die interne Organisation insofern, als die französischen Transportunternehmen auch nicht besser arbeiten als die Verwaltungseinrichtungen – sie sind ebenso schwerfällig und unflexibel in einer Zeit, in der ihnen mobile und höchst wendige Konkurrenten aus dem westeuropäischen und außereuropäischen Raum wie Freischärler auflauern. Und das gilt auch auf der Ebene der verkehrstechnischen Strukturen: Wie kann sich Frankreich den Luxus erlauben, als einziges europäisches Land über zwei internationale und eine nationale Fluggesellschaft zu verfügen? Die entstehenden Mehrkosten trägt heute noch der Kunde, in einer deregulierten Wirtschaft wird er dies jedoch nicht mehr akzeptieren.

Schließlich ist noch die Anziehungskraft zu nennen, die von Frankreich als Land ausgeht. Seine zentrale geographische Lage, sein Klima, seine Lebensart machen es zu einem bevorzugten Gastland von Unternehmen und Einzelpersonen. Damit ist für Investitionen aus dem Ausland und einige Arbeitsplätze gesorgt, aber mit Sicherheit wird man auch eine schärfere Konkurrenzsituation zu erwarten haben. Der belgische Zahnarzt wird sich gerne in Saint-Pol-de-Vence niederlassen – aber wird auch der französische Anwalt dem Charme einer Beschäftigung in Glasgow erliegen? Langfristig gesehen, wird sich auch hier eine Belebung des Wettbewerbs günstig auswirken, zunächst einmal aber verstärkt diese Vorstellung das Trauma vom großen Binnenmarkt.

Hält man es mit dem »Geist, der stets verneint« aus Goethes *Faust*, so ist die Gefahr groß, daß man die Wirklichkeit entstellt. Vieles spricht zugunsten Frankreichs, es hält eine Reihe von

Trümpfen in der Hand und verfügt über ein hohes Maß an innovativen Fähigkeiten. Es hat das Wirtschaftswunder der Nachkriegszeit hervorgebracht und es geschafft, sich in hervorragender Weise an die neuen Strukturen eines gemeinsamen Marktes anzupassen; seit einigen Jahren nun, nachdem es aufgrund der zwei Ölschocks einen gewissen Leerlauf gegeben hat, befindet sich Frankreich in einem außergewöhnlichen Umgestaltungsprozeß, der zur Folge hat, daß die französische Wirtschaft unter allen Mitgliedsstaaten der EG die strengste Lohndisziplin praktiziert, sehr niedrige Inflationsraten hat und ein besonders hohes Maß an Konsensfähigkeit im Sozialleben zeigt. Europa ist als Herausforderung nicht schwerer zu bewältigen als die Aufhebung des Lohnindexes: Es löst höchstens mehr Begeisterung aus! Wer aber mit einer Blume im Gewehrlauf in den Krieg zieht, läuft Gefahr, unliebsame Überraschungen zu erleben. Der Binnenmarkt ist keine leere Phrase, sondern ein Kampfplatz. Hier gilt es, das Gelände zu kennen, Strategien zu entwickeln, Vorbereitungen zu treffen und Opfer zu bringen. Es ist fünf Minuten vor zwölf...

Achtung, das Gegenteil könnte passieren...

Die europafreundliche Naivität könnte, ohne große Vorwarnung, ins Gegenteil umschlagen. Wenn man stets vom Wunder träumt, könnte es ein böses Erwachen geben. Auf Europa als ein unverzichtbares Instrument zur Modernisierung, als Hebel für beschleunigte Veränderungen, könnte ein Europa folgen, das in die Rolle des Sündenbocks gerät. Es wäre möglich, das man dem EG-Binnenmarkt Folgen zuschreibt, die nichts mit ihm zu tun haben, nichts anderes, als der normale Lauf der Dinge sind: die Tatsache nämlich, daß es mehr Konkurrenz gibt, daß sie allgegenwärtig ist und zu einer ständigen Konfrontation führt. Die extremistischen Parteien Frankreichs, die linken ebenso wie die rechten, täuschen sich nicht, wenn sie damit rechnen, daß sie aus Frustration und Enttäuschung Kapital werden schlagen können. Die Gefahr ist groß, daß alles sich ins Gegenteil verkehrt. Eine solche Umkehrung würde verschiedene Formen annehmen: Wirtschaftlich gesehen, wäre die Versuchung groß, wieder auf Protektionismus umzuschalten; im sozialen Bereich käme es zum Wiedererwachen der Ausländerfeindlichkeit, im politischen zur Wiederkehr extremistischer Bewegungen.

An das Gespenst des Protektionismus glaubt offensichtlich niemand mehr. Im März 1983 hat es in Frankreich eine letzte hysterische Auseinandersetzung gegeben zwischen den Vertretern der These »sozialistische Wirtschaft in einem sozialistischen Land« und denjenigen, die sich für die Öffnung der Grenzen aussprachen; diese Grundsatzdebatte ist nun endgültig abgeschlossen. Linke und Rechte achten das Prinzip des Wettbewerbs und sind für eine weltweite Öffnung des Handels. Wenn aber die europäische Lösung ins Wanken gerät, ist auch das Schlimmste nicht mehr ausgeschlossen: eine Rückkehr zum Mythos des Protektionismus. Wenn es sich dabei um einen westeuropäischen Protektionismus handeln würde oder um die Wiederherstellung eines Gleichgewichts zwischen einem nach allen Seiten hin offenen Westeuropa und den härtesten Konkurrenten, d. h. Japan und den USA, dann könnte man darüber reden (s. Teil II, Kap. 4). Wenn man jedoch zu den alten Illusionen einer Abschottung gegenüber unseren Handelspartnern zurückkehren sollte, dann wäre dies eine Katastrophe, und zwar deswegen, weil es eine Zurückentwicklung der kollektiven Intelligenz beim Umgang mit Wirtschaftsfragen – eine Fähigkeit, für die wir so teuer bezahlt haben – bedeuten würde; weil mit dieser Forderung nach Protektionismus, auch wenn ihr nicht nachgegeben wird, die französische Unfähigkeit deutlich würde, sich auf dem Markt erfolgreich zu behaupten; weil der Staat den verschiedenen Interessensgruppen ausgeliefert wäre, die wieder in ihre Verhaltensmuster von einst zurückfallen würden, als sich ihr kollektives Auftreten im Aufspüren von Importquoten zu erschöpfen schien.

Die Gefahr, sich wieder dem Protektionismus zuzuwenden, geht weder von der Industrie noch vom Finanzsektor aus. Die Industrie hat genügend Erfahrungen mit dem gemeinsamen Markt, für sie bedeutet der Abbau der nichttarifären Handelsschranken allenfalls einen graduellen Unterschied zur bisherigen Konkurrenzsituation;

was nun den frisch liberalisierten Finanzsektor anbelangt, so wäre ihm zwar ein Oligopol lieber, aber mit dem freien Markt hat er sich immerhin arrangiert ... Es sind die Berufsstände und die geschützten Berufe generell, die zu Protektionismus neigen; sie sind ihren Traditionen verhaftet und nicht daran gewöhnt, um den Markt kämpfen zu müssen, verfügen aber sehr wohl über die Fähigkeit, eine ganze Gesellschaft unter Druck zu setzen: Lastwagenfahrer sind aufgebracht über die niederländische Konkurrenz; Piloten von nationalen Fluglinien wehren sich gegen die Einsparungen, die im Zuge der Deregulierung vorgenommen werden; Ärzte protestieren gegen die Niederlassung ausländischer Rivalen; Apotheker müssen feststellen, daß es nicht mehr möglich ist, sich über Konzessionen gegen ausländische Konkurrenz abzuschotten; Architekten haben sich mit Außenstellen großer ausländischer Architektenbüros auseinanderzusetzen; und Versicherungsagenten werden durch die Direktabschlüsse ihrer Konkurrenten ins Abseits gedrängt. So viel Mißmut und Unzufriedenheit führt zu einer ganz automatischen Reaktion, die typisch ist für bestimmte berufsständische Verhaltensmuster: Man fordert vom Staat, was der Markt nicht bieten kann! Entweder äußert sich das in vereinzelten und sporadischen Reaktionen, die man, wenn man politisch geschickt ist, als Krise eines bestimmten Berufsstandes von Fall zu Fall managen kann! Oder aber sie treten geballt auf und belasten das soziale Klima; es könnte sich eine neue Form von Poujadismus entwickeln, in der das heutige Kleinbürgertum den Platz der Kaufleute von einst einnimmt. Ein sozialer Kampf nach archaischem Vorbild würde – rückwärtsgewandt – ausgerechnet zu einer Zeit ablaufen, wo die Herausforderungen von 1992 eine Mobilisierung ganz anderer Art erforderlich machen.

Da die Gefahr des Protektionismus vor allem von den individualistisch ausgerichteten Berufsgruppen kommt, könnte die malthusianische Forderung schnell in Ausländerfeindlichkeit umschlagen. Überlagert von einem gegen die Araber gerichteten Rassismus, bleibt die Form der Ausländerfeindlichkeit, die sich auch gegen andere Europäer richtet, unerkannt. Hin und wieder wird sie jedoch spürbar, z. B. angesichts der eher ungeklärten Stimmungslage in den ländlichen Gebieten, etwa im Département Ardèche, wo immer mehr Ausländer einen zweiten Wohnsitz errichten. Symptomatisch sind auch die Elsässer, die gereizt auf den »westdeutschen Kolonialismus« reagieren, d. h. auf die Tatsache, daß Elsässer in die Bundesrepublik gehen, um dort zu arbeiten, während sich die Bundesdeutschen ein Landhaus im Elsaß kaufen. Eine ähnliche Einstellung läßt sich bei den bisher geschlossenen Berufsgruppen erkennen: Die Buchprüfer z. B. wollten beim obersten französischen Verwaltungsgericht ein Berufsverbot für angelsächsische Gemeinschaftsbüros erwirken. Zu diesem Thema gehörten auch die hitzigen Debatten unter den Landwirten, als die ersten Importe aus Spanien ins Land kamen. Einmal mehr ist nicht damit zu rechnen, daß die Vertretungen der französischen Lohnempfänger protestieren. Die kommunistische Gewerkschaft CGT wird sich mit einem Scheingefecht zum Thema »Importskandal« begnügen. Ein anderes Frankreich wird rebellieren – das Land der Selbständigen, das Land mit dem übersteigerten Individualismus und einer höchst unzufriedenen Mittelklasse. Dieses Frankreich ist – wie die Erfahrung zeigt – weder besonders sympathisch noch besonders vernünftig.

Ein soziales Brodeln dieser Art hätte noch vor einigen Jahren keine politischen Auswirkungen gehabt: Es gab etwas mehr Vetternwirtschaft bei der etablierten Rechten, Jean Royer, seinerzeit Herold der kleinen Kaufleute, unternahm ein paar einsame und ergebnislose Initiativen, und es wurde ein diffuser Druck auf die Gesamtheit der Politiker ausgeübt. Vielleicht wird die Kommunistische Partei versuchen, die allgemeine Unzufriedenheit für ihre Zwecke zu nutzen, aber sie wird es auf ihre Weise tun, d. h. versteckt und praktisch nur am Rande. Mit der Nationalen Front verfügt Frankreich über ein trauriges Privileg: Es ist das erste Land mit einer antieuropäischen Partei, die diesem neuen Poujadismus Gestalt verleihen und ihn mit Leben erfüllen kann, und zwar in einem Maße, wie es der Poujadismus der Vergangenheit nicht vermochte. Jean-Marie Le Pen hatte sich nicht getäuscht, als er einige seiner reaktionären Klischeevorstellungen von einem christlichen Europa entwarf und damit zum Wegbereiter einer Anti-Europa-Bewegung wurde. Dabei bediente er sich einer altbekannten Rezeptur: Er vermischte den Haß auf den Markt, auf das Geld, auf die sich mästende Plutokratie und die dahinterstehenden kosmopolitischen Drahtzieher mit einem zur Schau getragenen Mitgefühl für die armen kleinen Franzosen, die hier geopfert werden, und angesichts deren Schicksals man sich nur patriotisch aufbäumen könne. Maurras und die alte Garde der ausländerfeindlichen, antisemitischen Rechtsextremisten kommen wieder zu Ehren, und ihr Gedankengut ist wirkungsvoll; es wird in dem Augenblick voll zum Tragen kommen, wenn der Binnenmarkt, der offiziell als Errungenschaft dargestellt wird, von einigen als ein Übel erlebt wird. Dann wird es ein leichtes sein, alle Register der bekannten Argumentation zu ziehen, den Politikern Leichtsinn vorzuwerfen, Gleichgültigkeit gegenüber dem kleinen Mann auf der Straße, Arroganz und unbegründete Privilegien. Dann fehlt nur noch ein Schuß Antiparlamentarismus, um diesen ideologischen Feuereifer schmackhaft zu machen.

Der Faschismus ist nicht auf dem Vormarsch; die Situation im geeinten Europa ist nicht mit der zu Zeiten der deutschen Inflation von 1923 zu vergleichen; die »Opfer« des Binnenmarkts werden nicht in die Millionen gehen; aber so, wie Le Pen Kapital aus dem Rassismus geschlagen hat, könnte er auch über Europa triumphieren. Sind nicht seine Thesen, mit denen er sich gegen die Einwanderung richtet, zum Ausgangspunkt aller übrigen Debatten geworden, und sei es, zum Glück, nur als Ansatz für Kritik? Le Pen hat das gesamte politische Spektrum nach rechts verschoben: So ist das betretene Schweigen der Linken zu erklären, die, mit Ausnahme von François Mitterrand, keine Stellung in der Frage beziehen wollen, ob Ausländer bei Gemeindewahlen ihre Stimme abgeben dürfen oder nicht; das beweisen weiterhin die Konzessionen, die seit Jahren von seiten der liberalen Rechten gemacht werden, die früher ihren eigenen Standpunkt vertrat; das ist schließlich der Grund dafür, daß sich diejenigen, die sich noch immer als Gaullisten bezeichnen, einem Populismus zuwenden, der in seinem Chauvinismus an Boulanger erinnert. Jeder ist von seiner ursprünglichen Position aus einen Schritt nach rechts gegangen. Ist zu befürchten, daß Le Pen auch mit seiner Taktik gegen Europa Erfolg haben wird? Dann wäre Schluß mit der Europabegeisterung. Überzeugte Europäer müßten die negativen Aspekte dieser Entwicklung erkennen und die weniger Überzeugten dürfen sich noch skeptischer zeigen als bisher. 1992 wäre in diesem Fall weniger eine Panne als vielmehr ein Zwang, und der Binnenmarkt wäre weniger ein Glücksfall denn ein Verhängnis.

* * *

Der EG-Binnenmarkt und seine Folgen sind weder ein darwinistischer Alptraum noch ein Tagtraum, wenn aber die Baumeister Europas weiterhin das Debetkonto – wie es ein Buchhalter nennen würde – unbeachtet lassen, dann wird es einige handfeste Enttäuschungen geben. Seit einem Jahrhundert reagieren die Länder auf jede Intensivierung der Markttätigkeit mit einer verstärkten Umverteilung. Sozialstaat und freier Markt sind gemeinsam ein Stück vorangekommen: Bisweilen lag der Sozialstaat weiter vorne, bisweilen war es der Markt, der sich, wenn auch brutaler, durchsetzte, aber beide sind in unserer Gesellschaft untrennbar miteinander verbunden. Es ist kaum anzunehmen, daß sich das nunmehr entstehende Europa langfristig über diese Gesetzmäßigkeit hinwegsetzen kann? Dem darwinistischen Alptraum ist keinesfalls mit großartigen Wertzuwächsen im makroökonomischen Bereich zu begegnen, sondern mit Umverteilungsmechanismen. Der liberalistische Auftrieb ist ein wirksames Gegengewicht gegen allzuviel und allzu schnelle Gleichmacherei, wie es sie in jedem Land gibt; gleichzeitig aber muß der Allmacht des Marktes auf europäischer Ebene ein sozial-demokratischer Druck entgegenwirken. Wann wird Europa selbst über das Mindestinstrumentarium einer sozialen Demokratie verfügen? Die Tatsache, daß dieses Instrumentarium noch fehlt, beweist unter anderem, daß die »europäische Sinfonie« noch unvollendet ist.

4

Europa – die Unvollendete

Wenn die Errichtung eines geeinten Europas nur über den Markt realisiert werden soll, wird man bald an Grenzen stoßen: Bei exzessiven Entwicklungen muß ein Gegengewicht gefunden werden, wenn man nicht einen heftigen Rückschlag erleben möchte, und auf die Grundsatzfragen, von denen die Allegorie von 1992 lebt, muß eine Antwort gefunden werden. Wird man mit einer einheitlichen Währung rechnen können? Ist eine solche makro-ökonomische Einheit sinnvoll? Wird sich ein solidarisches Haushaltsgebaren durchsetzen können? Wird der Binnenmarkt nach allen Seiten offen oder nur zur Hälfte durchlässig sein? Hinter diesen Fragen stehen Minimalanforderungen, die an das Europa von 1992 gestellt werden müssen, damit diese im wesentlichen wirtschaftliche Konstruktion eine historische und strategische Bedeutung erlangen kann. Man hätte dann nämlich dem strategischen Abdriften des Kontinents eine ernst zu nehmende Alternative entgegenzusetzen. Die einzelnen Etappen auf diesem Weg lassen sich jedoch nicht mit einem genialen Trick bewältigen, indem man anstelle der Harmonisierung die Liberalisierung setzt, so, wie man es bei der Errichtung des Binnenmarkts gehalten hat. Wir brauchen einen politischen Willen, eine politische Konstruktion und politische Ausdauer. Die Politik vertreiben, das ist das Prinzip des Binnenmarktes, aber gleich ist sie wieder zur Stelle und zwingt uns, über den Freihandel hinauszugehen. Um diese beiden wichtigen Aspekte geht es bei der Zwiespältigkeit der deutsch-französischen Beziehungen. Frankreich ist bestrebt, eine gemeinsame Wirtschafts- und Währungspolitik durchzusetzen, aber ihm fehlen die Mittel. Die Bundesrepublik hat diese Mittel, strebt aber dieses Ziel nicht an. Ob es nun um die Etablierung einer gemeinsamen Währung, um die makroökonomische Politik oder um ein solidarisches Haushaltsgebaren geht, Deutschland spielt nicht mit. Und es steht dabei nicht allein, denn Großbritannien hält sich ebenfalls zurück. Die Opposition der Briten ist allerdings nicht so wichtig, denn sie waren ohnehin immer die schlechtesten Schüler der Europaklasse; die Vorbehalte der Bundesdeutschen, die immer als besonders strebsam und gutwillig galten und stets bereit waren, den Geldgeber der Gemeinschaft zu spielen, wiegen dagegen sehr viel schwerer. Die deutsch-französischen Divergenzen werden zwar im Namen der unantastbaren, sakrosankten deutsch-französischen Freundschaft verschwiegen, sie sind jedoch nur Ausdruck eines legitimen Interessenkonflikts und nicht Zeichen eines Gesinnungswandels, der aus einem nationalistischen Frankreich etwa einen EG-Anhänger gemacht hätte und aus der für Europa kämpfenden Bundesrepublik ein Land, das nun seinerseits eine eigene Politik verfolgen wollte. Das nationale Interesse ist nicht tot; es bestimmt die Verhaltensweise beider Länder, und an dem jeweils unterschiedlichen Grad der Europabegeisterung läßt sich ablesen, wie stark nationale Interessen berührt sind. Es ist kein Zufall, daß Deutschland als das Land gesehen wird, das über die Zukunft Europas entscheidet und das auch das Abdriften des Kontinents bewirken oder verhindern kann. Es gibt keine europäische Frage, es gibt nur eine deutsche Frage. Dieses Thema aus dem 19. Jahrhundert wird wieder aktuell. Wer dies zugibt, erliegt nicht etwa einem Anfall von Deutschfeindlichkeit, sondern er rechnet mit der Realität und setzt nicht auf Träume. Und das bedeutet, daß dieses Europa noch nicht gesichert ist, daß 1992 nur eine Etappe auf halbem Weg und das europäische Werk erst zur Hälfte vollendet ist.

Das währungspolitische Veto

Die Einführung einer gemeinsamen europäischen Währung ist technisch völlig unproblematisch. Aber für die Verantwortlichen der Gemeinschaft ist die Versuchung groß, dadurch Zeit zu gewinnen, daß sie zunächst Untersuchungen über die verschiedenen praktischen Probleme einleiteten; daher hat man auf dem Gipfeltreffen in Hannover einen Ausschuß gebildet, in dem die Notenbankgouverneure und Sachverständige zusammenkommen, um innerhalb eines Jahres alle noch ungelösten Fragen aufzulisten. Die Stunde der Wahrheit wird aber kommen, und sie wird zeigen, wie unterschiedlich die Zielvorstellungen sind.

Das Problem ist im Grunde einfach: Die Bundesrepublik ist an einer Fortführung des Europäischen Währungssystems interessiert, weil sie bei einer gemeinsamen Währung viel zu verlieren hat.

Das Europäische Währungssystem bietet den Deutschen die Vorteile einer DM-Zone ohne irgendwelche nachteiligen Folgen. Es hat einer Aufwertung der D-Mark dadurch Grenzen gesetzt, daß es sie in einem festen Wechselkursverhältnis zu den schwächeren Währungen hält; es hat die Exportkraft der Bundesrepublik aufrechterhalten, und Westdeutschland konnte unter anderem einen enormen Handelsbilanzüberschuß gegenüber seinen Handelspartnern verbuchen; es hat auf die anderen Mitgliedsstaaten entsprechenden Druck ausgeübt und sie gezwungen, sich allmählich der restriktiven Wirtschaftspolitik der dominierenden Bundesrepublik anzupassen. Was hat sie eigentlich als Gegenleistung für diese Vorteile erbracht? Sie ist verpflichtet, bei auftretenden Spannungen abwertungsbedrohte Währungen zu stützen und den damit unbeabsichtigterweise verbundenen Geldmengenüberhang hinzunehmen . . . Das war nicht allzu teuer.

Obwohl die Bundesrepublik etwas im Vorteil ist, ist das Währungssystem, allein durch das Gewicht der nationalen Wirtschaften, auch für die anderen Mitgliedstaaten von Nutzen. Jeder zieht Vorteile aus diesem System, auch wenn der Stärkste etwas mehr profitiert als die übrigen. Für die Franzosen hat das EWS die Möglichkeiten reduziert, Dummheiten zu machen. Es stand am Anfang der Wende von 1983 und hat die Franzosen veranlaßt, eine Sparpolitik zu akzeptieren, die notwendig war, um die Fehlentscheidungen der voraufgegangenen zehn Jahre auszubügeln. Die Mechanismen des Systems sorgen dafür, daß sich die Inflationsrate auf dem niedrigsten Stand innerhalb der EG einpendelt; ihm ist zu verdanken, daß die Produktionskosten nicht außer Kontrolle geraten; es zwingt zu einer beschleunigten Rationalisierung des Produktionsapparats; die französischen Arbeitgeber, die von jeher zur Laschheit neigen, konnten auf diese Weise an der Kandare gehalten werden; das EWS hat schließlich die Franzosen gelehrt, den Wert einer starken Währung zu schätzen. Hier hat sich ein Land von Grund auf umgestellt, das bisher stets die zyklische Aufeinanderfolge von unpassender Aufwertung – Abwertung – Anpassung praktiziert hatte und dessen Währung im Kaufkraftvergleich zur Mark im Laufe von weniger als 20 Jahren auf ein Drittel ihres Wertes abgesunken war! Die Tatsache, daß ein sozialistischer Finanzminister eine Art Pinay der Linken werden konnte und sich für einen starken Franc verbürgt, zeigt, daß man doch eine beträchtliche Wegstrecke zurückgelegt hat.

Das Europäische Währungssystem ist eine Schule der wirtschaftlichen Reife. Da es zu wirtschaftlichem Wohlverhalten anhält, hilft es zwar den Schwachen, aber es begünstigt allein durch seinen Mechanismus in noch stärkerem Maße die reichen Länder. Das ist ganz normal, denn ein Währungssystem bewirkt nicht die Verschiebung des Gleichgewichts der Volkswirtschaften untereinander, selbst wenn manche dies gerne hätten, jene etwa, die seit 50 Jahren darauf spekulieren, daß mit Währungsmanipulation strukturelle Probleme gelöst werden könnten; ein Währungssystem spiegelt ein Kräfteverhältnis wider. Mit der Liberalisierung des Kapitalverkehrs wird das Europäische Währungssystem in noch stärkerem Maße als eine DM-Zone in Erscheinung treten. Die Bundesrepublik wird immer mehr Spargelder auf Kosten der schwächeren Gemeinschaftswährungen an sich ziehen: Im Anlagenbereich verdrängt das starke Geld das schwache. Um diesen natürlichen Prozeß aufzuhalten, müßten die Mitgliedsstaaten ihre realen Zinssätze systematisch über denen der bundesdeutschen Zinssätze ansiedeln; auf diese Weise könnte eine westdeutsche Zinsprogression begrenzt bzw. unterbunden werden. Der erreichte Stand könnte in den einzelnen Ländern aufrechterhalten werden, und die wirtschaftliche Führungsrolle der Bundesrepublik bliebe unangetastet. Angesichts dieser Perspektive wird es Länder geben, die neidvoll auf Großbritannien blicken, das sein Pfund aus dem Europäischen Währungssystem herausgehalten hat. Paradoxerweise halten die Briten weiterhin daran fest, obwohl sie inzwischen bereit wären, sich in den europäischen Kontext einzubringen, wenn dies nicht durch den ideologischen und nationalistischen Starrsinn einer Margaret Thatcher verhindert würde. Möglich wurde dieser Alleingang ohnehin nur durch die besonderen Merkmale der englischen Währung, durch ihren Charakter einer internationalen Währung, durch die Tatsache, daß das Pfund Verrechnungswährung für Erdölgeschäfte ist, und dank der Bedeutung der City. Dafür mußte man teuer zahlen: Die britische Wirtschaft hat unter den Schwankungen des englischen Pfunds gelitten, unter den künstlich herbeigeführten Aufwertungen und den übermäßigen Abwertungen. Es ist unrealistisch, heute an eine Lösung nach britischem Muster zu denken, wie es auch 1983 für die Franzosen undenkbar war, aus dem Europäischen Währungssystem auszuscheren. Die Devisenmärkte sind ein derart empfindlicher Resonanzkörper, daß ein Abschied vom EWS in jedem Fall als eine Hinwendung zu monetärem *laisser aller* gewertet würde; ein solcher Schritt würde zu einer unkontrollierbaren Entwertung führen und ungewollt einen Vorwand für eine noch stärkere Sparpolitik liefern. Das westeuropäische Währungssystem ist unser Orientierungsrahmen, und die DM-Zone ist unsere monetäre Anbindung.

Die Franzosen wären daher sehr daran interessiert, das geltende Währungssystem durch eine echte gemeinschaftliche Währung zu ersetzen: Theoretisch haben sie recht, denn eine solche Entwicklung würde nicht nur einen graduellen Unterschied, sondern eine Veränderung in der Sache bedeuten. Bei der Aufrechnung der Vorteile gegenüber den Nachteilen würde sich für jeden Mitgliedsstaat ein anderes Ergebnis herausstellen und dies vor allem für die Bundesrepublik, die sich ebenso vehement gegen eine gemeinsame Währung ausspricht, wie die Franzosen diese begrüßen. Das überrascht nicht, denn die Bundesbank hat dem Ecu von Anfang an mißtraut und befürchtet, die Gesundheit der DM könnte durch die anderen europäischen Währungen angegriffen werden; lange Zeit konnten sich die bundesdeutschen Unternehmen nicht in Ecu verschulden, und wenn die Banken auf diesem Markt intervenierten, dann nur gezwungenermaßen. Für ihre Ablehnung einer europäischen Währung gibt es mehrere Gründe. An erster Stelle steht die Angst davor, die monetäre Disziplin könnte schwinden: Die Westdeutschen sind der Meinung, daß eine europäische Zentralnotenbank nicht mit derselben Strenge verfahren würde wie die Bundesbank, da sie unter dem Druck von Mitgliedsstaaten mit besonders laxer Währungspolitik stünde und diesem wahrscheinlich nicht standhalten könnte, weil sie aufgrund ihres Status nicht hinreichend unabhängig wäre. Die Bundesdeutschen befürchten weiterhin, daß sie diese Währungsdisziplin, sofern sie sie überhaupt durchsetzen könnten, teuer bezahlen müßten: Die Beziehung zwischen Währungsdisziplin und einer solidarischen Verteilung der Haushaltsmittel liegt auf der Hand; in der richtigen Annahme, daß eine einheitliche Währung das Gefälle zwischen armen und reichen Regionen noch verstärkt, müßte dieses durch Umverteilung ausgeglichen werden. Hinzu kommt, daß eine restriktive Währungspolitik umkehrbar ist, das Prinzip der solidarischen Verteilung von Haushaltsmitteln dagegen nicht: Somit besteht die Gefahr, daß die Bundesrepublik sowohl in dem einen als auch in dem anderen Fall Einbußen hinnehmen müßte. Im übrigen würden die Westdeutschen nur ungern auf die Vorteile verzichten, die ihnen ein Handelsbilanzüberschuß im Verhältnis zu den anderen Mitgliedsstaaten verschafft, und dies ist um so verständlicher, als 80% aller Außenhandelsüberschüsse, die zwischen 1983 und 1987 zu verzeichnen waren, auf Geschäfte zwischen der Bundesrepublik und ihren EG-Partnern zurückzuführen waren. Und schließlich wollen die Westdeutschen sich die Machtposition erhalten, überschüssige Spargelder nach Belieben anlegen zu können. Bei einer einheitlichen Währung würde dieses Sparaufkommen innerhalb der EG investiert, während beim gegenwärtigen System jegliche Bestimmung denkbar wäre. Gibt es ein besseres Instrument für ein Wirtschaftsreich der Mitte als die Möglichkeit, eigene verfügbare Gelder zwischen Westeuropa, den Vereinigten Staaten und Osteuropa zu verteilen?

Tatsache ist, daß die Westdeutschen nur dann eine Währungsunion akzeptieren könnten, wenn der uneingeschränkte politische

Wille vorhanden wäre, ein geeintes Westeuropa zu schaffen. Dies war eine Zeitlang der Fall, aber die Franzosen haben seinerzeit die Todsünde begangen, jeden Einigungsprozeß abzublocken, um eine ohnehin illusorische nationale Unabhängigkeit zu wahren. Die Situation hat sich geändert. Gemessen an der reservierten Haltung der Westdeutschen, ist die britische Ablehnung eher sekundär. Margaret Thatcher hat erklärt, daß, solange sie lebe, das Pfund Sterling nicht Teil einer Gemeinschaftswährung sein werde, damit die währungspolitische Autonomie der britischen Regierung erhalten bliebe. Damit überschätzt sie die Bedeutung des englischen Pfunds. Die Bundesdeutschen sind Akteure auf der Bühne des Weltwährungsgeschehens, während Großbritannien, ebenso wie Frankreich, eine Nebenrolle spielt – oder beinahe ...

Die Währungsdebatte führt automatisch in eine Diskussion über makroökonomische Inhalte. Den Franzosen, die seit Jahren behaupten: »Erst einmal die Gemeinschaftswährung, die Wirtschaft wird dann folgen«, antworten die umsichtigen Westdeutschen: »Erst einmal die Wirtschaft, dann wird die Währung schon folgen.« Damit liegt die Beweislast bei einer ohnhin nur hypothetischen makroökonomischen Union!

Die makroökonomischen Divergenzen

Die europäischen Volkswirtschaften scheinen im Gleichschritt voranzukommen; sie weisen sehr ähnliche Wachstumsraten auf, ihre Inflationsraten haben sich angenähert, und sie kämpfen alle gegen eine hohe Arbeitslosigkeit. Aus der Sicht von Singapur oder Los Angeles scheint Europa eine gemeinsame Wirtschaftspolitik zu verfolgen: Die Unterschiede zwischen den Mitgliedsstaaten sind geringer als die zwischen Texas und Massachusetts, zwischen Kalifornien und Maine. Diese Konvergenz ist offensichtlich, sie ist ein Nebenprodukt des Europäischen Währungssystems und ergibt sich *nolens volens* dadurch, daß sich die Mitgliedsstaaten an den Merkmalen der westdeutschen Wirtschaft ausrichten.

Eine gemeinsame makroökonomische Politik würde jedoch eine

wirkliche Übereinstimmung unter den Mitgliedsstaaten voraussetzen: Die Bundesrepublik könnte nicht zugleich die Führungsrolle beibehalten und sich mit unverzichtbaren Grundsätzen vergleichen. Aus gutem Grund erinnern sich die Westdeutschen noch sehr genau an das Jahr 1980, als sich der damalige Bundeskanzler Helmut Schmidt unter dem Druck seiner westlichen Verbündeten dazu bereit erklärte, ein Anwachsen des Haushaltsdefizits in Kauf zu nehmen, damit die Bundesrepublik als Lokomotive für die Weltwirtschaft fungieren könnte: Aber statt die anderen hinter sich herzuziehen, geriet die deutsche Wirtschaft ins Abseits. Mehrere Jahre restriktiver Politik waren nötig, um die Mißverhältnisse, die sie sich absurderweise verordnet hatte, wieder auszugleichen. Die Bundesrepublik will heute keine Expansion. Wie üblich grassiert dort die Angst, in die Inflation abzugleiten. Sobald sie, hochgerechnet auf Jahresbasis, durch den Zufall eines Monats 1 % beträgt, läutet bei der Bundesbank bereits die Alarmglocke! Aufgrund der demographischen Entwicklung ergibt sich für die Bundesrepublik heute eine ungewöhnliche Situation: Die Wirtschaft befindet sich fast in einer Stagnation, und dennoch steigt die Kaufkraft um 3 % bis 4 % pro Jahr, ohne negative Auswirkung auf die anderen volkswirtschaftlichen Bereiche. Es sind dies die ersten, für den einzelnen nicht unangenehmen Folgen einer zahlenmäßig geschrumpften Bevölkerung: Dasselbe Einkommen wird unter weniger Empfängern aufgeteilt. Aus dem gleichen Grund wird die Arbeitslosigkeit zurückgehen, denn auch die Zahl der Erwerbstätigen wird abnehmen, so daß die Arbeitsbeschaffung als Anreiz für wirtschaftlichen Aufschwung allmählich wegfallen dürfte. Der demographische Faktor wird sich sehr negativ auswirken, und die Bundesrepublik wird sich die vorübergehenden Annehmlichkeiten sehr teuer erkaufen müssen, wenn sie weiterhin an innerer Auszehrung leidet. Aber der Aufschwung erübrigt sich ohnehin: Die Bundesregierung wüßte gar nicht, wem ein zusätzlicher Aufwand an öffentlichen Mitteln zugute kommen sollte, und eine zusätzliche Steuersenkung würde allenfalls den Endverbraucher begünstigen, der sowieso schon durch phantastische Lohn- und Gehaltssteigerungen zum Konsum angeregt wird. Die bundesdeutsche Situation gibt einen

Vorgeschmack auf das Europa im Jahr 2000, wenn der Bevölkerungsrückgang seinen Höhepunkt erreicht haben wird: Es wird dann so gut wie gar kein Wachstum mehr geben. Die Tatsache, daß die Westdeutschen die Expansion ablehnen, bezieht sich nicht nur auf eine im nationalen Rahmen mögliche wirtschaftliche Belebung; ihre Ablehnung gilt in gleicher Weise der Vorstellung eines EG-weiten Aufschwungs. Aufschwung wäre, in den Augen der Westdeutschen, in jedem Fall von Nachteil; das Geld würde noch schlechter als bisher verwendet, und auf die Frage, ob es so etwas wie einen Marshall-Plan für den Osten geben könnte, lautet die Antwort: Warum soll man ein solches Vorhaben auf die Gemeinschaftsebene verlegen, wenn es sich doch soviel besser von Bonn aus durchführen ließe!

Man könnte die französische Position im Verhältnis zur westdeutschen als spiegelbildlich verkehrt bezeichnen. Frankreich braucht Wachstum mehr als alle anderen und muß sich dennoch mit weniger Wachstum zufriedengeben. Frankreich ist daher auf wirtschaftsbelebende Impulse aus dem Ausland angewiesen. Die Arbeitslosenrate wird zwangsläufig weitersteigen, denn die erwerbstätige Bevölkerung nimmt zu und soll, laut einigen Voraussagen, Zuwachsraten von bis zu 15 % aufweisen, während die Unterbeschäftigung bei unseren Nachbarn aufgrund der stark rückläufigen Bevölkerungszahlen auf 5 % sinken wird. Diese äußerst besorgniserregende Entwicklung kann nur durch stärkeres Wachstum aufgehalten werden. Alles andere sind Notlösungen: Arbeitsbeschaffungsmaßnahmen, Auftragsarbeiten, halbe Deputate, Teilzeitarbeit, TUC-Verträge*, Zeitarbeit, Schwarzarbeit ... Auch die Arbeitszeitverkürzung mit entsprechenden Einkommenseinbußen ist keine Lösung, und die Gewerkschaften haben von sich aus darauf verzichtet: Sie würde ein allzu hohes Maß an kollektiver Solidarität verlangen, die ganz im Gegensatz zu der Bindungslosigkeit und dem Egoismus unserer heutigen Gesellschaft steht, die im Individuum das Maß aller Dinge sieht. Die französische Wirtschaft ist zum

* *Travail d'utilité collective*: vom Staat vergütete Maßnahmen der Arbeitsbeschaffung für arbeitslose Jugendliche zwischen 16 und 21 Jahren (d. Ü.)

Wachstum verdammt, hat aber gleichzeitig mit einer bedrohlichen Entwicklung im außenwirtschaftlichen Bereich zu kämpfen. Wenn schon bei geringer Belebung die außenwirtschaftlichen Ergebnisse katastrophal sind, dann muß es zu Kurskorrekturen und restriktiven Maßnahmen kommen, was wiederum Arbeitsplätze kostet. Daher die Wachstumsdifferenz von 0,5 % bis 1 % gegenüber den wichtigsten Nachbarn Frankreichs. Die Rechnung geht also nicht auf. Sie vereitelt die Flucht nach vorn, aber nicht die Flucht in einen Traum: ein gemeinsamer Aufschwung als Ergebnis einer gemeinsamen makroökonomischen Politik! Die meisten der Mitgliedsstaaten sind in derselben Lage wie Frankreich, vor allem die südlichen Länder, die ebenfalls nicht darauf hoffen können, daß die demographische Entwicklung ihr Arbeitslosenproblem löst.

Vor nicht allzulanger Zeit neigten die Sachverständigen noch zur westdeutschen Auffassung und waren ebenfalls überzeugt, daß eine zu starke Expansion die Inflation anheizen und die finanziellen Ungleichgewichte in der westlichen Welt verschärfen würde. Heute sind sie einhellig der Meinung, daß Westeuropa, als Einheit betrachtet, noch über einen beträchtlichen Wachstumsspielraum verfüge. Das ist mit »weicher Landung« gemeint, von der seit 18 Monaten immer wieder die Rede ist: Man erwartet eine Verlangsamung der Wirtschaftstätigkeit in den USA, als Folge steuerlicher, nicht währungspolitischer Maßnahmen, und als Ausgleich dazu einen Wirtschaftsaufschwung in Japan und Westeuropa. Japan ist, ungeachtet der Vorwürfe, die man ihm völlig zu Unrecht macht, dabei, seinen Vertrag zu erfüllen: Erreicht es heute nicht Wachstumsraten wie in seinen besten Jahren vor den beiden Erdölschocks? Europa hingegen steht unter der Fuchtel der Bundesrepublik und erfüllt seine Verpflichtungen nicht. Die Divergenz zwischen Japan und Westdeutschland ist, so gesehen, um so überraschender, als die Gemeinsamkeiten bisher zu überwiegen schienen. Der Grund hierfür ist der unterschiedliche Konsumhunger in beiden Bevölkerungen. Der Wohlstand ist noch nicht bis ins Innere der japanischen Gesellschaft vorgedrungen. Es gibt noch zahllose ungestillte Bedürfnisse, etwa im Bereich des individuellen Konsums, des Wohnungsbaus, der Freizeit und der öffentlichen Dienstleistungen; die

Existenz eines japanischen Arbeiters ist nicht zu vergleichen mit der Gemütlichkeit, mit der sich der deutsche Kollege in diesem Leben eingerichtet hat. Auch hier wirkt sich die Demographie aus, wenn auch noch nicht in voller Stärke; sie wird aber langfristig in Japan, ebenso wie in der Bundesrepublik, die Dynamik dämpfen, auch wenn sie im Augenblick noch kein Faktor der Stagnation ist. Was Sachverständige predigen und Nationen einhellig hinausposaunen, reicht nicht aus, um die Westdeutschen zu überzeugen. Sie würden eine makroökonomische Politik des Aufschwungs, die ihren Zielvorstellungen und ihrer Interessenlage entgegenstünde, nur dann akzeptieren, wenn sich übergeordnete Beweggründe erkennen ließen. Damit wäre vor allen Dingen für die deutsch-französische Union eine Art Symbiose hergestellt, die weit über den wirtschaftlichen Rahmen hinausreichen würde. Woher sollten die Franzosen das Recht nehmen, von den Bundesdeutschen eine »wirtschaftspolitische Garantie« zu verlangen, solange sie ihnen ihre nukleare Verteidigungsgarantie verweigern? In den Bereichen, in denen sie jeweils die Führungsrolle innehaben, ist keiner bereit, auf den anderen zuzugehen. Beide tragen jedoch Verantwortung, und in diesem Punkt trifft die Kritik nicht nur die Westdeutschen. Die Franzosen haben ihr Maginot-Syndrom, mit dem sie nicht fertig werden, und sie zeigen in der Frage der nuklearen Verteidigung nicht die Gesprächsbereitschaft, die doch in ihrem eigensten Interesse wäre. Die Westdeutschen ihrerseits sehen im Bereich der Wirtschaft keine Veranlassungen zu einer Politik, die nicht ihren eigenen Interessen entspricht. Passivität auf beiden Seiten, wenn auch aus unterschiedlichen Gründen. Soll man auf die Vorsehung hoffen, den Zufall, den Glauben oder ein plötzliches Erwachen, damit sich endlich etwas bewegt?

Ein sozialer Rumpfstaat

Die Väter des Binnenmarktes haben es versäumt, dem Prinzip moderner Volkswirtschaften Rechnung zu tragen, in denen Markt und Umverteilung Hand in Hand gehen. Dabei hatten sie doch das Beispiel der gemeinsamen Agrarpolitik vor Augen, die Freihandel, Marktordnung und Einkommenspolitik untrennbar miteinander verbindet. Es ist üblich, diesen enormen Verwaltungsapparat der EG zu kritisieren, auf Butterberge, unkontrollierbare Marktsituationen und zunehmende Diskrepanzen zwischen den Ländern hinzuweisen. Damit übersieht man aber einen bemerkenswerten Erfolg: die beschleunigte Modernisierung der europäischen Landwirtschaft ohne ein soziales Drama.

Im Vergleich zu diesem Modell ist 1992 eine lückenhafte Konstruktion, da sie weder Schutz nach außen bietet, noch soziale Maßnahmen der Umverteilung vorsieht. Die Folgen liegen auf der Hand: eine allgemeine Verbesserung der Leistungsfähigkeit und der Produktivität, womit der Reinigungsprozeß gerechtfertigt wird, aber auf Kosten starker regionaler Unterschiede, sektorieller Krisen und Branchenauslagerungen. Diese Wunden müssen geheilt werden. Die Mitgliedsstaaten werden dafür ihre sozialpolitischen Möglichkeiten einsetzen, aber ihre Intervention nach dem klassischen Muster wird keine Antwort auf einen offensichtlichen Widerspruch sein: Die schwächsten Länder werden in besonders starkem Maße auf ausgleichende Maßnahmen angewiesen sein, doch ihre nationalen Mittel werden nicht ausreichen, besondere Anstrengungen im Bereich der Einkommensumverteilung zu unternehmen. Ohne ein Minimum an gemeinsamen Sozialmaßnahmen wird es im Europa von 1992 zu Rückschritten im sozialen Bereich kommen. Jacques Delors wird nicht müde, auf den Umstand hinzuweisen, daß Wettbewerbsfähigkeit und Kooperation eng zusammengehören und daß der gemeinschaftliche Binnenmarkt flankierende Maßnahmen erfordere.

Hier gäbe es eine ganze Menge zu tun. In erster Linie betrifft das den Finanztransfer zwischen den Reichen, die am stärksten von 1992 profitieren werden, und ihren Partnern, die einen gewissen Entwicklungsrückstand haben. In jeder Volkswirtschaft zahlen die reichen Regionen für die armen. Das ist das Kernstück des Gesellschaftsvertrags. Könnte es nicht auch explizit oder implizit einen europäischen Gesellschaftsvertrag geben? Oder errichtet man hier ein kollektives Gebilde ohne Gesellschaftsvertrag? Will man eine

Premiere? Personenbezogene Einkommenszulagen, Unterstützungsgelder aus Haushaltsmitteln, Sozialausgaben, Aufträge zum Ausbau der Infrastruktur und ähnliches waren bisher die gängigen Möglichkeiten, um einen Lastenausgleich zwischen reichen und armen Regionen zu schaffen. Auch die jüngste Aufstockung des Regionalfonds ist nur ein recht bescheidener Versuch, um in der Frage der Umverteilung weiterzukommen.

Zur Durchführung notwendiger Maßnahmen benötigt man Haushaltsmittel der reicheren Mitgliedsstaaten und – Adel verpflichtet! – die der Bundesrepublik. Diese Länder zeigen jedoch nicht die geringste Bereitschaft dazu. Alle, auch Frankreich, sehen sich in einer Zwangslage: Sie wollen keine Steuererhöhungen, keine Erhöhung des Haushaltsdefizits, sie tun alles, um einer Ausweitung der öffentlichen Verschuldung entgegenzuwirken, und sehen sich schließlich nicht in der Lage, von den nationalen Sozialabgaben einen gewissen Betrag abzuzweigen. Zu diesen Zwängen, die für alle leistungsstarken Länder der EG gelten, kommt für die Westdeutschen noch hinzu, daß sie es satt haben, ständig als Zahlmeister der EG auftreten zu müssen. Sie haben die gemeinsame Agrarpolitik finanziert, die verschiedenen Fonds aufgestockt und über die eigenen Verpflichtungen hinaus die Rückerstattung von Haushaltsmitteln ermöglicht, die seinerzeit Margaret Thatcher zugestanden wurde. Ihre Großzügigkeit hat Grenzen, vor allem dann, wenn die außerökonomischen Motive wegfallen: wie etwa das schlechte Gewissen wegen der deutschen Vergangenheit und die leidenschaftliche Einsatzbereitschaft für Europa. Schon die Anfänge eines europäischen Sozialstaates lassen die Westdeutschen erneut den Schrecken der Agrarpolitik befürchten, daß etwa im finanziellen Bereich wieder eine Höllenmaschine in Gang gesetzt wird, die, ausgestattet mit Leistungsautomatismen und Zahlungsverpflichtungen, nicht aufzuhalten ist und für die sie, zwangsläufig, den Geldgeber spielen müssen.

Dieser europäische Wohlfahrtsstaat ist noch nicht konzipiert, weder im Bereich des Finanztransfers, noch hinsichtlich des Sozial- und Arbeitsrechts. Die Vereinigten Staaten und Kanada beweisen, daß ein einheitlicher Binnenmarkt durchaus regionale Unterschiede im sozialen Bereich aufweisen kann. Es wäre völlig illusorisch, auf einen Schlag das Sozialrecht von Kopenhagen bis in die Algarve, von München bis Saloniki vereinheitlichen zu wollen. Ein absurder Gedanke! Aber so, wie die Gemeinschaft beschlossen hat, die unterschiedlichen Mehrwertsteuersätze einzugrenzen, müßte sie nun damit beginnen, ein Minimum an Rahmenbedingungen für die Sozialgesetzgebung in den einzelnen Ländern zu entwickeln. François Mitterrand hat seit seiner Amtsübernahme im Jahr 1981 ständig für ein soziales Europa plädiert. Getragen von der allgemein herrschenden liberalen Stimmung, haben seine Kollegen darin jedoch nur ein Sühneopfer des französischen Präsidenten für die Linke gesehen. Die ersten durch 1992 bewirkten Erschütterungen werden ihnen vielleicht die Augen öffnen. Eine Gesellschaft nach europäischem Recht, das für die Arbeitnehmer verschiedene Formen der Unternehmensbeteiligung vorsieht? Eine Harmonisierung der Arbeitsbedingungen? Ein Mindestmaß an Konsens in der Sozialgesetzgebung? Eine beginnende Annäherung im Bereich der Altersversorgung, der Arbeitslosenunterstützung und der unzähligen Formen sozialer Unterstützung? All diese Vorstellungen haben in der gegenwärtigen Situation utopischen Charakter. Die einen vermuten eine Utopie sozialistischer Prägung, die anderen sehen sie mehr »konstruktivistisch«, und wieder andere sind der Meinung, daß es budgetmäßig eine Utopie sei.

Ob es zu einem gemeinschaftlichen Sozialstaat kommt oder nicht wird über den Charakter der westeuropäischen Konstruktion entscheiden. Entweder sie ist nichts anderes als eine innergemeinschaftliche Freihandelszone, perfekt, ohne tarifäre und nichttarifäre Handelshemmnisse, oder sie ist im Bereich des Handels der Anfang eines Prozesses, der auf sehr viel ehrgeizigere Ziele hinausläuft: Man darf nicht vergessen, und vor allem die Westdeutschen werden dies nicht tun, daß die letzte wirtschaftliche und politische Einigung, die es gegeben hat, nämlich das Bismarck-Deutschland, nicht nur den Binnenmarkt und den Außenmarkt gestärkt hat, sondern auch eine Sozialpolitik initiierte, die für die damalige Zeit etwas völlig Neues darstellte. Die politische Einigung hat sich dann wie von selbst ergeben. Ginge es, wie in der ersten Hypothese, nur um den Freihandel, so wäre diese Erscheinung gegebenenfalls auch wieder rückgängig zu machen. Einige Staaten könnten bei den ersten Schwierigkeiten versucht sein, sich aus der Entwicklung auszuklammern, Schutzklauseln für sich zu beanspruchen und, zumindest vorübergehend, den Binnenmarkt nur insofern zu akzeptieren, als er ihnen Vorteile bringt. Damit hätten wir das Westeuropa, in dem berechnet und aufgerechnet wird, d. h. wir hätten alles andere, nur kein Westeuropa. Es wäre naiv, sich auf einen Raum wie Westeuropa zu stützen und sich gleichzeitig gegen sehr schwerwiegend strategische Entwicklungen auszusprechen. 1992 wirft letztlich ebenso viele Probleme auf, wie es löst: Sozialstaat – Währung – Wirtschaftsunion. Aber zu den normalen Schwierigkeiten kommt noch eine ideologische Verunsicherung. Der *Welfare State* ist nicht mehr unumstritten: Seine Auswüchse in den höchstentwickelten europäischen Staaten machen eine Verjüngungskur unbedingt erforderlich; der Staat als Verteilermechanismus für Hilfeleistungen, die er blind zugunsten der Mittelklasse und zum Nachteil der wirklich Armen vergibt, kann von einer Beschneidung dieser Rolle, und sei sie noch so gering, nur profitieren. Aber die Tatsache, daß die französische oder deutsche Krankenversicherung die belebende Wirkung des Wettbewerbs braucht, heißt noch nicht, daß es nicht zu einem Transfer zugunsten der Arbeitnehmer in Porto kommen müßte. Dem allzu starken Sozialstaat auf nationaler Ebene muß mit einem stärkeren Markt begegnet werden; dem allzu starken europäischen Markt muß mit stärkeren sozialstaatlichen Maßnahmen begegnet weden. Dieser Balanceakt ist für Politiker eine schwierige Angelegenheit: Für sie ist es leichter, in eindimensionalen Räumen zu denken ... Und darüber hinaus muß man dem im Wohlstand lebenden Steuerzahler begreiflich machen, daß er mehr als bisher zu zahlen hat, und zwar nicht für seine Mitbürger, sondern für weit von ihm entfernt lebende Europäer! Allerdings kämen in einer utopischen Welt die Einsparungen, die reiche Sozialstaaten im nationalen Bereich vornehmen könnten, einem europäischen Sozialstaat zugute, der bis jetzt nur ein sozialer Rumpfstaat ist ... Aber in der Politik gibt es kein Schlaraffenland.

Aber auch der Markt selbst gleicht einer unvollendeten Sinfonie. Weder über das wesentliche Problem der Öffnung bzw. Schließung der Grenzen gegenüber der restlichen Welt noch über die Spielregeln des großen Binnenmarkts ist abschließend verhandelt worden. Während 1992 in Vorbereitung ist, praktiziert die EG an ihren Grenzen einen gemeinsamen Außenzoll, der weit unter dem der übrigen Wirtschaftszonen liegt, und sie verzichtet vollständig auf nichttarifäre Handelshemmnisse. Mit ihrem Abbau im innergemeinschaftlichen Verkehr wird die Aufhebung auch gegenüber Dritten unerläßlich. Was aber wird nun aus den heimlich vereinbarten Beschränkungen für Automobilimporte aus Japan: 3000 Fahrzeuge in Italien, 3 % des französischen Marktes und 10 % des britischen Marktes. Sie sind nicht mehr möglich. Was sind die Abkommen über eine Beschränkung der Textil- und Stahlimporte noch wert? Nicht mehr sehr viel. Unternehmen, die in die Gemeinschaft exportieren, müssen, um der Gemeinschaftsnorm zu entsprechen, die Bestimmungen desjenigen EG-Landes mit den geringsten Anforderungen berücksichtigen. Das bedeutet, daß die Nicht-EG-Länder sehr starken Druck ausüben werden, um sich die günstige Gelegenheit des Binnenmarktes nicht entgehen zu lassen: Japan steht Gewehr bei Fuß, und die südostasiatischen Drachen sind im Anmarsch. Wenn mit 1992 ein schnelles Absinken der Preise erreicht werden soll, so sind diese den innergemeinschaftlichen Wettbewerb noch verstärkenden Konkurrenten willkommen. Wenn es aber auch darum geht, europäische Unternehmen von internationalem Format zu errichten, dann ist dieser Zeitpunkt verfrüht, denn für einen solchen Kampf sind sie noch nicht gerüstet. Noch mal im Klartext: Es geht nicht darum, einem irgendwie gearteten Protektionismus das Wort zu reden. Aber eine einseitige Abrüstung ist in der Wirtschaft ebensowenig zu rechtfertigen wie im militärischen Bereich. Europa ist als Handelszone schon jetzt offener als irgendeine Zone der Welt; nach 1992 wird der EG-Raum zum Paradies der Exporteure in Drittländern werden. Alle Zugeständnisse nichttarifärer Art, die den Amerikanern oder Japanern ohne Gegenleistung gemacht wurden, wären dann der irrwitzige Preis dafür gewesen, daß man sie gezwungen hätte, die Volkswirtschaften ihrer Länder zu liberalisieren. Aber bei der Frage nach einem offenen oder auch nur durchlässigen Europa geht es, einmal mehr, um die Divergenzen zwischen Frankreich und der Bundesrepublik, wobei Frankreich in gewisser Hinsicht für alle die Mitgliedsstaaten steht, die eine »konstruktivistische« Vision von Europa haben.

Die erste Divergenz: Für Frankreich ist der Binnenmarkt ein Raum, in dem eine westeuropäische Industrie entstehen soll. Für Westdeutschland dagegen handelt es sich dabei um eine Zone mit Mindestpreisen; die westeuropäische Industrie gibt es in ihren Augen bereits – es ist die bundesdeutsche.

Die zweite Divergenz: Für die Franzosen ist der Binnenmarkt ein Wirtschaftsraum »an sich«, eine dritte Kraft an der Seite der beiden anderen großen, homogenen Märkte: Nordamerika und Japan; in den Augen der Bundesdeutschen ist Westeuropa jedoch nichts anderes als eine weitere Stufe auf der Leiter zum Weltmarkt. Nichts kann sie mehr aus der Fassung bringen als Vergeltungsmaßnahmen der Amerikaner als Antwort auf europäische Initiativen zum Selbstschutz. Die Bundesrepublik hat gesicherten Zugang zu den Märkten von Nicht-EG-Ländern und möchte daher nicht Opfer eines US-amerikanischen Protektionismus werden, unter dem sie weit mehr als ihre EG-Partner zu leiden hätte.

Die dritte Divergenz, bei der sich die wirtschaftlichen Argumente auf der Ebene der internationalen Beziehungen und strategischen Überlegungen bewegen: Frankreich erlebt die westeuropäische Einheit wie eine Wiederholung des amerikanischen Einigungsprozesses, nur in Zeitlupe; es sieht Westeuropa als einen eng umgrenzten geographischen Raum mit seinen klassischen Grenzen. Für die Bundesrepublik dagegen ist Europa ein offener Raum. Raum heißt hier nicht Einheit. Offen bedeutet, daß eine Verflechtung mit dem Westen, aber auch mit dem Osten, möglich ist. So gesehen, ist die unterschiedliche Einstellung dieser beiden Länder zum Binnenmarkt bezeichnend für ihre globalen Visionen, die ebenfalls verschieden sind. Von beiden Standpunkten wird sich jedoch, wie anzunehmen ist, der deutsche behaupten; nicht etwa, weil die Bundesrepublik sich in einer Grundsatzdebatte durchsetzen wird, sondern weil die Errichtung einer EG mit festen Grenzen auf Einstimmigkeit angewiesen ist, und die reservierte Haltung des wirtschaftlich stärksten Mitgliedsstaates ausreicht, um auch den anderen jede Entschlußkraft zu nehmen. Die Diskussion wird sich nicht mehr auf den Warenaustausch beschränken, sondern wird in zunehmendem Maße auch die Vermögenswerte einbeziehen.

Die Vereinigten Staaten werden diesem Problem ebensowenig ausweichen können, und erste Anzeichen deuten darauf hin, daß sich eine Konfrontation anbahnt. Auf der einen Seite stehen die Vertreter des klassischen Freihandels: Ihnen ist es gleichgültig, ob Ausländer, vor allem Japaner, amerikanischen Besitz erwerben, wie etwa Wohnhäuser oder auch Unternehmen. Auf der anderen Seite gibt es die Demokraten und seit kurzem auch einen Teil der Republikaner, die sehr besorgt darüber sind, daß die Vereinigten Staaten ihr Vermögen sozusagen verschleudern, um ihr Außenhandelsdefizit zu finanzieren. Zum ersten Mal in der Geschichte gibt es ein Gesetz, das es staatlichen Behörden erlaubt, Auslandsinvestitionen in den Vereinigten Staaten gegebenenfalls zu unterbinden, und zwar mit der sehr dehnbaren Begründung der nationalen Sicherheit.

Die europäische Zwölfergemeinschaft wird sich demselben Dilemma gegenübersehen: Entweder sie schafft die entsprechenden Genehmigungsverfahren, oder sie läßt, mit Ausnahme des Wehrbereichs, jede Transaktion zu. Aber das Kräfteverhältnis unter den Mitgliedsstaaten wird das Gewicht der beherrschenden Wirtschaft, der westdeutschen, als einer kapitalexportierenden Wirtschaft deutlich machen: Für jede restriktive Entscheidung der EG muß sie Vergeltungsmaßnahmen der Nordamerikaner oder Japaner befürchten, die sich wiederum negativ auf ihre expandierenden Auslandsinvestitionen auswirken würden. Außerdem sind die bundesdeutsche Industrie und Finanzwelt in das Kontrollnetz der großen internationalen Institutionen eingebunden und werden dadurch indirekt stärker abgeschirmt als andere. Die Bundesrepublik wird sich also auf ihre liberalistischen Grundsätze berufen und eine Investitionskontrolle ablehnen, die sie zu ihrem Schutz nicht benötigt, die aber ihrem guten Ruf als Anleger im internationalen Geschäft abträglich sein könnte. Westeuropa, das sich nach außen hin stärker öffnete als umgekehrt, liefe Gefahr, sich ungeschützt den wichtigsten Exporteuren im Welthandel darzubieten und ein Aufnahmeland für Kapital zu werden, das anderswo schlecht unterzubringen wäre; Europa würde sich zu einer gigantischen Freizone entwikkeln. Beide Großmächte sind an dieser Zone interessiert: Die USA wollen dorthin exportieren, die UdSSR will von dort importieren, nicht zuletzt, um den strategischen Preis einer Abhängigkeit von den USA nicht zahlen zu müssen.

Die Unsicherheit hinsichtlich der Spielregeln beschränkt sich nicht auf das »To be or not to be« aller großen Wirtschaftsräume, d. h. auf die Frage, soll man sich schützen oder nicht. Sie gilt in gleichem Maße für die Funktionsweise des Binnenmarkts. Man darf nicht vergessen, daß es keinen reinen und vollkommenen Markt ohne rechtliche Prinzipien gibt. Es gibt wenige, aber wichtige: z. B. strenge Vorschriften über die Errichtung von Monopolen und marktbeherrschenden Stellungen und die absolute Gegenseitigkeit im Güter-, Dienstleistungs- und Kapitalverkehr. In der Monopolfrage ist die Gemeinschaft gut gerüstet: Die Kommission verfügt seit der Unterzeichnung der Römischen Verträge über alle notwendigen Vollmachten, und der Europäische Gerichtshof zeigt sich gerade in diesem Punkt unbeugsam. Um sich jedoch auch auf dem großen Binnenmarkt durchsetzen zu können, müßte das zur Verfügung stehende Instrumentarium verstärkt werden, das gilt vor allem für den freien Zugang zu öffentlichen Ausschreibungen. Wie kann man dem unschicklichen Konkubinat zwischen Bundespost und Siemens, zwischen France-Télécom und CGE beikommen? Wie soll man verhindern, daß steuerliche Begünstigungen – das steuerbegünstigte Sparbuch »livret A« in Frankreich z. B. – den freien Wettbewerb auf dem Geldmarkt beeinträchtigen? Wie kann man rechtlich etwas gegen die Einbehaltung der Gewinnspannen zu Lasten des Endverbrauchers unternehmen? Es gibt eine ganze Reihe von wettbewerbsschädlichen Praktiken, und ihre Bekämpfung ist mitunter die reinste Sisyphusarbeit. Hat man eine Regelwidrigkeit aufgedeckt, taucht sie an anderer Stelle noch geschickter und tiefer unter. Hier kann nur die Angst vor Strafe etwas bewirken. Die bisher verhängten Geldbußen wirken nur bedingt abschreckend: Was sind schon einige Millionen Ecu Bußgeld, die man nachträglich und mit niedrigen Verzugszinsen zu entrichten hat, im Vergleich zu den Gewinnen, die bei einer geschickten Absprache möglich sind? Erst die »Kriminalisierung« der Vergehen, d. h. Möglichkeit zum Strafvollzug, wirkt abschreckend, so, wie das im nationalen Rechtsraum der Fall ist. Das würde bedeuten, daß Verstöße gegen die Wettbewerbsregeln automatisch einen Strafprozeß nach sich ziehen müßten, und zwar in dem Land, in dem das Unternehmen niedergelassen ist – zumindest bis zu dem Tag, an dem die EG über eine eigene Strafgerichtsbarkeit verfügen wird ... Im Gegensatz zu vielen anderen Bereichen ist hier keine grundsätzliche Änderung nötig, es muß lediglich das bereits bestehende Instrumentarium ergänzt werden. Und diese Ergänzung wird es eines Tages geben.

Das Prinzip der Gegenseitigkeit dagegen ist in der Anwendung sehr viel komplizierter. Für den Güterverkehr versteht es sich von selbst, für den Dienstleistungsbereich wird es sich durchsetzen, selbst wenn es Gewohnheiten, Reaktionen und Verhaltensweisen gibt, die sich wie versteckte nichttarifäre Handelshemmnisse auswirken. Auf dem Weg zu einem freien Kapitalverkehr jedoch häufen sich die Hindernisse! Besonders brisant stellt sich das Problem im Zusammenhang mit den Aktienverkäufen der öffentlichen Hand, die sich inzwischen zu einem hervorragenden Hebel für europäische Rationalisierungsbestrebungen entwickelt haben. Die Mitgliedsstaaten öffnen ihre Märkte heute nicht in gleicher Weise, die Skala reicht von den sehr liberalen Briten bis hin zu den eher abgeschotteten Niederländern. Auf britischer Seite respektiert man den freien Markt, und die Monopolkommission, das einzige Gremium, das marktbeherrschende Stellungen untersagen kann, beschränkt sich in der Regel auf eine genaue Feststellung der Marktanteile, ohne einen heimlichen, wachsamen Nationalismus, wie dies bei den Entscheidungen des bundesdeutschen Kartellamts die Regel zu sein scheint. Auf der Skala der Länder mit eher offenem

Markt folgen nach Großbritannien Belgien, Spanien und Frankreich. In Belgien läßt sich der Grad der Marktöffnung an den Vorgängen um die Société Générale de Belgique ablesen. Auf spanischer Seite steht hierfür das Beispiel der KIO-Investitionen (Kuweit Investment Office): Erst als es dabei ein paar handfeste Exzesse gab, begann die Regierung die Stirn zu runzeln. Was Frankreich anbelangt, so verfügt man zwar über ein unübertroffenes Arsenal gesetzlicher Vorschriften, die es erlauben, jederzeit die Luken dichtzumachen, in der Praxis jedoch hat sich allmählich eine liberale Praxis breitgemacht, auch wenn ausländische Anleger an gewisse Tabus nicht rühren sollten. Italien ist in unserer Tabelle etwas schlechter plaziert: Auf den ersten Blick scheint der Markt frei, gibt es keinerlei Investitionsbeschränkungen, in Wirklichkeit aber haben wir es mit einer Wirtschaft zu tun, die von mächtigen Finanzkapitänen protegiert und beherrscht wird. Eine kleine Zahl einflußreicher Akteure, sowohl privates Großkapital als auch der Staat, will unter sich bleiben. In Italien hat es noch keine Verkäufe der öffentlichen Hand gegeben, schon gar nicht in Verbindung mit einer Offerte aus dem Ausland, und in der nächsten Zeit wird mit einem solchen Ereignis wohl auch kaum zu rechnen sein. Noch weiter zurück liegt die Bundesrepublik. Die großen Institutionen praktizieren Endogamie, wie wir gesehen haben, und das Kartellamt fungiert als Aufseher letzter Instanz, wenn es die »Großen« nicht schaffen, das anstehende Problem zu lösen. An letzter Stelle stehen die Niederlande, der Inbegriff des Protektionismus, die eine sehr raffinierte Unterscheidung treffen zwischen dem Unternehmen als einer Rechtspersönlichkeit einerseits und seinen Aktionären andererseits. In diesem seltsamen System genügt der Kapitalbesitz nicht mit Sicherheit zur Kontrolle einer Gesellschaft. Hinzu kommt ein Mehrfachstimmrecht *ad infinitum*, z. B. berechtigen die Aktien der Kategorie A, die sich in den Händen bestimmter Leute befinden, zu n-facher Stimmabgabe im Vergleich zu den gewöhnlichen Aktien der Kategorie B.

Vor einem derart uneinheitlichen Hintergrund läßt sich die Gegenseitigkeit mit Sicherheit nicht hier und jetzt verwirklichen. Rechtlich verankerte Privilegien, wie etwa das Mehrfachstimmrecht, werden mit der Zeit verschwinden: Sie stehen in allzu offensichtlichem Widerspruch zu den Grundsätzen des großen Binnenmarktes; bestimmte Verfahrensweisen wird man jedoch auch in Zukunft ohne Schwierigkeiten beibehalten können: Staatliche Institutionen, z. B. Kartellämter und andere Einrichtungen zum Schutz des freien Wettbewerbs, können ihren rechtlich unanfechtbaren Entscheidungen nach wie vor eine kaum wahrnehmbare Prise von Nationalismus beimischen. Das gilt vor allem für das Verhalten der mächtigen Wirtschaftsakteure in den einzelnen Mitgliedsstaaten, die versuchen werden, ihre Domäne zu wahren, und die es vorziehen werden, sich mit den üblichen, nach bekanntem Schema verlaufenden Konflikten im eigenen Land auseinanderzusetzen, statt die Unbilden der großen Marktöffnung zu ertragen. Wird es eine Annäherung der eher protektionistischen an die eher liberalistischen Konkurrenten geben? Oder wird es umgekehrt sein? Diese Frage läßt sich heute nicht beantworten: Ohne ein starkes Engagement der Mitgliedsstaaten, die in ihrem eigenen Land für Ordnung sorgen und ohne Wenn und Aber auf Gegenseitigkeit bestehen, könnte die europäische Dynamik erlahmen, und dann würden die Unterschiede zwischen den Ländern noch mehr hervortreten.

Bis zu einer vollen Verwirklichung des großen Binnenmarktes ist der Weg noch weit. Der Prozeß ist angelaufen, und eine Reihe nichttarifärer Handelsschranken und Handelshemmnisse jeder Art konnte abgebaut werden. Aber das Gerüst ist noch nicht tragfähig, das Gerüst von Regeln und Vorschriften, ohne das ein wirklicher Binnenmarkt nicht denkbar ist. Sie setzen Harmonisierung voraus, Übereinstimmung, Verhandlungen und Geschäfte auf Gegenseitigkeit, mit anderen Worten: politisches Handeln. Man meint zwar, die Politik habe abgedankt und sei durch die Hebelwirkung der Liberalisierung ersetzt worden, aber unversehens befinden wir uns erneut mitten in einem politischen Kontext. Wird die Politik ihre Aufgabe wahrnehmen und zu Ende führen können?

Das politische Europa gleicht einem Netzwerk: Ministerrat der Gemeinschaft, Kommission, Europäisches Parlament, Gerichtshof, nationale Regierungen, nationale Parlamente, europäischer Verwaltungsapparat, nationale Verwaltungsapparate, Westeuropäische Union, deutsch-französisches Vertragswerk: Dies alles sind Elemente einer vernetzten Struktur von Gewaltenträgern, die nichts gemein hat mit den üblichen Organisationsformen eines Gemeinwesens. Der Einheitsstaat hat eine zentralistische Staatsform, eine Konföderation ist ein komplizierter Mechanismus verschiedener Kräfte und Gegenkräfte, eine Föderation funktioniert etwa nach dem gleichen Schema und hat als höchste Instanz einen Gerichtshof; und nun Europa, dieses Gebilde *sui generis*, ohne Vorläufer, ein vernetztes System, das eher mit den Regelmechanismen der Kybernetik arbeitet als mit den traditionellen Check-and-Balance-Methoden der Angelsachsen. Impulse, Sicherungen, gegenteilige Effekte, Feedbacks: Dies sind die ganz neuen Möglichkeiten dieser Maschinerie. Durch diese komplizierte Mischung werden wichtige Politiker in ihrer Bedeutung nicht beschnitten, was die Initiativen von Mitterrand, Kohl, Delors und González beweisen, und sie verhindert auch nicht entscheidende Durchbrüche, wie etwa das Primat der Liberalisierung des Handels vor der Harmonisierung. Das vernetzte System entspricht den hochentwickelten Gesellschaftsformen von heute und bietet diesen eine adäquate Struktur. Es ist kein Zufall, wenn sich heute soziale Phänomene mit den Begriffen der Kybernetik besser beschreiben lassen als mit den überkommenen Lehrsätzen der Soziologie und der politischen Wissenschaften. Daß man in der Politik die Errichtung des großen Binnenmarktes auf dem Wege der Unordnung, und nicht der Ordnung, durch Experimentieren statt durch konzentrierte Aktionen erreichen will, ist Ausdruck einer tiefgreifenden Veränderung. Bisher war man an aufsichtsführenden Einrichtungen, an hierarchischen Instanzen und einheitlichen Vorschriften interessiert. Die Eigengesetzlichkeit alles Lebendigen hat nun die Oberhand gewonnen; die Menschen sind zu Hauptakteuren geworden; die Mechanismen der Staatsgewalt haben sich auf diese neue Situation eingestellt. Die politische Gestaltung Westeuropas ist weniger ein Zufall als eine Vorwegnahme: Zu Ende gedacht, erkennt man eine Reihe von Verbindungen und Verkettungen, die sich in sehr komplizierten Bereichen zu ordnen beginnen. Wenn sich sehr erfolgreiche Unternehmen mit der administrativen und strategischen Organisation befassen, dann bedienen auch sie sich der Regelmechanismen der Kybernetik: Ihre stark entwickelte Kommunikation, die Vielzahl ihrer Handels- und Geschäftsbeziehungen und der hohe Stellenwert, den sie eigenverantwortlichen Initiativen beimessen, weisen in dieselbe Richtung.

Das vernetzte System der Europäischen Gemeinschaft kann zwar das Bestehende verwalten, Konflikte vermeiden und selbstregulierende Impulse auslösen, es kann aber nicht das hoheitsrechtliche Skalpell ansetzen, wenn es sich als nötig erweisen sollte. Es gibt keine letzte Instanz, denn hierarchisch gesehen, ist der Ministerrat das oberste Organ, und dieser verhandelt nur, er hat keine Exekutivbefugnisse, es sei denn durch den einhelligen guten Willen aller Mitglieder. Bisher und auch im Zuge der Errichtung des großen Binnenmarktes hat das kybernetische System gut funktioniert. Wenn Westeuropa aber mehr sein soll als eine gigantische Freizone, dann müssen endlich gordische Knoten durchschlagen werden: Es geht um die einheitliche Währung, um Wirtschaftspolitik, Sozialstaat und die Haltung gegenüber dem Nicht-EG-Raum. Hierzu sind Vollmachten, Vorschriften und Institutionen unerläßlich. Auf nationaler Ebene sind sie vorhanden, wenn auch die Wirkung der Bevormundung nachläßt; mit Disziplin ist nicht mehr viel zu erreichen; die Unternehmen kommen besser mit eigenem Antrieb voran als unter der Fuchtel des Staates. Das mag alles stimmen! Aber der Staat ist doch da, in letzter Instanz: Er ist vielleicht unsicher, ungeschickt, weniger selbstbewußt, aber es bleibt ihm doch die Fähigkeit, Beschlüsse zu fassen, soweit diese ihm nicht schon durch die Umstände aus der Hand genommen sind, und er kann eine bestimmte Position zu erkennen geben. Westeuropa mit seinen komplizierten Mechanismen verfügt über keinerlei hoheitsrechtliche Gewalt, die in bestimmten Fällen lebenswichtig sein kann. Wenn es also nicht nur beim EG-Binnenmarkt bleiben soll, so, wie er sich jetzt abzuzeichnen beginnt, müssen wir zur Politik zurückfinden. Wenn die gordischen Knoten durchschlagen sind, brauchen wir eine politische Macht, die in der Lage ist, die neue Situation zu bewältigen und entsprechende Institutionen zu etablieren; wenn es uns nicht gelingt, die gordischen Knoten zu zerschlagen, brauchen wir um so mehr eine politische Macht, um dennoch an das gesteckte Ziel zu gelangen. Wenn wir versagen, dann ist die Partie so gut wie verloren; Westeuropa wird das erreicht haben, was zu erreichen war: eine Freihandelszone ohne politische Identität und ohne strategische Macht.

Wenn man Margaret Thatcher Jacques Delors beschimpfen hört, weil er von dem »Keim einer europäischen Regierung« gesprochen hat, dann wird man skeptisch. In Frankreich gibt es diesen Streit um die Supranationalität nicht mehr, aber an anderen Orten lebt er wieder auf und ist einem großen, politischen Durchbruch sicher nicht förderlich. Auf so viel Pessimismus antworten engagierte Europäer mit dem Hinweis auf den Zeitfaktor, sie verweisen auf die Geschichte, die uns lehrt, daß jede Entwicklung ihre Zeit braucht, und sie argumentieren mit den langsamen Einigungsprozessen, die es in Frankreich, in Deutschland und vor allem in den USA gegeben hat. Aber man hat nicht unbegrenzt Zeit. Frankreich hat in den sechziger Jahren die großen Chancen versäumt, ein vereintes Westeuropa – noch dazu unter seiner Führung – zu errichten. Wollte es dies heute versuchen, hätte es wahrscheinlich keinen Erfolg. Großbritannien seinerseits will um nichts in der Welt eine politische europäische Identität; könnte die Bundesrepublik, trotz ihrer wortreichen Beteuerungen des Gegenteils, ein Interesse an einer solchen Identität haben – mit der sie in Widerspruch zu ihrer ureigenen Überzeugung geraten würde, ein Staat der Mitte zu sein, im Herzen Mitteleuropas, ein Bindeglied zwischen Westeuropa und Osteuropa?

* * *

Im Westeuropa von heute, dieser »unvollendeten Sinfonie«, ist es mit Blick auf 1992 denkbar, daß es zu einer strategischen Umorientierung kommt. Westeuropa als riesige Freihandelszone, als gigantisches Hongkong, befindet sich knapp unterhalb der Schwelle, an der ein ursprünglich wirtschaftlich konzipiertes Gebilde letztlich eine neue Dimension erreicht, eine historische, politische und strategische. Eine solche Entwicklung würde einer Ausweitung zu einem kontinentalen Europa nicht nur nicht entgegenstehen, sondern sie in sinnvoller Weise unterstützen: ohne Auswirkung auf den nordamerikanischen Isolationismus, offen gegenüber der übrigen Welt, so daß die Bewegungsfreiheit der Westdeutschen nicht behindert würde, ein großartiger Lieferant für die Sowjetunion unter dem Motto: »Europa, das gemeinsame Haus«. Das ist der Punkt: Wenn 1992 von 1992 übertroffen wird, dann eröffnen sich neue Perspektiven. Die Bundesrepublik wäre wieder bereit, sich für die Errichtung Europas einzusetzen, sie würde mit der gleichen Begeisterung ans Werk gehen wie vor 20 Jahren, als sich ihre Überzeugungen und ihre Interessenlage deckten. Mögen ihre Überzeugungen auch die gleichen sein, ihre Interessen haben sich ganz sicher geändert. Der Schlüssel zu einem neuen Westeuropa, das sich von einem Wirtschaftsraum zu einem politischen Gebilde entwickelt, liegt in den Händen der Westdeutschen: Aber sie werden sich dieses Schlüssels nicht bedienen. Und so wird Westeuropa zu einem Raum mit unscharfen Konturen: Eine strategische Dimension ist erkennbar, die sich von Westen nach Osten verschiebt und mehr denn je kontinentalen Charakter annimmt; es gibt einen Markt, der, begrenzt auf die Zwölfergemeinschaft, im Begriff steht, zur größten Freihandelszone der Welt aufzusteigen, und es gibt enge soziologische Bindungen an eine westliche Hemisphäre, die territorial um ein Mehrfaches größer ist als das eigentliche EG-Europa. Dadurch, daß Westeuropa in ganz unterschiedliche Zusammenhänge zerfällt, kann 1992 kaum zu einem Hebel werden, es sei denn – was weder ein Liberaler noch ein Marxist für möglich hält –, der Markt als solcher bewegte die Geschichte.

III

DAS BREVIER DES UNMÖGLICHEN

I

Der dritte Kreis

Ein erster, strategischer Kreis umschließt Kontinentaleuropa; ein zweiter, wirtschaftlicher Kreis, zum Teil noch undeutlich, umfaßt die Grenzen des Europas der Zwölf; ein dritter, kultureller und soziologischer Kreis, noch undeutlicher, folgt den verschwommenen Konturen des Westens. Zwischen diesen Kreisen befindet sich die hypothetische Identität Europas. In diesem Dekor wird der Traum von einem politischen Europa zweitrangig. Ein solches Europa wäre selbstverständlich, wenn alle drei Kreise konvergent oder doch zumindest konzentrisch wären; es bleibt aber unrealisierbar, solange Europa zwischen widersprüchlichen Postulaten hin- und hergerissen wird. Für dieses Spiel ist der dritte Kreis der wichtigste, denn er markiert die Grenzen einer Gesellschaft. Gäbe es nur eine europäische bürgerliche Gesellschaft, wäre Europa machbar, denn sie würde schließlich ihre Dynamik und ihre Ziele durchsetzen.

Sobald die Lobredner von 1992 ihren Mythos etwas konkreter darstellen wollen, fördern sie eine Fiktion: Der große Binnenmarkt vereint die Gesellschaft, die wiederum Europa vereint. Eine nette kleine Tautologie! In Wahrheit ist der dritte Kreis am schwierigsten zu fassen; die europäische Gesellschaft als solche gibt es nicht, sie reduziert sich auf die westliche Gemeinschaft, deren Lebensweisen und Traditionen in Paris ebenso wie in Toronto, in Frankfurt genauso wie in Dallas gelten und, zumindest als Traum, auch in Warschau und Mexiko. Einen »Homo occidentalus« gibt es, aber keinen »Homo europeanus«. Europa weist kein Merkmal auf, das auf eine echte, gemeinsame, bürgerliche Gesellschaft schließen ließe: keine Institutionen, keine Staatsangehörigkeit. Seine öffentliche

Meinung ist bei weitem nicht einhellig und wird auch von den Eliten nicht herausgebildet.

Ehre dem »Homo occidentalus«!

Der »Okzidentale«, dieser negativ belastete Mythos aus der Zeit der Entkolonialisierung, wurde mit Gewalt zu neuem Leben erweckt. Diesmal nicht im Gefolge kolonialer Expeditionen, wirtschaftlicher Beherrschung oder militärischer Vormundschaft, sondern als Symbolfigur der Neuzeit. Welch eine Revanche für eine Welt auf dem Rückzug. Weder die Diktaturen der Dritten Welt noch die Sowjetunion, noch China konnten sich von der abendländischen Mythologie befreien: Entweder sie prägt die Realität, oder sie nährt Visionen, oder sie verkörpert die Zukunft, die die Völker für sich selbst wünschen. Von daher gesehen, nimmt Westeuropa an der westlichen Gemeinschaft teil, steht sogar ganz vorn, hat jedoch nicht die geringste Besonderheit aufzuweisen.

Gemeinsamkeit besteht in erster Linie in den gesellschaftlichen Strukturen, den Werten, den Verhaltensweisen, den Konflikten. Man muß kein echter Marxist sein, um im Aufbau der Gesellschaft das wichtigste Kriterium westlicher Identität zu suchen: Gäbe es nur ein einziges, dann wäre es wohl die Allmacht der Mittelklasse. Sie könnte als perfekter Maßstab für die Zugehörigkeit zur westlichen Gesellschaft gelten. So befänden sich die Länder mit rascher Industrialisierung mehr oder weniger auf halbem Weg dahin, mit all den Konflikten zwischen einer aufstrebenden Mittelschicht und den herrschenden Schichten, die bemüht sind, ihr Machtmonopol zu behalten. Die Gesellschaft identifiziert sich derart mit dieser Mittelschicht, daß die Armen, Besitzlosen und Randgruppen in einem kaum sichtbaren »Lumpenproletariat« verschwinden. Ausgehend von dieser Verwandtschaft, zeichnen sich weitere Abgrenzungsmerkmale ab. Die Betonung des Individualismus als einer Haupttugend, die mit altbewährten und soliden korporativistischen Bindungen einhergeht, um die bestehenden Vorteile zu bewahren. Das Verschwinden herkömmlicher Konflikte im Produktionsbereich zugunsten häufig viel härterer Auseinandersetzungen, die sich um das gesellschaftliche Leben drehen: Umwelt, Ökologie, Ablehnung der Kernkraft, Leihmütter, Abtreibung, Einwanderung. Das Aufeinanderprallen von Werten bleibt nicht aus, doch im Unterschied zu Lohnverhandlungen können hier keine Kompromisse geschlossen werden. Eine entschieden auf Konsum gerichtete Geisteshaltung, die gleichzeitig ihre idealistischen Anwandlungen hat: Trotz Supermarkt-Kult, gibt es Vereinigungen wie »Médicins du monde«, Amnesty International oder die Aufnahme der Boat-People. Eine Jugend, deren Lebensweisen, Kleidung und Hoffnungen in der ganzen westlichen Welt identisch sind. Eine Internationale der Rock-Fans, der Restaurantbesucher, der Touristenschwärme, der Jeans, der Jogging-Schuhe und der Pop-Musik. Die Liste der Gemeinsamkeiten und Ähnlichkeiten ist unendlich. Darauf stützt sich das Modell des »Homo occidentalus« der Soziologen, denn bis auf ein paar kleine Variationen, je nach Mode und Laune, hat sich dieses Modell ein für allemal durchgesetzt. Worin also besteht der besondere europäische Charakter? Ein französischer Student ähnelt einem amerikanischen Studenten ebensosehr wie einem westdeutschen, ein spanischer ebensosehr einem mexikanischen oder einem dänischen.

Von weitem betrachtet, erscheint der ganze Westen homogen. Die Sorgen und Befürchtungen sind die gleichen, auch die Aufgaben und ihre Lösungen. Der demographische Zusammenbruch steht an erster Stelle, seine Auswirkungen sind zu spüren, aber nicht zu sehen, und sie bedeuten für die ärmsten Länder eine Implosion in den eigenen Reihen und für die reichsten Länder ernsthafte Schwierigkeiten, verbunden mit Überalterung, geringerer Dynamik und abnehmender Produktivität. Aber auch das ist nicht die trennende Kluft zwischen Westeuropa und der übrigen westlichen Welt. In 30 Jahren wird die Ähnlichkeit zwischen Frankreich und den Vereinigten Staaten größer sein als die zwischen Frankreich und Westdeutschland: eine stagnierende Bevölkerungszahl, doch ohne allzu spürbaren Rückgang, eine erhebliche Einwanderungsrate, aus den südlichen Mittelmeerländern für die einen, aus Mexiko für die anderen, ein Schmelztiegel, bei uns ziemlich chaotisch, in den USA erträglicher, ein Konsumniveau, das gerade noch ausreicht, die Feder der Wirtschaft gespannt zu halten, ein wichtiger Vorteil gegenüber den Konkurrenten, denen es nicht gelungen ist, niedrige Geburtenraten durch Einwanderung zu kompensieren.

An zweiter Stelle ist der Rückzug des Staates und der Verwaltung zu nennen: Ausgehend vom Westen der Vereinigten Staaten, hat die Bewegung die ganze Welt erfaßt: natürlich Europa, aber auch die Länder der Dritten Welt, die nun ihrerseits ständig damit beschäftigt sind, die Produktionsmittel in Privateigentum zurückzuführen, und die Wirtschaft der sozialistischen Länder, die die Vorteile des Marktes neu entdecken, allen voran China, das durch die Liberalisierung der Agrarpreise innerhalb von drei Jahren zur Selbstversorgung auf dem Nahrungsmittelsektor zurückfand, die mit der Kollektivierung der Landwirtschaft verschwunden war. Zum gegebenen Zeitpunkt wird aus den USA auch der Rückschlag auf den Traum vom Liberalismus kommen, denn das ist nun einmal vorherbestimmt, im Namen der guten alten Theorie der Zyklen, die in ideologischer Hinsicht mindestens ebenso zutreffend ist wie auf wirtschaftlichem Gebiet.

In dieser Aufzählung darf auch die Herrschaft des Wohlfahrtsstaates nicht fehlen: Die Überalterung der Bevölkerung treibt die sowieso schon explosionsartig gestiegenen Ausgaben für medizinische Versorgung noch weiter in die Höhe und belastet die nachfolgenden, zahlenmäßig rückläufigen Generationen mit der Finanzierung der Renten – was sie immer widerwilliger tun werden. Die Gleichung geht in Kanada ebensowenig auf wie in Deutschland. Dazu kommt zu allem Überfluß noch der Naturschutz: Die Demonstranten, die sich heftig gegen die Erweiterung des Frankfurter Flughafens gewehrt haben, sind den Japanern, die einen ähnlichen Kampf in Narita ausgefochten haben, viel ähnlicher als den französischen Umweltschützern, deren magere Verdienste sich in ein paar Demonstrationen vor Plogoff oder Creys-Malville erschöpfen – die schon eine Ewigkeit her sind. Die Probleme des Urbanismus gehören auch hierher: Die städtebaulichen Überlegungen der Dänen haben mehr mit den architektonischen Anstrengungen der Kanadier in Ontario gemein als mit den Bemühungen der Italiener, das nationale Kulturgut zu bewahren. Und vor allem die Verbesserung des Schulsystems: Das Gefühl einer Verschlechterung auf dem Gebiet der Ausbildung ist allgemein, und die Warnungen der Amerikaner unterscheiden sich nicht von den französischen Befürchtungen. Überall lautet die Diagnose gleich: ein für eine privilegierte Minderheit errichtetes System ist dem Andrang der Massen nicht gewachsen, die Konkurrenz des Fernsehens, der allzu krasse Unterschied zum außerschulischen Leben, die Schwierigkeit, ein Mindestmaß an Ordnung und Disziplin aufrechtzuerhalten. Und schließlich die Notwendigkeit, den sozialen Konsens zu wahren. Daraus ergibt sich die überall gleiche Forderung, die Eingliederung der Einwanderer zu gewährleisten und der Ausbreitung ethnischer Ghettos entgegenzuwirken.

Das ist der Westen! Über seine strategischen Interessen, die demokratische Realität, den kulturellen Hintergrund hinaus ist der Westen eine Gemeinschaft des Lebensstils und der Ängste. Wo ist denn nun die westeuropäische Identität? Es ist pures Gefasel, von einem gemeinsamen Unterbewußtsein zu reden, von einem geschichtlichen Wiedererwachen, einer psychologischen Verbundenheit, von »Wahlverwandtschaften«, die innerhalb der Zwölf einen durchlässigen Wandschirm bilden und sie vom übrigen Westen trennen. Im Grunde sind die Vereinigten Staaten noch immer das Zentrum des Westens, wie zu Zeiten der amerikanischen Supermacht: Ihr Einfluß ist mindestens ebenso stark wie damals, auch wenn zwischenzeitlich die wirtschaftliche Vorherrschaft und der strategische Schutz verschwunden sind. Der »Homo occidentalus« manifestiert sich in konzentrischen Kreisen, und Westeuropa steht natürlich an erster Stelle, aber die Welle setzt sich viel weiter fort, nach Osteuropa, reicht sogar bis in die Sowjetunion. Die »Stimme Amerikas« oder das westdeutsche Fernsehen ist unersetzlich, aber die Begeisterung für Coca-Cola, Jeans und Turnschuhe ist nicht das Ergebnis einer Mangelwirtschaft. Sie ist Symbol der Zugehörigkeit, ein Augenzwinkern, die Aneignung des westlichen Traums. In gewisser Weise ist die Ausstrahlung Westeuropas in den Osten nicht auf seine kulturellen oder intellektuellen Besonderheiten zurückzuführen – das glauben nur noch Kundera und seine Jünger –, sondern auf die Tatsache, daß es die naheliegende Verkörperung des Westens ist. Das ist im übrigen das Paradoxe: Westeuropa ist mehr denn je der verlängerte Arm des Westens gegenüber den Gesellschaften des Ostens, und das zu einem Zeitpunkt, wo es in strategischer Hinsicht vom westlichen System in ein kontinentales System überwechselt.

Eine westeuropäische Gesellschaft ohne Institutionen?

Um den Mythos von 1992 etwas konkreter erscheinen zu lassen, greift die Vorstellung um sich, aus ein und demselben Antrieb könne sowohl eine Wirtschaft als auch eine Gesellschaft hervorgehen. Das ist ein beruhigender Gedanke in einer Zeit, in der sich die bürgerliche Gesellschaft, die inzwischen rehabilitierte mythologische Figur der achtziger Jahre, mit vielerlei Tugenden schmückt: Da sie nun einmal die Mutter aller Dinge ist, wäre sie auch die Mutter Westeuropas! Dieser Glaube hat etwas für sich, denn er bietet die Möglichkeit, den Prozeß der politischen Einigung einfach außer acht zu lassen, denn da die Gesellschaft über dem Staat steht, wird dieser sich schließlich bilden müssen! Das Dumme an dieser eingängigen Beweisführung ist nur, daß es überhaupt keine westeuropäische Gesellschaft gibt. Ein westeuropäischer Staat ist ebensowenig in Sicht wie eine westeuropäische Gesellschaft, da weder Institutionen noch vermittelnde Organe vorhanden sind.

Weder Gewerkschaften noch Arbeitgeberverband, noch Lobby. Selbst im wirtschaftlichen Leben, dort, wo die indirekten gesellschaftlichen Auswirkungen von 1992 am deutlichsten in Erscheinung treten dürften, ist der Mangel an Institutionen beeindrukkend. In allen Mitgliedsländern geschwächt, sind die Gewerkschaften unfähig, sich auf westeuropäischer Ebene zu etablieren. Die Zeiten sind vorbei, als sich innerhalb mancher Multis die Anfänge einer Einheitsgewerkschaft regten. Die errungenen Vorteile zu sichern und an den Arbeitsplätzen festzuhalten bedeutet für jede einzelne der bestehenden Gewerkschaften auf Landesebene Kampf gegen Handelspartner und auf Unternehmensebene Kampf gegen die ausländischen Tochtergesellschaften. Das Klassenbewußtsein, wenn es ein solches überhaupt noch gibt, macht sich in der Fabrik bemerkbar, vielleicht noch in der Tochtergesellschaft, aber kaum innerhalb eines Konzerns und schon gar nicht auf multinationaler Ebene. Die sozialen Einrichtungen Europas betrachteten sich als einen Schmelztiegel, aus dem sich eine europäische gewerkschaftliche Identität hätte ergeben können. Aber es war verlorene Liebesmüh! Jede hält an ihren Riten fest, doch das führt zu nichts und wird auch künftig zu nichts führen. Wie kann man von einer Gewerkschaftsbewegung in der Defensive, die sich, will sie überleben, zu einer schonungslosen Anpassung an die ständige Veränderung der Werte und der Technologien genötigt sieht, erwarten, daß sie sich auf unbekanntes Gelände vorwagt und damit riskiert, dem Trauma der ersten Revolution eine zweite hinzuzufügen?

Wegweisende Anstrengungen sind auf Arbeitgeberseite auch nicht größer. Ihre Trägheit ist zweifellos noch weniger am Platz, denn im Gegensatz zur Gewerkschaftsbewegung hat sie den Wind im Rücken. Der Markt regiert, das Unternehmen beherrscht, der Arbeitgeber bestimmt, Westeuropa bildet den täglichen Horizont. Aber die westeuropäischen Arbeitgeber sind nicht imstande, sich eine »Gemeinschaftsidentität« zu schaffen. Hier und da findet man Ansätze, sich zu organisieren, aber sie haben weder repräsentativen Charakter noch Strategien, auch keine Zukunftsvorstellung oder gar Glaubwürdigkeit. Es gibt eine Vielzahl von westeuropäischen Arbeitgebern, aber die westeuropäische Arbeitgeberschaft ist eine leere Menge, wie die Mathematiker sagen. Da auf EG-Ebene weder Gewerkschaften noch Arbeitgeberverbände vorhanden sind, gibt es natürlich dort auch keine vertraglich geregelten sozialen Beziehungen. Kann es aber eine Gesellschaft ohne eine Vielzahl von Vertragsverhältnissen überhaupt geben?

Selbst jene sehr fragwürdige Form der Institution wie die Lobbys konnte sich europaweit nicht durchsetzen: eine Situation, die um so seltsamer anmutet, als die Brüsseler Kommission enorme Fonds verwaltet und Lobbys für gewöhnlich sofort zur Stelle sind, sobald es nur nach Subvention riecht. Sie wirken eher auf nationaler Ebene, wobei sie hier wie dort ihre eigenen Staaten praktisch als

Hebel einsetzen, um an das Manna aus Brüssel heranzukommen. So haben sich beispielsweise die westeuropäischen Landwirte nie zusammengeschlossen. Die französische FNSEA sieht in ihrer deutschen Entsprechung einen Rivalen und nicht einen Verbündeten. Ihr ist das herkömmliche Konkubinat mit ihrem zuständigen Ministerium lieber, das sich dann die Gelder aus Brüssel holen soll. Der Korporativismus regiert zwar in ganz Westeuropa, aber er ist keine westeuropäische Realität. Selbst in Berufen, deren Tätigkeitsfeld die nationalen Grenzen überschreitet, ist der Wille, auf Gemeinschaftsebene zu handeln, noch nicht sehr deutlich. So z. B. die Fluglotsen, die überall mit den gleichen Problemen zu kämpfen haben und deren Tätigkeit einen westeuropäischen Zusammenschluß geradezu herausfordert. Man überhäuft statt dessen die politischen Organe mit Vorwürfen und verlangt von ihnen Gemeinschaftsorganisationen, die aber, gäbe es westeuropäische Sozialpartner, sich ganz selbstverständlich aus einer Vereinbarung zwischen diesen ergeben würden.

Es gibt weder Kirchen noch politische Parteien, noch Verbände. Den religiösen Einrichtungen gilt Westeuropa als ein Mißgeschick der Geschichte. Aus der Sicht der Kirche mit ihrer jahrhundertelangen Erfahrung hat Westeuropa weder Identität noch Bestand. Besessen von ihrem Willen, in Osteuropa und der Sowjetunion zu überleben, hat sich die katholische Kirche wohl gehütet, auch nur leise anzudeuten, daß sie Westeuropa als einen Raum von religiöser Bedeutung betrachtet. Für sie gibt es natürlich ein geistiges Europa, aber eben vom Atlantik bis zum Ural, denn der Vatikan hat die Ostpolitik lange vor der Bundesrepublik praktiziert. Und für so unterschiedliche Kreise wie die geistlichen und die militärisch-strategischen bewirkt ein und dieselbe Analyse ein und denselben Effekt. Wenn Kontinentaleuropa einen entscheidenden Raum darstellt, dann darf keine Organisation, keine unwiderrufliche Besonderheit Westeuropa künstlich abgrenzen. Aus den gleichen Gründen nimmt auch das Judentum eine ähnliche Haltung gegenüber dem Osten ein. Wenn ein europäischer Judenkongreß gegründet wird, setzt er es sich zum Ziel, nicht am Eisernen Vorhang haltzumachen. Was die lutherischen Kirchen anbelangt, so kennen diese nur das eigene Staatsgebiet, und aus dieser Sicht der Dinge haben sich die evangelischen Kirchen der DDR und der Bundesrepublik so intensiv einander genähert.

Vom Geistlichen weit entfernt, haben sich auch die politischen Parteien auf EG-Ebene nicht zusammengeschlossen. Es mutet bei ihnen besonders paradox an, denn für sie ist Westeuropa eine ständige Kraftprobe, ganz gewiß eine rhetorische, aber von Zeit zu Zeit auch eine sehr reale. Die Sozialistische Internationale geht weit über die Zwölf hinaus, und die liberal-konservativen oder die christlich-demokratischen Vereinigungen bleiben weit darunter. Besondere Anziehungspunkte, eine ideologische Verwandtschaft, eine gemeinsame Vergangenheit begründen zahlreiche bilaterale Bindungen, aber eine Annäherungsbewegung auf Gemeinschaftsebene läßt sich nicht erkennen. Das Europäische Parlament ist auf diesem Gebiet seiner Aufgabe nicht gerecht geworden, denn die parlamentarischen Fraktionen aus mehreren Parteien, die hier entstanden sind, haben nie auf ihre Ursprungsparteien abgefärbt. Auch bei den Verbänden und Vereinigungen ist die Situation nicht anders: Sie sind entweder national oder international, aber niemals westeuropäisch. Das Rote Kreuz, Amnesty International und ungezählte karitative Einrichtungen legen einen Internationalismus an den Tag, in dem das Europa der Zwölf sich in keiner Weise besonders hervorhebt. Und schon innerhalb jedes Mitgliedslandes sind die Vereinigungen nicht vergleichbar. Was haben »Médicins du Monde« und »Médicins sans frontières« in Frankreich gemeinsam mit den karitativen, den deutschen Kirchen nahestehenden Verbänden, die natürlich den Einwohnern der früheren Ostgebiete gerne helfen möchten?

Keine Stiftungen, keine Forschungsinstitute, keine Universitäten. Das intellektuelle Europa überschreitet die Grenzen der Zwölfergemeinschaft (s. folgendes Kapitel). Zumindest könnte es auf EG-Ebene Institutionen finden, die ein Mindestmaß an Austausch fördern. Dies setzt jedoch in erster Linie bedeutende Stiftungen nach angelsächsischem Muster voraus, wie beispielsweise die Ford- oder Rockefeller-Stiftung, die Geld, Unterstützung und Vertrauen bieten. Es gibt sie in Ländern wie Großbritannien oder Westdeutschland, die durchaus mit solchen Organisationen vertraut sind, doch sie konnten den nationalen Rahmen nie sprengen; woanders müßte man sich zuerst eingewöhnen, dann könnte man eines Tages den Rahmen vielleicht vergrößern. Für derlei Einrichtungen nach bürgerlichem Recht haben die Mitgliedsländer kein Äquivalent in Form von gemeinschaftlichen Forschungszentren gefunden, vom CERN (Europäisches Zentrum für Kernforschung) in Genf einmal abgesehen, dessen Rahmen der Zusammenarbeit im übrigen über die Zwölfergemeinschaft hinausgeht. Die Forschung blieb national, nicht nur in ihrer Finanzierung, sondern auch in ihren Organisationen und in ihrem Personalbestand. Gewiß haben sich die Formen der Zusammenarbeit vervielfältigt, aber sie waren nie – aus gutem Grund – so intensiv wie die Verflechtungen mit amerikanischen Instituten. Die hübsche »Europäische Universität« von Florenz allein kann das Prinzip auch nicht retten, dessen Namen sie trägt! Auch auf diesem Gebiet hat Nationalismus Vorrang, eine Folge der Finanzierung, der Personalpolitik, der Organisation und vor allem der geistigen Gewohnheit und der konservativen Haltung. Einer französischen »Grande École« ist nie der Gedanke gekommen, einer deutschen Schwester eine echte Fusion anzubieten und nicht nur eine herkömmliche Form der Zusammenarbeit. Ist eine solche Möglichkeit derart abwegig? Warum wäre ein Zusammenschluß der Pariser »École des Mines« (Akademie für Bergbau) mit ihrem deutschen Alter ego eine schwierigere Aufgabe als die Fusion der ASEA mit Brown-Boveri? Es fehlt an der entsprechenden Geisteshaltung. Beim Aufbau Westeuropas zeigen die verantwortlichen Kreise weder die Tatkraft noch den Ehrgeiz oder den Willen, die sie auf nationaler Ebene beweisen. Sie erwarten, daß Brüssel oder irgendein anderer, supranationaler Organismus aktiv wird. Sie vertreten nicht die mündigen Bürger ihrer Gesellschaft.

Es gibt keine Sozialpartner, mit denen Verträge abgeschlossen werden können, keine geistlichen, geistigen oder politischen Institutionen, denen man beitreten könnte, es gibt auch keine geistige Haltung, die initiativ und schöpferisch wirkt: Worin findet die westeuropäische Gesellschaft ihren Ausdruck? Obwohl sie im eigenen Land sehr prompt reagieren, handeln, erneuern, verlieren die

Europäer diese Fähigkeiten, sobald es darum geht, sie auch auf Gemeinschaftsebene zu beweisen. Es gibt keinen erschreckenderen Beweis für das Nichtvorhandensein der westeuropäischen Gesellschaft.

Die Entstehung des westeuropäischen Bürgers

Der Bürger der EG mag sich von einigen Äußerlichkeiten täuschen lassen: eine einheitliche Farbe und Gestaltung der Pässe und eine Warteschlange aus Westeuropäern an den Flughäfen – mit Ausnahme von Großbritannien – ein Symbol? –, wo die Ortsansässigen gesondert abgefertigt werden! Aber hier endet auch schon das Europa der Bürger. Gewiß, eine westeuropäische Staatsbürgerschaft ist im Entstehen, aber sie hat ausschließlich wirtschaftlichen Charakter. Das ist die Eigenart eines Westeuropas, dessen Integration nur auf dem Wege über die Wirtschaft konzipiert und realisiert wird. Die Zweideutigkeit wird noch gefördert durch die Gleichsetzung, wie sie tagtäglich erfolgt, von Europa und Europäischer Gemeinschaft. So macht sich die Überzeugung breit, daß es den europäischen Bürger tatsächlich geben wird, wenn erst einmal die Niederlassungsfreiheit sichergestellt ist, die natürlich einen Teil dazu beiträgt. Ein in Gers praktizierender holländischer Arzt, ein in Glasgow niedergelassener französischer Architekt: Beispiele, die die Entstehung Westeuropas belegen. Aber diese Pioniere werden nicht westeuropäische Bürger, sondern »Einwanderer 1. Klasse« wie Briten oder Kanadier in den USA, die von den Einwanderungsbehörden immer bevorzugt abgefertigt werden. Neben der Notwendigkeit, ein Westeuropa der Wirtschaft aufzubauen, bestand auch die, ein Westeuropa des Rechts zu schaffen. Dazu ist es jedoch nie gekommen. Keine unbedeutende Tatsache, die zeigt, wie wenig Raum der angelsächsischen Denkweise in der Errichtung Westeuropas eingeräumt wurde, das somit eine hybride Kreuzung zwischen einer technokratischen Fiktion und der Verherrlichung der Marktwirtschaft ist. Sie wurde nie aus der Sicht einer Gesellschaft nach amerikanischem Vorbild betrachtet, die sich auf die zwei untrennbaren Säulen Markt und Recht stützt. Der politischen Philosophie in den angelsächsischen Ländern ist es niemals in den Sinn gekommen, sich eine Allmacht des Marktes ohne ein juristisches Pendant vorzustellen, denn dadurch käme in ihren Augen nie eine Gesellschaft zustande. Und diese Denkweise ist richtig. Das Beispiel der Gemeinschaft wird in gewisser Weise den Beweis für das Absurde des Unterfangens liefern. Hier entsteht ein abgegrenzter Raum, in welchem der einzelne, als wirtschaftlich Handelnder, Westeuropäer ist, als Privatperson jedoch in seiner ursprünglichen Staatsangehörigkeit gefangenbleibt. Es liegt keines der für das Staatsbürgerrecht ausschlaggebenden Kriterien vor: weder in politischer noch in ziviler, noch in juristischer Hinsicht. Wie kann man glauben, daß ein Westeuropa ohne Bürger eine eigene Identität besäße? Wie soll man hoffen, daß diese angebliche Identität den »dritten Kreis« bilden könnte?

Die politischen Rechte sind aus dem westeuropäischen Spiel völlig ausgeklammert, sieht man von der alle fünf Jahre wiederkehrenden allgemeinen Wahl zum Europaparlament einmal ab: Die Wähler geben in ihrem Land ihre Stimme für die Vertreter ihres Landes ab. Die Verfechter dieses Vorgangs behaupteten, auf diese Weise eine »Bundesphilosophiekammer« zu schaffen, etwa nach Art des amerikanischen Senats oder des deutschen Bundesrats. Dabei vergißt man jedoch, daß diese »hohen Häuser« als tatsächliche Vertretung der Staaten oder Länder das Gegengewicht zu einer anderen Kammer bilden, dem Abgeordnetenhaus oder Bundestag, die ihrerseits in allgemeiner Wahl landesweit gewählt wird. Die Väter Westeuropas haben nicht im Traum an ein solches Zweikammersystem zu denken gewagt, und sie hatten sicher recht, denn die Menschen waren dazu noch nicht bereit. Aber bis auf dieses künstliche Ritual für das westeuropäische Parlament ist der politische Bürger in Westeuropa niemals auch ein Europa-Bürger.

Die heftige Diskussion um das Ausländerwahlrecht hat in Frankreich jedes weitere Nachdenken über den besonderen Fall der aus einem EG-Land stammenden Bürger verdrängt. Verlangt nicht der gesunde Menschenverstand, daß ein Bürger aus einem anderen EG-Land, der seit mehreren Jahren im Lande lebt, an den Gemeinde-, Parlaments-, ja sogar Präsidentschaftswahlen teilnehmen darf? Wäre es nicht auch logisch, daß die Beteiligung an diesen Wahlen eine jeweils längere Aufenthaltsdauer voraussetzt? Zum Beispiel drei Jahre für Gemeindewahlen, fünf Jahre für Parlamentswahlen und sieben Jahre – die heilige Zahl! – für die Wahl des Präsidenten. Ein unüberwindliches Tabu! Ein Sakrileg, werden die meisten, ohne nachzudenken, sagen. Man weigert sich, ganz automatisch. Doch sollte zumindest erkannt werden, was dies bedeutet. Dies heißt z. B., daß Christine Ockrent durch ihren Beruf Einfluß auf die französische Öffentlichkeit ausüben darf, da sie selbst aber Teil dieser Öffentlichkeit ist, hat sie nicht das Recht, ihre Meinung zu äußern. Dies bedeutet auch, daß ein italienischer höherer Angestellter, der seit 15 Jahren in Frankreich lebt, alle steuerlichen und sozialen Rechte eines Franzosen besitzt – Steuern und Beiträge zahlt, Sozialleistungen erhält –, jedoch keines der politischen Rechte. Dies bedeutet schließlich auch, daß das Stimmrecht und der Militärdienst – der »Blutzoll« – immer noch von einer Auffassung des Bürgerrechts zeugen, die dem 19. Jahrhundert näher ist als dem 21. In keinem der Mitgliedsländer der EG hat diese Diskussion eingesetzt, und die Politiker hüten sich, sie zu eröffnen, denn die Öffentlichkeit zeigt kein Interesse. Dieses Schweigen läßt zwei Erklärungen zu, die eine so verachtenswert wie die andere: Entweder die Westeuropäer glauben an Westeuropa, betrachten jedoch politische Rechte als untergeordnet und unwichtig, oder sie sehen in ihrem politischen Staatsbürgerrecht die höhere Daseinsstufe und geben damit zu, daß die westeuropäische Identität zweitrangig und untergeordnet ist. Theoretisch müßte es zwei Konzeptionen des politischen Westeuropas geben. Die eine, eher traditionell ausgerichtet, möchte ein westeuropäisches politisches System aufbauen: Der Stand der Dinge ist wohl bekannt ... Die andere will eine politische Staatsbürgerschaft gründen, die gar nicht vorgesehen ist. Im einen Fall setzt man auf einen fiktiven Staat, im anderen auf eine mögliche politische Gesellschaft – im klassischen Sinn des Wortes. Die zweite Möglichkeit scheint noch unrealistischer, selbst der Gedanke grenzt schon an Bilderstürmerei, während die erste wenigstens im Traum existiert.

Das zivilrechtliche Staatsbürgerrecht ist auch nicht weiter fortgeschritten als das politische Bürgerrecht. Auch hier gilt territoriales Recht: Zwei Angehörige der EG, die in Frankreich die Ehe geschlossen haben, können nur von französischen Gerichten geschieden werden. Wenn sie in Westdeutschland ein Kind adoptiert haben, gelten die deutschen Adoptionsgesetze. Und immer so weiter... Natürlich handelt es sich hier um die französische Auffassung. Geprägt durch mehrere Jahrhunderte Zentralstaat, geht die französische Sicht davon aus, daß innerhalb eines Landes überall die gleichen bürgerlichen Rechte zu gelten haben. Die Vereinigten Staaten beweisen jedoch, daß in einem föderalistischen Land manche Rechte von einem Bundesstaat zum anderen unterschiedlich geregelt sind. Aber soweit ist die Diskussion in Europa noch nicht, es geht noch nicht um die Rechte, die einer gemeinschaftlichen Regelung unterliegen können, und die, die weiterhin der Zuständigkeit der Mitgliedsstaaten unterworfen blieben. Im Grunde rührt die Festlegung eines Staatsbürgerrechts im zivilrechtlichen Sinne nicht an solche Tabus wie das politische Bürgerrecht, sondern ist vielmehr dem wirtschaftlichen Staatsbürgerrecht verwandt. Sie steht aus sehr viel banaleren Gründen nicht auf der Tagesordnung: Sie ist in keinem Gemeinschaftsabkommen vorgesehen, keine europäische Technokratie ist mit ihrer Durchsetzung beauftragt, keine *pressure group* hat sie sich aufs Banner geschrieben, keine europäische Gerichtsbarkeit ist imstande, sie durch Rechtsprechung allmählich herauszubilden. Sie ist einfach kein Thema!

Anders ist die Lage im westeuropäischen Strafrecht, d. h. – sofern dieser Ausdruck nicht ein Widerspruch in sich ist – beim strafrechtlichen Staatsbürgerrecht. Das Problem steht bereits auf der Tagesordnung und war zum Zeitpunkt der Terrorismus-Welle und der Diskussion über die Auslieferung sogar mit einer gewissen Dringlichkeit behandelt worden. Zwei Thesen stehen zur Diskussion, beide im Namen eines strafrechtlichen Westeuropas. Die eine behauptet, daß Westeuropa schon so vereint ist, daß Verbrechen und Vergehen im Lande der Verhaftung abgeurteilt werden können, während die andere mit dem gleichen westeuropäischen Bewußtsein die gegenteilige Meinung vertritt, nämlich automatische

Auslieferung, in gleicher Weise wie ein in Nizza verhafteter Straftäter, der die Straftat in Rennes begangen hat, sich vor dem Schwurgericht des Departements Ille-et-Vilaine zu verantworten hat. Die Frage wurde nie entschieden, und die Auslieferung bei politischen Verbrechen ist noch immer Anlaß zu heftigen Auseinandersetzungen. Man denke nur an den Fall von Klaus Croissant. Wenn die Bundesrepublik keine Demokratie wäre und wenn ihre Justiz unseren strengsten Rechtsanwälten Ansätze zur Kritik böte, wie könnten dann wohl diese gleichen Leute, Verfechter Westeuropas, für ein integriertes Westeuropa plädieren? Eine akzeptable Ehe kann eine Demokratie nur mit einer anderen Demokratie eingehen. Man denke nur an die spanisch-französischen Konflikte 1981 und 1982 im Zusammenhang mit den baskischen Terroristen. Wie hätten dieselben politisch Verantwortlichen einerseits die Auslieferung unter Berufung auf die Achtung der Rechte des einzelnen ablehnen und andererseits erklären können, daß Spanien, nun eine Demokratie, so rasch wie möglich der EG beitreten solle? Die Praxis hat das Problem allmählich ein wenig entschärft, und die Solidarität angesichts des Terrorismus hat die strafrechtlichen Meinungen der wichtigsten EG-Länder dazu veranlaßt, sich nicht mehr gegenseitig zu exkommunzieren. Doch auch wenn sich das strafrechtliche Europa teilweise im Kampf gegen den Terrorismus etablieren konnte, so hat es doch an anderen Fronten keinerlei Fortschritte gemacht. In einem wirtschaftlich vereinten Westeuropa werden Wirtschaftsstraftaten noch immer ausschließlich auf nationaler Ebene abgeurteilt. So kann jemand, der in den Augen des französischen Fiskus ein Steuerhinterzieher ist, seine Geschäftstätigkeit in Luxemburg fortführen und dort als unbescholtener Bürger gelten. Ein erstaunlicher Widerspruch in einem homogenen Wirtschaftsraum, in welchem dem Gewerbe der Steuerhinterziehung, wie dargelegt, eine beispiellose Expansion bevorsteht!

Was bedeuten angesichts dieser Tatsachen die sympathischen Erklärungen über unsere doppelte Staatsbürgerschaft, die westeuropäische und nationale. Zweifellos empfindet jeder von uns, daß die nationale Staatsbürgerschaft für die moderne Gesellschaft etwas zu knapp bemessen ist, und betrachtet sich ein wenig als »Weltbürger«, um den hübschen Ausdruck zu benutzen, den Gary Davis in den fünfziger Jahren prägte. Aber Bürger welcher Welt? Der Gemeinschaft der Zwölf, des großen Europas vom Atlantik bis zum Ural, der angelsächsischen Einflußsphäre, des westlichen Bündnissystems? Die Zugehörigkeit zu Westeuropa hat damit im Grunde nichts gemein. Sie müßte mit Rechten verbunden sein, die es heute noch nicht gibt. Bleibt die Frage, ob das Westeuropa des Rechts eines Tages entstehen wird, auch wenn die Mitgliedsländer nicht den gleichen Prozeß in Gang setzen wie für die Wirtschaft. Das heißt Gründungsgesetze und eine Bürokratie, deren Tätigkeit, wenn auch wenig produktiv, schließlich doch die Dinge vorantriebe, was ja ihre natürliche Bestimmung, ihre Daseinsberechtigung, ihr Grundkapital bildet. Gebiete, in denen keine »Eurokraten« tätig sind, machen weniger Fortschritte als Bereiche, in denen »Eurokraten« eingesetzt sind. Kann es eine bessere Rehabilitierung für die schwerfällige Bürokratie in Brüssel geben?

Die Zweideutigkeit der öffentlichen Meinung

Die westeuropäische Gesellschaft braucht eine westeuropäische öffentliche Meinung. Diese zugleich nationale, westeuropäische und westliche öffentliche Meinung ist zwangsläufig mehrdeutig und unscharf. Besitzt sie Überzeugungen, Elan und eine Identität? Nichts ist weniger gewiß.

Mißt man den Puls der öffentlichen Meinung an den Herzschlägen der Meinungsumfragen, dann ist Frankreich heute europäischer eingestellt als Großbritannien oder die Bundesrepublik: Zahllose Umfragen beweisen, daß die Franzosen von 1992 begeistert sind und bereit, den Westdeutschen ihre nukleare Verteidigung anzubieten, darauf erpicht, den Aufbau eines westeuropäischen Staates mitzuerleben, mit einem Wort, sie sind heute so eifrig, wie sie es schon immer gerne gewesen wären, hätte die zweifache, gaullistische und kommunistische, Belastung sie nicht jahrzehntelang daran gehindert. Natürlich verpflichten diese verschwommenen Grundsatzbekenntnisse zu nichts. Der Interviewer wird sich hüten, den Befragten zu erklären, was Hamburg = Straßburg bedeutet. Doch rufen diese Statistiken einen bestimmten Eindruck, eine Stimmung, eine Geisteshaltung hervor. Es sind übrigens nicht die gleichen Eindrücke und Stimmungen, die in Großbritannien vorherrschen: eine noch immer ausgeprägte Vorliebe für die Vereinigten Staaten, ein letzter Rest von Argwohn gegenüber den Partnern auf dem Kontinent und ganz besonders gegenüber Frankreich, der Hang zu den typisch britischen Besonderheiten: Die wenigen europafreundlichen Gefühle mildern diese Grundeinstellung kaum.

Die Umfragen zur westdeutschen Meinung passen ganz genau zur strategischen Bewegung Westdeutschlands. Darf man daraus schließen, daß die westdeutsche Öffentlichkeit gegenüber den Entscheidungsträgern einen stärkeren Zwang ausübt, als dies in anderen Ländern der Fall ist? Das Mißtrauen den Amerikanern gegenüber nimmt von Jahr zu Jahr zu. Sei dies nun auf Gorbatschows Einfluß zurückzuführen oder nicht, die Vertrauenskurven hinsichtlich der USA und der UdSSR haben sich geschnitten, wobei die Sowjetunion an Vertrauen gewinnt. Die Hälfte der Bundesbürger wünscht die Neutralität ihres Landes, unabhängig von einer eventuellen Wiedervereinigung, und 80 % sind für die vollständige Entnuklearisierung ihres Territoriums. Dabei fehlt es nicht an Zeichen zugunsten Westeuropas, insbesondere für die tiefe und aufrichtige Freundschaft mit Frankreich. Die westdeutsche Öffentlichkeit lebt bereits in einem kontinentalen Klima, sie ist gegen die USA, die früher der beste Alliierte, der bewunderte große Bruder und Vormund waren. Ihre Gefühle schwanken zwischen Ost und West, sie fühlt sich als Bindeglied oder auch als Niemandsland.

Diese drei »Öffentlichkeiten« formen die strategischen Entscheidungen der drei Länder. Sie bringen die Unterschiedlichkeit der Interessen und die Unsicherheit des Kontinents deutlich zum Ausdruck. Zusammengenommen bilden sie jedoch nicht eine westeuropäische öffentliche Meinung. Gewiß finden die Fragen, die Westeuropa zum Thema haben, immer Zustimmung, doch ist diese in den drei Ländern nicht gleich groß und sicher geringer, als sie es in den anderen Mitgliedsländern, Italien oder Spanien z. B., ist. Darüber hinaus trägt sie undeutliche westliche Züge, ist ein bißchen international gefärbt, zeigt lobenswerte Gefühle der Solidarität, wodurch ein Pole ebenso als Nachbar gilt wie ein Bürger aus einem anderen EG-Land, einem Franzosen der Amerikaner näher steht als der Engländer und sich ein Däne eher zu einem Afrikaner hingezogen fühlt als zu einem Griechen . . . Das sind nicht gerade tragfähige Elemente eines westeuropäischen Bewußtseins.

Es ist eine fast tautologische Feststellung, daß die öffentliche Meinung mit der Gesellschaft in Gleichklang ist: Sie ist eher westlich als westeuropäisch orientiert, eher national als gemeinschaftlich. Sie hat nicht gerade den Schwung, der die Politiker fast zwangsläufig mitreißen könnte. Zugunsten der Errichtung Westeuropas wird sie beispielsweise nie den gleichen Druck ausüben, den die westdeutsche Öffentlichkeit auf die eigene Regierung auf dem Gebiet des Umweltschutzes ausgeübt hat. Westeuropa ist kein neuer Gedanke in Europa, zumindest nicht für die öffentliche Meinung.

Auf der Suche nach einer westeuropäischen Führungsschicht

Auch für die Führungsschichten existiert Westeuropa nicht. Es bedeutet nicht, daß man in die alte Litanei von Pareto verfällt, wenn man die treibende Kraft der Eliten anerkennt. Gegen ihren Willen wird Westeuropa nicht entstehen, ohne sie auch nicht, aber vielleicht dank ihrer Unterstützung. Heute sind die Führungsschichten der Mitgliedsstaaten noch äußerst national orientiert: in ihrer Zusammensetzung, in ihrem Denken, in ihren Interessen. Natürlich haben sie sich der Welt geöffnet, aber doch eher weiträumig als auf das Europa der Zwölf beschränkt. Sie kennen ein amerikanisches Modell, eine japanische Fiktion, aber keine westeuropäische Identität.

Vielleicht ist das französische das archaischste System: eine unerträgliche Feststellung für eine technokratische Struktur, die sich, unter den bewundernden Blicken der ganzen Welt, schließlich für das Salz der Erde hielt. Alle Industrieländer beneiden uns um unsere Beamten, aber gehört denn in einer immer unsteteren Welt, in einer immer mobileren Wirtschaft und einer immer vielschichtigeren Gesellschaft die Zukunft wirklich noch den Beamten? Heute sind Eigenschaften wie Flexibilität, Entscheidungsfreudigkeit, Risikobereitschaft, Anpassungsfähigkeit, schnelle Auffassungsgabe, die Fähigkeit, Menschen auch ohne hierarchische Strukturen zu führen, eine gewisse Ausstrahlung und Gesellschaftsfähigkeit gefragt. Was liefern angesichts dieser *job-description* – wie die Kopfjäger sagen – unsere Elitefabriken? Brillante, abstrakt denkende, junge Leute, zu militärischer Führung in der Lage, zutiefst überzeugt, daß Frankreich eine Großmacht ist, daß die Verwaltung der Ursprung dieser Macht ist, daß sie selbst die Instrumente dieses administrativen Einflusses sein werden.

Ausgestattet mit diesem Zehrpfennig und einem Offizierspatent, das, wie unter dem Ancien Régime, ein ganzes Leben lang gilt, tritt dieser Adel der Erziehung, der an die Stelle des Geburtsadels getreten ist, zum Sturm auf die Macht an – eine offensichtlich vielgestaltige Macht, da er die Möglichkeit hat, in die Spitzen der Politik, der Verwaltung und der Geschäftswelt vorzudringen. Dies führt natürlich zu einer Konzentration der Verantwortung in den Händen einiger hundert Brahmanen, die in der Gewißheit ihres ewigen Fortbestands, ihres Einflusses und ihres Wissens leben. Entspricht das Ausmaß der Privilegien und Rechte der Bedeutung ihrer geleisteten Dienste? Früher ganz sicher, denn diese Elite hat die Modernisierung Frankreichs vorangetrieben, im 19. Jahrundert ebenso wie nach dem Zweiten Weltkrieg, hat die entsprechenden Maßnahmen getroffen, hat die Verantwortung dafür übernommen und den politisch Verantwortlichen diese Modernisierung praktisch aufgezwungen. Aber wie steht es heute? Sie nimmt die Entwicklung eher hin, als daß sie sie steuert. Dieser neue Adel ist natürlich nicht taub gegenüber dem Lärm der Welt: Seine Mitglieder entscheiden sich schon in viel jüngeren Jahren für Aufgaben im aktiven Wirtschaftsleben, lernen die internationalen Gegebenheiten kennen und verstehen, lassen sich mitreißen vom Karussell des Marktes, lernen, daß nichts unumstößlich ist. Aber wieviel Verknöcherungen und Vorurteile gibt es noch! In diesem Zusammenhang erscheint Westeuropa weniger als Neuland denn als ein neuer, nach französischer Art zu gestaltender Raum. Bei ihrer Übernahme von französischem Know-how hat die Technokratie in Brüssel viel gewonnen. Aber die französische Nomenklatura, die Westeuropa allzusehr durch die napoleonische Brille sieht, ist nicht die Quintessenz einer sich herausbildenden westeuropäischen Elite.

In anderen Ländern zeigt sich fast das gleiche Phänomen. In den Ländern, die stark durch ihre Beamtenbourgeoisie geprägt sind, wie etwa Spanien, geht die Öffnung zur Welt über die USA. So liegt dort die Macht in den Händen einer neuen Generation von »Harvard-Sozialisten«. In den Vereinigten Staaten haben sie den Sinn für den Markt entwickelt, das Bewußtsein für die Technologie und eine internationale Einstellung: Ingredienzien eines Sozialismus um die Jahrhundertwende, der Spanien zum gleichen linken Modell macht wie die schwedische Sozialdemokratie vor 20 Jahren. Diese Führungsschicht ist natürlich einhellig für Westeuropa, für sie ist 1992 ihr natürlicher Horizont, aber der europäische Einfluß auf ihre Ausbildung und Einstellung war weit geringer als der amerikanische. Die britischen und westdeutschen Führungsschichten gehen ihrerseits wiederum konform mit ihrer jeweiligen geschichtlichen Tradition: Westeuropa als Zielpunkt hat in ihrer Erziehung und Ausbildung nur wenig Raum eingenommen und ihr Verhalten nicht geformt. Für die einen war es die weite, atlantische Dimension, für die anderen waren es die Sitten und Gebräuche des Kontinents, die weder an Intensität noch an Beständigkeit verloren haben. Zweifellos sind es die Italiener, die dem Bild einer westeuropäischen Elite am nächsten kommen. Erstens, weil ihr Schmelztiegel der Markt und nicht der Staat war. Zweitens wegen des geschichtlichen und kulturellen Gewichts. Und schließlich sind sie durch ihre Anpassungsfähigkeit und Flexibilität in der Lage, sich eine neue Umgebung unverzüglich zu eigen zu machen. Sie denken, leben und reagieren »westeuropäisch«, sie sind in Paris ebenso zu Hause wie in Mailand, London oder Madrid.

Alle diese Führungsschichten bleiben in jedem Fall strikt national eingestellt. Sie sind die Bestandteile – in jedem Mitgliedsstaat – einer westeuropäischen Nomenklatura. Doch entsteht diese nicht von selbst. Es gibt keine westeuropäischen Hochschulen, deren Diplome überall Zugang zu privilegierten Laufbahnen gewähren. Auch die Vermischung der Führungsschichten wird nicht bewirken, daß eines Tages ein Engländer zum Direktor der französischen Staatskasse berufen wird, ohne daß diese Ernennung noch exotischer wirken würde als die eines Walisers an die Spitze von L'Oréal. Es gibt keine »Brain-storming«-Zentren, Clubs, Gesprächskreise wie das »Siècle«* auf westeuropäischer Ebene oder die Oxford-»Fellows« als EG-Modell, die in der Lage wären, Gruppensolidarität und -gewohnheiten zu schaffen, wie es für das reibungslose Funktionieren einer Nomenklatura erforderlich wäre, noch bestehen Karrieremöglichkeiten, bei denen die in einem EG-Land gesammelte Berufserfahrung die Aufstiegsmöglichkeiten in einem anderen EG-Land sichern würde. Das westeuropäische Establishment hat keine eigenen Strukturen hervorgebracht: Dies ist der negative Beweis dafür, daß es ein solches überhaupt nicht gibt, denn Organisation und Verbindungskanäle sind für ein Establishment ebenso lebenswichtig wie Wasser für einen Fisch. Die Verantwortlichen in Staat und Regierung haben es ihrerseits versäumt, gemeinschaftliche Universitäten und Hochschulen zu schaffen, die eine westeuropäische Führungsschicht hätten hervorbringen können.

Westeuropa bleibt in den Händen der Politiker, einer dem Wesen nach besonders national denkenden Berufsgruppe, und einer kaum weniger extrovertierten Spezies, der staatlichen Bürokraten. Sie alle sind europäisch geworden, doch es ist ein Akt der Vernunft, der sie lenkt, nicht eine natürliche Einstellung. Daraus resultiert der offensichtliche Widerspruch, daß diese Menschen wie Europäer denken, aber keine Europäer sind. Für sie ist Europa ein schöner Gedanke, aber nicht ihre zweite Natur. Hier könnte die Zeit helfen, und wenn es Europa schließlich doch einmal geben sollte, würde sich auch eine wahrhaft europäische Führungsschicht herausbilden. Aber leider stellt sich die Frage nicht in dieser Form, denn es ist nicht die Aufgabe Westeuropas, seine Elite heranzubilden, es wäre

* »Siècle« vereinigt einmal im Monat in Paris die wichtigsten Vertreter des Establishments in einer Gesprächsrunde

vielmehr an dieser Elite, Westeuropa zu gestalten. Der Countdown geht weiter: Die kontinentale Verschiebung macht die westeuropäische Idenität jedes Jahr ein wenig ungewisser, zumindest in der Form, wie sie sich heute abzeichnet: auf der Ebene der Gemeinschaft der Zwölf.

⋆⋆⋆

Der dritte Kreis, der die Gesellschaft umfaßt, endet nicht an den Grenzen der Zwölf. Weder gesellschaftliche Einrichtungen noch das gerade entstehende Staatsbürgerrecht, noch die öffentliche Meinung oder die Führungsschicht bieten die Grundlage für eine westeuropäische Gesellschaft. Soziologisch betrachtet, hat der Westen mehr Substanz als Westeuropa, das eher ein Gebilde aus variablen Einzelteilen darstellt, mit strategischen, wirtschaftlichen und soziologischen Kreisen, die manchmal deckungsgleich sind, aber keinesfalls nahtlos ineinandergreifen. Der Abstand zwischen einer immer stärker aus den Fugen geratenden Realität und einem Traum, der durch 1992 noch mehr Stoff bekam, wächst ständig. Eine letzte Illusion lebt fort: Wenn es schon nicht zur Bildung einer westeuropäischen Gesellschaft kommt, so soll Westeuropa wenigstens eine kulturelle Gemeinschaft sein. Für uns Franzosen, die wir der Kultur schlicht die Fähigkeit zuschreiben, die Realität gestalten zu können, und die wir darin eine Infrastruktur à la Marx sehen, wäre dies ein unvergleichliches Mittel zur Gestaltung einer Identität. »Wenn ich es noch einmal zu tun hätte, würde ich mit der Kultur beginnen«, sagte Jean Monnet gegen Ende seines Lebens und bestätigte damit, daß auch er die Rangordnung anerkennt, die die Kultur über die Wirtschaft stellt, als treibende Kraft für alle Veränderungen, als Geburtshelfer der Zukunft. Doch wenden wir uns von diesem Trugbild ab: Auch die Kultur wird diesen vermaledeiten dritten Kreis nicht schließen.

2

»Wenn ich es noch einmal zu tun hätte, würde ich mit der Kultur beginnen«

Und wenn nun Jean Monnet 1950 das begonnen hätte, was er später bereute, nicht getan zu haben? Wenn er mit der Kultur angefangen hätte? Wenn er anstelle einer EGKS, Europäischen Gemeinschaft Kohle und Stahl, und einer EWG, Europäischen Wirtschaftsgemeinschaft, eine EKG, Europäische Kulturgemeinschaft, gegründet hätte? Wenn die Sprachen der jeweils anderen Mitgliedsländer allgemein in den Schulen gelehrt worden wären? Wenn die Lehrpläne überall westeuropäische Gegenstände umfaßt hätten, wie Geschichte, Geographie, politische Institutionen? Wenn man auf Gemeinschaftsebene stärker in den kulturellen Bereich investiert hätte? Wenn die ersten Fernsehanstalten als multinationale und nicht strikt nationale Unternehmungen entstanden wären? Wenn sich die Universitäten zu einem westeuropäischen Bildungsnetz zusammengeschlossen hätten? Wenn seit nunmehr 20 Jahren die Schulabschlüsse in dem einen Land auch in den anderen Ländern anerkannt worden wären? Wenn, wenn, ja, wenn ... Niemand kann sagen, ob Westeuropa heute viel weiter fortgeschritten wäre. Jede Epoche setzt ihre eigenen strukturellen Prioritäten. Der Jean Monnet von 1950 hatte mit der Wirtschaft begonnen, weil der Wiederaufbau dringend erforderlich war, weil das Konsumbedürfnis, der drohende Schatten des Marxismus, der Kult der Infrastrukturen ihr absolute Priorität verliehen. Der Jean Monnet jedoch, der gegen Ende seines Lebens bedauerte, nicht auf die Kultur gesetzt zu haben, dieser Jean Monnet lebte in einer anderen Welt: Kultur – wohl der unklarste, verschwommenste Begriff überhaupt – schien zu jenem Zeitpunkt das Maß aller Dinge zu sein, eine höhere, über allen anderen politischen, wirtschaftlichen, juristischen, nationalen

Dingen stehende Realität ... Hätte sich Westeuropa eine kulturelle Identität gegeben, wie Jean Monnet vor seinem Tod wünschte, wäre die Entwicklung in den anderen Bereichen vielleicht gefolgt, in erster Linie in der Wirtschaft. Das Gegenteil stimmt jedoch nicht: Die EWG hat nie eine kulturelle Bewegung ausgelöst, und so betrachtet, hat 1992 nicht die geringste kulturelle Bedeutung. In einer Zeit, in der Westeuropa zwischen mehreren Identitäten, der strategischen, wirtschaftlichen, gesellschaftlichen, hin- und hergerissen ist, darf man nicht gerade in der Kultur einen Rückhalt vermuten. Dieser Mangel wird in vieler Hinsicht spürbar: in der Kultur im traditionellen Sinn natürlich, aber auch im Schulwesen, in der Sprache und last but not least auch in Radio und Fernsehen. An keiner dieser Fronten konnte Westeuropa auch nur die geringste Identität finden. Natürlich ist noch nicht alles verloren, aber die Geschichte serviert auch hier nicht zweimal das gleiche Menü: Die Positionen verhärten sich, Strukturen werden fester, Regeln erstarren, die Verantwortlichen verharren in der Gewohnheit. Dies gilt ganz besonders für den audiovisuellen Bereich, dessen Neugestaltung heute in vollem Gange ist. Wenn es Westeuropa nicht gelingt, durch das Nadelöhr zu schlüpfen, werden morgen die Schwierigkeiten nur um so größer sein, ganz wie im Bildungswesen ... Kann die Kultur den dritten Kreis nicht schließen, welche Identität bleibt dem Europa der Zwölf dann noch, um aktiv an der Geschichte teilzunehmen, zwischen einem strategischen Erdstoß, der seine Grundlagen erschüttert, und der Verherrlichung der reinen und vollkommenen Marktwirtschaft, die nichts weiter als Produktivitätszuwachs zu bieten hat?

Westeuropa ist keine Kulturgemeinschaft

Angesichts der komplexen Welt der Kultur, diesem nichtreduzierbaren Universum, angesichts der Hüter des Tempels, der begabten Epigonen, der Propheten des eigenen Talents, ist Bescheidenheit die Regel. Sie führt zu ein paar offensichtlichen Wahrheiten – sieben, in diesem Fall, um der goldenen Zahl treu zu bleiben –, deren

Diagnosen einen Ausgangspunkt erkennen lassen: Dem Europa der Zwölf ist jegliche kulturelle Identität versagt.

Erste Wahrheit: Westeuropa besteht aus getrennten Kulturräumen, seine derzeitigen Grenzen sind in diesem Sinn bedeutungslos, denn der alte europäische Kreis, der mit Mitteleuropa übereinstimmte, ist zerbrochen. Hinter dem Wiedererwachen des Mythos vom Wien der Zeit von 1850 bis 1917, dessen Erinnerung feierlich begangen, in Ausstellungen, Kolloquien und Büchern wachgehalten wird, verbirgt sich die Sehnsucht nach jenem kulturellen Europa: ein sakrosanktes Gebiet, begrenzt von München, Berlin, Wien, Prag, Warschau, Triest, Venedig ... Jenes geistige Europa ist tot: Der Eiserne Vorhang hat es halbseitig gelähmt, das Schicksal Deutschlands hat ihm jeden kulturellen Einfluß entzogen. Wien ist eine Provinzstadt, Berlin eine Stadt für sich, Prag eine tote Stadt ... Gewiß öffnet sich die Tür zu einer kulturellen Wiedergeburt einen Spaltbreit durch die Tatsache, daß das Europa des Zentrums allmählich seine Identität wiederfindet. Es ist schließlich kein Zufall, daß die Zeichen für ein Mitteleuropa häufig aus kulturellen Vorwänden bestanden haben: Gedenkfeiern, Ausstellungen, Kolloquien ... In jener Welt folgt die Kultur dem gleichen Rhythmus wie das strategische Abdriften des Kontinents: Sie kann dabei nur gewinnen, sie gefällt sich darin, mit zunehmendem Tempo vorauszugehen. An dieser Bewegung hat der romanische Kreis mit Frankreich, Spanien, Italien kaum Anteil. Auch diese Länder entdecken ihre kulturelle Identität neu, und die Vorstellung einer mediterranen Kultur gewinnt wieder an Bedeutung, als ob diese Länder unbewußt das Bedürfnis hätten, sich von einem Mitteleuropa, das sich gerade neu formiert, abzusetzen. Diese lateinische Welt ist eine so alltägliche Realität, daß sie es eigentlich nicht nötig haben sollte, sich selbst zu »proklamieren«. Jenseits dieser beiden Kreise zeichnet sich die große Welt der angelsächischen Kultur ab, überall präsent, flexibel, neuschöpfend, aktiv. Genug der Banalitäten über den kulturellen Imperialismus der Amerikaner, genug der Werturteile! Der Schlagschatten der USA ist auf kulturellem Gebiet sicher deutlicher zu spüren als in jedem anderen Bereich. Die Vereinigten Staaten sind nicht mehr die beherrschende Wirtschaftsmacht, ihr strategischer Rückzug ist mit bloßem Auge erkennbar, aber ihre kulturelle Expansion ist realer denn je. Leute wie Gilbert Comte, Régis Debray, Philippe de Saint-Robert oder Claude Jullien sollten sich damit abfinden: Es ist keine gewollte Hegemonie, es ist eine natürliche Dynamik. Es ist sinnlos, sie zu kritisieren oder zu beweihräuchern: Sie ist ganz einfach da, vielleicht auf Jahrhunderte hinaus! Angesichts solch erdrückender Realitäten hat das Europa der Zwölf überhaupt keine Identität: ein künstlich umrissener Raum, der sich mit echten Kulturräumen überschneidet, eingetaucht in die westliche Atmosphäre, aber ohne jede Substanz noch Identität.

Zweite Wahrheit: Der kulturelle Auftrieb der letzten Jahrzehnte zeugt vom Überfluß des Westens. Westeuropa spielt dabei keine spezielle Rolle. Die Vielzahl von Konzerten, die Menschenmengen, die sich in Ausstellungen drängen, der Aufschwung des Massentourismus sind in Japan ebenso deutlich zu erkennen wie in Frankreich, Australien oder Italien, in den USA ebenso wie in Spanien, und die kommunistische Welt erlebt auf ihre Weise und nach ihrem eigenen Rhythmus die gleiche Revolution. Für die Mittelklasse, Sinnbild des westlichen Lebensstils, ist der Kulturkonsum zu einem Mittel der Identifikation geworden. Sie gefällt sich darin, erkennt sich darin, sieht sich darin wie in einem Spiegel. Westeuropa hat damit nichts zu tun, es ist lediglich zu einem der großen Exporteure von Kultur geworden.

Dritte Wahrheit: Es ist im übrigen die Kultur vergangener Zeiten, die Westeuropa zu bieten hat. Es hat keinen weltweiten Einfluß mehr, weder in der bildenden Kunst, hier kommt der Impuls aus den USA, noch in der Musik, noch in der Literatur oder der Philosophie, einem ausschließlich europäischen Fach, auch nicht in den Geisteswissenschaften. Es wurde bis zum Überdruß wiederholt, daß mit Sartre der letzte Intellektuelle von beherrschender Bedeutung verschwand. Und doch ist es wahr. Nach dem Ebenbild einer Gesellschaft ohne Mittelpunkt, ohne Einordnung, unbefangen, in ständiger Bewegung, hat auch das Denken seine Markenzeichen eingebüßt. Die Zeiten einer allgegenwärtigen deutschen Philosophie, eines in alle Welt getragenen Existentialismus, eines Strukturalismus, der die Humanwissenschaften überall und gleichzeitig aus dem Lot brachte, einer Geschichtsschreibung der *Annales*, die einige Jahrzehnte lang die klassische Geschichtsforschung unter sich erdrückte, sind vorüber. Wo ist der Heidegger, der d'Annunzio, der Gide, der Sartre der achtziger Jahre? Westeuropa hatte ein phantastisches Produkt für wohlhabende Gesellschaften erfunden: die intellektuelle Autorität. Doch gelingt es ihm nicht, wie erfahrene Exporteure sagen würden, »seine Produktpalette zu erneuern«. Nicht etwa, weil die Produkte schlecht wären, sondern weil »der Markt übersättigt ist«. Es drückt nicht Niedergang aus, sondern eine Veränderung der Welt der Kultur. Auch wenn es den Westentaschen-Spenglern nicht gefällt, die immer mit der gleichen Überzeugung den Untergang Europas voraussagen, besitzt es zweifellos mehr Kultur, ist sicher aktiver und lebendiger als früher. Man kann nunmehr von der Kultur sagen, was Foucault von der Macht dachte: sie ist überall und nirgends, heimtückisch und exklusiv. Aber von außen betrachtet, findet Westeuropa auch darin keine Identität, im Unterschied zu jener Zeit, als es, Picasso, Sartre, Malraux, Moravia, Russell als Paradegarde vor sich herschiebend, die Bühne der Welt besetzte und allein schon aus diesem Grund zu existieren schien.

Vierte Wahrheit: Auf ihre Weise ist die Kultur zu einer riesigen Industrie geworden, die einem Massentourismus als Alibi dient, der in der Lage ist – man vergißt es nur allzu leicht –, positive oder negative Zahlungsbilanzen zu bewirken. Baudenkmäler, Museen, Ausstellungen, außerordentliche Ereignisse – Mittel genug, Besucher, Devisen und Kapital ins Land zu locken! Bei diesem Spiel konkurrieren die westeuropäischen Länder miteinander. Ob es Spanien recht wäre, wenn der 500. Jahrestag von 1492 in einem anderen Land Westeuropas gefeiert würde? Möchte Frankreich vielleicht den 200. Jahrestag der Revolution einem anderen Land überlassen? Madrid kämpfte mit Milliardenbeträgen um das Thyssen-Bornemisza-Museum, wie früher sich die Werke von Ford und General Motors schlugen. Paris produziert bis zum Überdruß Großbaustellen. Rom beschleunigt seine Sanierung. Wenn es um kulturelle Werte, um Ethik und die großen Prinzipien geht, gibt natürlich niemand seinen Egoismus zu: Die Not kennt kein Gebot.

Die Außenhandelsbilanzen müssen ausgeglichen werden, und in dieser Hinsicht leistet die Kultur mehr als Werkzeugmaschinen und Autos.

Fünfte Wahrheit: Wer von westeuropäischer Kulturpolitik spricht, meint staatliches Handeln, doch bestehen gerade auf diesem Gebiet zwischen den einzelnen Staaten große Unterschiede. Weder Großbritannien noch die Bundesrepublik verfügen über eine Zentralverwaltung. Als ureigenste Domäne der Gebietskörperschaften oder der Bundesländer sind Kulturangelegenheiten nicht Sache der Regierung. Auch in Italien sind die Maßnahmen dezentralisiert, und das Ministerium sieht sich vor allem als oberster Schirmherr der bildenden Kunst, damit beauftragt, die Schätze des Landes zu bewahren. Spanien gleicht eher Frankreich, und das nicht zufällig, denn in diesen beiden Ländern galt die Kultur seit langem als ein Mittel, international Einfluß zu nehmen. In gewisser Weise stellen »Hispanidad« und »Francophonie« vergleichbare Zielsetzungen dar. Doch in keinem anderen Land gibt es ein Ministerium für Kultur nach französischem Muster. Eine seltsame Mischung, in der technokratische Effizienz, die übliche Rolle des Staates als Vormund und als Hüter von Kunst und Geisteswissenschaften, das Geheimnis des Wortes und diese moderne Art von Transsubstantiation, die wir heute den Medien verdanken, zusammenkommen. Es wird häufig gesagt, daß nur die UdSSR und Frankreich so mächtige Kulturministerien eingerichtet hätten. Irrtum! Die sowjetische Institution verfügt weder über das gleiche Prestige noch über die Bedeutung, die dem französischen Ministerium zukommt. Der Staat, der Jahr für Jahr einen Teil seiner Zuständigkeiten verliert, klammert sich noch stärker an die Rolle des Bauherrn, Begründers und Mäzens: zumindest hier hat er volle Bewegungsfreiheit. In einem Land, das noch immer den Mut zu großen Bauten hat, bleibt der Staat in gewisser Weise der erste und wichtigste Kulturträger. Wie könnte man sich den Dialog zwischen einem französischen Kulturminister in vollem Glanze, seinem italienischen Kollegen, ständig auf der Suche nach Mitteln für Sanierungsvorhaben, den deutschen und britischen Amtsbrüdern, die keinerlei politisches Gewicht besitzen, vorstellen, wenn sie sich alle an den westeuropäischen Verhandlungstisch setzten? Sie sprechen weder die gleiche Sprache, noch haben sie die gleiche Sicht der Dinge oder gar vergleichbare Zukunftspläne. Wie kann man von einem so heterogenen Areopag Aktionen und Maßnahmen erwarten, die politischen Willen, Entschlossenheit und die erforderlichen Mittel voraussetzen?

Sechste Wahrheit: Selbst wenn, wie durch ein Wunder, alle politischen Voraussetzungen gegeben wären, macht doch schon der Gedanke einer westeuropäischen Kulturgemeinschaft keinen Sinn. Um was ginge es dabei? Die Subventionssysteme zu verstärken? Einen Ausgleich der Mittel zu gewährleisten? Die ärmsten Länder bei der Erhaltung und Pflege ihrer riesigen Kulturschätze zu unterstützen? Den Austausch von Theatergruppen zu fördern? Die dann mit dem westeuropäischen Siegel gekennzeichneten Werke zu subventionieren? »Europäische« Kulturräume oder Museen zu errichten? Was hätten sie wohl Besondereres zu bieten, als Mausoleen eines europäischen Traums zu sein? Das nationale Selbstverständnis im Kulturellen ist verständlich, das europäische dagegen ist ein Artefakt.

Siebte Wahrheit: In einer immer durchlässigeren Welt bleibt die Kultur eine der letzten Bastionen der nationalen Identität. Wie die ländlichen Regionen ihre Dialekte angesichts der immer rascheren Verstädterung wiederentdeckt haben, so werden sich die Nationalstaaten, als ländliche Regionen des 21. Jahrhunderts, immer stärker an ihr »kulturelles Ego« klammern. Von Radio und Fernsehen, Musik, Mode, vom Tanz der Zeichen und Symbole überflutet, werden sie zur Überbewertung ihrer nationalen Kultur neigen, als ginge es um den letzten und höchsten Beweis ihrer Identität. Für die Flut westlicher oder internationaler Kultur ist das Europa der Gemeinschaft nicht der passende Raum, weder im Namen der Vergangenheit noch hinsichtlich öffentlicher Maßnahmen, und es wird es immer weniger sein. Wenn Monnet im Nachhinein davon träumte, mit der Kultur im klassischen Sinn anzufangen, dann hatte er sich das falsche Objekt ausgesucht. Aber vielleicht dachte er mehr an das Bildungswesen.

Der Einfluß der Erziehung: sehr wirksam, aber längst vergessen!

Mit der Anerkennung der einzelnen nationalen Abschlußzeugnisse hat Westeuropa einen deutlichen Schritt nach vorne getan, denn damit sind in erster Linie die Niederlassungsfreiheit und der Wettbewerb der Qualifikationen gewährleistet. Des weiteren wird die Möglichkeit geschaffen, Ausbildungsgänge anzubieten, die zum Teil in dem einen, zum Teil aber auch im anderen Land absolviert werden können. Und schließlich wird auf diese Weise der Ansporn des internationalen Wettbewerbs auch in die Universitäten getragen. So wird das französische System, das jede Konkurrenz zwischen Universitäten ablehnt, den Wettbewerb mit seinen europäischen Schwestereinrichtungen *nolens volens* akzeptieren müssen. Und dies schafft ein wesentliches Instrument für den Wandel. Wie in jedem anderen Bereich auch, setzt die ausländische Konkurrenz den nationalen Monopolen ein Ende. Ein Tropfen Säure ist in die vereinheitlichenden und zentralisierenden Räderwerke gefallen, der sie langsam zerfressen wird. Das System konnte zweifellos nur von außen in Bewegung gebracht werden, da der politische Preis einer Reform von innen her horrend hoch war. Die Anerkennung der Diplome ist eine Schockwelle, deren Wirkung weit über das angekündigte Ziel hinausgeht. Sie wird in jedem der Mitgliedsländer die bislang starrsten staatlich-korporativistischen Systeme ins Wanken bringen. Auf diesem Gebiet spielt Westeuropa erneut seine Karten »1958« und »1992« aus, denn es stellt Gewohnheiten und die Pfründen in Frage. Aber diese gute Tat reicht nicht aus, ein Westeuropa der Bildung zu schaffen, schon gar nicht in dem Sinn, wie Monnet es in seiner kulturellen Parabel verstanden wissen wollte. Aus einer gemeinsamen Bildung kann eine gemeinsame Kultur entstehen; ohne gemeinschaftliche Bildung hat sie keine Chance. Dies führt zu der Forderung nach einem pädagogischen System auf europäischer Ebene, das unter anderem gleiche Lehrpläne, systematischen Schüleraustausch und die Anfänge eines westeuropäischen Hochschulsystems voraussetzt. Dieses Westeuropa hat seit 30 Jahren nicht den winzigsten Fortschritt gemacht.

Eine Identität besteht zuerst einmal aus einem Gedächtnis, wie es Pierre Nora* uns in so wunderbare Weise in Erinnerung bringt. So gesehen, führt die Lektüre der Schulbücher eindeutig zu der Überzeugung, daß es Westeuropa nicht gibt. In Frankreich spiegelt der Geschichtsunterricht militärische Siege wider, einen allgegenwärtigen und siegesbewußten Staat, in Deutschland ist er voll Sehnsucht nach Einheit und nach der Bestätigung, daß ein Volk fortbestehen kann, auch wenn es mehrere Staaten bildet, in Großbritannien enthält er den faden Nachgeschmack des viktorianischen Reichs, in Spanien besteht er aus der Erinnerung an große Eroberungen ... Die Lektüre-Texte sind haarsträubend! Auch wenn die schlimmsten Züge von Nationalismus und Fremdenhaß herausgestrichen wurden, hat sich doch am Gesamtbild nichts geändert: Texte, Illustrationen, Legenden – alles dient dem Nationalgefühl. In manche Seiten schleicht sich Westeuropa wie ein Dieb ein, ein künstlicher Fremdkörper. Nie hat dieses oder jenes Land versucht, anstelle der eigenen Geschichte die Entwicklung Westeuropas zu erzählen, sie von verschiedenen Seiten zu beleuchten, weniger dualistisch, so daß das Gute nicht nur einem Land vorbehalten ist. Wenn die jungen Westeuropäer den Ersten Weltkrieg als einen Bürgerkrieg betrachten werden, in dem Sinne, wie die Spanier dies mit ihrem eigenen Bürgerkrieg tun, dann hat Westeuropa einen größeren Fortschritt erzielt als in fünf Jahren des EG-Binnenmarktes. Bis dahin ist es aber noch weit. Weder die Harmonisierung der Programme noch die Koordinierung der Meinungen, noch die Erneuerung der Methode führen zum Ziel: Westeuropa gibt es nicht. An die Stelle dieser sehr französischen Diskussion – Soll die »L'Histoire nouvelle« oder die Geschichte der großen Ereignisse unterrichtet werden? – hat sich die wesentlich wichtigere Frage geschoben: Sollen unsere Kinder die Geschichte Frankreichs oder die Geschichte Westeuropas lernen? Schließt die eine die andere aus?

Der Geographie ergeht es auch nicht besser, denn das nationale Territorium bildet den Hauptgegenstand des Unterrichts, und der westeuropäische Raum stellt nur ein undeutliches Umfeld dar. Der

* *Les Lieux de mémoire*, Gallimard 1984

Berg Gerbier-de-Jonc scheint noch immer ein wichtigeres Wissenselement zu sein als die Hauptstädte der Gemeinschaft, die französischen Rohstoffe sind wichtiger als die Wirtschaftsgeographie der Zwölfergemeinschaft. Und was die Sozialkunde anbelangt, diese Lehre von den längst überholten Institutionen, so konzentriert sie sich natürlich auf Frankreich und seine Pyramide der Macht, vom Staat bis zur Gemeinde. Wäre es für einen jungen Franzosen nicht wichtiger, einige Grundbegriffe über die politischen Systeme der BRD, Großbritanniens oder Italiens zu kennen, als um jeden Preis mit allen Feinheiten der französischen »Programmregionen« vertraut zu sein?

Unter dem gleichen Zeichen steht auch die Literatur. Es gibt überhaupt nur die französische Literatur, und das Monumentalwerk des intellektuellen Konformismus, der unbrauchbare Lagarde/Michard, grenzt schon hart an kulturellen Nationalismus. Neben Racine, Beaumarchais, Anatole France oder Gide fallen Shakespeare, Goethe, Kafka oder Joyce überhaupt nicht ins Gewicht. Daß *König Lear* mehr über die Mäander der menschlichen Seele aussagt als ein kitschiger *Cid*, ist sekundär! Es besteht eine Hierarchie der Literatur, der Kultur und der Bedürfnisse des Schülers. Die Abrechnung in London sähe ganz genauso aus: Proust ist nur ein Ausländer vom Kontinent, Flaubert ein normannischer Schriftsteller. In der Pädagogik wird der Ethnozentrismus, diese typisch westeuropäische Krankheit, nicht etwa auf die Grenzen Westeuropas ausgedehnt, sondern wird wieder zu nationaler, dörflicher Engstirnigkeit. Schon in der Vorschule steht die Ordnung der Welt unverrückbar fest, und die nationalen Grenzen bilden den Rahmen für Kultur und Wissen. Unklar bleibt, warum diese Tatsachen den Vätern Westeuropas, denen von gestern ebenso wie denen von heute, nicht aufgefallen sind!

Der konservative Charakter der Lehrpläne beruht nicht ausschließlich auf ideologischen Kriterien. Tradition, Vergangenheit, fachliche Verfahrensfragen und die nun einmal bürokratischen Ungetümen wie den Schulsystemen der einzelnen Ländern eigene Unbeweglichkeit spielen ebenfalls eine Rolle. Aber »schießen Sie nicht auf den Pianisten« bzw. in diesem Fall auf die Lehrer. Sie haben

z. B. in Frankreich in den Lehrplänen wahre Umstürze miterlebt: die plötzliche Diktatur der gegenwärtigen Mathematik, die Invasion der »L'Histoire nouvelle«. Sie haben sich all dem widerstandslos gebeugt. Mit dem Auftauchen der westeuropäischen Dimension würde zumindest eine viel reichere Motivation in die Lehrpläne kommen als der bloße Niederschlag der klassischen Querelen im Bildungswesen zwischen den »klassischen Humanisten« und den »Modernen«. Aber eine solche Maßnahme hat natürlich nur auf westeuropäischer Ebene Sinn. Haben sich die Kultusminister der EG damit befaßt? Welches unüberwindliche Hindernis hat sie davon abgehalten? Welche Berge mußten versetzt werden? Sollte ein solches Vorhaben etwa schwieriger in die Tat umzusetzen sein als der gemeinsame Markt von 1992?

Die »Europäisierung der Lehrpläne« ist ein schlechtes Vorzeichen für die Erfüllung der anderen Anforderungen an eine westeuropäische Schulbildung. So ist der Schüleraustausch begrenzt und eher zufällig geblieben. Die allgemeine Einführung eines Austauschjahres im Ausland während des Grundstudiums wurde nie ernsthaft in Betracht gezogen, weder in den höheren Schulen noch in den Hochschulen. Auch ein kürzerer Schüleraustausch mit einem anderen Mitgliedsland während eines Schuljahrs war nie vorgesehen: Sollte dies weniger wichtig sein als die üblichen Klassenfahrten aufs Land oder zum Wintersport?

Sommeraufenthalte im Ausland waren nie Pflicht. Die sachlichen Schwierigkeiten sind sicher nicht unerheblich, sei es bei der Finanzierung, der Organisation eines solchen Austauschs, oder sei es durch die den Lehrern auferlegte Verantwortung. Aber man darf das alles auch nicht überschätzen! Es handelt sich hierbei doch nicht um ein Vorhaben, das schwieriger wäre als die Durchführung der gemeinsamen Agrarpolitik oder die Schaffung einer Ausgleichskammer für die Umsatzsteuereinnahmen. Wann hat der Bildungsminister denn laut und vernehmlich dieses Thema angesprochen, anstatt seine tausendste Schulreform auszuarbeiten? Wann hat der Nationale Bildungsverband schon einmal diese fortschrittliche Frage aufgeworfen? Und wann fühlte sich Brüssel wohl berufen, dieses heiße Eisen anzupacken? Seit der Gründung des deutsch-französischen Jugendwerks, dieser vor 25 Jahren ganz neuartigen, aber eng gefaßten Einrichtung, hat sich nichts getan, weder auf Veranlassung Frankreichs noch auf Initiative eines anderen Mitgliedslandes. Und wenn damit der »Europaphilie« der öffentlichen Meinung ein neuer Inhalt geliefert wird: Der Schüleraustausch hätte ein ganz anderes Echo gefunden als die Harmonisierung der Mehrwertsteuer.

Das Vakuum erstreckt sich auch auf die Hochschulen. Die Schuld am zu langsamen Fortschritt liegt nicht nur an der Zaghaftigkeit der Staaten, sondern ganz besonders auch an den Hochschulprofessoren. Für den Hochschulunterricht hätte die Initiative auch direkt von den Universitäten kommen können. Das Gymnasium von Abbeville kann aus eigenem Antrieb keine europäische Politik betreiben, Paris-IV dagegen schon. Oxford liegt auf einer anderen Breite als ein College in Kent, und Heidelberg hat mehr Gewicht als eine Fachhochschule in Hamburg. Hier bedeutet, weltoffen zu sein, den Blick starr allein auf die USA zu richten, und so haben sich die Professoren weder um den intensiven Austausch mit westeuropäischen Universitäten Gedanken gemacht, noch Partnerschaften oder Fusionen in Betracht gezogen. Nach 30 Jahren Westeuropa hat sich die Karte der Universitäten des Kontinents nicht geändert: Sie bleiben eisern auf das eigene Land beschränkt. Die Anerkennung von Abschlußdiplomen allein reicht nicht aus, um die Bewegung umzukehren, sie ist nichts weiter als ein Tropfen auf den heißen Stein. Es bedürfte schon einer Aktion ganz anderen Ausmaßes und diesmal auf Initiative der eigentlich Verantwortlichen, oder aber ihr Streben nach einer unabhängigen Universität ist nichts weiter als ein effektvolles Korporativismus-Gehabe.

Die Sinnlosigkeit der westeuropäischen Bildungspolitik beruht nicht auf einem Mangel an Ideen – an denen fehlt es nie. Dagegen macht sich das Fehlen einer für diese Fragen zuständigen westeuropäischen Institution schmerzlich bemerkbar: Es ist die beste Rechtfertigung *a contrario* der Brüsseler Bürokratie. Ohne eine für Westeuropa arbeitende Maschinerie geht nichts, denn die Schwerfälligkeit der nationalen Behörden findet sonst keinen Gegenpol, die verantwortlichen Politiker werden weder bedrängt noch gefordert. Auf pädagogischem Gebiet kann aber die Europäische Wirtschaftsgemeinschaft nur wie ein Einbrecher handeln, einige Handstreiche, wie die Anerkennung der Diplome, ausführen, dann wieder den Rückwärtsgang einschalten und das gesamte Gebiet brachliegen lassen. Im Grunde ist die Bildung das schwarze Loch der Gemeinschaft, eine deshalb so widersprüchliche Lage, weil sie in jedem einzelnen Land zum Sorgenkind geworden ist. Natürlich kann sich Westeuropa auf diesem Gebiet nicht den Luxus einer Flucht nach vorne leisten, einer Berührung mit dem Zauberstab, der von außen die internen Schwierigkeiten der einzelnen Mitgliedsländer lösen könnte. Aber ein solcher »Nullpunkt« ist unvereinbar mit einem Mindestmaß an Gemeinschaft, denn ohne Bildung gerät die Identität völlig außer Reichweite, und selbst mit gemeinschaftlicher Bildung ist sie noch lange nicht sicher. Kann diese Tatsache eines Tages zu einer Utopie à la Monnet führen, das unzertrennliche Paar eines auszuführenden Vorhabens und einer ausführenden Institution: zu einer »Westeuropäischen Bildungsgemeinschaft«? Haben die Westeuropäer die Kraft, nicht nur die ältesten Baustellen, wie die Realisierung des Gemeinsamen Marktes, zu erhalten, sondern auch neue in Angriff zu nehmen? Sind sie bereit, neue Einrichtungen zu schaffen: Ist eine Westeuropäische Bildungsgemeinschaft heute etwa revolutionärer als die Montan-Union 1950? Die Zeit ist knapp, denn ohne kulturelle Identität ist Westeuropa endgültig zerrrissen zwischen dem strategischen und dem wirtschaftlichen Raum. Ohne gemeinsames Bildungsvorhaben jedoch ist die kulturelle Identität ein totgeborenes Kind.

Der einzige britische Beitrag: die Sprache

Im allgemeinen geht die Sprache mit dem Prozeß der politischen Vereinigung einher oder diesem sogar voraus. Wieviel Reiche wurden nicht durch das Schwert und das Wort gegründet? Und nie haben sie eine Vielzahl der Sprachen überstanden: Die Türme von Babel sind nicht von Dauer. Ein Vergleich ist keine Begründung. Westeuropa läßt sich mit keinem anderen Gebilde vergleichen, seine Einheit folgt einem bisher nicht begangenen Weg, es gibt keinen Konflikt zwischen einer Sprache und ihren verschiedenen Dialekten, sondern ein friedliches Nebeneinander von einzelnen Hochsprachen. Moderne Übersetzungstechnik läßt uns auch dieses, gestern noch unlösbare Problem meistern. Es ist eine sattsam bekannte Methode, der Frage durch Scheinbegründungen auszuweichen. Diese Frage bleibt jedoch lebenswichtig: Gibt es ein Westeuropa ohne europäische Sprache? Gibt es noch eine andere europäische Sprache als das Englische?

Für Frankreich und Spanien, deren Sprachen eines der letzten Mittel darstellen, um internationalen Einfluß geltend zu machen, ist die Behauptung, Englisch sei die europäische Sprache, untragbar. Was bliebe der Francophonie noch, wenn Französisch innerhalb der westeuropäischen Gemeinschaft zu einer Nebensprache würde? Deshalb setzt sich innerhalb der EG ein erbitterter Sprachenkrieg fort: mehrere Amtssprachen; ganze Armeen von Dolmetschern; Texte, die nur geschrieben werden, um unablässig übersetzt und nochmals übersetzt zu werden, bis sie schließlich jeden Sinn verlieren, wie ein Gericht, das immer wieder aufgewärmt wird; liliputanische Schlachten; Anwandlungen von schlechter Laune; wie Knüppel geschwungene Prinzipien ... Ein künstlich aufgeblähtes Gebilde, nur um der Wahrheit nicht ins Auge sehen zu müssen: Es gibt nur ein westeuropäisches Esperanto, Englisch, und die Sprache ist vielleicht der einzige, größere Beitrag, den Großbritannien je zu Westeuropa geleistet hat. Die Unternehmen haben dies schon seit langem erkannt und benutzen alle dieses Handels-Kauderwelsch, das angeblich mit dem Englischen verwandt sein soll. Häufig verkehrt eine niederländische, deutsche oder italienische Firma mit ihren ausländischen Tochtergesellschaften in dieser Sprache und nicht in der Sprache des Landes der Muttergesellschaft.

In der an sich praktisch orientierten Geschäftswelt hatte der sprachliche Imperialismus keinen Erfolg. Manche Länder haben dies schon lange begriffen. Die Italiener sind mehrsprachig, die Generation bis 40 Jahre spricht überwiegend Englisch, die älteren eher Französisch. Englisch sprechen die Niederländer, die Dänen, aber auch die Deutschen, die jeden sprachlichen Ehrgeiz aufgegeben haben und sich wortlos damit abfinden, daß ihre Sprache zu einem zweiten Latein wird, halbtot, aber pädagogisch und kulturell wertvoll. »Hispanidad« hin oder her, die Spanier haben die Notwendigkeit einer Verkehrssprache erkannt. Bleiben die Franzosen mit ihrer seltsamen Neigung zur Starrheit: Da gibt es jene älteren Industriellen, die nicht Englisch sprechen und deshalb vorgeben, sie könnten sich auf diese Weise wie die Japaner in Geschäftsverhandlungen hinter der Sprachbarriere verschanzen; da gibt es einen Englischunterricht, der nicht zu den Pflichtfächern zählt, ganze Generationen, die das Alter der Volljährigkeit erreichen und kaum imstande sind, ein paar Brocken Englisch zu stammeln; und da gibt es jenes diffuse Gefühl, daß man mit Französisch noch um die ganze Welt kommt, wieviel leichter also durch ganz Westeuropa.

Westeuropa wird es erst geben, wenn Englisch *de jure* und *de facto* wirklich zu seiner Sprache geworden ist und die Westeuropäer zweisprachig aufwachsen, mit ihrer eigenen Sprache und Englisch. Eine solche Einheit hat Indien zugunsten des Hindi zustandegebracht. Sollte Europa dazu nicht in der Lage sein? Würden die Mitgliedsländer diese Tatsache zu leugnen wagen? Sollte es etwa schwieriger sein, Englisch als vollendete Tatsache zu akzeptieren, als Algerien die Unabhängigkeit zu gewähren? Werden die Franzosen eines Tages einsehen, daß ihre Utopie der Francophonie nicht unvereinbar mit einem Mindestmaß an westeuropäischem Realitätssinn ist? Englisch wird sich dennoch durchsetzen, denn wie immer angesichts eines unausweichlichen Phänomens lautet die Entscheidung: es passiv hinnehmen oder aktiv vorgwegnehmen. Passiv hinnehmen bedeutet, auf verlorenem Posten kämpfen und sich innerhalb der Gemeinschaft eine Menge Handicaps zu schaffen. Aktiv vorwegnehmen heißt, sich im Laufschritt anpassen: Englisch schon in der Grundschule zum Pflichtfach machen, die Wahl einer anderen Hauptsprache nur dann gestatten, wenn perfekte Englischkenntnisse nachgewiesen werden, die pädagogischen Mittel verstärken, die Beherrschung dieser europäischen Sprache wie Mathematik oder Orthographie zur Voraussetzung des Studiums machen ... Es bedeutet ganz einfach, die Vorstellung zu akzeptieren, daß ein Westeuropäer zwei Sprachen, seine eigene und Englisch, beherrschen muß.

Dieses Thema ist nicht unbedeutend. Ein Westeuropa ohne einigende Sprache hat noch weniger Aussichten, zu einer eigenen Identität zu finden. Die Sprach-Nationalisten, ganz besonders in Frankreich – ein seltsames Heer, das von der extremen Linken zur extremen Rechten quer durch das gesamte politische Spektrum marschiert –, werden mit Holzhammer-Argumenten kontern: Wer Englisch fördert, begünstigt damit die westliche Identität zu Lasten der westeuropäischen Identität. Die Extremisten werden noch einen Schritt weitergehen: Um sich von der angelsächsichen Welt abzugrenzen, kann die europäische Sprachgemeinschaft nur durch Französisch entstehen! Quod erat demonstrandum! Sie gehen den gleichen Weg in der Geschichte wie der Graf von Chambord, dem seine Rückkehr auf den Thron 1870 deswegen mißlang, weil er der weißen Fahne so sehr verbunden war... Mit oder ohne Westeuropa, Englisch ist wichtig in einer immer internationaleren Welt. Ohne Englisch als zweite Muttersprache wird Westeuropa nur ein eigentümlicher Turm von Babel werden, mit Englisch hat es einen Trumpf in der Hand, den es sicher gut gebrauchen kann in dem unablässigen Bestreben, den dritten Kreis, den der hypothetischen westeuropäischen Gesellschaft, zu schließen.

Ist das audiovisuelle Westeuropa schon tot?

Kein Westeuropa ohne kulturelle Identität, keine kulturelle Identität ohne Rundfunk und Fernsehen: Dieser Grundsatz ist unanfechtbar. Aber auf der ständigen Suche nach Integrationsfaktoren könnte Rundfunk und Fernsehen das gleiche Schicksal beschieden sein wie der Bildung: eine verpaßte Gelegenheit, ein vergessenes Gebot. Die Partie wird jetzt gespielt, und jeder Rückstand muß fünffach bezahlt werden. Die Aufgabe ist zweifellos mit einer enormen Schwierigkeit verbunden. Was ist das Westeuropa von Rundfunk und Fernsehen? Die Öffentlichkeit? Die Sendeanstalten? Die Programmgestalter? Die politischen Instanzen? Die westeuropäische Dimension macht die Sache, die in jedem Mitgliedsland schon durch die Verflechtung von drei Phänomenen schwierig genug ist, auch nicht leichter: Der Markt dringt gleichzeitig auf nationaler und internationaler Ebene vor, das Gebot der Qualität, wesentlich und doch nicht faßbar, muß zwangsläufig mit den klassischen Spielregeln der Wirtschaft in Konflikt geraten, der soziopolitische Resonanzboden bestimmt die geringste Initiative der Staaten oder der Akteure.

Die großen Sektoren haben für gewöhnlich das Glück, nacheinander zwei Phasen verminderter staatlicher Eingriffe zu erleben: die erste bei noch nicht durchlässiger Grenze, die es ihnen ermöglicht, nach dem ersten Aufeinanderprallen der Konkurrenz zu einer gewissen Stabilität zurückzufinden; die zweite bei offenen Grenzen, die sich jenen Unternehmen aufdrängt, die sich bereits an die grundsätzlichen Regeln des Wettbewerbs gewöhnt haben. Für die Banken, die Versicherungen, die öffentlichen Aufträge bedeutet 1992 den Zusammenprall mit nationalen Unternehmen, die zu kämpfen gewöhnt sind, zumindest unter sich. Nichts dergleichen gilt für den audiovisuellen Bereich: Zwischen den beiden Erdstößen vergehen mehrere Jahre. Darin ist auch die Erklärung für den eindrucksvollen Zerfall der überkommenen Ordnung in den sechziger Jahren zu suchen, der auf den Mangel an Sendern und Programmen zurückzuführen ist. Ein Wirbelsturm hat eingesetzt, der neue Positionen der Stärke erforderlich macht. Wie es sich angesichts eines ungebremsten Ausbruchs der Marktkräfte gehört, zeichnet sich am Horizont bereits das Oligopol oder das Monopol ab; vertikales Oligopol vom Erzeuger zum Verbraucher und horizontales Oligopol, das die Marktanteile abriegelt. Und alles spielt sich mustergültig ab, wie nach dem Lehrbuch für das erste Jahr Mikroökonomik. Zuerst kam das horizontale Oligopol: Berlusconi beherrschte alle italienischen Privatsender und hatte nur einen einzigen Konkurrenten, die RAI. TFI schnitt sich ein riesiges Stück aus dem Kuchen des französischen Marktes. Danach entstehen vertikale Oligopole: Die Einkaufszentralen beherrschen die Werbung, die Werbung beherrscht die Sendezeiten, die Sendezeiten wiederum beherrschen die Produktion. Es kommt zu immer häufigerem Mißbrauch beherrschender Positionen in diesem Sektor. Deshalb ist es dringend erforderlich, Einrichtungen zu gründen, die in der Lage sind, die Einhaltung der elementarsten Regeln des freien Wettbewerbs durchzusetzen, auf westeuropäischer ebenso wie auf nationaler Ebene. Zu dieser wichtigsten Voraussetzung für eine gesunde Marktwirtschaft kommt noch eine Reihe von Anforderungen, die sich speziell auf den audiovisuellen Sektor beziehen: die Verhinderung jeglicher Kapitalkonzentration, die eine Gefahr für den Pluralismus bedeuten könnte, die Aufrechterhaltung einer Mindestqualität in einem kulturell orientierten Umfeld. Solche Aufgaben kommen fast schon der Quadratur des Kreises gleich, denn sie bestimmen die jeweilige Position des öffentlichen und des privaten Sektors, die Durchführbarkeit der Regulierungsmaßnahmen, die nicht zu überschreitenden Marktquoten, die Förderungsmaßnahmen bei der Gründung ...

Und was ist mit Westeuropa in diesem Erdbeben? Es fehlt und ist entscheidend: Es fehlt, denn die erste Reaktion der Regierungen geht dahin, das Thema im nationalen Rahmen zu behandeln, sie meinen, es wäre dann leichter in den Griff zu bekommen. Ein zweifacher Irrtum, denn die Entwicklung der Technologie und der Märkte überflutet in einigen Jahren die nationalen Gleichgewichte so sicher, wie die verminderten staatlichen Eingriffe der achtziger Jahre die alte Ordnung zerschmettert haben. Allein gemeinschaftliche Regeln sind ein Ausweg für die Regierungen, die es, wie in Italien, zugelassen haben, daß sich derart dominante Positionen herausbilden konnten, die sie jetzt nicht mehr in den Griff bekommen können, weil es ihnen an politischer Stärke fehlt. Westeuropa ist entscheidend, weil ohne entsprechende Maßnahmen und ohne gemeinschaftlichen Rahmen der westeuropäische Markt zu einem Überlaufbecken für die amerikanischen Produkte wird und die kulturelle Identität Westeuropas gegenüber den USA am Ende so aussehen wird wie die Kanadas. Die Strategie der wichtigsten Akteure ist in dieser Hinsicht sehr vielsagend, sie handeln im Rahmen eines homogenen westlichen Binnenmarktes, der von Amerika aus gesteuert wird. Alle Maxwells, Murdochs, Berlusconis, Bertelsmanns, Hachettes, Canal Plus oder wie sie alle heißen, blicken nur in Richtung Westen. Nur in diesem Rahmen können sich die bestehenden, im Einkauf immer teureren Produkte amortisieren – dies beweist deutlich der Anstieg der Gebühren – und neue, immer kostspieligere Produkte realisiert werden.

Wenn Westeuropa aus diesem Spiel aussteigt, hat es wieder einmal die Tatsache akzeptiert, daß es auf einem Gebiet, das die Gesellschaft zutiefst betrifft, keinerlei Bedeutung hat. Ob es einem gefällt oder nicht, das Thema hat einen anderen Stellenwert als die Harmonisierung der Verbrauchssteuern auf EG-Ebene. Im Unterschied zum Erziehungs- und Bildungswesen hängt nicht jede gemeinschaftliche Initiative von einer noch nicht existierenden westeuropäischen Institution ab, wodurch die Gefahr, daß nichts geschieht, noch größer wird. Die rein wirtschaftlichen Probleme könnten bereits im Rahmen der Gemeinschaft gelöst werden: Die kartellrechtlichen Instanzen hätten hier ein weites Betätigungsfeld. Warum sich die Kommission so abwartend verhält, weiß niemand. Vielleicht haben die raschen Veränderungen auf diesem Sektor bisher einen Gesamtüberblick nicht ermöglicht. Vielleicht haben die Opfer der Konzentrationen noch nicht das Ausmaß erlangt, das es erfordert, mit gerichtlichen Mitteln dagegen anzugehen. Vielleicht aber auch fürchten die Gemeinschaftsinstanzen unbewußt, an einen so explosiven Bereich zu rühren, der sowohl mit Politik als auch mit Kultur und unbefriedigten Phantasievorstellungen zu tun hat. Was mit Hilfe der wirtschaftlichen Regeln möglich ist, reicht für diesen Sektor nicht aus. Die Verteidigung des Pluralismus wird schon bald von einem nationalen zu einem westeuropäischen Problem werden, da es immer weniger Einzelinitiativen gibt. Die Förderung bei der Gründung ist angesichts des weltweiten Produktionsnetzes nur auf EG-Ebene vorstellbar, sowohl für die Quoten der Neuproduktionen als auch für die finanzielle Unterstützung, wie es in Frankreich durch ein ausgeklügeltes System von steuerähnlichen Abgaben üblich war. Die Gewährung von Sendegenehmigungen ist nur im westeuropäischen Rahmen sinnvoll, wenn unsere Länder erst einmal mit Antennen für Satellitenempfang ausgestattet sind.

Wieder einmal liegt Westeuropa um zehn Jahre zurück. Die Regierungen haben nicht den Mut, Probleme, die sie schon zu Hause nicht zu lösen imstande sind, in die EG zu tragen. Die wahren Machthaber richten sich schon heute ein und sind entschlossen, das Terrain abzustecken, bevor die Reglementierfreudigkeit erwacht. Die nordamerikanische Fernsehkultur wird zum Bezugsmodell. So werden die jungen Westeuropäer ganz wie die jungen Amerikaner, die noch bevor sie das 15. Lebensjahr erreicht haben, 15000 Morde gesehen haben. So werden sie Kinder derselben Fernsehfilme und Serien sein, als wären sie in Nebraska geboren. So wird auch hier das Gesetz der »prime time« gelten. So wird sich jener Cocktail aus Spielen, Werbespots und schlechten Filmen ausbreiten, der heute, wie es scheint, die Hoffnungen des Marktes trägt. Wenn nicht bald etwas geschieht, wird das kulturelle Westeuropa noch weniger durch den audiovisuellen Sektor als durch Maßnahmen auf dem Gebiet der Erziehung und Bildung zustande kommen. Vielleicht wird in 20 Jahren einer der Väter des Gemeinsamen Marktes wiederum sagen: »Beim nächsten Mal würde ich mit dem audiovisuellen Sektor beginnen.« Für ihn gäbe es weniger Entschuldigungen als für Monnet, denn die Geschichte wird sich dann schon mit einem kaum verständlichen Gestammel abgefunden haben.

* * *

Westeuropa hat weder eine kulturelle noch eine gesellschaftliche Identität. Von dieser dritten Dimension her betrachtet, gibt es die Gemeinschaft der Zwölf überhaupt nicht. Sie ist ein Gebiet von vielen innerhalb des Westens, der seinerseits sehr wohl eine Identität besitzt und dessen Einfluß sich ständig auf Gesellschaften und Kulturen ausdehnt, die ihm im Grunde widerwillig gegenüberstehen. Es gibt keinen dritten Kreis ... oder zumindest schließt er sich nicht um die Grenzen von 1992. Entscheidende Diagnose: Ein Westeuropa mit einer entstehenden Gesellschaft hätte vielleicht, auch wenn es sich noch nicht behaupten konnte, seine strategische Identität gefunden. Die Strategie – man vergißt dies allzu leicht – ist nicht ein Produkt der Strategen. Sie wird bestimmt, definiert, überlagert von der Bewegung der Gesellschaft: Der wachsende Isolationismus der Vereinigten Staaten deutet nicht automatisch auf eine Veränderung des militärischen Kräfteverhältnisses hin, er entspricht der Verlagerung des Interesses weg von der Ostküste hin zur Westküste der USA, der Gleichgültigkeit gegenüber Westeuropa, dem Erwachen der ethnischen Minderheiten, der Friedensbewegung und den Launen der öffentlichen Meinung. Die Tatsache, daß in Westdeutschland tiefgreifende Umwälzungen im Gange sind, bewirkt, daß die westdeutsche Strategie wie von selbst wieder in das alte Fahrwasser von Mitteleuropa gelangt. Das strategische Abdriften, das Westeuropa wie eine geologische Bewegung verschiebt, entspringt eher der Entwicklung der Gesellschaften als einer Vision, die fix und fertig dem Gehirn dieses oder jenes führenden Politikers entsprungen wäre. Daher wäre der beste Hemmschuh für dieses Abdriften das Entstehen einer westeuropäischen Gesellschaft gewesen, mit genügend Dynamik ausgestattet, um die Entwicklung der einen oder anderen nationalen Gesellschaft einzubinden. Der große Binnenmarkt bringt eine solche Gesellschaft nicht hervor, und auch die Kultur, die Erziehung und Bildung oder der audiovisuelle Sektor sind dazu nicht in der Lage. Unter diesen Bedingungen gibt es keinen natürlichen Hemmschuh für diese Verschiebung. Westeuropa steht am Schnittpunkt von drei Kreisen: einem zunehmend kontinental ausgerichteten, strategischen Kreis, einem anderen, ausschließlich wirtschaftlichen, durch die Grenzen der Gemeinschaft markierten Kreis und einem letzten kulturellen und gesellschaftlichen Kreis, der sich in einem Westen mit zunehmend verschwommenen Grenzen verliert. Durch diese Zergliederung ist Westeuropa zur kontinentalen Abdrift verurteilt, die bei weitem die schwerwiegendsten Folgen haben wird. Ihre Tragweite wird, langfristig gesehen, ganz anderer Natur sein als die produktivitätssteigernden Vorteile des großen Marktes. Es sei denn, die Staaten bestimmen wieder das Gesetz des Handelns und widersetzen sich der Strömung ihrer jeweiligen Gesellschaft. Ein Happy-End, das ein paar wichtige Fragen aufwirft.

3

Fragen ...

Westeuropa, so, wie es sich nach dem Zweiten Weltkrieg herausgebildet hat, ist in Auflösung begriffen. Aber wir haben Frieden, und die Zeit der großen Risse und Brüche ist glücklicherweise vorüber: Die atomaren Waffensysteme haben jene Beben, Krämpfe und Kämpfe unterbunden, die um den Preis eines schrecklichen Krieges eine neue Weltordnung schaffen. Entwicklungen dieser Art verlaufen nun selbstverständlich, langsam, unterschwellig, unaufhaltsam, sind zum Teil nicht faßbar und unsichtbar. Die Tage gehen dahin, und wichtige Entscheidungen werden nicht getroffen, so brisant die anstehenden Probleme auch sein mögen; die Regierungen tragen ihre Konflikte nicht mehr aus, und die Gesellschaften zeigen weder Engagement noch Begeisterung. Es scheint sich nichts zu bewegen, nichts geschieht, nichts wird beabsichtigt, nichts wird unterstellt. Der Blick auf die Karte Europas suggeriert Ruhe und Frieden: Seine Grenzen und Konturen scheinen für Jahrhunderte festgelegt. Ein bißchen Luft im Osten, ein bißchen mehr Europa im Westen: Fast sind es nur Begleiterscheinungen. Ein neues Gesetz der Schwerkraft ist am Werk, und ihm entgegenzuwirken scheint heute ein schier unmögliches Unterfangen zu sein. Es sei denn, man nimmt das Risiko auf sich, dann aber nur auf markierten Wegen. An dieser Stelle erheben sich Fragen: Zeitfragen, Sachfragen, Grundsatzfragen ... Es sind Anfragen, die sich an jeden einzelnen der westeuropäischen Mitgliedsstaaten richten.

Angesichts der Entwicklung Westeuropas haben wir nicht mehr die Zeit, der Zeit Zeit zu lassen! Absurd, so meint man: Frankreich hat mehr als ein halbes Jahrhundert gebraucht, um zu einer nationalen Einheit zu werden; Deutschland hat mehrere hundert Jahre auf seine Einigung gewartet, und dasselbe gilt für Italien. Westeuropa verwirklicht sich in seinem eigenen Tempo, und angesichts der schwierigen Prozesse, die damit verbunden sind, ist dieses Tempo hoch. Eine Annäherung unter ausgewachsenen Staaten, denen als einziges Instrumentarium Verhandlungen und Verträge zur Verfügung stehen, kann man nicht mit den gewaltsamen Umverteilungen vergleichen, die es in der europäischen Vergangenheit gegeben hat und die stets mit Blut und Schwert durchgesetzt werden mußten. Die Zeit wird hier gemessen an dem Ziel und den Schwierigkeiten, dieses zu erreichen: Zeit beruhigt, löst Probleme, hilft und wirkt sich günstig aus. Seit Jahrzehnten wird der westeuropäische Traum als solch friedliche Vision gesehen: Jede erfolgreiche Etappe wird auf einem unendlichen Kalender festgehalten. Dieser sehr weltliche Optimismus läßt die Fakten unberücksichtigt. Es gibt zwei Vorstellungen von Europa, die in Widerspruch zueinander stehen: zum einen das kontinentale Europa, zum anderen Westeuropa. Es ist tatsächlich die Zeit, die hier entscheiden wird, und allein der Umstand, daß sie vergeht, scheint für ein kontinentales Europa zu sprechen, es sei denn, es kommt noch einmal zu einem totalen Umschwung.

Im Atomzeitalter ist die Zeit nämlich die vierte Dimension jeder Strategie. Der Zeitaspekt hat die gleiche Bedeutung wie der räumliche Aspekt in militärischen Auseinandersetzungen vergangener Zeiten. Die Sowjetunion setzt heute die Zeit so ein, wie Rußland schon immer die Weite des Landes strategisch eingesetzt hat. Die Raketen haben dafür gesorgt, daß Entfernung keine Rolle mehr spielt, aber diese wird durch den Zeitfaktor ersetzt, dem nunmehr eine strategische Schlüsselfunktion zukommt. Aber Ost und West haben nicht dieselbe Zeitrechnung.

Es gibt die Zeitrechnung einer kalten Gesellschaft und die einer heißen Gesellschaft, in dem Sinne, wie Lévi-Strauss die primitiven Gesellschaften definierte. Auf der einen Seite eine relative Unbeweglichkeit, sich langsam entwickelnde Gesellschaftsstrukturen, Machtausübung ohne Legitimierung durch vorangegangene Wahlen, eine nur von innen mögliche Erneuerung, eine tiefverwurzelte Geschichte mit Resten eines ideologischen Messianismus. Auf der anderen Seite eine unruhige Welt, den schwankenden Stimmungen der Öffentlichkeit ausgeliefert, schnellebig, mit einem spannungsgeladenen politischen System, dem ihr Unmut, ihre Hektik und Launen aufgezwungen werden. Man kann auch von der Zeit eines totalitären Regimes gegenüber der Zeit einer Demokratie sprechen. Im ersten Fall die bisweilen fälschliche Überzeugung, die eigene Macht bis in alle Ewigkeit ausüben zu können; im anderen Fall das Gefühl, daß es immer wieder Unterbrechungen durch Wahlen geben wird und daß es äußerst schwierig ist, langfristig zu planen, wenn man ständig den Erfordernissen des Augenblicks Rechnung zu tragen hat. Die Wirklichkeit deckt sich nicht immer mit der Vorstellung, und Demokratien haben in der Regel eine längere Lebenserwartung als Diktaturen, aber die Akteure des Geschehens verhalten sich nicht nach dieser Erkenntnis, so einleuchtend sie auch sein mag: Sie leben nicht im gleichen Rhythmus. Und dann gibt es noch die Zeit des Militärs im Gegensatz zur Zeit der Zivilisten. Auf der einen Seite eine Gesellschaft, die 15% ihres Bruttosozialprodukts für Verteidigungszwecke aufwendet, deren Armee den leistungsstärksten Sektor der Wirtschaft darstellt, in der die Militärs einen erheblichen Druck auf die Politiker ausüben und deren Weltbild geprägt ist von den typischen Merkmalen des Militärs, seiner Beständigkeit, seiner Gleichgültigkeit gegenüber dem Augenblicksgeschehen und seinem strategischen und technologischen Sendungsbewußtsein. Auf der anderen Seite eine Welt, die ihren Wehretat auf maximal 5% des Bruttosozialprodukts beschränkt, in der die Verteidigung in ganz normalen Zeiten ein durchaus sekundäres Anliegen ist, in der die Armee nicht an der Spitze, sondern als Anhängsel der Gesellschaft gesehen wird und die im wesentlichen aus Vertretern der Zivilbevölkerung besteht. Und schließlich gibt es noch die Zeit der Bürokratie gegenüber der

Zeit des freien Marktes. Im Osten ein Verwaltungsapparat, auf den von außen nicht eingewirkt werden kann, der langsam und schwerfällig arbeitet und sich als Selbstzweck versteht; im Westen der ständige Druck des freien Marktes, mit seinen Launen, seiner Diktatur des Augenblicks, seiner Unfähigkeit, langfristige Perspektiven zu entwickeln, und seiner Ablehnung gegenüber Anstrengungen, die einen langen Atem erfordern würden. Somit hat es, was diese vierte Dimension anbelangt, nur der Osten zu wahrer Meisterschaft gebracht: Er setzt sie seit dem Krieg ein und hat in Westeuropa bereits die ersten Früchte geerntet; er wird auch in Zukunft versuchen, sich ihrer mit größtmöglichem Gewinn zu bedienen. Die sowjetische Strategie gegenüber dem Westen unterscheidet sich kaum von der Strategie eines Kutusow, wenn man einmal den Zeitfaktor durch den Raumfaktor ersetzt: Den Gegner aufzureiben ist das Ziel, ihn aus der Fassung zu bringen, die Taktik, ihn zu erschöpfen, die treibende Kraft.

Die Zeit arbeitet für das kontinentale Europa und nicht für Westeuropa, das durch sie auch dann nicht begünstigt würde, wenn man als Bezugsgröße den Zeitplan der Wirtschaftsunion unterstellen würde. Wenn in den nächsten Jahren nichts geschieht, um den großen Binnenmarkt in einen wirklichen Wirtschaftsraum zu verwandeln, mit einer makroökonomischen Wirtschaftspolitik, einem Haushalt, einem Sozialstaat und einer gemeinsamen Währung, dann wird dieser zum Tummelplatz der Industriellen aus aller Welt, einer gigantischen Freizone, in die jeder hereingelassen wird, in der sich jeder niederlassen darf: eine erfrischende Brise für alle Wirtschaftsnationen des Nicht-EG-Raumes, die sich auf dem EG-Binnenmarkt beherrschende Stellungen, Konzessionen und Marktanteile verschaffen könnten. Die Einigung wird dann noch schwieriger sein; sie wäre ohne autoritäre Maßnahmen und ohne eine protektionistische Politik an den Grenzen der Zwölfergemeinschaft nicht mehr zu machen, es kämen Instrumente zum Einsatz, die in den Jahren der Freizone stumpf geworden sein werden.

Seit 30 Jahren hat sich der Zeitfaktor verheerend ausgewirkt. Drei Momentaufnahmen geben Aufschluß über den Ablauf zeitgeschichtlicher Ereignisse. Das erste Bild, schon etwas vergilbt, zeigt, unter den amerikanischen Flügel geduckt, ein erschöpftes Frankreich, ein Deutschland, das sich schämt. Das nächste Bild, in Schwarzweiß, stammt vom Anfang der siebziger Jahre: die USA eher im Hintergrund, Frankreich verbissen nationalistisch und Westdeutschland mit einer Ostpolitik, die an eine schmalzige Version des Drangs nach Osten aus dem 19. Jahrhundert erinnert. Das dritte, ein Bild aus unseren Tagen, diesmal in Farbe, zeigt einen nordamerikanischen Verbündeten, der sich immer weniger mit atlantischen Fragen beschäftigt, ein Westeuropa, das auf seine Identität wartet wie auf ein Wunder, das ihm der große Binnenmarkt bescheren möge, und eine Bundesrepublik, die dabei ist, sich ein mitteleuropäisches Gewand anzulegen, als wäre dies das Selbstverständlichste von der Welt... Und nun möge jeder seine eigene Phantasie bemühen, um sich auch noch den vierten oder fünften Schnappschuß vorzustellen...

Jede Zeit glaubt von sich, daß die Geschichte an ihre Pforte klopft. Aber bitte keine Kritik an einer kritisierten Überzeugung – wir könnten uns lächerlich machen: Die Zeit hat mehr als die Hälfte ihrer Arbeit getan; der Übergang zu einem kontinentalen Europa ist weit gediehen; die Bundesrepublik kann sehr zu Recht eine schnellere Gangart anschlagen; für die strategische Doktrin der Franzosen hat das letzte Stündlein geschlagen. Vor uns erscheint die Europakarte des Jahres 2000: Unsere Augen müssen sich noch an das neue Bild gewöhnen, und das kann Jahre dauern; erst dann werden wir die einzelnen Konturen, die Markierungen und Farben erkennen. Entweder wir akzeptieren dieses Europa, dann haben wir eine Wahl getroffen, die sich als richtig erweisen kann, aber der Erläuterung bedarf. Oder aber wir führen einen letzten Kampf, um das Europa der Gemeinschaft neu zu beleben; aber die Zeit drängt, man müßte mit etwas weniger Vernunft arbeiten, mehr Phantasie beweisen und eine Prise Poesie, ohne die keine wirklich große Politik auskommt. Wäre die Zeitfrage gelöst, könnte man darangehen, sehr handfeste Sachfragen zu stellen.

Abgesehen von allen anderen Problemen, gibt es vier wesentliche Sachfragen: Warum ist der Gedanke an ein kontinentales Gleichgewicht widersinnig? Warum ist 1992 eine gute Antwort auf eine Frage, die nicht gestellt wird? Warum muß man in einer Welt mit zunehmender Marktöffnung von einem Europa träumen, das auf allen internationalen Märkten auftritt? Warum muß man, koste es, was es wolle, eine feste Position beziehen?

Die alte Theorie von Raymond Aron über die konvergierenden Industriesysteme ist falsch; es sind in erster Linie die strategischen Räume, die konvergieren, und die Annäherung der Volkswirtschaften ist nichts anderes als eine Folge davon. Ist dieses Postulat einmal gestellt, erhebt sich die Frage, ob die Aussicht auf ein kontinentales Europa tatsächlich beunruhigend ist? Der Friede auf dem Kontinent wäre sichergestellt, die Grenze zwischen West- und Osteuropa sehr viel durchlässiger als heute und der Wunsch, Reibungen und Konflikte zu vermeiden, allgegenwärtig. Es würde nur Güteraustausch geben, was beide, die Lieferanten aus dem Westen und die Konsumenten aus dem Osten, nur begrüßen würden; und alles könnte auf eine allgemeine Befriedung hinauslaufen. Diese friedliche Vision würde uns immer häufiger von den Sowjets präsentiert und auch einleuchtend erscheinen, zumal dahinter eine UdSSR steht, die ihrerseits mehr Entgegenkommen als früher zeigt. Auf den ersten Blick scheint das kontinentale System tatsächlich einige Vorzüge zu haben, so daß es nicht angebracht erscheint, es mit einer müden Handbewegung abzutun; es könnte sogar der Verdacht entstehen, man wolle zum kalten Krieg zurückkehren. Aber der erste Eindruck täuscht; er sagt nichts aus über das, was hinter den Kulissen gesagt und gedacht wird, er gibt den Blick auf den Hinterhof nicht frei. Allein schon die militärische Übermacht der Sowjetunion macht dieses Gleichgewicht ungewiß, auch dann, wenn die hohe Zahl an Bomben, Flugzeugen, Panzern, Raketen und anderen Waffenarsenalen dadurch verringert wird, daß der Bestand mit einem Koeffizienten versehen wird, der letztlich nur deutlich macht, wie nachlässig mit Waffen umgegangen wird und wie wenig wirksam das gesamte System ist. Aber nicht das ist entscheidend, sondern die Tatsache, daß die Sowjetunion ihrem Wesen nach nicht mit anderen Großmächten zu vergleichen ist: Ihre Beweggründe, ihre Ziele und ihre Dynamik entsprechen nicht denen anderer Nationen. Diese Feststellung hat nichts mit Moral zu tun, und die alten Sprüche vom Reich des Guten und vom Reich des Bösen sind reine Platitüden. Hier geht es lediglich um eine soziologische Einsicht, wie ein Zoologe, der zwischen den verschiedenen Arten unterscheidet. Damit wird folgendes klar: Niemand kann ausschließen, daß die UdSSR nicht aus Gründen, die nur aus ihrer Sicht verständlich sind, beschließt, sich über das kontinentale Pseudogleichgewicht hinwegzusetzen und ihre Vorteile wahrzunehmen. Die Wahrscheinlichkeit, daß dies geschieht, ist gering, aber kann uns tatsächlich jemand beweisen, daß eine solche Hypothese jeglicher Grundlage entbehrt? In den demokratischen Systemen dagegen gibt es den Effekt des Einrastens: Ist einmal eine Entwicklung erreicht, kann sie nicht wieder rückgängig gemacht werden. Wenn sich die Amerikaner aus Europa zurückziehen, werden sie es nicht so leichthaben, dort wieder Fuß zu fassen; die westeuropäischen Staaten, die sich an die Annehmlichkeiten des kontinentalen Gleichgewichts gewöhnt haben, hätten dann nicht mehr die Möglichkeit, sich gegen die veränderten Spielregeln zu wehren. Es geht nicht um militärische Stärke, um die Einsatzbereitschaft der Truppen oder um andere technische Nebensächlichkeiten, sondern um eine bestimmte Haltung und innere Einstellung. Es ist nicht gerade die Stärke von Demokratien, sich konsequent zu verhalten; sie müssen dazu gezwungen werden, und auch dann gelingt es den Staatsmännern nicht immer. Das kontinentale Gleichgewicht ist daher immer mit einem Mangel an Symmetrie verbunden, der sich aus dem ergibt, was die einen und was die anderen sind. Auf jeden Fall geht das Risiko, auch wenn es nur hypothetisch ist, zu unseren Lasten. Zumindest sehen wir die Dinge so!

Auf diese Situation hat 1992 keine Antwort, obwohl die Legenden, die sich um dieses Ereignis ranken, einen völlig anderen Eindruck vermitteln. Wir sind auf dem Weg zu einem gemeinsamen Westeuropa, das nunmehr bereit ist, von einem atlantischen

Gleichgewicht zu einem kontinentalen Gleichgewicht zu gelangen, das seinem Wesen weit mehr entspricht. Dies ist die allgemeine Überzeugung, die explizit oder implizit von der Öffentlichkeit und den Verantwortlichen aus Politik und Wirtschaft vertreten wird, und dies um so bereitwilliger, als der Osten zugleich die Funktion eines willkommenen Absatzmarktes übernimmt. Diese Vulgata hat nur positive Seiten: Sie bietet die Möglichkeit, EG-Europa mit dem kontinentalen Europa zu verbinden, den großen Binnenmarkt mit der Öffnung nach Osten, die Solidarität der Zwölfergemeinschaft mit der Vorstellung von Mitteleurpa. Alle haben ein hieb- und stichfestes Alibi, und das beruhigt: Mit der Vollendung des Binnenmarktes liegen wir im Trend der Geschichte. Die Wirklichkeit hat natürlich mit soviel Naivität wenig zu tun. Der Binnenmarkt ist zwar ein wirkungsvolles Instrument für die Produktivität, er weist jedoch – wie die Erfahrung zeigen wird – ernst zu nehmende Grauzonen auf; der Markt führt nicht zu einer wirtschaftlichen Einheit, auch nicht zu einer westeuropäischen Gesellschaft und schon gar nicht zu einer strategischen Identität. In gewisser Weise haben wir es hier mit einer Täuschung zu tun: Indem der Markt alle Energie, alle Aufmerksamkeit und den gesamten europäischen Impetus der Mitgliedsstaaten auf sich zieht, bleiben Entwicklungen unbemerkt, die, auch wenn sie unter der Oberfläche wirken, von größter Bedeutung sind und sich im Laufe der Zeit vollziehen werden. Die Sowjets haben mit dieser Täuschung nichts zu tun, sie ist allein die Erfindung der Westeuropäer, aber der Osten sieht die Vorteile, die sich aus dieser Lage ziehen lassen: er zeigt sich so europafreundlich, wie er seinerzeit zutiefst europafeindlich erschien.

Grundsatzfrage: Hat der Weg nach Westeuropa einen Sinn? Wenn er wirtschaftliche Vorteile bringt, dann sollte man diese doch nützen. Aber hat Europa darüber hinaus die geringste Veranlassung, eine Rolle in der Weltpolitik spielen zu wollen? In einer Welt, in der die Staaten immer unabhängiger agieren, in der selbst die Positionen der Stärke sehr rasch verfallen, kann man sein Leben durchaus in Wohlstand, Frieden und Bedeutungslosigkeit verbringen. Der strategische Leitspruch »Wer in Frieden leben will, darf nicht auffallen!« ist gar nicht so dumm. So gesehen, hat das kontinentale Europa gegenüber dem atlantischen Europa durchaus seine Qualitäten: Man gibt sich gelassener, unangenehme Spannungen verschwinden, und man trifft wieder auf befreundete Nationen, von denen man durch den Eisernen Vorhang künstlich getrennt worden war. Diesen Vorstellungen, rosig und Ton in Ton gehalten, liegen keinerlei Beweise zugrunde, sondern nur eine Überzeugung: Wenn aber Staaten die Geschichte mißachten, so geschieht das in der Regel nicht ungestraft. Die Geschichte rächt sich, aber da dieses nicht mehr auf äußeren Schauplätzen möglich ist, findet der Prozeß nunmehr im Inneren der Staaten statt. Die Franzosen haben es am eigenen Leibe erfahren, wie stark außenpolitische Feigheit die Demokratie im Inneren gefährden kann. Man hüte sich – grundsätzlich und vorsichtshalber – davor, das Phänomen Pétain als Zufall zu bezeichnen. Wahrscheinlich werden sich die ältesten Länder Europas bis zum Jahre 2000 nicht zu gigantischen Aussteigern wie die Schweiz oder Österreich entwickelt haben. Auch ist nicht sicher, daß der Wohlstand für immer und ausschließlich das Rückgrat der Gesellschaft sein wird. Ist man tatsächlich der Meinung, daß politische Abstinenz ohne Spannung und dramatische Vorgänge möglich ist? Könnte man sich vorstellen, daß das Vereinigte Königreich, die Bundesrepublik und Frankreich zu einem Finnland, nur in ganz anderen Dimensionen, werden können, aber ohne die finnländischen Eigenschaften, d. h. ohne die Fähigkeit, das Eigene, das Wesentliche in einer Situation zu bewahren, die im Gegensatz zu dem, was unsere wichtigen EG-Staaten treffen wird, nur erlitten und nicht gewollt wird? Die Antwort ist nicht gerade originell: Sie ist pessimistisch, wenn wir uns nur durch unsere Intelligenz leiten lassen, sie fällt optimistisch aus, wenn wir von einem gemeinsamen Willen getragen werden. Eine andere Antwort gibt es nicht.

Aber müssen wir denn angesichts dieser vielschichtigen Realität unbedingt Position beziehen? Wird dies nicht, wie die Moralisten meinen, geschehen müssen, koste es, was es wolle? Heutzutage besteht das umgekehrte Bedürfnis: Jeder hütet sich davor, seinen Ängsten Ausdruck zu verleihen und seine Befürchtungen zu formulieren, d. h., sie sich selbst bewußt zu machen. Die Bundesrepublik nimmt ihre Einbindung in ganz unterschiedliche Zusammenhänge wahr und ist überzeugt – oder tut zumindest so –, daß sich daraus keine Widersprüche ergeben oder potentielle Konflikte entwickeln könnten. Frankreich verhält sich so, als gäbe es das deutsche Abdriften gar nicht, im Gegenteil, es bemüht sich noch stärker als sonst um die Bundesrepublik und schwenkt sogar zaghaft auf die deutsche Linie ein. Die Vereinigten Staaten insistieren um so mehr auf ihrem Engagement in Westeuropa, als sie nur von einem Wunsch erfüllt sind, sich aus Westeuropa zurückzuziehen. Den Schleier zu zerreißen ist immer riskant: Ohne es zu wollen, spielt man das Spiel; wer verliert, gewinnt. Will Frankreich es tatsächlich darauf ankommen lassen, daß die Bundesrepublik offen ihre Prioritäten setzt? Und kann es der Bundesrepublik angenehm sein, wenn ihre Beziehungen zum Osten allzusehr ins Gerede kommen? Auf den begreiflichen und gewagten Wunsch, die Karten aufzudecken und Position zu beziehen, antworten die Insider mit dem Hinweis auf die Gefahren, die damit verbunden sind, wenn man strategische Wahrheiten ausspricht. Sie würden sogar Talleyrand bemühen, um die Lektion von A bis Z zu wiederholen, und uns daran zu erinnern, daß beim Abschluß von Verträgen weniger die Gedanken als die Hintergedanken eine Rolle spielen. Gordische Knoten zu durchschlagen ist ein kühnes Unterfangen, bei dem man, wie die Experten meinen, mehr zu verlieren als zu gewinnen hat. Sie haben natürlich recht, außer in einigen Ausnahmesituationen. Und eine solche haben wir heute, wobei sich dieser Ausnahmezustand nicht unbedingt auf den Augenblick bezieht, sondern auf die nächsten Jahre. Die Entwicklung des Kontinents könnte an einen Punkt gelangen oder diesen sogar überschreiten, an dem es kein Zurück mehr gibt. Nun ist es aber so, daß der Verzicht auf eindeutige Positionen die weitere Entwicklung Westeuropas sichert. Er sorgt dafür, daß nichts Spektakuläres unternommen wird, um den Lauf der Dinge zu verändern; die wichtigsten Akteure werden ihre Möglichkeiten nicht voll ausschöpfen, und die Zeit wird ihr Werk vollenden. Eines Tages müßte sich ein Mitspieler aus den Reihen der Westeuropäer zu erkennen geben, seine Karten auf den Tisch legen und die anderen zwingen, auch ihr Spiel aufzudecken. Diese Rolle wird sicherlich nicht die Bundesrepublik übernehmen, denn sie profitiert davon, daß die Situation ungeklärt ist, und begrüßt den Schleier, der über ihren widersprüchlichen Zielvorstellungen liegt. Auch Großbritannien wird sich dafür nicht hergeben: Dadurch, daß es sich ständig am Rande Westeuropas bewegt, übt es einen Druck aus, der seiner tatsächlichen Machtposition keineswegs entspricht. Damit ist es die Aufgabe Frankreichs, den anderen die entscheidenden Fragen zu stellen und, um sich mehr Glaubwürdigkeit zu verschaffen, sich zunächst einmal selbst zu befragen. Ohne sichere Vorgaben wie zur Übung auf einem Exerzierplatz, ohne Selbstzensur oder Selbstgefälligkeit, unvoreingenommen und offen muß Frankreich an die Aufgabe, prinzipielle Fragen zu stellen, herangehen!

Einige Grundsatzfragen zur Bundesrepublik . . .

Nachdem wir Westdeutschland die gebührende Ehre erwiesen haben, läßt sich die europäische Frage, wie wir gesehen haben, zu einer deutschen Frage zusammenfassen. Sofort vervielfältigen sich die Fragen. Zunächst die Frage nach den wirklichen Absichten: Ist die Wiedervereinigung, die im Grundgesetz von 1949 als Ziel formuliert wird, tatsächlich noch der Wunsch aller Westdeutschen? Oder hält man es damit wie bisher: Man denkt an Wiedervereinigung, spricht dies aber nicht aus. Es wäre absurd zu glauben, die Westdeutschen hätten endgültig auf die Wiedervereinigung verzichtet. Aber sie könnten dieses verständliche Ziel auf dreierlei Arten erreichen: Die erste wäre die messianische, nach dem Muster des zionistischen Traums vom Ende des 19. Jahrhunderts, bevor er in den unvorstellbaren Schreckensjahren zwischen 1940 und 1945 zur Notwendigkeit wurde; die zweite könnte man als die zynische betrachten, als Bereitschaft, zu gegebener Zeit ein offenes Tauschgeschäft abzuschließen zwischen der Neutralisierung und der Wiedervereinigung; und schließlich die dritte, die empirische Art, der Wunsch, allmählich und Schritt für Schritt die europäische Landschaft neu zu gestalten, in der stillen Hoffnung, Deutschland könne wie in der Vergangenheit wieder eine Nation werden, zusammengesetzt aus einer Pluralität von Staaten, als Voraussetzung dafür, daß bei irgendeiner sehr hypothetischen Gelegenheit ein Zusammenrücken dieser Staaten stattfinden könnte.

Die nächste Frage betrifft die Diagnose: Wird Westdeutschland nicht aufgrund seiner demographischen Einbrüche gezwungen sein, in eine immer stärkere Verflechtung mit dem Osten und dem Westen einzutreten, als Reaktion auf den Geburtenrückgang? Es hat in Europa zu Friedenszeiten bisher noch nie einen derartigen Rückgang der Bevölkerungszahlen gegeben: Selbst in Frankreich, das im 19. Jahrhundert einen erheblichen Bevölkerungsschwund erlitt, was nicht unwesentlich dazu beitrug, daß es seine Führungsrolle in Europa verlor, hatte dieses Phänomen keineswegs vergleichbare Ausmaße erreicht. Wenn die Bevölkerung innerhalb von dreißig Jahren von 60 Millionen Einwohnern auf 40 Millionen absinkt, löst dies ein Trauma aus, das seinesgleichen sucht. Zur Stunde kann niemand die wirtschaftlichen, soziologischen und kulturellen Folgen absehen. Es ist also ganz legitim, wenn die Westdeutschen mit großer Dringlichkeit versuchen, hier Abhilfe zu schaffen, und da wäre die Öffnung in Richtung auf das Bruderland im Osten vielleicht der natürlichste und einfachste Weg.

Die nächste Frage bezieht sich auf die Rolle der Bundesrepublik im internationalen Kontext: Will sie, unausgesprochen, eine Politik betreiben, die sie in der Mitte, d. h. in gleichem Abstand zum Osten wie zum Westen, ansiedelt? Sie würde in diesem Fall nicht versuchen, irgend etwas an den Grundsätzen des atlantischen Bündnisses zu verändern, ja, sie würde auch dann noch im Geiste dieses Bündnisses handeln, wenn es eines Tages nicht mehr bestünde. Was die Errichtung Westeuropas anbelangt, so würde sie sich dieser Bewegung nicht entziehen, sie aber auch nicht forcieren. Auf der anderen Seite würde sie dem Osten gegenüber eine Politik so dynamisch wie irgend möglich führen, um die Beziehungen zunächst zurückhaltend, langsam auszubauen, die dann im Laufe der Praxis allmählich zur gewünschten Distanzverkürzung führen könnten. Diese Analyse kommt nicht von ungefähr. Es ist die Lesart, wenn auch nicht die einzige, nach der heute die deutsche Diplomatie eingeordnet werden kann. Diese Partie kann methodisch jedoch nur dann erfolgreich sein, wenn es gelingt, die Franzosen für diese neue Ostpolitik zu gewinnen: Das würde eine Garantie für größere Effizienz bedeuten, die Sicherheit dafür, von niemandem aus dem westlichen Lager verdächtigt zu werden, und die Möglichkeit, tatsächlich die kontinentale Dimension mit der Realität der Gemeinschaft zu verbinden, was in den Köpfen der Westdeutschen durchaus realistisch erscheint.

Eine weitere Frage gilt der strategischen Ausrichtung der Bundesrepublik: Wünscht sie tatsächlich eine atomwaffenfreie Zone in Mitteleuropa? Tut sie so, als habe sie Vertrauen in den nuklearen Schutzschirm der USA? Träumt sie vielleicht von einer französischen Verteidigungsgarantie? Die öffentliche Meinung deutet in Richtung auf die erste Hypothese: Offensichtlich will sie eine dreifache Nullösung, was bedeuten würde, daß Westeuropa, aber auch der Osten nicht mehr dem gefährlichen Risiko ausgesetzt wären, gegebenenfalls als nuklearer Kampfplatz herhalten zu müssen. Die Politiker, oder zumindest die rechtsgerichteten Kräfte, scheinen eher der zweiten Hypothese anzuhängen: Sie versuchen, wenn auch etwas ungeschickt, die Vereinigten Staaten daran zu hindern, zu schnell die Tatsachen auch rechtlich abzusichern und die Abkoppelung zu erklären. Die dritte Möglichkeit hat wenig Zugkraft, sie begeistert außer Helmut Schmidt bestenfalls ein paar Intellektuelle, Frankophile und engagierte Westeuropäer.

Und die letzte Frage: Wie steht es mit dem deutschen Engagement für Westeuropa? Sieht die BRD, ein Pfeiler der europäischen Zwölfergemeinschaft, 1992 als eine Quasi-Vollendung oder lediglich als eine Etappe? Im ersten Fall würde dies bedeuten, daß die Bundesrepublik Westeuropa bis zu einem bestimmten Punkt akzeptiert, aber nicht darüber hinaus; bis zu einem bestimmten Punkt, weil sie der westeuropäischen Demarche aus Tradition treu bleiben will, weil sie am Binnenmarkt interessiert ist und wünscht, daß die Europäische Gemeinschaft funktionsfähig bleibt; aber nicht darüber hinaus, weil sie sich ihren Handlungsspielraum nicht einschränken lassen will und insgeheim befürchtet, daß unauflösliche Bindungen an den Westen ihrem Bedürfnis nach einer gewissen

Nähe zum Osten entgegenstehen könnten. Im zweiten Fall müßte die Bundesrepublik in bestimmte Projekte einwilligen, die sie bisher nicht sonderlich unterstützt hat: eine einheitliche makroökonomische Politik, eine gemeinsame Währung und sehr massive Haushaltsanstrengungen. Die Bundesrepublik müßte für das gemeinsame Westeuropa mit einem zweifachen Aufgeld zahlen: mit einer Lockerung ihrer Währungsdisziplin und mit sehr hohen Beitragszahlungen zum EG-Haushalt.

Dies sind die Hypothesen, die heute für die Position der Bundesrepublik relevant sind. Wir sind der Überzeugung, daß sie mehr oder weniger bewußt ihre Entscheidung getroffen hat: Sie bevorzugt den empirischen Weg zu einer Wiedervereinigung, sie braucht den Osten zur Lösung ihrer demographischen Probleme, sie möchte auf diplomatischem Weg erreichen, daß die Distanz zum Osten nicht größer ist als die zum Westen, sie will die atomwaffenfreie Zone und zeigt ein gemäßigtes Engagement für die Gemeinschaft. Aber der Beweis für diese Behauptungen wurde bisher nicht angetreten. Er wird sich erst als Antwort auf Frankreich herauskristallisieren: nicht als Antwort auf verbale und unverbindliche Fragen, sondern auf ganz konkrete Vorschläge.

Zu Großbritannien . . .

Großbritannien kann dem Spiel der Wahrheit nicht entgehen. Solange sich das atlantische Bündnis nicht selbst überlebt hatte, war seine Antwort eindeutig: weite Welt statt Kontinent. Kein Zögern, keine zwiespältigen Antworten, keine Gewissensbisse. Heute aber, wo sich das kontinentale System herauszubilden beginnt, wird Großbritannien nicht bis auf unbestimmte Zeiten bei seinen alten Überzeugungen verharren können: Margaret Thatcher wird möglicherweise mit den strategischen Realitäten einmal so umgehen wie Saint-Exupérys Kleiner Prinz mit den Sternen. Damit stellen sich einige Grundsatzfragen, von denen Großbritannien auch nicht durch die wortreichen Ausführungen über das atlantische Bündnis ablenken kann, um so weniger, als nicht zu übersehen ist, daß die französische Maginot-Linie Nr. 2 den Briten eine Menge strategische Sorgen bereitet.

Die Briten haben, strategisch gesehen, zwei Möglichkeiten: Sie können den Status quo beibehalten und weiterhin die Rolle von Hilfstruppen der USA übernehmen, eine Rolle, die die britische Atomstreitmacht seit 30 Jahren spielt. Die zweite Möglichkeit würde dagegen bedeuten, daß die Briten ihre Atomstreitkraft der europäischen Zwölfergemeinschaft zur Verfügung stellen. Mit Einverständnis der Vereinigten Staaten natürlich, die sich ein teils rechtlich, teils technologisch geltendes Vetorecht vorbehalten. Die Amerikaner könnten darin eine interessante Lösung sehen. Sie wären auf diese Weise nicht ausgeklammert aus dem westeuropäischen Atomwaffenbereich und könnten sich sozusagen auf halbem Wege einrichten – zwischen einer diplomatisch folgenschweren Abkoppelung und einem direkten Engagement in Westeuropa, das von der amerikanischen Öffentlichkeit nicht mehr getragen wird. Die britische Entscheidung im strategischen Bereich wird Auswirkungen auf alle anderen Bereiche haben. Da die Engländer es jedoch nicht schaffen, sich konsequent und ohne falsche Rücksichten dieser Frage zuzuwenden, sind sie dabei, sich allmählich immer mehr auf einen trügerischen Status quo einzulassen. Hieraus ergeben sich einige Konsequenzen: Mit dem Status quo läßt sich langfristig die Sicherheit Großbritanniens nicht garantieren; er schließt die Briten aus Westeuropa aus; er verurteilt sie zu einer marginalen Rolle, sowohl gegenüber den Vereinigten Staaten als auch im Hinblick auf das nunmehr entstehende kontinentale Gleichgewicht. Wenn es keine strategische Umorientierung gibt, werden sich die Briten nur sehr widerstrebend dazu bewegen lassen, möglicherweise etwas für Westeuropa zu tun.

Dies gilt auch für die Wirtschaft: England liegt schon jetzt nicht mehr vorn, mit seinem Pfund, das nicht in das Europäische Währungssystem einbezogen ist, und mit dem Verfahren der Haushaltsrückerstattung, die, auch wenn sie von allen anderen Mitgliedsstaaten akzeptiert wurde, eine Mißachtung der gemeinschaftlichen Solidarität bedeutet. Wird 1992 begrüßt, z. B. als Glücksfall für die Geschäftswelt der City? Der Binnenmarkt ist weder ein Mythos noch eine Etappe, und noch ehe er errichtet ist, wettert Margaret Thatcher gegen jede Stärkung Westeuropas in Währungs- und Haushaltsfragen: Sie befürchtet die Ansteckung durch den Kontinent, durch sozialdemokratisches oder humanistisches Gedankengut... Nur eine verklärte strategische Vision und ein Weltverständnis, das sich grundlegend von dem heute vorherrschenden unterscheiden würde, könnte den Kontext schaffen, in dem Großbritannien einen aktiven Beitrag leisten könnte und die Gemeinschaft nicht nur zu ertragen hätte. Tatsächlich müßte es erst zu derart tiefgreifenden Veränderungen kommen, damit sich Großbritannien bereit zeigen könnte, einen neuen Weg einzuschlagen, auf dem es die Zwölfergemeinschaft vielleicht entdecken würde: z. B. der Weg zu einer westeuropäischen Staatsbürgerschaft; damit wäre der britische Grundsatz gegenstandslos, demzufolge jeder Einwohner des Commonwealth ein britischer Staatsbürger ist; man würde in diesem Fall die westeuropäische Staatsbürgerschaft verleihen. Auch die Errichtung eines westeuropäischen Rechtsraums müßten die Engländer mittragen: Das würde bedeuten, daß sie sich im Bereich ihrer besonders isolationistischen Judikative einer gemeinsamen Rechtsprechung und gemeinsamen Gesetzestexten anpassen müßten. All dies sind Etappen, so unbedeutend sie auch scheinen mögen, auf dem Weg zu einer politischen Supranationalität, dem Gegenstück zur gaullistischen Konzeption, die in Frankreich selbst nicht mehr vertreten wird, die nun aber jenseits des Ärmelkanals auf der einen Seite und jenseits des Rheins auf der anderen wieder anzutreffen ist.

Man macht sich sicher etwas vor, wenn man erwartet, die Briten könnten eines Tages zu Gleichgesinnten werden. Eine westeuropäische Begeisterung ihrerseits wäre sicherlich willkommen, aber ist ihre Ablehnung Westeuropas tatsächlich ein Handicap? Noch vor 15 Jahren hätte man diese Frage bejaht. Die Aufnahme Englands in die EG erschien damals lebenswichtig, anderenfalls hätten die fünf Partnerstaaten nicht so lange und ausdauernd gekämpft, um dem Frankreich de Gaulles den britischen Beitritt abzuringen! Die Tatsache, daß Großbritannien auf Distanz gegangen ist, aber vor allem seine marginale Rolle im Europageschehen, sein unentschlossenes Mal-Dafür, Mal-Dagegen, hat die Entfernung zu Westeuropa vergrößert: England selbst ist in den Augen der übrigen Mitgliedsstaaten kleiner geworden, es ist fast schon von der Bildfläche verschwunden ... Ein Westeuropa ohne Großbritannien wäre eine Enttäuschung, aber keine verrückte Idee ...

Wie steht es mit den anderen ...?

Italien, die Niederlande und einige andere Länder können der Wirklichkeit nicht ausweichen, auch wenn sie eher Objekte der geschichtlichen Entwicklung sind und diese nicht aktiv mitgestalten. Und die neuen Mitglieder, allen voran Spanien, stellen sich keinerlei Grundsatzfragen. Mit dem Eifer frisch bekehrter Jünger zeigen sich die Spanier des Juan Carlos und Félipe González als berufene Westeuropäer, gelegentliche Atlantiker und Weltbürger, wenn es die Situation erfordert. Jedem sein Europa, mit eigener Geographie: Dieselbe Faszination, die Westdeutschland zu einem kontinentalen Europa drängt, läßt den Spaniern ein Westeuropa wünschenswert erscheinen. Leider besteht die Gefahr, daß dies in diesem Fall keine entscheidende Rolle spielt ...

Italien und die Niederlande sind Länder mit mehreren Visitenkarten, so, wie es Handelsreisende gibt, die gleich mehrere Firmen vertreten: Es ist im übrigen kein Zufall, wenn sich diese Eigenschaft vor allem bei besonders extrovertierten und geschäftstüchtigen Ländern findet. Man zeigt atlantische Treue: Beide Länder haben seinerzeit die Stationierung der Pershing und Cruise-Missiles akzeptiert; Italien tat dies, ohne zu murren, auf Anraten einer sozialistischen Regierung, der man daraufhin in ihrem Verhältnis zu Washington absolute Bündnistreue bescheinigen mußte; auch die Niederländer stimmten der Stationierung zu, obwohl der Druck einer pazifistischen Öffentlichkeit groß war, die, ebenso wie die Westdeutschen, die Parole »Lieber rot als tot!« ausgegeben hatte. Man engagiert sich für Westeuropa: Beide Länder waren schon immer Anhänger der Europäischen Gemeinschaft und haben sich für 1992 eingesetzt, so, wie sie auf die gemeinsame Währung, neue gemeinschaftliche Institutionen und einen erweiterten Aktionsradius setzen werden. Von Natur aus neigen sie zu Entspannung: Unter der Fuchtel Giulio Andreottis, der dem Osten gegenüber so offen war wie Edgar Fort in Frankreich, hat es Italien geschafft, in den besonders glanzlosen Zeiten der Breschnew-Ära Beziehungen zur UdSSR und den Volksdemokratien aufzubauen. Das bedeutet, daß Italien auch ein begeisterter Gorbatschow-Anhänger ist. Darüber hinaus haben Italien und die Niederlande Verbindungen zum arabischen Raum, sie unterhalten gute Beziehungen zu den Ländern der Dritten Welt, und ihre Handelsbeziehungen mit China können als vielversprechend bezeichnet werden; sie sind wirklich gute Klassenkameraden. Klagen kommen nicht auf, und Grundsatzfragen stellen sich gar nicht erst. Mit einer Ausnahme: Da diese Länder in ihren Zielvorstellungen keine Prioritäten setzen, tragen sie dazu bei, daß in wichtigen Fragen weiterhin Unklarheit herrscht. Sie fühlen sich wohl in diesem Klima, betonen ihre guten Absichten und sichern sich eine Rolle. Aus ihrer Sicht verhalten sie sich weise und moralisch einwandfrei. Sie würden sich gewiß ganz entschieden gegen einen allumfassenden grundsätzlichen Klärungsprozeß wenden: Sie hätten Angst, ihren kleinen Freiraum zu verlieren, in dem sie sich mit so viel Talent bewegen.

Die Lage, in der sich die beiden Länder befinden, erweckt Neid, bei Schweden vielleicht, bei Österreich ganz gewiß. Übrigens hat sich Österreich gerade erst um die Mitgliedschaft in der EG beworben. Wien ist nicht mehr der Mittelpunkt der Welt, und die Affäre Waldheim ist im Ausland kein Gesprächsthema mehr, so gerät dieser Akt in Vergessenheit wie eine ganz banale diplomatische Démarche. Und doch ist die so wenig beachtete Kandidatur eines Landes, das in Westeuropa nicht zu den Großen gehört, ein deutliches Symbol seitens eines weniger bedeutenden Landes. Seit 1955 ist Österreich ein Land, das folgende drei Merkmale aufweist: Es hat eine demokratische Regierungsform, eine durch die solide Politik der Sozialdemokraten gemäßigte Marktwirtschaft und eine Neutralität, die vertraglich durch die vier Siegermächte garantiert wird. Niemand hat daran Anstoß genommen, daß ein neutraler Staat in die Gemeinschaft aufgenommen werden will. Sind Demokratie und freier Markt tatsächlich die einzigen Voraussetzungen für einen Beitritt zur Gemeinschaft? Ist Neutralität überhaupt zu vereinbaren mit 1992? Würde die Stellung Österreichs, das zu beiden Blöcken den gleichen Abstand hält, überhaupt zu einem EG-Binnenmarkt passen? Die Vereinigten Staaten haben nicht reagiert, die Bundesrepublik auch nicht und die Sowjetunion noch weniger, obwohl gerade sie noch vor einigen Jahren sehr heftig reagiert hätte angesichts einer Situation, die in ihren Augen als Verletzung der bestehenden Kräfteverhältnisse erscheinen mußte. Ist dies nicht ein zusätzliches Argument dafür, daß sich Österreich als 13. Mitglied der Gemeinschaft anbieten könnte? Eine Vorwegnahme dessen, was mehrere Mitgliedsstaaten sich wünschen; ein Modell dessen, was die Bundesrepublik einmal sein könnte? Ein neutrales und zugleich gemeinschaftlich eingebundenes Österreich als Avantgarde eines Westeuropas, das in die Mitte Europas zurückkehrt: Ein solcher »Anschluß« in umgekehrter Richtung ermangelte nicht der Ironie.

Und Frankreich?

Vorsicht vor einem allgemeinen Narzißmus, der tiefgreifende Veränderungen zugunsten eines kontinentalen Gleichgewichts als Vorwand nehmen könnte, um Frankreich die Illusion zu geben, noch immer eine Großmacht darzustellen! Das kontinentale Spiel wirkt tatsächlich vertraut: Die Franzosen haben es mit unterschiedlicher Fortune jahrhundertelang gespielt. Sich diesem Rausch hinzugeben wäre mehr als lächerlich. Es wäre ein Fehler. Ein Frankreich, das sich mächtig glaubt, würde es vielleicht als seine Aufgabe ansehen, für ein entsprechendes Gegengewicht im Westen zu sorgen, um das kontinentale Gleichgewicht herzustellen. Frankreich würde genau die Rolle spielen, die ihm die Sowjets zugedacht haben: ein Alibi zu liefern für ein gestörtes Gleichgewicht, das als stabiles System getarnt ist. Ohne Frankreich überschätzen zu wollen, nimmt es doch eine Schlüsselposition ein, die wichtiger ist als in den vergangenen 40 Jahren. Ironie des Schicksals: De Gaulle hat in den sechziger Jahren den Anschein erweckt, als spiele er eine geschichtlich bedeutende Rolle; Mitterrand dagegen hat nun die Möglichkeit, diese Rolle tatsächlich auszufüllen. Für Frankreich hat es auf der Weltkarte keine Veränderungen gegeben, die Welt aber hat sich verändert, sie hat sich von Westen nach Osten verschoben: Und nun erlebt Frankreich alles aus nächster Nähe mit!

Um die Partie zu gewinnen, muß Frankreich drei Voraussetzungen erfüllen: Die erste ist strategischer, die zweite wirtschaftlicher und die dritte politischer Natur. Die beiden letzteren sind so gut wie erfüllt.

Die strategische Voraussetzung dagegen ist problematisch. Sie bedeutet, daß Frankreich ein für allemal sein Maginot-Syndrom überwinden und akzeptieren muß, daß die Verteidigungslinie für Frankreich tatsächlich die Elbe darstellt und nicht mehr der Rhein. Was den Einsatz konventioneller Waffen anbelangt, so geht man bereits von dieser Tatsache aus; im Bereich der taktischen Waffen sind die ersten Schritte getan; im Hinblick auf die nukleare Strategie bleibt noch einiges zu tun. Würde es gelingen, dieses Tabu aufzuheben, so könnte sich eine ganze Palette von mehr oder weniger kühnen Initiativen entwickeln. Ein kollektives Tabu verschwindet langsamer als ein individueller Komplex: Vermutungen müssen entkräftet, Unausgesprochenes muß zurückgewiesen werden. Dabei wird allerhand Porzellan in die Brüche gehen. Zunächst einmal muß man sich an den Gedanken gewöhnen, daß strategische Waffen eingesetzt werden können, während die jetzige Doktrin spitzfindigerweise davon ausgeht, daß sie niemals zum Einsatz kommen werden. Weiterhin muß damit Schluß sein, daß eine unantastbare und unbewußte Identifizierung stattfindet zwischen dem Sanktuarium, dem nationalen Allerheiligsten – Worte sind verräterisch –, dem Atomkrieg und der Haltung des Präsidenten der Republik, der sich als Demiurg gebärdet. Das bedeutet schließlich eine deutsch-französische Solidarität, die zum äußersten Opfer bereit ist. Eine solche Entscheidung entspringt sicher keinem natürlichen Bedürfnis, aber es gibt keinen politischen Akt, der entscheidender wäre. Eine solche Entscheidung benötigt Jahre, um heranzureifen, aber jetzt ist der Augenblick gekommen: Jetz oder nie, d. h. entweder in den kommenden Jahren oder nie mehr.

Angesichts dieser Grundsatzfrage wird alles übrige zur Nebensache: z. B. die Zustimmung zu einer politischen Supranationalität. In der Öffentlichkeit gibt es diese Zustimmung seit langer Zeit, aber erst seit kurzem auch in den Reihen der Politiker, mit Ausnahme – letzte Überreste archaischer Überzeugung – der Kommunisten und einiger Paläo-Gaullisten. Ein weiteres Thema ist die absolute Notwendigkeit, ein tatsächlich geeintes wirtschaftliches Westeuropa zu schaffen: Der Preis für einen EG-Binnenmarkt ist mikroökonomisch bescheiden, gemessen an dem, was makroökonomisch zu leisten ist, nämlich das Problem einer gemeinsamen Währung und eines gemeinsamen Sozialstaates zu lösen. Die Franzosen haben es jedoch geschafft, sich seit 1980 in ihrem wirtschaftlichen Verhalten so grundsätzlich umzustellen, daß diese von ihnen geforderten Anstrengungen sekundär erscheinen gegenüber denen, die sie bereits geleistet haben. Was nun die Absicht anbelangt, Westeuropa ein gemeinsames Recht, ein gemeinsames Bildungswesen und gemeinsame audiovisuelle Techniken anzupassen, so wird es für Frankreich das reinste Vergnügen sein, in diesen Bereichen neue Strukturen zu entwickeln; man läßt der technokratischen Phantasie freien Lauf, und sie wird den guten Absichten zum Durchbruch verhelfen.

Ein Frankreich, das mit sich und seinen Motiven im reinen ist, könnte gute Arbeit leisten. Drei Dinge kommen hier zusammen: Lebenswille, Tatendrang und ein Pascalscher Sinn für Herausforderungen: Was kann Frankreich schon verlieren, wenn es den Versuch wagt...? In einem Zustand der Schwerelosigkeit, losgelöst von allen vorgefaßten Meinungen, könnte Frankreich die Initiative an sich reißen.

4

Ein Dekalog

Lassen Sie uns einen kurzen Augenblick verweilen, geben wir dem alten Grundsatz von 1968 nach und überlassen uns ganz der Phantasie. Traum, Exzeß und Übertreibung haben eine kathartische Wirkung. Versuchen wir nur einen Augenblick, ohne Zwänge und Bedrängnisse, den Kern einer Politik zu erkennen, ihren Horizont auszumachen, den wir nicht benennen, niemals erreichen und stets nur ersehnen können: Später wird dann die Wirklichkeit alles in die richtigen Proportionen rücken. Die Experten mögen die Augen schließen, die Diplomaten den Blick abwenden, die Skeptiker sich entfernen, die Zyniker grinsen und die Realisten von der Bühne abtreten. Machen wir den Weg frei für die Phantasie, sie möge nur einen kurzen Augenblick das Zepter übernehmen, ohne Kritik, ohne Selbstkritik.

In dieser Phantasiewelt wird Frankreich das Spiel bestimmen: Es wird auf das EG-Europa setzen als Ersatz für das kontinentale Europa; es wird seine Trümpfe voll ausspielen und sich dabei allein auf seine Überzeugung verlassen, daß es besser ist, den Versuch, auch wenn er scheitern sollte, zu wagen, das Schicksal zu bezwingen, statt passiv und resigniert zu warten, bis es uns ereilt. Frankreich würde in dieser Phantasiewelt Initiativen ergreifen, zehn an der Zahl, wie die Zehn Gebote auf den Gesetzestafeln des Moses. Diese Gebote basieren auf einer Betrachtungsweise der Beziehungen zum Osten; sie werden eine neue nukleare Konzeption entwickeln; sie werden in der gleichen Optik eine totale Solidarität mit der Bundesrepublik postulieren, gleichzeitig aber auch die Möglichkeiten des Rückzugs vorsehen für den Fall, daß sich die Bundesrepublik entzieht. Alles übrige wird sich wie von selbst ergeben. Die Gebote versuchen, den Totalitarismus zu beenden, mit dem die Wirtschaft die Europaidee vereinnahmt, sie werden andere Möglichkeiten aufzeigen und Konsequenzen im Inneren akzeptieren. Ein wundervolles Programm, bestehend aus zehn Träumen, die das Gewissen besänftigen und die Zukunft nicht belasten. Ein Dekalog, zehn Gebote, zehn Wahrheiten!

1. Du sollst Vernunft bewahren!

Hans-Dietrich Genscher, der westdeutsche Außenminister, hatte recht, als er als erster anregte, Gorbatschow beim Wort zu nehmen. Aber Worte sind eben nur Worte, und diese lassen sich nicht in endgültige Zugeständnisse umwandeln, schon deswegen nicht, weil Demokratien allgemein große Schwierigkeiten haben, auf einem einmal eingeschlagenen Weg umzukehren. Das macht einen komplexen Aktionsmechanismus notwendig, der nach drei Gesichtspunkten arbeitet. Erster Gesichtspunkt: Nichts unternehmen, was nicht rückgängig zu machen ist, alles unterstützen, was eine Veränderung im Osten bewirkt, aber nicht darüber hinausgeht! Zweiter Gesichtspunkt: Die Westdeutschen nicht alleine handeln lassen, da das Risiko besteht, daß sie zu weit gehen. Dritter Gesichtspunkt: Sich von den Westdeutschen in nichts hineinziehen lassen, was unvernünftig sein könnte. Hinter diesen simplen Gedanken verbirgt sich ein Glücksspiel . . . mit nur drei Karten.

Das gilt in erster Linie für den militärischen Bereich: Es muß alles vermieden werden, was zu einer atomwaffenfreien Zone in Mitteleuropa führen könnte; d. h. für die Franzosen, daß sie auf gar keinen Fall ihre taktischen Waffen zurückziehen dürfen, auch wenn ihr Einsatzradius nicht über das Gebiet der Bundesrepublik hinausgeht. Der Rückzugsgedanke würde wieder der Doktrin des Alles oder Nichts Geltung verschaffen, die, wie wir gesehen haben, Synonym für Verteidigung des nationalen Sanktuariums auf Kosten des westeuropäischen Raumes ist. Aber der Pazifismus à la Gorbatschow erstreckt sich auf den Bereich der konventionellen Waffen: Hat Gorbatschow nicht, vielleicht sogar etwas zu offensichtlich, eine Reduzierung dieser Waffengattung vorgeschlagen, sogar bei eigener Vorleistung, vorausgesetzt, die Verhandlungen würden ohne Amerika geführt? Der Vorschlag ist raffiniert: Die UdSSR willigt ein, angesichts des bestehenden Kräfteverhältnisses in stärkerem Maße abzurüsten als der Westen, aber als Gegenleistung wünscht sie, daß diese Geste des Friedens nur unter Europäern stattfindet, unter dem Dach dieses »gemeinsamen Hauses«, das Gorbatschow so ans Herz gewachsen ist. Die Bundesdeutschen sind nicht weit davon entfernt, auf dieses interessante Angebot einzugehen. In dieser Situation kann es wirklich nur eine Antwort geben: Die Abrüstung im Bereich der konventionellen Waffen wäre tatsächlich sehr asymmetrisch, und deswegen kann darüber nur verhandelt werden, wenn alle betroffenen Streitkräfte vertreten sind, also auch die der USA. Sollten sich die Westeuropäer nicht so verhalten, würden sie unter Umständen den Isolationismus der Vereinigten Staaten begünstigen und ihrem Rückzug aus Westeuropa Vorschub leisten, obwohl dieser gefährliche Gedanke auch ohne unser Zutun immer mehr an Boden gewinnt. Diese Position wird übrigens auch von Frankreich vertreten, und zwar mit einer Bestimmtheit, die nicht verwundert bei einem François Mitterrand, der 1983 jene berühmte Rede vor dem westdeutschen Bundestag hielt. Es fragt sich nur, ob in einer solchen deutsch-französischen Liaison, die in ihrer Diplomatie mal formell, mal aber auch weniger formell vorgehen muß, so viel Klarheit überhaupt tragbar ist...

Es gibt eine zweite Karte im Spiel: den Osten. Die Perestroika darf nicht dazu führen, die herrschenden Regierungen von Volksdemokratien auf Kosten der gesellschaftlichen Kräfte an der Basis zu rehabilitieren. Darin liegt in der Tat ein Risiko: Nur Staaten unter sich seien dialogfähig, so meint man, und im Westen neigt man zu der Auffassung, daß gute Beziehungen zu den kommunistischen Regierungen leichter Zugeständnisse herbeiführen als eine zu offensichtliche Unterstützung der Bevölkerung, was unter Umständen die gegenteilige Wirkung hervorrufen könnte. Und genau das ist die Falle, die man uns stellen will: Die Begeisterung für Lech Walesas Solidarität läßt sich der Westen nicht anmerken in der Hoffnung, daß es der polnischen Regierung dann leichter fallen könnte, weniger Druck auf die polnische Bevölkerung auszuüben. Staaten fürchten sich grundsätzlich vor sozialen Bewegungen, auch wenn diese beim Nachbarn oder gar beim Feind auftreten. Und dabei wäre alles so einfach: In dem Maße, in dem Beziehungen zwischen Staaten sich festigen, müßten zwischen den jeweiligen Gesellschaften stärkere Bindungen entstehen.

Und schließlich die dritte Karte, die Wirtschaft: Kapitalistische Demokratien sind äußerst anfällig für das Argument Absatz. Absatz als »Friedenswaffe«, wie es bei Samuel Pisar heißt, eine Formulierung, die spekulativ und wenig moralisch anmutet. Mit fortschreitender Perestroika, die im Osten noch durch die Errichtung einiger Marktsurrogate verstärkt wird, wird die Begeisterung immer ungezügelter. Man wird in Zukunft immer mehr finanzieren und immer mehr liefern, und die Westdeutschen sind bereits eine Länge voraus, die Deutsche Bank, so möchte man sagen, hat die Nase vorn: Sie sieht darin eine Möglichkeit, die sich im Westen anhäufenden Guthaben für Kredite an den Osten einzusetzen. Aber hier wäre doch eine Differenzierung angebracht. Natürlich sollte Westeuropa mehr liefern und Kredite vergeben, aber dies nur im Bereich der Konsumgüter, da nur diese für die Bevölkerung im Osten von Vorteil sind. Auch läßt sich die Dynamik des Konsums als Druckmittel für Demokratiesierungsprozesse einsetzen. Andererseits aber müßten es die Westeuropäer ablehnen, und zwar entschiedener als je zuvor, Güter zu exportieren, die militärischen Zwecken dienen könnten. Der Handel könnte als ein sehr subtiles Instrument eingesetzt werden, mit dem man zugleich die Perestroika unterstützen und seinem grundsätzlichen Mißtrauen in militärische Regime Ausdruck verleihen könnte. Leider ist zu befürchten, daß der merkantile Überschwang der Europäer diese Schranken durchbrechen wird.

Ein Vademekum im Umgang mit dem Osten wäre weder ein Abschluß noch der Einstieg ins Reich der Phantasie, sondern vielmehr ein diplomatischer Kodex des gesunden Menschenverstands. Die Beziehungen zur Sowjetunion erfordern keine spektakulären Initiativen, auch bei der kühnsten Simulation nicht. Denn Initiativen in dieser Richtung würden unaufhaltsam zu einseitigen und überzogenen Zugeständnissen führen. Entgegen allen anderslautenden Ratschlägen sollten wir uns in unseren Träumen vom Osten mehr denn je an die Devise »Vernünftig bleiben« halten!

2. Du sollst mit dem Zündholz umzugehen wissen!

Wenn Frankreich das Syndrom der neuen Maginot-Linie überwinden will, muß es seine Verteidigungsdoktrin offen und mit Nachdruck darlegen. Solange die Franzosen Schritt für Schritt, maßvoll und im Geheimen über ihre Strategie nachdenken, werden sie sich nicht in Richtung auf eine westeuropäische Verteidigung zubewegen. Bei der Strategie kann es nicht um das Planspiel von Generalstäben gehen, sondern vielmehr darum, wie Menschen und Gesellschaften aufeinandertreffen; dies gilt in besonderem Maße in einem Atomzeitalter, das grundsätzlich den Konflikt ausschließt. Deshalb muß man heute Farbe bekennen, laut und deutlich, vor allem, wenn es darum geht, die Doktrin vom »geheiligten nationalen Territorium« zu entkräften, der die Franzosen deshalb so nahestehen, weil sie sie beruhigt und ihnen ihre Illusion beläßt. Die Atomstreitkräfte Frankreichs können nur dann ein Mittel der Macht sein, wenn sie die Funktion eines »Zündholzes« erfüllen, das einen Weltbrand entfachen kann, dem sich auch die USA nicht entziehen könnten, wenn sie nicht zur Regionalmacht werden wollen. Es ist paradox und überraschend zugleich, daß ein Land, das lange Zeit zu den schlechtesten der atlantischen Schüler gehörte, nun die Möglichkeit hat, eben diese atlantische Solidarität zu forcieren. Diese Feststellung hat Folgen: Man muß ausdrücklich erklären, daß die französische Verteidigungslinie an der Elbe verläuft; taktische Nuklearwaffen müssen im Vordergrund stehen; es muß jedem klarwerden, daß die Franzosen sich uneingeschränkt als Westeuropäer und Atlantiker verstehen; die neue Doktrin muß öffentlich verkündet werden.

Das Zündholz kann jedoch seine Rolle nicht nur zugunsten Frankreichs spielen. Denn das würde ja bedeuten, daß die USA zwar Frankreich, wenn auch widerwillig, verteidigen müßten, die Bundesrepublik oder die Niederlande aber ihrem Schicksal überlassen könnten. Das wäre absurd! Wenn man von einer zwingenden nuklearen Solidarität spricht, dann ist das gesamte Westeuropa gemeint. Die französische Verteidigungslinie ist von nun an allein durch die Anwendung dieses Postulats, Hamburg = Straßburg, festgelegt. Das französische Engagement geht damit weit über das hinaus, was sich undeutlich als ein gemeinsamer Verteidigungsraum abzeichnet. Es stützt sich auf strategische, taktische und konventionelle Waffen, die in der gleichen Weise und unter der gleichen Voraussetzung eingesetzt werden sollen, wie sie heute zum Schutz des nationalen Hoheitsgebietes ab der Rhein-Linie bereitgehalten werden.

Aus dieser Sicht wird die besondere Bedeutung der taktischen Nuklearwaffen erkennbar: Sie geben dem Staatschef, als Demiurg im Nukleargeschehen, ein Instrument an die Hand, das er mit hoher Flexibilität zugunsten Westdeutschlands einsetzen kann, ohne das Alles oder Nichts einer nuklearen Auslöschung oder des Weltbrands zu riskieren. Aber diese Doktrin rechnet mit einer doppelten Solidarität, mit der westeuropäischen und der atlantischen. Gleichzeitig negiert sie jede Form des kontinentalen Abdriftens, weil damit eine Trennung gegeben wäre zwischen dem atlantischen Verteidigungssystem und der Entwicklung Westeuropas. Das »Zündholzprinzip« bedeutet: Hamburg = Straßburg, Westeuropa = atlantische Gemeinschaft. Das sind die Gleichungen, die sich ergeben. Mit dem bewußten Streichholz hat Frankreich heute einen wichtigen Trumpf in der Hand, wenn es um die Verlockungen eines kontinentalen Gleichgewichts geht. Noch bleibt jedoch diese Karte sorgfältig verdeckt: Die Strategen und Entscheidungsträger wissen zwar, daß es sie gibt, aber sie wissen auch um ihre Brisanz und ziehen es deshalb vor, sich in Schweigen zu hüllen. Täten sie es nicht, wären die Vereinigten Staaten empört darüber, öffentlich manipuliert zu werden; die Sowjetunion sähe darin eine neue Version von Kriegstreiberei; die Bundesrepublik hätte das Gefühl, zum Spielball ihrer Bündnispartner geworden zu sein. Offen auf die neuen Spielregeln hinzuweisen könnte sich unter diesen Voraussetzungen äußerst störend auswirken. Es ist sicherlich nicht angebracht, in Zeiten der Stabilität allzuviel Wirbel um eine Strategie zu machen, die ihre volle Bedeutung erst erhält, wenn wir den Boden unter unseren Füßen zu verlieren beginnen. In einem außergewöhnlichen Moment ist ein außergewöhnlicher Donnerschlag legitim; bei äußerster Dringlichkeit Einsatz der letzten Mittel. Man zwingt das Schicksal nicht im Flüsterton.

3. Du sollst alles auf die deutsche Karte setzen!

Die Idee vom Zündholz war eine strategische Reaktion; die Entsprechung im institutionellen Bereich verlangt dabei den vollen Einsatz der deutsch-französischen Karte. Auch hier, angesichts einer Bundesrepublik, die sich langsam auf eine zentrale Stellung in Mitteleuropa zubewegt, darf es keine halbherzigen Maßnahmen geben. Die empirischen Möglichkeiten sind voll ausgeschöpft, und das gleiche gilt für die Freundschaft zwischen Westdeutschen und Franzosen, für die tägliche Praxis der Beziehungen zwischen Frankreich und Westdeutschland und der routinemäßigen Abstimmung. Es gibt nur noch den Weg über die Institutionen. Der Bundesrepublik muß eine wirkliche Union vorgeschlagen werden, d. h. die Verschmelzung zu einer neuen Entität. Auf den ersten Blick scheint es sich dabei um eine nicht ganz ernst zu nehmende Idee zu handeln, zumal wir in einem westeuropäischen Konzert mit EG-gerechter Instrumentierung sitzen, das allerdings die Züge eines Westeuropas der Nationen trägt. Auch ist die letzte Erfahrung, die man mit einer solchen Initiative gemacht hat, nicht gerade ermutigend: Im Juni 1940 schlug Churchill eine Union zwischen Frankreich und Großbritannien vor, um auf diese Weise zum letzten Mal zu versuchen, Frankreich von der Unterzeichnung des Waffenstillstands abzuhalten; aber dieses Projekt erwies sich als Totgeburt . . .

Und doch hat diese eher verrückte Vorstellung drei wesentliche Vorteile. Könnte sie verwirklicht werden, würde die deutsche Politik mit Blick auf Mitteleuropa anders verlaufen: Eine deutsch-deutsche Annäherung könnte sich nur dann politisch niederschlagen, wenn sie mit der deutsch-französischen Struktur auf der Ebene von Institutionen zu vereinbaren wäre. Könnte damit nicht ein weiteres Abdriften zu einer kontinentalen Lösung vermieden werden, oder aber wäre dies nicht die beste Garantie dafür, daß in diesem Prozeß bestimmte Grenzen nicht überschritten werden? Darüber hinaus wäre die Bundesrepublik gezwungen, Farbe zu bekennen und Prioritäten zu setzen. Beiden Partnern würde die Wahrheitsdroge verabreicht – Frankreich in bezug auf seine westeuropäischen Überzeugungen und der Bundesrepublik im Hinblick auf die Verläßlichkeit ihrer im Prinzip vorrangigen Bindung an den Westen. Das gemeinschaftliche Europa würde damit einen starken Impuls erhalten, man könnte mit der Arbeit beginnen, deutsch-französische Einrichtungen zu schaffen, die sich dann in zunehmender Weise auf andere Mitgliedsstaaten übertragen ließen. Man hätte in der einzigen vernünftigen Weise mit dem Tabu der Integration gebrochen: durch das praktische Beispiel.

Diese institutionelle Annäherung ist nach mehr oder weniger festgelegten Verfahren denkbar, die, jedes für sich, ein Stadium des fortschreitenden Übergangs vom Traum zur Wirklichkeit darstellen. Die Traumversion: ein Staatenbund mit Institutionen, die aus den beiden Staaten hervorgegangen sind und denen, wie es bei dieser Verwaltungsform typisch ist, die Zuständigkeit in ganz bestimmten Schlüsselbereichen, wie etwa Verteidigung, diplomatische Beziehungen, Währung, Fragen der Staatsbürgerschaft etc., eingeräumt wird. Die Version zwischen Traum und Wirklichkeit: eine gemeinsame Instanz, die bis zum Jahre 2000 die verschiedenen Kompetenzen wahrnimmt und in den kommenden zehn Jahren die Harmonisierung und, wo immer möglich, die Verschmelzung der verschiedenen einzelstaatlichen Regelungen vornimmt, wobei sie verfassungsmäßig verpflichtet werden muß, diesen Prozeß fristgerecht abzuschließen. Die realistische Version: ein monatlich zusammentretender Ministerrat, nach dem Modell der Vereinbarung von 1963, dazu eine deutsch-französische Verteidigungsgemeinschaft und eine abgestimmte Außenpolitik. Die superrealistische Version: eine für die beiden Außenminister bestehende rechtliche Verpflichtung, nur nach vorheriger Absprache tätig zu werden und in ihrer

Rolle als Minister auch nur gemeinsam aufzutreten, sowie die Errichtung gemeinsamer diplomatischer Vertretungen im Ausland. Die hyperrealistische Version: eine Aktivierung des deutsch-französischen Verwaltungsrats und die Schaffung gemeinsamer diplomatischer Vertretungen in Drittländern. Hier endet die Kette, denn die nun folgende Version würde auffallend an den jetzigen Status quo erinnern.

Ob und wie ernst man eine solche Initiative, auch in ihrer weitestgehenden Form, nimmt, hängt davon ab, wie bald man mit einem kontinentalen Abdriften rechnet. Setzt man 20 Jahre voraus, ist das Thema belanglos, geht man von zehn Jahren aus, wird es zu einer lohnenswerten Überlegung, nimmt man lediglich drei bis fünf Jahre an, ist jetzt Eile geboten, denn nach Ablauf dieser Zeit wäre es für eine Umkehr bereits zu spät: Das ist nun einmal – der Leser möge es verzeihen – unsere ewige Rede.

4. *Du sollst die Sicherheit erzwingen!*

Die Bundesrepublik kann den Weg zu gemeinsamen deutsch-französischen Institutionen ablehnen. Damit wäre der Beweis für unsere These erbracht, aber bis dahin könnte es Stationen der Ablehnung geben, die wiederum die Prioritäten der Westdeutschen erkennbar machen würden. Die erste Stufe, auf der kaum Verpflichtungen erwartet werden, würde darin bestehen, daß sich die Bundesrepublik zu ihren westlichen Bündnispartnern, zu ihren Bindungen an die westeuropäische Gemeinschaft und ihren Beziehungen zu Frankreich bekennt, gleichzeitig aber müßte sie darauf hinweisen, daß es ihr die Aussicht auf eine Wiedervereinigung, und sei sie noch so fern, verbiete, sich schon jetzt für alle Zeiten institutionell festzulegen. Ihre Partner, und ganz besonders die Franzosen, können ihr dies nicht verübeln. Sie haben das Dogma der Wiedervereinigung nie in Frage gestellt, selbst wenn die meisten von ihnen, wie François Mauriac, Deutschland so sehr lieben, daß sie es gerne in zweifacher Ausführung haben. Einem solchen Standpunkt mangelt es weder an gesundem Menschenverstand noch an hintergründigen Überlegungen: gesunder Menschenverstand, weil man sich an bestehenden Verhältnissen orientiert, hintergründige Überlegungen, weil man versucht, sich immer wieder geschickt auf Grundsätze der Nachkriegszeit zu berufen, um sich dann in der Praxis um so großzügiger über sie hinwegsetzen zu können.

Das Nein der Westdeutschen sollte die Franzosen nicht abschrekken und ihnen schon gar nicht den Vorwand liefern, wieder dem bequemen Maginot-Syndrom zu verfallen. Frankreich hat noch immer die Möglichkeit, die Karte der »erzwungenen Sicherheit« auszuspielen. Selbst wenn man davon ausgeht, daß die Republik die deutsch-französische Allianz nicht durch Institutionen besiegeln kann, so wird sie sich doch, vor allem im Bereich der Verteidigung, neuen Erfahrungen nicht verschließen. Einerseits könnten die Franzosen dort Initiativen ergreifen, wo sie allein zuständig sind, etwa wenn es um den Verlauf der französischen Sicherheitsgrenze geht: Die Zündholz-Theorie könnte auch weiterhin Bestand haben, zumindest insofern, als zu ihrer Verwirklichung deutsch-französische Institutionen nicht notwendig sind. Auf der anderen Seite könnte Frankreich die Möglichkeiten einer militärischen Zusammenarbeit mit der Bundesrepublik weitgehend nutzen: Truppenverbände könnten integriert, militärische Ausrüstung standardisiert, Haushaltsbelastungen aufgeteilt werden – Frankreich könnte sich beispielsweise den nuklearen Bereich und die Deutschen den konventionellen Bereich vorbehalten; man könnte einen gemeinsamen Generalstab ins Auge fassen, wenn auch die Verteilung der Kompetenzen sehr schwierig sein dürfte, oder aber man entschließt sich zu einer höchst feierlichen Einsetzung einer deutsch-französischen Verteidigungsgemeinschaft.

In diesem Punkt könnte die Bundesrepublik weder geschichtliche noch institutionelle Bedenken anmelden: Sie hat immer laut und vernehmlich behauptet, sie sähe ihre Sicherheit in den Händen des Westens, und sie ist immer schon ein Eckpfeiler in den gemeinsamen Organisationen zum Zwecke der Verteidigung gewesen. Die Bundesrepublik würde sich nicht nur zur Wahrheit bekennen, sondern auch die Karte der »erzwungenen Sicherheit« aufnehmen, womit die letzten Unklarheiten beseitigt wären. Wird dieser Weg nicht eingeschlagen, dann entschließt man sich in aller Gelassenheit für ein atomwaffenfreies Westdeutschland, ein Westdeutschland zwischen Ost und West, ein neutralistisches Westdeutschland. Mit der »erzwungenen Sicherheit« ließe sich ein Argument entkräften, das man in Westdeutschland besonders häufig hört: Wenn schon die Amerikaner nicht gewillt sind, so sagen sie, den nuklearen Tod für die Verteidigung Hamburgs zu riskieren, dann werden die Franzosen erst recht nicht dazu bereit sein, denn ihre Abschreckungskraft ist, gemessen an der US-amerikanischen, gering, und schon deshalb haben sie nicht die Möglichkeit, ein solches Risiko einzugehen. Selbst wenn dieser Verdacht berechtigt sein sollte, ist nicht einzusehen, warum die Bundesrepublik deswegen den französischen Schutzschirm ablehnen sollte. Es ist doch besser, man verfügt über einen hypothetischen Schutz als über gar keinen. Aber auch darauf gibt es jenseits des Rheins ein Gegenargument: Warum sollte die Bundesrepublik ein Stück Autonomie aufgeben als Preis für eine nukleare Garantie, an die sie nicht glaubt? In der aufgezeigten Hypothese wären die Franzosen sogar so weit gegangen, den Beweis für ihre Schlagkraft zu erbringen. Die Westdeutschen, die den Franzosen gegenüber auf ihrem Handlungsspielraum bestanden hätten, würden offen dargelegt haben, daß sich ihre Strategie in mehreren Dimensionen bewegt und eine ganz andere als die der anderen westlichen Länder ist. Damit wäre unausweichlich die Zeit für Kontinentaleuropa gekommen: Dann bliebe nur noch die Wahl, die entsprechenden Konsequenzen daraus zu ziehen.

Wer so mit dieser Wahrheitsdroge umgeht, könnte leicht in den Geruch der Deutschfeindlichkeit geraten. Damit wir uns recht verstehen: Wenn Frankreich sozusagen als Test derart spektakuläre Initiativen ergreifen würde, müßte es sich zuvor selbst diese Wahrheitsdroge verabreichen, um die eigene Position zu klären. Solange Frankreich selbst in einem strategischen Dämmerlicht verharrt – ein bißchen Amerikahörigkeit, ein Stück europäische Attitüde und eine starke Dosis Gaullismus –, hat es kein Recht, andere zur Rechenschaft zu ziehen: Seine eigenen Unsicherheiten nähren die der anderen. Sobald aber Frankreich öffentlich seine Strategie aufdeckt, wird es nicht nur das Recht, sondern die Pflicht haben, bei den anderen und in erster Linie bei der Bundesrepublik die Stunde der Wahrheit herbeizuführen.

5. *Du sollst den Rückzug vorbereiten!*

Wenn sich die Bundesrepublik dem Konzept der »erzwungenen Sicherheit« entzieht und damit beweist, daß für sie Kontinentaleuropa an die Stelle des EG-Europas getreten ist, dann wird Frankreich seine Strategie entsprechend umstellen müssen. Dabei wäre das Risiko gegeben, daß sich Frankreich, nachdem es sich so mühsam der Maginot-Linie entledigt hat, sie wiederentdeckt und sich hinter ihr versteckt: Frankreich würde somit der Versuchung erliegen, sich einsam, aber geschützt zu fühlen. Es wäre die schlimmste aller möglichen Vorstellungen: Es könnte nämlich bedeuten, daß das kontinentale Gleichgewicht zu einer unaufhaltsamen Finnlandisierung Europas führen würde. Mit einem Frankreich, das sich hinter seiner eigenen Atomstreitkraft versteckt und dem die Sowjetunion allenfalls die Ehre erweist, es auf irgendeinen Gipfel-Dialog mit den Atommächten der verschiedenen Kontinente einzuladen, würden die übrigen westeuropäischen Länder völlig in den Schlagschatten des Ostens geraten: Ohne jeden Widerstand wären sie neutralisiert, und die UdSSR hätte dieses Mal endgültig ihr historisches Ziel erreicht.

Angesichts einer fortschreitenden Kontinentalisierung Europas müßte Frankreich mit dem Ziel der Schadensbegrenzung bei einer möglichst offenen Strategie bleiben. Eine Annäherung an Großbritannien wäre natürlich die beste Lösung, sie ist aber in diesem Zusammenhang mehr als hypothetisch. Wenn die Vereinigten Staaten aufgrund ihres Isolationismus eine solche Entwicklung, ohne einzugreifen, akzeptierten, dürfte sich Großbritannien noch weniger als bisher an den Kontinent gebunden fühlen. Die Briten würden sich damit begnügen, an einem wirtschaftlichen Europa zu partizipieren, das sich unabhängig von den hier dargelegten Planspielen entwickeln wird, da 1992 durchaus mit einer gewissen Kontinentalisierung Europas zu vereinbaren ist, wenn man diese schon nicht verhindern kann. Großbritannien würde jedoch niemals die eigene Sicherheit aufs Spiel setzen, sondern, strategisch gesehen, zum 51. Stern auf dem amerikanischen Banner avancieren, und die amerikanische Verteidigungslinie würde noch deutlicher als bisher auf der Höhe von Dover verlaufen.

Aus diesem Grunde bliebe Frankreich keine andere Möglichkeit, als sich auf den Süden zu besinnen, d. h., enge Bindungen zu Italien, Spanien und sogar Portugal zu suchen, die dann gemeinsam einen homogenen, strategischen Raum bilden könnten. Unter Einwirkung des Schocks, den der Triumph eines kontinentalen Europas über das EG-Europa zweifellos auslösen würde, dürften unsere Partnerländer im Süden bereit sein, ein solches Bündnis einzugehen. Es ist aber nicht ratsam, eine solche Strategie aus der Katastrophe heraus und unter dem Eindruck der allgemeinen Enttäuschung zu entwickeln. Damit ist die Notwendigkeit gegeben, die Solidarität der Mittelmeerländer zu erproben, solange noch andere Möglichkeiten offen stehen. Unsere EG-Partner in Südeuropa fühlen sich heute aus der deutsch-französischen Zweierbeziehung ausgeschlossen, und sie empfinden ihre Position als zweitrangig. Wenn man mit Blick auf die Zukunft über ein Minimum an strategischer Freiheit gegenüber diesen Ländern verfügen will, empfiehlt es sich, die Beziehungen zu ihnen mit großer Sorgfalt zu pflegen. Eine engere Beziehung dieser Staaten untereinander würde im übrigen bewirken, daß sich die unterentwickelten Staaten problemloser an die entwickelten Industriestaaten anpassen könnten. Niemals waren sich die Länder Südeuropas so nahe wie jetzt auf dem Weg nach 1992. Sie haben den gleichen Entwicklungssprung zu vollziehen, der sie aus dem vorindustriellen direkt in das nachindustrielle Zeitalter führt. Es verbindet sie die gleiche Mobilität, die gleiche Flexibilität, die ihnen eine günstige Startposition verschafft, wenn es darum geht, den Anforderungen einer modernen Wirtschaft zu entsprechen; auch der gemeinsame kulturelle Hintergrund wird ihnen zunehmend bewußt. Und so kommt es, daß die wirtschaftliche Antriebskraft der EG nicht mehr nur im Norden, sondern im Süden zu suchen ist, und daß die Länder des Mittelmeerraumes nach jahrhundertelanger Lethargie wieder zu einer eigenen Identität finden. Wieder einmal zeigt sich, daß strategische Konstellationen ein Nebenprodukt gesellschaftlicher Entwicklungen sind. Eine Gemeinschaft südeuropäischer Länder beginnt sich abzuzeichnen und eröffnet die Möglichkeit einer eigenen Strategie. Alle diese Staaten müssen nun diese neue Identität in Handlungsfähigkeit umsetzen, und es ist die Aufgabe desjenigen Staates, der über Atomwaffen verfügt, hier eine Führungsrolle zu übernehmen.

6. Du sollst den Totalitarismus von 1992 zurückweisen!

Wenn sich das Europa der Gemeinschaft heute unfähig zeigt, selbst eine Antwort auf das kontinentale Europa zu finden, so liegt das daran, daß es nicht stark genug ist. Diese Auffassung, die früher in Frankreich eher bilderstürmerisch wirkte, wird heute gefühlsmäßig von einer beeindruckenden Mehrheit vertreten. Aber Gefühle allein reichen nicht aus, im Gegenteil, sie können bisweilen zu sehr seltsamen Ereignissen führen, wie etwa zu der Überzeugung, daß das wirtschaftlich geeinte Europa ein Ziel an sich darstellt und daß mit 1992 dieses Ziel erreicht ist. Bei dieser Interpretation könnten die Westeuropäer am 1. Januar 1993 ihre Last absetzen und sich gegenseitig die Hände schütteln: Westeuropa, das haben wir jetzt! Mit dieser angenehmen Selbsttäuschung muß jetzt Schluß sein. Und diese Mahnung richtet sich nicht zuletzt an die Franzosen, denn sie sind besonders begeisterte Westeuropäer und blicken noch vertrauensseliger als andere auf 1992. Dieser »Totalitarismus« von 1992 läßt sich auch nicht dadurch abbauen, daß man Appelle an die Regierungen richtet; Voraussetzung ist vielmehr eine weniger naive Einstellung seitens der Öffentlichkeit, eine pädagogische Einwirkung durch die Medien und mehr Initiative aus den Reihen unserer westeuropäischen Zeitgenossen, die diese Gesellschaft von 1992 mitgestalten müssen, eine Bereitwilligkeit zur Initiative, die bisher nicht mobilisiert werden konnte. Die Situation ist deshalb so paradox, weil der große Binnenmarkt bisher nur die Akteure der Wirtschaft etwas angeht und all diejenigen, die sich auch als Teil der Gesellschaft empfinden und in diese Bewegung mit einbezogen sind, die Rolle der Mitläufer übernommen haben. Es steht zu hoffen, daß zwei Botschaften, wie Flaschenposten ins Meer geworfen, ihre Empfänger erreichen. Die erste Botschaft ist an die Wirtschaft gerichtet und besagt, daß mit dem 1. Januar 1993 das wirtschaftlich geeinte Westeuropa noch nicht existiert: Westeuropa wird zwar zu diesem Zeitpunkt über einen Binnenmarkt verfügen und somit einen wirklichen Trumpf in der Hand halten, aber es fehlen ihm einige nicht unwichtige Attribute, wie etwa eine gemeinsame Währung, ein gemeinsamer Haushalt, ein Sozialstaat sowie eindeutige Regelungen, die den Binnenmarkt vor unerlaubten Praktiken des Auslands schützen. Die zweite Botschaft wendet sich an all die anderen, denen immer wieder vor Augen gehalten werden muß, daß ein geeintes Europa nicht möglich ist ohne eine westeuropäische Staatsbürgerschaft, ein gemeinsames Bildungs- und Erziehungswesen, eine bürgerliche Gesellschaft und, last but not least, ohne strategische Identität und die Grundvoraussetzungen einer politischen Existenz. Jeder, der sich mit dem Trugbild einer Diktatur von 1992 arrangiert hat, möge die absolutistischen Regungen in der eigenen Brust bekämpfen.

7. Du sollst neue Möglichkeiten erschließen!

Die Westeuropäer haben sich seit 30 Jahren an die Vorstellung gewöhnt, daß die Wirtschaftsunion eine natürliche Voraussetzung für eine institutionelle Union darstellt. Immer wieder taucht dieser Gedanke auf und zieht sich wie ein politisches Leitmotiv durch allerlei scharfsinnige Berichte, gutgemeinte Anträge und fromme Wünsche. Vermutlich stapeln sich diese entscheidenden Beiträge in den Archiven der Kommission. Wer den Mythos von 1992 ablehnt, wehrt sich gegen einen solchen Einstieg, weil er in die falsche Richtung weist. Es geht vielmehr darum, das nachzuvollziehen, was sich im Hintergrund des großen Binnenmarkts abspielt: Die Wirtschaft wird keinen Staat hervorbringen, aber sie wird eine westeuropäische Gesellschaft entstehen lassen. Statt nun aber mit einer solchen Gesellschaft zu rechnen, wäre es sinnvoller, noch andere

Möglichkeiten und Kräfte als die des Marktes zu entwickeln, denn, sofern man nicht eine Art Kramladen-Marxismus vertritt, Wirtschaft ist schließlich nicht das Maß aller Dinge ... Neben der Wirtschaftsgemeinschaft gibt es Platz genug für andere westeuropäische Gemeinschaften, z. B. die der westeuropäischen Staatsbürger, des westeuropäischen Bildungs- und Erziehungswesens und den Bereich des audiovisuellen Westeuropas. Da wir in unserem Traum Frankreich die Rolle des Propheten zugewiesen haben, möge es nun einige Ziele, Vorhaben und dringliche Probleme deutlich aussprechen.

Das EG-Europa wird dem Kontinentaleuropa nicht den Rang ablaufen können, wenn es sich stets nur in einer Richtung entwikkelt. Seine Zeit ist bemessen, und es muß alles unternommen werden, um die Arbeit für die EG auf weitere Bereiche, Sektoren und Vorhaben auszudehnen. Wenn man die Traumvisionen zügeln und Prioritäten setzen wollte, würde das Westeuropa mit gemeinsamer Bildung und Erziehung sicherlich an erster Stelle stehen. Will man sich allerdings an das Tabu der Lehrinhalte wagen, müßte man eine längere Zeitspanne ins Auge fassen. Erarbeitung eines gemeinsamen pädagogischen Grundmusters, Einführung der Lehrpläne in den Schulen, Umschulung der Lehrkräfte und langsame Einprägung dieser Lehrinhalte bei mehreren 10 Millionen Schülern: Das ist gewiß ein langer Marsch! Wenn dann noch geplant wäre, einige Institutionen des Unterrichts- und Bildungswesens einander anzugleichen, eine weitere Gemeinschaft in Form einer Gemeinschaft des Erziehungs- und Bildungswesens zu errichten, dann sähe man sich einer immensen Aufgabe gegenüber. An zweiter Stelle würde sicherlich eine gemeinsame Politik auf dem audiovisuellen Sektor rangieren: Auch hier ist die Zeit das wichtigste Argument, und sie ist für langsame Entwicklungsprozesse bereits zu knapp geworden. Es wäre dringend erforderlich, Regelungen zu schaffen, die unverzüglich eingeführt werden könnten: Standpunkte werden festgelegt, Positionen beginnen sich zu verhärten, und Gewohnheiten erstarren ... Wenn es je ein audiovisuell geeintes Westeuropa geben soll, dann wäre jetzt die letzte Chance. Weniger dringlich erscheint das Problem der westeuropäischen Staatsbürgerschaft. In diesem

Bereich gibt es nichts, das unwiderruflich versäumt werden könnte: Die Westeuropäer haben sich seit langem an den herrschenden Zustand gewöhnt . . . Natürlich kann es keine westeuropäische Gesellschaft ohne eine westeuropäische Staatsbürgerschaft geben; aber beginnen wir nicht, noch träumend, mit einem neuen Traum: Es läßt sich nicht alles sofort und gleichzeitig realisieren. Zivilrecht, Handelsrecht und eines fernen Tages auch Staatsbürgerrecht, das sind die Themen, die zu einem späteren Zeitpunkt in Angriff genommen werden könnten. Wenn man sieht, wieviel Ziele sich das Westeuropa von morgen setzt, mit anderen Worten, wie lückenhaft das Westeuropa von heute ist, dann läßt sich ermessen, wie sehr überzeugte Westeuropäer auf einen dauerhaften Optimismus angewiesen sind.

8. Du sollst die Kommission mit Beifall begrüßen!

Jede neue Perspektive, jedes Arbeitsfeld, das in Angriff genommen werden soll, wirft das Problem der gemeinschaftlichen Verwaltung auf. Die Kompetenzen der Kommission, so hört man, sind wirtschaftlicher Natur, und selbst wenn sie einige Ausflüge in andere Bereiche unternommen hat, sei es doch nicht zulässig, ihr die Verantwortung für neue Bereiche zuzuweisen. Häufig kommt es zu einer zynischen Reaktion von Selbstschutz, die die Regierungen dazu veranlaßt, mit Lob über eine Einrichtung zu sparen, die in ihren Augen bisweilen zu viele Kompetenzen an sich zieht. Die EG-Technokraten sind seit langem den Ministern und hohen Beamten ein Dorn im Auge: Die Minister befürchten, es könnte hier der Keim einer westeuropäischen Regierung gelegt werden, und die Beamten stellen fest, daß ihnen so manche Verantwortung entzogen ist, die nun von freischwebenden Kollegen wahrgenommen wird, die nicht nur besser bezahlt werden, sondern auch, sofern sie einer anderen Nationalität angehören, auf ihre Clan-Interessen keine Rücksicht zu nehmen brauchen. Die Staaten versuchen, die Kommission in ihren jetzigen Kompetenzen einzuschränken, um sie auf die klassische Rolle einer Institution zu reduzieren, der nichts anderes übrigbleibt, als Klagen aus Gründen der Nichtzuständigkeit abzuweisen. Es wäre absurd, müßig und widersinnig, und sei es auch nur für die Zeit eines Traums, damit zu rechnen, daß die Staaten tatsächlich an einer Stärkung des institutionalisierten Westeuropas interessiert wären.

Die Kommission ist ein gigantischer Verwaltungsapparat: das stimmt. Sie ist niemandem Rechenschaft schuldig: das stimmt. Sie gleicht einem unkontrollierbaren Turm zu Babel: das ist richtig. Sie sieht sich im Dienste einer technokratischen Vision: das stimmt. Alle Vorwürfe sind berechtigt! Umgekehrt aber verkörpert die Kommission *nolens volens* die Rechtmäßigkeit der westeuropäischen Existenz; wie jede Verwaltungseinrichtung muß man sie hin und wieder politisch auf Trab bringen, ihr die Sporen geben wie einem müden Gaul; kurz gesagt, sie will regiert werden. Unter der Regie hochqualifizierter Kommissare und von einem so engagierten Politiker wie Jacques Delors aus dem Alltagstrott gerissen, hat sie sich zu einer ebenso leistungsfähigen wie angesehenen Institution entwickelt. Der große Binnenmarkt hat ihr neuen Aufschwung verliehen, und wenn es so etwas gibt wie Anzeichen für verwaltungstechnische Produktivität, dann würde die Kommission an erster Stelle plaziert werden, selbst wenn dies den voreingenommenen Technokraten französischer Verwaltungszitadellen nicht paßt.

Die Kommission ist die einzig denkbare Administration, um neue Kompetenzen wahrzunehmen, sie ist aber auch – und diese Feststellung ist sehr viel ikonoklastischer – der einzig vorstellbare Keim für eine westeuropäische Regierung. Jede andere Konzeption, die darauf hinausläuft, einen supranationalen Träger politischer Macht zu schaffen, ist der Ausdruck einer von Eigeninteressen bestimmten Abwehrhaltung im Hinblick auf eine hermaphroditische Entität, die halb administrativ, halb politisch arbeitet und von der die Regierungen befürchten, sie könnte ihre zwiespältige Funktion eines Tages als Hebel ansetzen. Was sonst noch gegen die Kommission vorgebracht wird, bleibt im Bereich kleinerer Detailprobleme, es sind die Sorgen subalterner Leute und überempfindliche Reaktionen. Mit der Kommission hat das gemeinsame Europa

Chancen, Gestalt anzunehmen; außerhalb der Kommission ist Westeuropa verloren.

9. Du sollst jede Verzögerung verurteilen!

Nach den Spielregeln unseres Tagtraums sahen wir Frankreich als Initiator des gemeinschaftlichen Europas. Aber noch im Zustand der Schwerelosigkeit gilt es, vertraute Schwächen abzulegen.

Zunächst ist hier der sprachliche Imperialismus der Franzosen zu nennen: Französische Sprachräume gibt es in Afrika und auch in einigen Teilen Amerikas, Westeuropa läßt sich aber ganz sicherlich nicht als ein solcher einordnen. Französisch ist zwar eine europäische Sprache, es ist aber nicht die Sprache Europas: Dies zu leugnen hat in etwa soviel Sinn wie die Behauptung, man könne das Meer mit einem Fingerhut ausschöpfen. So gesehen, ist es völlig müßig, sich tagtäglich dafür einzusetzen, daß Französisch als gleichberechtigte Sprache neben Englisch anerkannt wird. Dieser Kampf um das Französische erheitert oder verärgert unsere Partner, vor allem aber zeugt er von leicht imperialistischen Reminiszenzen, die im Gegensatz zu der Rolle des »heiligen Westeuropas« steht, von dem wir in der Fiktion einmal ausgehen wollen.

Ein weiterer Punkt ist die Vorliebe der Franzosen für politische Kniffe: Nur in Frankreich spricht man immer von allgemeinen Wahlen zur Bestimmung eines westeuropäischen Präsidenten, so, als müßten die französischen Staatsmänner neu bekehrt werden. Angesichts tiefgreifender Veränderungen, die zu Verschiebungen auf der europäischen Landkarte führen, haben institutionelle Initiativen durchaus Sinn, wenn es um die Beziehungen zu Westdeutschland geht, zumindest ist dies theoretisch der Fall. Sie haben aber auf der Ebene der Europäischen Gemeinschaft wenig Bedeutung. Aber Schluß mit dem Cartesianismus. Ein Regierungssystem läßt sich nicht anlegen wie ein französischer Park. Hier geht es um einen empirischen Prozeß, der Phasen der Reifung durchläuft, und zur Zeit gibt es nur ein Samenkorn, aus dem eine westeuropäische Pflanze heranwachsen könnte, und das ist die Kommission.

An dritter Stelle ist die Illusion von Frankreich als Weltmacht zu nennen: Wenn Frankreich seine Rolle als europäische Großmacht spielen soll, vor allem dann, wenn das kontinentale Gleichgewicht einmal ins Wanken zu geraten droht, muß es alle ihm zur Verfügung stehenden Energien aufwenden, vor allem im Bereich der Verteidigung. Frankreich besitzt gar nicht die Mittel, wie die Vereinigten Staaten aufzutreten, eine diversifizierte Atomstreitkraft zu unterhalten, die ja fortlaufend modernisiert werden muß; es kann sich auch nicht auf eine starke, konventionell gerüstete Truppe stützen oder glaubwürdig eine bewaffnete Intervention in Übersee wagen. Frankreich wird also nicht die Rolle des Weltpolizisten spielen können, und auch das Schicksal der überseeischen Gebiete ist langfristig nicht gesichert. Nicht etwa, weil damit hohe militärische Ausgaben verbunden sind, sondern weil diese Besitztümer Frankreichs verteidigt werden wollen und diese Verteidigung den Einsatz eines militärischen Instrumentariums notwendig macht, das einerseits hohe Kosten verursacht, andererseits aber völlig uninteressant ist für die Durchsetzung westeuropäischer Interessen. Die überseeischen Gebiete sind allerdings ein willkommener Anlaß, über französische Verteidigungslinien im Weltmaßstab nachzudenken.

Abschließend zu dem übermäßigen Druck, der auf der französischen Landwirtschaft lastet: Die Errichtung eines minimalen gemeinschaftlichen Sozialstaates als Voraussetzung für eine Wirtschaftsunion ist nicht denkbar, solange für den Agrarbereich weiterhin derart hohe Haushaltsmittel eingesetzt werden müssen. Eine solche Agrarstruktur ist weder zu finanzieren, noch politisch zu vertreten. Frankreich ist heute nicht mehr das einzige Land, das sich für die gemeinsame Agrarpolitik einsetzt, wie dies in den siebziger Jahren der Fall war, als ihm seine EG-Partner diese Politik zugestanden, ihm aber als Preis dafür Leistungen im Rahmen der EG-Politik abverlangten, die mit seinen gaullistischen Überzeugungen kaum zu vereinbaren waren. Inzwischen haben alle in diese Wundertüte der EG-Mittel gegriffen, allen voran die bundesdeutschen Landwirte, so daß die Bundesrepublik eher unglaubwürdig wirkt, wenn sie sich immer wieder als den übermäßig strapazierten Zahlmeister der EG bezeichnet. Es ist auch nicht mehr die Rede davon, diesen rückständigen und von Eigeninteressen bestimmten Agrarsektor allmählich abzuschaffen und in eine harmonische Wirtschaftsentwicklung einzubeziehen. Aber die Gemeinschaft wird nicht immer 90% ihrer Haushaltsmittel dem Agrarbereich zuweisen können, und auch den Mitgliedsstaaten wird es nicht möglich sein, auf unbegrenzte Zeit diesen Betrag durch weitere Millionen aufzustocken, wenn z. B. andere soziale Aufwendungen erforderlich werden, um finanzielle Härten des Binnenmarktes auszugleichen. Kein Binnenmarkt ohne Sozialpolitik, keine Sozialpolitik ohne eine gemeinschaftliche Politik der Einkommensumverteilung, keine Umverteilung ohne Senkung der Agraraufwendungen. Diese eher verhängnisvolle Entwicklung könnte nur durch erhebliche Steuermehreinnahmen gestoppt werden. Aber Steuererhöhungen wären im Augenblick kaum durchzusetzen und entsprechen im übrigen nicht dem Geist des Binnenmarktes. Es heißt nun nicht mehr Butter oder Kanonen, sondern Butter oder alles übrige! Eine Kostenreduzierung im Agrarbereich ist auf EG-Ebene aber nur dann zu erreichen, wenn Frankreich im eigenen Land mit gutem Beispiel vorangeht.

Die Leiden, die die Franzosen zu überwinden haben, sind historisch bedingt und tragen die Züge längst vergangener Zeiten. Um aber eine Führungsrolle in der Gemeinschaft übernehmen zu können, muß sich Frankreich auf die Stufe aller anderen Länder begeben. Nicht Größe ist entscheidend dafür, ob man eine Führungsrolle übernehmen kann, sondern der Umstand, daß man so ist wie alle anderen.

10. Du sollst endlich etwas in Bewegung setzen!

Das nukleare Zündholz, der Ruf nach deutsch-französischen Institutionen, die westeuropäische Bildungs- und Erziehungsgemeinschaft, der Abschied von der Weltmachtillusion, die relativierte Bedeutung der französischen Sprache, die Opfer im Agrarbereich ... sollte sich der Traum in einen Alptraum verwandeln? Ist dieser Preis nicht zu hoch für den Versuch, ein mögliches Abdriften des

Kontinents aufzuhalten? Verfügt Frankreich über eine innenpolitische Konstellation, die ausreicht, um so viele Tempelsäulen auf einmal einzureißen? Wenn man sich klar darüber wird, wieviel Einwände zu jedem einzelnen Punkt möglich sind, steigt in uns eine eher apokalyptische Vision auf. Da ist zunächst die Reihe derer, die Westeuropa ablehnen, und in diesem Punkt sind sich üblicherweise die extreme Linke und die extreme Rechte einig; aber auch im Hinblick auf die traditionsorientierten Gaullisten sind Zweifel erlaubt, denn sie lehnen die »Zündholz-Theorie« ab; wie lassen sich die erklärten oder heimlichen Nationalisten jeglicher Provenienz einordnen, die die Bundesrepublik zwar lieben, sie aber nicht ehelichen wollen? Wie steht es mit den Lehrern? Sie zeigen wenig Interesse daran, sich unter dem westeuropäischen Vorwand mit einem neuen Bildungs- und Erziehungssystem auseinandersetzen zu müssen, und den Landwirten ist es keineswegs ein Anliegen, finanzielle Opfer für die Errichtung eines gemeinschaftlichen Sozialstaates zu bringen . . . Die Liste ließe sich noch beliebig weiterführen, auf ihr erscheinen sozusagen alle Franzosen, die im Grunde ihres Herzens schizophren und hin- und hergerissen sind zwischen ihrer westeuropäischen Überzeugung und ihrer nationalistischen Tradition. Eine politische Gleichung ist jedoch kein arithmetischer Vorgang; sie drückt Veränderung, Verschiebung von Kraftfeldern, Bewegung aus. Und eine echte Bewegung muß es zweifellos geben!

Europa, vor allem in seiner weitestgehenden Form, ist die einzige Kraft, die unsere Denkgewohnheiten und Verhaltensmuster verändern kann. So gesehen, ist dieses Europa ein starker Hebel, der die tatsächlich bestehende Kluft zwischen konservativer Ordnung und progressiver Bewegung deutlich macht. Beide Elemente gehören zu den wechselnden Abläufen des politischen Lebens, ihre Konturen verlieren jedoch an Schärfe, sie stehen nicht mehr in einem unversöhnlichen Gegensatz zueinander, und die Annäherung ist um so stärker, je grundsätzlicher die dringenden Fragen gestellt werden. Das Problem der Marktmechanismen, der Einkommensumverteilung oder der Beziehungen zwischen gesellschaftlichen Gruppierungen führt nicht zu einer wirklichen Kluft. Westeuropa selbst ist die Kluft. Damit ist nicht etwa die blauäugige

Einstimmigkeit gemeint, mit der der große Binnenmarkt und der Mythos von 1992 begrüßt werden, sondern das Europa, das sich zu einem gemeinschaftlichen Europa entwickeln soll, aber einem unaufhaltsamen Trend zufolge in ein kontinentales Europa abzugleiten droht. Die Entscheidung für ein gemeinschaftliches Europa ist ein hochgestecktes Ziel, und auf dem Weg dahin darf es keinen Bereich geben, der nicht hinterfragt wird: militärische Tabus müssen aufgedeckt, institutionelle Vorurteile entkräftet, der Illusion von nationaler Größe widersprochen und isolationistischen Eigeninteressen entgegengewirkt werden.

Die Politik erhält ihren hohen Stellenwert zurück: Sie ist Ausdruck einer Weltsicht, sie verkörpert eine Konzeption, sie gibt sich gestalterische Möglichkeiten. Nur die Politik kann aus eigener Kraft triumphieren. Unter der Einwirkung derart explosiver Kräfte fügen sich die Puzzleteile zu einem Bild zusammen. Wer soll die Rolle des Feuerwerkers übernehmen und diese Explosion unter Kontrolle halten? Der Präsident der Republik selbstverständlich, denn er ist von nun an von der Geschichte für diese Aufgabe legitimiert. Wer sind die Akteure in diesem Spiel? Staatsmänner, die sich durch besondere Flexibilität und ein hohes Maß an Offenheit auszeichnen und die sich innerhalb des Parteienspektrums bewegen, das – Kommunisten und Faschisten ausgeschlossen – politisch die breite Mittelschicht vertritt. Wer profitiert von dieser Politik? Die Progressiven auf der rechten und auf der linken Seite, denn sie existieren beide, und es liegt ihnen mehr daran, trotz der konservativen Tendenzen in ihren eigenen Reihen fortzubestehen, als sich zu arrangieren. Warum soll es zu dieser tiefgreifenden Veränderung kommen? Weil es der gesunde Menschenverstand empfiehlt? Er hat noch nie die Weltgeschichte regiert. Muß Frankreich innenpolitischen Erwartungen entsprechen? Bis jetzt arrangiert man sich recht gut mit auftretenden Problemen. Ist es der Wunsch bestimmter Leute? Er würde sich nicht spontan mobilisieren lassen. Im Grunde gibt es nur drei Motive, die für eine solche Politik sprechen. Das erste: die dringende Notwendigkeit, das zweite: die dringende Notwendigkeit, das dritte: die dringende Notwendigkeit.

* * *

Die Komplexität der Welt dient den Ängstlichen als Alibi. Angesichts der sehr unterschiedlichen Ziele, der eingefahrenen Gewohnheiten und starren Verwaltungsstrukturen wird die Führung des Gemeinwesens nur noch millimeterweise vorankommen. Aber eine komplexe Gesellschaft, die sich regelt, macht deswegen noch nicht die Geschichte ungeschehen, sie verändert weder Kräfteverhältnisse, noch hemmt sie verdeckte Entwicklungen, die alles torpedieren könnten. Das Fingerspitzengefühl im Umgang mit der Tagespolitik wird zur Passivität, wenn ein Kontinent abdriftet. Auf dieses Ereignis, das als solches gar nicht präzis bezeichnet werden kann, weil es sich über einen längeren Zeitraum erstreckt, gibt es nur eine schonungslose Antwort. Grundsätzlich muß versucht werden, das gemeinschaftliche Europa und nicht das kontinentale Europa zu fördern. Auf dem Weg dahin brauchen wir die Kraft der Phantasie, was nicht bedeutet, daß wir diese Phantasie nicht auch belächeln dürften. Vom moralischen Standpunkt aus betrachtet, sollten wir versuchen, alles zu vermeiden, was unwiderrufliche Konsequenzen hat. Wer scheitert, hat nichts verloren; wer auf jeden Versuch verzichtet, hat alles von vornherein aufgegeben. Der Dekalog ist noch nicht einmal ein Programm, er ist eine in Worte gefaßte Forderung. Ihr nicht nachzukommen – aus Versehen, aus Nachlässigkeit oder Verstellung – ist keinewegs harmlos. Jeder trifft seine Entscheidungen. Sich fügen, um sich nicht wehren zu müssen; sich wehren, um sich nicht fügen zu müssen. »Les jeux sont faits« im Casino der Zukunft. Ästhetizismus oder Scharfsinnigkeit – uns bleibt nur der volle Einsatz im Spiel um die geringste Chance: daß Westeuropa doch noch zur Besinnung kommt! Westeuropa ist in der Tat dabei, seine Position zu überdenken, dieser wunderliche Kontinent, auf der Suche nach sich selbst, der den Faden der Ariadne nicht aus den Augen läßt: Wird sich der Lauf der Geschichte durch nichts aufhalten lassen?